성종의 국가경영

수성에서 교화로

방상근

지식산업사

방상근 方相根

고려대학교 일문과를 졸업하고 같은 대학교 정치외교학과에서 석사, 박사를 받았다. 고려대 평화와 민주주의연구소 연구교수, 여주대 세종리더십연구소 선임연구원을 거쳐 현재 고려대 법학연구원 정당법연구센터 선임연구원으로 재직하고 있다. 주요 관심 분야는 정치와 법치의 관계, 정치사상과 정치가, 정치가로서 군주의 리더십 관련 문제들이다. 주요 저서로는 《민의와 의론》(공저, 2012), 《제도적 통섭과 민본의 현대화》(공저, 2017), 《역사화해의 이정표 1》(공저, 2020), 《역사화해의 이정표 2》(공저, 2021), 《청소년을 위한 정치학 대안 교과서》(공저, 2021) 등이 있으며, 다수의 논문이 있다.

초판 1쇄 인쇄 2021. 11. 15.
초판 1쇄 발행 2021. 11. 23.

지은이 방상근
펴낸이 김경희
펴낸곳 (주)지식산업사
본사 ● 10881, 경기도 파주시 광인사길 53(문발동)
전화 031－955－4226~7 팩스 031－955－4228
서울사무소 ● 03044, 서울시 종로구 자하문로6길 18－7
전화 02－734－1978, 1958 팩스 02－720－7900
영문문패 www.jisik.co.kr
전자우편 jsp@jisik.co.kr
등록번호 1－363
등록날짜 1969. 5. 8.

책값은 뒤표지에 있습니다.

ISBN 978－89－423－9101－1(93340)

이 책에 대한 문의는
지식산업사로 연락해 주시길 바랍니다.

이 저서는 한국연구재단(저술출판지원사업)의 지원에 의하여 연구되었음
[NRF－2015－2015S1A6A4A01009463]

성종의 국가경영

방상근

지식산업사

머리말

이 책은 조선의 9대 임금인 성종의 국가경영과 정치리더십을 세종의 그것과 비교하여 연구함으로써 조선 초기 군주들의 국가경영 리더십의 요체를 밝히는 것을 목적으로 한다. 자유민주주의 이념에 기반하여 운영되는 오늘날의 정치에서도 여전히 정치지도자의 리더십과 국가통치능력이 중요하다. 또한 정치리더십은 그 나라의 전통과 문화 속에서 행사되고 설명될 수 있다. 이런 점에서 한국의 전통사회에서 형성되고 실행되었던 정치리더십과 국가경영의 지혜는 오늘날 대한민국을 운영해 가는 데에도 중요한 시사점을 준다. 이 책은 이러한 입장에서, 조선의 성군들 가운데 한 명으로 평가되는 성종의 국가경영의 실상을 분석하고 대중에게 알리고자 기획되었다.

세종시대는 조선왕조가 창업에서 수성으로 진입하는 시기라고 얘기된다. 세종은 한편으로는 태조와 태종시대의 정치유산을 물려받으면서도 다른 한편으로는 이전 시기의 정치와는 다른 새로운 정치를 모색해 가고자 했다. 세종의 치세는 왕조 창업의 과정에서 발생했던 정치적 불안정과 정변, 그리고 태종의 권력정치를 극복하고 안정된 치세를 통해서 조선문화의 수준을 고양시켰다. 세종시대는 여러 위기와 우여곡절도 있었지만 '평화롭고 풍요로운' 시대였으며, 명철한 군주와 현능한 신하들이 함께 어우러져 '잘 다스려진 사회'였다.

성종시대는 조선왕실이 최대의 위기에 직면한 상태에서 시작되었다. 세조와 예종의 연이은 죽음으로 어린 나이에 즉위했던 성종은 조선국왕들 가운데서는 최초로 대왕대비 정희왕후의 수렴청정을 받으면서 통치를 시작했다. 그는 친형인 월산대군을 비롯한 왕실의 종친을 관리하면서 자신의 왕권을 안정시켜야만 했고, 세조시대 대신들이 국정을 주도하는 가운데 국왕으로서 통치능력을 보여 주어야 했다. 이처럼 유례가 없을 정도로 비상한 상황에서 13세의 나이에 왕위에 오른 성종이 어떻게 왕실의 안정과 국왕의 권위를 유지하고 국정을 성공적으로 이끌어 갈 수 있었을까. 이것은 조선 전기의 왕실경영과 국왕의 리더십을 이해하는 데 필수적인 연구과제이다.

성종시대는 세종시대에 버금가는 태평성대이자 조선 전기의 정치사를 그 이전과 그 이후로 나누게 하는 분기점이라고 일컬어진다. 성종시대가 그 분기점이 되는 원인으로 이른바 훈구파를 비판하고 새롭게 정치무대에 등장한 사림파의 존재가 부각되었다. 그러나 성종시대에 사림세력이 하나의 정파로서 집단적 정체성을 가지고 훈구파에 대항한 것이라는 시각에 대해서는 오래전부터 비판이 있어 왔다. 오히려 성종이 세조시대의 부패한 패도정치를 극복하고 훈구대신들을 견제하기 위해 새로운 인재들을 등용했다고 보는 것이 더 사실에 가까울 것이다. 그렇다면 성종은 어떻게 세조시대 훈구대신들의 영향력으로부터 벗어나 자신이 추구하는 정치를 할 수 있었는가? 이에 답하기 위해서는 성종이 어떤 정치를 하기 위해서 사림을 등용하였으며, 그가 지향하는 정치를 추구하는 과정에서 군주로서 어떤 리더십을 보여 주었는가에 주목해야 한다.

필자는 성종이 세종을 모델로 세조시대의 정치를 극복하고자 했다고 판단한다. 이런 관점에서 이 연구는 “세종시대와 비견될 수 있는 성종시대의 태평을 가능케 한 그의 정치리더십은 무엇이었으며, 선왕인 세종과 세조의 리더십과 비교할 때 어떤 점에서 공통점과 차이점이 있는가?”라는 문제의식에서 출발한다. 지금까지의 선행 연구들은 이에 대해서 충분히 설명해 주고 있지 못하다. 이 연구를 통해서 성종시대의 정치변화와 치세를 가능케 했던 국가경영 리더십의 본질과 함께 후대에 미친 영향이 드러날 수 있기를 기대한다.

이러한 문제의식과 목적을 달성하기 위해 이 책을 크게 다섯 개의 부로 구성하였다. 먼저 제1부에서는 성종시대에 관한 선행 연구와 분석 방법을 제시하고, 선왕들이 남긴 정치적 유산을 검토한다. 세종과 세조가 남긴 유산은 성종이 정치를 시작하고 리더십을 발휘하는 데 발판이자 걸림돌이 되었고, 성종은 그 유산을 계승하고 극복하는 과정에서 자신만의 정치비전을 형성하였다. 제2부에서는 성종이 어떤 정치적 목표와 비전을 가지고 있었으며 자신의 시대를 어떻게 인식하고 진단하였는지를 살펴본다. 7년 동안 수렴청정을 받으면서 친정親政 이후의 큰 그림을 그리고 있었고 친정 직후에 터진 임사홍 일파의 탄핵사건으로 시대적 과제에 대한 진단과 처방을 고민하게 되었다. 제3부와 제4부에서는 성종이 어떠한 정책처방을 제시하고 추진하는지를 살펴본다. 특히 국가경영에서 중요한 정책분야라고 할 수 있는 왕실 운영, 인사정책, 법제정비, 경제정책, 불교정책과 교화의 정치를 완수하기 위해서 어떻게 정치적 동원과 지지를 이끌어 내는가에 주목하며 언관제도의 부활과 언론의 활성화를 분석한다. 마지막으로 결론에서는 세종과 성종의 국가경영을 비교함으로써 성종의 정치리더십과 국가경영의 특징을 밝히고자 했다. 이를 위해서 국가경영의 주요한 쟁점 사안들을 세종시대의 사례와 비교하여 공통점과 차이점을 분석하였다.

이 책의 초고는 필자의 학위논문에 토대를 두고 있다. 논문 작성을 위한 암중모색의 과정에서 떠오른 미숙한 아이디어와 작은 실마리를 논문으로 완성하기까지에는 박사과정 지도를 맡아 주셨던 고려대 박홍규 교수님의 도움이 컸다. 그분의 가르침이 없었다면 필자는 여기까지 올

수 없었다. 논문의 심사위원을 맡아 주시고 귀중한 조언을 해 주신 고려대 김병곤 교수님과 김남국 교수님, 서울대 박성우 교수님과 용인대 장현근 교수님의 은혜도 잊을 수 없다. 학위논문 집필과정에서 고려대 민족문화연구원의 박사학위논문 집필지원프로그램의 재정지원을 받았다. 다시 한번 감사드린다. 학위논문을 제출한 지 벌써 10년이 흘렀다. 그동안 필자는 여주대 세종리더십연구소의 박현모 교수님이 주관했던 연구과제인 〈세종시대 국가경영문헌의 체계화 사업〉에 참여하여 많은 것을 배울 수 있었다. 3년 동안 진행된 이 사업에 참여하면서 한국학중앙연구원 정윤재 교수님의 가르침을 받을 수 있었던 것은, 필자에게는 또 다른 행운이었다. 두 분의 가르침이 없었더라면 저자의 학위논문은 현재의 모습으로 발전하지 못했을 것이다. 그러나 이 책에 오류가 있다면 그것은 온전히 필자의 몫이다.

필자에게 성종 연구를 격려해 주시고 성종포럼에서 연구결과를 발표할 수 있도록 기회를 주신 선릉왕자파동종회의 이종구 회장님에게 심심한 감사의 말씀을 올린다. 3년 동안 연구비를 지원해 주고 책의 출간을 기다려 주신 한국연구재단의 관계자분들에게도 감사드린다. 필자의 첫 단독 학술저서의 출판을 허락해 주신 지식산업사 김경희 대표님에게도 감사의 마음을 올린다. 인문학에 대한 열정을 가지시고 세계적 수준의 학술서를 지향하는 대표님의 안목과 식견에 경의를 표한다. 교정과 편집을 위해 수고해 주신 지식산업사 김연주 선생님에게도 감사의 인사를 전한다. 불초한 아들을 위해 평생을 헌신하신 필자의 어머니에게 이 책을 바친다.

2021년 겨울의 문턱에서 새봄을 기다리며
방 상 근 삼가 씀

〈화보 1〉 성종 선릉(제1부)

〈화보 2〉 창경궁에 있는 성종대왕태실비. 창경궁은 성종 15년(1484)에 성종이 세 대비(정희왕후·안순왕후·소혜왕후)의 거처를 위해 지었다고 한다. 그런 연유로 성종의 태실은 조선 임금들의 태실이 대부분 있는 서삼릉이 아니라 창경궁으로 옮겨 왔다.

〈화보 3〉 서오릉 경릉에 있는 성종의 아버지 덕종의 묘(왼쪽)와 성종의 어머니 소혜왕후의 릉(제1부)

〈화보 4〉 서삼릉에 있는 폐비윤씨의 묘(제3부)

〈화보 5〉 조선 후기 경연 장소인 창덕궁 선정전으로 들어가는 입구와
선정전 내부 모습(제2부)

〈화보 6〉 세조와 정희왕후릉(제1부)

〈화보 7〉 밀양시 부북면 김종직의 생가 추원재 앞의 김종직 동상(제3부)

〈화보 8〉 김종직의 생가와 그의 묘(제3부)

〈**화보 9**〉 세종의 영릉(제5부)

〈**화보 10**〉 영릉의 문인석과 영릉의 정자각(제5부)

〈**화보 11**〉 성종의 계비 정현왕후릉(왼쪽)과 연산군의 묘(제5부)

〈화보 12〉 성종이 즉위한 근정문의 모습(제2부)

〈화보 13〉 윤씨에 대한 폐비 논의가 진행되었던 창덕궁 선정전(제3부)

〈화보 14〉 윤씨를 폐비한 이후 새 왕비 정현왕후를 책봉한 창덕궁 인정전(제3부)

〈화보 15〉 창경궁의 정전인 명정전(왼쪽)과 편전(임금의 집무실)인 문정전(제3부)

〈화보 16〉 창경궁의 대비전인 경춘전. 도승법 시행 관련 논쟁이 이곳에서 진행되었다(제3부).

〈화보 17〉 창경궁의 경연 장소인 숭문당(왼쪽)과 성종의 아들 중종이 승하했던 환경전(제2부)

차 례

제1부 성종시대

1장 선행 연구

창업·수성·경장·쇠퇴라는 왕조국가의 체계순환론에서 볼 때 조선 초기는 혁명과 건국이라는 어수선한 '창업'의 시기를 지나서 정치 및 사회의 운영메커니즘이 안정화되고 제도화되어 가는 시기인 '수성'이라고 할 수 있다.[1] 조선 초기에서 수성을 언제부터로 규정할 것인가와 관련하여서는 왕조의 기반이 정치적으로 안정화되었다는 측면에서 태종이나 세종의 시기를 수성기의 시작으로 볼 수도 있다. 하지만 필자는 조선왕조의 통치규범인 《경국대전》(기축대전)이 성종 즉위년(1469)에 완성되었고 세조시대까지 불안정했던 정치운영의 틀이 비로소 정착되었다는 점에서, 이때부터를 실질적인 수성의 시기로 보고자 한다.

성종(1457~1494, 재위 1469~1494)의 치세는 한편으로는 왕조 초기의 정변과 같은 권력투쟁의 문제가 마무리되고, 국정 운영의 틀이 제도화되고 안정화되어 가던 시기였다. 그러나 또 다른 한편으로는 조선을 건국했던 혁명파 사대부들이 여러 차례의 정변을 거치면서 분화되고, 세조시대의 공신들이 훈구대신으로 정치적 입지를 공고히 하고 있는 가운데, 새로운 인물들이 정치무대에 등장하던 시기였다. 그런 점에서 잠재적으로 갈등요인을 내재하고 있었다. 이러한 성종시대의 '정치'와 관련하여서는 사학 계통과 철학 계통의 선행 연구들이 존재한다.

---

1 박현모, 〈유교적 공론정치의 출발〉, 《한국정치사상사》, 백산서당, 2005, 239쪽.

사학계에서는, 이 시기에 역성혁명을 통해서 권력을 장악한 급진파 신진사대부들, 이른바 훈구파 또는 사공파로 불린 관학파 사대부들이 어떻게 권력과 부를 축적함으로써 권신이 되어 갔는가에 초점을 맞춘다. 그리고 고려의 중흥을 내세웠지만 여말의 권력투쟁에서 패배한 온건파 신진사대부들이 조선의 창업과정에서 배제되었다가 뒷날 사림파 또는 절의파로 불리며 성종시기를 통해 재등장하여 훈구파와 대립을 형성하며 새로운 정치를 모색해 가던 시기로 설명한다.

한영우는, 사대부의 청신성淸新性을 되찾으려는 노력은 9대 임금 성종이 시도하였으며, 고려 말의 온건개혁파 사대부인 정몽주와 길재의 학풍을 계승한 김종직 등 영남사람들을 대거 등용함으로써 훈신과의 세력균형을 유도하였다고 한다.[2] 최승희도 성종시대에 훈구와 사림의 두 정치세력에서 대립하는 형세가 나타나게 되었으며 이러한 세력 간의 대립과 양반 내의 모순이 자라나 연산군 이후 네 차례의 사화로 나타났다고 지적한다.[3] 민현구 역시 조선이 건국하여 양반사회가 확립된 지 약 100년이 지나는 동안 세력기반을 굳혀 왔던 훈구세력과 대비하여 새롭게 경학을 중시하고 수기치인을 강조하는 신진세력이 대두하였음을 강조한다.[4]

이러한 사학계의 연구는 연산군과 중종 이후에 나타난 사화를 통해 부각된 훈구와 사림 사이 갈등의 기원을 성종시대 신세력의 등장에 따른 구세력과의 갈등의 관점에서 해석하고 있는 것이다. 그러나 필자는 성종시대에 김종직의 추천으로 정계에 진출하기 시작한 문인들이 하나의 정치적 파벌을 형성하여 기존의 훈구파와 대립하고 있었다고 보기는

---

2 한영우, 〈조선 건국과 사대부〉, 《한국사특강》, 서울대학교출판부, 2005, 144쪽.

3 최승희, 〈조선 초기의 정치와 문화〉, 《한국사특강》, 서울대학교출판부, 2005, 152쪽.

4 민현구, 〈조선양반국가의 성립과 발전〉, 《한국사의 재조명》, 고려대학교출판부, 2007, 162쪽.

어렵다고 판단한다. 한충희는 성종대의 사헌부·사간원·홍문관의 정3~종6품관은 문과 출신이 88~92%였고, 《용재총화》나 《신증동국여지승람》에 기재된 유력 성관이 52~80%였으며, 아버지나 할아버지가 정1~종6품 이상인 관료의 자손이 70~93%였다는 점에서 가문이 좋은 고위 관료의 자손인 문과 출신이 언관에 제수되는 경향이 현저했음을 지적한 바 있다.[5]

이와 관련하여 필자는 이 시기의 정치사를 훈구와 사림의 이분법적 구도로 설명하는 통설의 견해에 대해서 문제를 제기하며, 관직의 고유 임무가 재직 당시 그 관원의 행동과 논리를 크게 규정했다고 보는 견해에 동의한다. 김범은 당시 삼사의 구성원은 언제나 유동적이었고 유망한 관원들은 거의 대부분 삼사를 거쳐 대신으로 승진하였으며 관서의 인사이동이 만성화에 가까울 정도로 빈번해졌음을 지적한 바 있다.[6]

사학계 연구의 또 다른 문제점은, 기본적으로 정치사나 제도사의 측면에서 다루었기 때문에 성종시대의 정치를 주도했던 관학파들의 '이념'이 무엇이었는지 분명히 드러나고 있지 않다는 것이다. 물론 사학 계통의 연구서들 가운데에도 조선 초기 사대부들의 사상을 설명하고자 하는 시도들이 있다. 도현철은 훈구와 사림의 대립의 사상적 연원이라고 할 수 있는 사대부의 정치사상을 설명하면서, 왕패겸용의 이상군주론과 형세·문화론적 화이관을 지닌 구법파 사대부와 왕도적 이상군주론과 명분론적 화이관을 지닌 신법파 사대부로 양분해서 설명한다.[7]

정재훈은 조선 전기 정치사상을 살펴볼 수 있는 지표의 하나로서 경서 가운데 정치사상과 가장 밀접한 연관을 지닌 《대학》에 주목하여 이

5 한충희, 《조선 초기 관직과 정치》, 계명대학교 출판부, 2008, 411-412쪽.
6 김범, 《사화와 반정의 시대》, 역사비평사, 2007, 18-20쪽.
7 도현철, 《고려말 사대부의 정치사상연구》, 일조각, 2002.

를 기준으로 삼아 조선 전기의 정치사상이 어떻게 변화하는지를 정리한 바 있다. 그는 15세기 성리학에 대한 기존 연구의 경향을 ① 성리학이 이해되어 가는 과도기로 파악하는 관점, ② 주자성리학을 도입하였으나 정치개혁의 틀은 《주례》와 같은 한당유학의 영향을 받아 개혁을 시도하였다는 관점, ③ 고려 말의 성리학 또는 신유학에는 여러 가지 요소가 혼재되어 있다고 보는 관점, 이렇게 세 가지로 구분하면서 각각의 연구 경향이 지닌 문제점과 한계를 설명하고 있다.[8] 하지만 이러한 연구들 역시 사림세력이 등장하면서 나타난 성리학의 심학화 경향이나 16세기 사림들이 15세기의 체제교학을 극복하고 새로운 성리학을 세우려는 노력을 부각시키고자 한다는 점에서 큰 틀에서 볼 때 선행 연구와 차이가 없다.

김범은 정치세력 간의 대립이라는 측면에서보다는 국왕·대신·대간 사이의 정치적 정립구도를 통한 견제와 균형이라는 측면에서 성종시대의 정치를 설명하고 있다. 그러나 이 구도 속에서는 그 안에서 행위하는 행위자들이 지녔던 이념이 무엇이었는지 드러나지 않는다. 뿐만 아니라 조선 개국시기부터 성종 이전까지 국왕·대신·대간 사이의 상호비판과 견제라는 구도가 이미 존재해 왔다. 그런 점에서 그 정립구도로 성종에서 중종에 이르는 사화와 반정의 시대를 설명하는 데는 한계가 있는 것으로 보인다. 계승범은 대간 제도 때문에 사화가 발생했다면, 그런 충돌이 왜 16세기에 접어들 무렵부터 약 반세기 동안 한시적으로 발생했는지를 설명해야 한다고 주장한 바 있다.[9] 김용흠의 경우 훈구와 사림의 대립 구도는 16세기 정치사 이해에 여전히 유효하다는 입장에서

---

8 정재훈, 《조선전기 유교 정치사상연구》, 태학사, 2005, 18-26쪽.

9 계승범, 《중종의 시대》, 역사비평사, 2014, 174-175쪽.

성종대 정계에 진출한 김종직 등 신진사류들은 훈척의 비리와 전횡을 성리학적 명분론에 입각하여 비판하고, 당시 사회의 모순을 성리학적 이념과 제도의 실천으로 극복해 보려 하였다고 지적한다.[10] 그러나 의리와 명분론은 대체로 연산군과 중종대의 사화를 경험한 16기 이후 사림이 주로 내세웠던 것이었다. 그 이전인 성종시대를 설명하기에는 불충분하다.

한편 철학 계통에서 성종시대를 포함하는 15세기 유학사상에 대한 기존의 연구는 조선사의 그 어느 시기와 비교해서도 박약하다고 할 수 있다. 김홍경은 그 이유로써 두 가지를 제시한다. 첫째는 이 시기의 유학사상 자체가 다른 시대에 견주어 풍요롭지 않다는 점이다. 이는 고려말에 수입된 성리학이 아직 유교적 관료지식인들에게 완전히 흡수되지 않았으며, 이 시기 사상계를 장악했던 관학파 유학자들은 학문보다 시무에 많은 시간을 할애할 수밖에 없었으며 성리학을 본격적으로 연구할 필요성을 강렬하게 느끼지도 않았기 때문이라고 한다. 둘째는 16세기 이후 사상사적 의미를 가진 집단으로 등장하는 사림파를 위주로 이 시기의 유학사상을 해설하려는 시각 때문이다. 이에 따라 이 시대를 대변하는 관학파 유학사상을 훈구파의 잡문으로 판단하여 거의 다루지 않으며, 그 대신 도통이라는 잣대를 통해 이 시기에 어떻게 사림파의 절의정신이 계승되어 왔는가를 파악하려고 한다. 김홍경은 정도전과 권근의 유학사상에 대한 몇몇 연구를 소개하고, 그 이후의 관학파의 유학사상을 철학사상과 경세사상을 중심으로 간략하게 서술한 뒤, 사림파의 등장과 그 주요인물을 설명한다.[11]

10 김용흠, 〈조선전기 훈구·사림의 갈등과 그 정치사상적 함의〉, 《조선건국과 경국대전체제의 형성》 연세국학총서46, 혜안, 2004, 361-365쪽.

15세기 사상에 대한 대체적인 철학계의 선행 연구는 형이상학적인 이기론 이해의 미성숙성과 심화의 문제 또는 이질성이라는 관점에서 주로 논의되어 왔다. 배종호는 조선 초기의 유학이 실천적 방면에서 경전에 통달하고 역사나 문장의 방면으로 기울어졌던 반면, 그 이후 유학은 '위기지학'으로 그 실천을 통해 사육신·생육신을 빚어냈으며 조광조의 지치주의 유학으로 나타났다고 한다.[12] 윤사순은 사림파의 선비정신을 논하면서 전기 사림파 학자들 가운데 김굉필과 조광조를 강조한다. 김굉필은 《소학》을 매우 중요시했다는 점과 수기의 철학으로 그 실천에 모범을 보였다는 점에서, 이때의 성리학은 의리지학이나 위기지학이라고 대칭될 만큼 올바른 행위를 통한 도리의 추구와 그 실현을 '자신을 위하는 길'로 믿고 중시하는 학문이었다고 한다.[13]

본래 '위기지학'과 '위인지학'의 구분은 공자의 말에서 유래한다. 공자는 "옛날에 배우는 자들은 자신을 위한 학문을 하였는데, 지금에 배우는 자들은 남을 위한 학문을 한다."[14]고 말한 바 있다. 이에 대해서 정자程子는 "위기爲己는 도를 자기 몸에 얻으려고 하는 것이요, 위인爲人은 남에게 인정을 받고자 하는 것이다."[15]라고 설명했다. 이것이 훈구와 사림의 학문경향을 논하는 데 사용된 것은 사화와 반정을 거치며 중종시대에 등장한 사림파의 대표라고 할 수 있는 조광조에 의해서였다. 그는 이전의 학문을 위인지학, 그리고 자신들의 학문을 도학을 계승하는 '위

11 김홍경, 〈15세기 정치상황과 성리학의 흐름〉, 《한국유학사상대계》Ⅱ(철학사상편), 한국국학진흥원, 2005, 235-284쪽.

12 배종호, 《한국유학사》, 연세대학교출판부, 1973, 61쪽.

13 윤사순, 《한국유학사상론》, 예문서원, 1997, 94-96쪽.

14 《論語》〈憲問〉"子曰 古之學者爲己 今之學者爲人."

15 《論語集註》〈憲問〉"程子曰 爲己欲得之於己也 爲人欲見知於人也."

기지학'으로 규정했다.

유초하도, 대부분의 학자들이 학문적 탐구에 전념할 여유나 여건을 갖지 못하고 고위 관직에서 현실문제에 대응하는 일이 많았기 때문에 정도전과 권근의 작품들을 제외하면 관학파 성리학이 철학사적 가치를 지닌 수준에 도달한 경우가 드물었다고 한다. 개개인이 전체로서 체계를 갖춘 철학의 정립이나 개별 개념의 수준에서 치밀한 이론화로 나아가지 못했기 때문에, 공통되는 이론적 특징을 드러내기가 어렵고 그 자체로 명확한 정체성을 지녔다고 보기 어렵다는 것이다. 그러나 관학파 성리학과 사림파 이후 성리학을 '이기론'의 관점에서 비교할 때, 양자 간에 차이는 크지 않다고 한다. 초기 성리학이 중기 이후 조선 성리학으로 계승되었기 때문에 관학파 성리학의 성격이 고려 말의 성리학이나 그 이후 세대의 성리학과 구별되는 외연을 따로 설정할 수가 없으며 그 이론적 공통성은 짙다는 것이다.[16]

요컨대 15세기 관학파의 사상에 대한 철학계의 선행 연구들은 대체적으로 이 시기를 하나의 과도기로 보면서, 이기론이나 경학사상의 관점에서는 미성숙성으로 파악하거나, 도통론이나 도학의 관점에서는 부정적인 시각으로 보고 있다고 말할 수 있다. 그 결과 정도전과 권근의 경학사상에 대한 연구를 제외하고는, 종종 "학문이 없었다"고 표현되는 15세기를 주도한 관학파의 정치이념과 사상에 대한 연구는 거의 부재한 상황이다.

조선 초기의 정치사상을 다루는 정치학계의 선행 연구도 큰 틀에서 볼 때 기존의 사학계와 철학계의 연구경향과 크게 다르지 않다. 차장섭

16 유초하, 〈조선성리학의 이론적 기초-관학파〉, 《조선유학의 학파들》, 예문서원, 2009, 15-54쪽.

은 조선 전기 관학파의 정치사상을 다루면서, 이 시기 관학파의 연구가 매우 미약함을 지적한다. 그 이유로서 15세기를 성리학이 아직 이해되지 않은 과도기적인 성격을 지닌 시대로 간주하여 연구가 제대로 이루어지지 않았다는 점과, 도통론에 입각하여 사상사를 보는 시각이 강하게 작용하여 관학파의 사상을 소홀하게 다루었다는 점을 언급한다.[17] 여말선초라는 관점에서 대부분의 경우 15세기를 여말의 연장선으로 보고, 훈구파와 사림파의 대립과정을 설명하면서 사림정치의 문을 연 조광조로 넘어가고 있다.

손문호는 조선왕조가 출범부터 유교를 통치이념으로 표방하고 유교적 제도를 구비했으나, 유교국가주의가 반유교적인 현실과 관행에 압도되었다고 지적한다. 왕조 초기 특유의 궁정정변과 혼란스러운 정치기류는 그 속에 대두된 공신세력이 귀족화하여 왕권을 업고 정국을 주도하는 현실로 나타났다고 15세기 정치를 설명한다. 그리고 이러한 상황에서 비교적 순수한 유교적 세력이 성장해 가서 16세기를 전후로 공신귀족에 도전하는 세력을 형성했다고 주장한다.[18] 진덕규는 성종이 훈신들을 견제하기 위해서 재위기간 동안 29회에 걸친 과거를 통하여 사림파를 등장시켰으며, 훈신과 사림파의 대립은 성종 9년을 시작으로 성종 20년 이후 갈등이 본격적으로 드러났으며, 사림파의 공세는 공신·외척·재상 등 훈신들의 영향력을 제약할 정도로 강화되었다고 한다.[19]

강광식은 여말선초의 유자들이 참여파나 비참여파를 불문하고 유교정치의 이상을 실현하기 위한 이념적 준거로 다 같이 주자학을 신봉하면

17 차장섭, 〈조선 전기 관학파의 정치사상〉, 《한국유학사상대계》 Ⅵ(정치사상편), 한국국학진흥원, 2007, 191-236쪽.

18 손문호, 《한국정치사상》, 박영사, 1991, 23-47쪽.

19 진덕규, 《한국정치의 역사적 기원》, 지식산업사, 2002, 526-527쪽.

서도 구체적인 현실문제와 관련한 경세론에서는 서로 현격한 차이를 보여 주었다고 지적한다. 즉 혁명론을 내세우며 왕조개창에 참여했던 훈구파가 주로 관료 중심의 중앙집권 체제를 선호하여 형정을 전면에 내세우는 법률적·행정적 교화에 치중하는 경세론적 태도를 취하고 있었던 데 견주어, 강상론을 내세웠던 재야 사림파(비참여파)들은 도학이념의 순수성을 견지하는 사림 중심의 분권체제를 선호하여 예치와 덕치라는 문화적·정신적 교화에 역점을 두는 경세론적 관점으로 훈구파에 맞서는 양상을 나타냈다고 말한다.[20]

이상에서 살펴본 바와 같이 사학계와 철학계, 그리고 정치학계의 선행 연구들을 검토하면서 필자는 그동안 성종시대와 15세기를 설명하는 데 선행 연구들이 간과했던 측면을 부각시키고자 한다. 즉 왕조 초기의 권력투쟁과 제도화의 문제가 일단락되면서, 주자학 정치론의 핵심인 '교화의 정치'가 새롭게 등장했다는 관점에서 성종시대를 해석하고자 한다. 이는 정치투쟁의 초점이 창업 이래 지속되어 온 권력투쟁과 제도화의 문제를 넘어서 각 개인의 심성으로 이동하고 있음을 의미하는 것이다. 다시 말해 정치이념의 '내면화'가 이루어져 감을 말하는 것이다. 이로 말미암아 이전의 시대와는 다른 차원에서 '교화'의 문제가 핵심적인 정치의 이슈이자 과제로 등장하였다.

그런데 이처럼 개인의 내면에 초점을 맞춘 교화논쟁이 활발하게 이루어졌다는 것은 정치의 발전이면서도 동시에 위험성을 내포하는 것이었다. 왜냐하면 인간의 내면은 알기가 어려운 것인데, 단지 심성이나 내면이 선하지 못하다는 이유로 교화를 내세우면서 처벌한다면 누구도 그러한 심판으로부터 자유로울 수 없기 때문이다. 교화의 정치는 끊임없

20 강광식, 《유교 정치사상의 한국적 변용》, 백산서당, 2009, 35-37쪽.

는 정치적 분쟁과 혼란을 야기할 수 있는 것이었다. 따라서 교화가 추구하는 '내면성의 정치'는 피할 수 없지만, 어떻게 이를 잘 관리하고 정치적 파국을 막을 수 있는가가 정치리더십에서 중요한 과제가 되었다. 이 책은 이 딜레마에 초점을 맞추어서 성종의 리더십을 진단하고 평가하고자 한다.

2장 분석 방법

앞서 살펴본 바와 같이, 성종시대를 포함한 조선 전기에 대한 기존의 연구는 주로 두 가지 접근법을 통해서 이루어져 왔다. 즉 하나는 철학계의 접근법으로 신유학(주자학)의 수용에 관련된 인물들의 사상 내용을 소개하는 것이다. 다른 하나는 조선의 건국 이래로 진행되어 온 정치적 사건들을 서술하는 사학계의 접근법이다. 그러나 필자가 보기에 어느 접근법도 성종시대나 조선 전기 국왕의 국가경영과 정치리더십을 이해하는 데 적실한 분석을 제공하고 있지는 못하다.

이 책에서 필자가 시도하는 분석 방법은 두 가지이다. 그 하나는 철학사와 정치사의 접점이나 이념투쟁과 권력투쟁의 접점을 찾고자 하는 방법론이라고 할 수 있다. 정치라는 것이 현실과 이상 사이에서 권력과 이념을 통해서 공동체의 목적을 실현해 가는 과정이라면, 한 정치가를 이해하기 위해서는 그 정치가의 저작에 나타난 사상과 실제의 정치행위를 교차시키면서 분석해야 한다.[21] 성종은 군주였고 개인 저작을 남기지 않았다는 점을 고려한다면, 그가 즉위 초에 경연을 통해서 학습하고 추구했던 이념과 사상은 무엇인지를 밝히고, 그것이 이후의 정책이나 정치행위에서 어떻게 나타나는지를 분석해 가야 한다. 즉 성종이 배우고 생각하고 꿈꾸었던 정치이념과 그가 현실정치 속에서 직면했던 문제와 고민들을 교차시키면서 분석해야 그의 행위와 발언에서 드러나는 리더십의 모습을 온전히 이해할 수 있는 것이라고 생각한다. 이러한 분석방법은 권력의 문제가 잘 드러나는 사건과 정책을 분석하는 데 유효한 접근법이다. 이 책에서 필자가 제2부(문제인식과 진단)에서 다루고 있는 사건들 속에서 성종의 정치리더십을 분석할 때 이러한 분석을 사용할 것이다.

그러나 정치라는 것이 반드시 권력투쟁이나 권력의 획득과 유지만을 목표로 하는 것은 아니다. 그 권력을 통해서 무엇을 할 것인가, 어떤 일을 해 나갈 것인가 하는 것이 더 본질적 요소이다. 즉 시대적 과제의 해결을 위해서 권력을 어떻게 사용할 것인가 하는 문제가 중요하다. 성종에게도 왕조국가의 일반적 군주와 마찬가지로, 권력은 획득되기보다는 세습적으로 주어졌다. 따라서 중요한 것은 왕권의 획득과 왕권강화를 위한 권력투쟁이나 정국운영을 둘러싼 신하들과 주도권 다툼의 문제뿐만 아니라, 자신에게 주어진 권력을 활용해서 국가를 어떻게 운영하여 이상적인 정치를 이룰 것인가 하는 것이다. 이 점은 이 책이 다루고자 하는 '국가경영'이라는 관점에서 본질적인 문제라고 할 수 있다.

이러한 국가경영의 문제와 관련하여서, 이 책에서는 터커(R. Tucker, 1981)가 제시한 정치리더십 분석방법을 적용하겠다. 터커는 그동안의 정치(리더십) 연구가 지나치게 '권력 중심적 분석'에 치우쳤기 때문에,

21 정치가에 대한 연구에서 철학사와 정치사를 결합시키는 연구방법, 곧 이념투쟁과 권력투쟁의 접점을 찾고자 하는 정치계통의 접근법과 관련하여서는 박홍규(2007)의 《정치가 정도전》(14-18쪽)을 참조.

권력을 지닌 지도자들이 무슨 일을 하는지 또한 어떠한 일을 하도록 기대받고 있는지에 대한 의미 있는 지식을 생산해 내지 못했다고 비판한다. 그는 정치가 개인의 이익과 관련된 '권력 추구와 행사' 및 의사나 양치는 목동과 같이 '무리를 돌보는 예술'이라는 두 가지 속성을 지니고 있다고 정리했다. 그는 정치의 권력 추구 속성을 부인하지 않지만, '공동체에 대한 적극적 봉사 기능' 또는 국민들에 대한 '방향 제시 기능'을 강조했던 플라톤을 오늘날까지 유행하던 정치에 대한 '권력 접근'과 대비되는 '리더십 접근'을 창안했던 정치사상가로 보았다. 그에 따르면 "정치지도자란 정치공동체 구성원들의 행동에 일정한 방향을 제시하거나 그러한 방향 제시 과정에 의미 있게 참여하는 사람"으로 규정될 수 있다.[22]

정치의 목표를 권력투쟁이나 정권 획득이 아니라 공동체가 나아가야 할 방향 제시로 보고, 정치지도자를 공동체 구성원들의 인격적 도야를 돕고 이끌어 주는 존재로 규정했던 플라톤의 정치관은 조선의 유교정치를 설명하는 데도 적용될 수 있다고 필자는 판단한다. 터커는, 정치행동으로서 정치리더십에 대한 분석은 문제 상황에 대한 '진단'(diagnosis), 문제해결을 위한 '처방'(prescription), 진단과 처방에 대한 '국민적 지지의 동원'(mobilization) 등 세 가지의 기능을 중심으로 이루어져야 한다고 주장한다.[23] 이러한 관점에 입각하여, 이 책에서는 성종이 어떻게 그 시대의 문제 상황을 진단하고 문제해결을 위해 처방하는가, 그리고 그 처방을 효과적으로 수행하기 위해서 어떤 방식으로 지지를 동원하는가 하는 측면에서 설명한다.

22 정윤재, 《한국정치리더십론》, 나남, 2018, 50쪽.

23 정윤재, 《세종의 국가경영》, 지식산업사, 2006, 14-15쪽.

한 나라의 국가경영을 정치리더십으로 접근한다는 것은 정치지도자에 따라 꾸려지는 나라 살림살이의 구체적인 국면들을 분석하고 평가하는 것을 의미한다. 성종의 국가경영 과정을 정치리더십 면에서 접근할 때, 다음과 같은 질문들을 중심으로 그 구체적인 국면들을 분석하고 평가할 수 있을 것이다.[24]

첫째, 정치리더십은 타고나는 것이 아니라 학습과 훈련을 통해 습득되고 향상되는 것으로 볼 수 있다는 점에서, 성종의 성장과정과 교육내용은 어떠한 것이었는가?

둘째, 성종의 비전은 무엇인가? 그리고 제시된 비전이나 이에 준하는 정치적 목표들을 성종은 어떻게 설정하고 정당화하고 있는가? 특히 세종과 비교라는 측면에서 볼 때, 성종의 비전은 세종의 그것과 어떤 점에서 같았고 어떤 점에서 달랐는가?

셋째, 성종은 자신이 직면한 문제 상황을 어떻게 인식하고 처방했는가? 특히 성종은 자신의 시대가 세종시대와 어떻게 다르다고 인식하였으며 그에 따라 세종과 어떤 다른 처방을 내리고 있는가?

넷째, 리더십으로서 정치과정은 정치지도자와 구성원들이 서로 영향을 주고받는 상호작용으로 이루어진 것이기 때문에 리더십 현상은 항상 '집단적'인 것임을 고려할 때, 성종은 문제해결 과정에서 주변 엘리트 및 일반 백성들과 어떠한 관계를 유지하는가?

다섯째, 선택된 정책을 집행하는 과정에서 성종은 어떠한 방식으로 그것을 추진하는가? 또한 구성원들의 지지를 창출하고 동원하기 위해 무슨 일을 하고 있는가?

---

24 정윤재, 《세종의 국가경영》, 지식산업사, 2006, 18-23쪽.

여섯째, 특정 정책의 수행결과와 그 성과는 어떠했으며, 그것에 대한 성종 자신과 주변의 평가는 어떠했는가? 그리고 성종시대의 성취 결과에 대해 연구자는 어떻게 평가하는가?

성종의 국가경영을 다루는 이 책의 전체적인 구성은 이와 같은 관점에 입각해서 짜여졌다. 즉 제2부는 성종의 교육 내용과 정치비전 및 성종시대의 문제 상황에 대한 인식과 진단을, 제3부는 문제해결을 위한 정책과 처방을, 제4부에서는 진단과 처방에 대한 지지의 동원을 다루고 있다. 그리고 이러한 분석과정에서 특정 정책의 수행결과에 대한 당시 성종과 주변의 평가 및 필자의 평가를 제시함으로써 성종시대 국가경영의 총체적인 모습이 파악될 수 있을 것이라 판단한다.

이처럼 터커의 분석방법은 책의 전체적 구성에서 활용되지만, 동시에 각 장들을 서술하는 데도 활용될 수 있다. 예컨대 정책처방을 다루는 3부의 경제정책(4장)을 서술하면서, 당시 성종이 경제문제에 대하여 어떻게 인식(진단)하고 어떠한 처방을 하고 그 처방에 대한 지지를 동원하는가의 측면에서 분석할 수 있다. 필자가 제3부에서 다루고 있는 사건들 속에서 성종의 국가경영을 분석하는 데 이러한 접근법을 사용할 것이다. 즉 국가경영의 여러 영역(왕실 운영/인사정책/법제 정비/경제정책/불교정책 등)을 대상으로 성종이 어떠한 비전을 가지고 있었고 당시의 상황과 문제에 대해서 어떻게 진단했으며 어떤 처방을 내놓았는지, 그리고 그 처방을 실행하는 데 어떻게 지지를 동원하였는지를 분석하고자 한다. 이를 통해서 성종과 그 시대를 다루었던 이제까지의 연구와는 다른 새로운 시각을 제시할 수 있을 것이라고 기대한다.

3장 정치교화

성종(1457-1494, 재위 1469-1494)의 시대는 중국 명나라의 성화제와 홍치제의 치세에 해당한다. 명 초기의 성리학적 모순이 지속되던 가운데 성리학적 이상과 현실의 틈새를 메우기 위한 사상적 전환을 모색하고 있던 시기라고 할 수 있다. 그 모순이란 반란을 통해서 황제를 밀어낸 연왕이 명나라 초기 성리학의 부정적 측면을 대표하고 있었음에도 영락제로 즉위하여 유학을 후원하고 학교교육을 장려하고 태학을 중시하며 선현들을 존숭하고 유학자들에게 경전강의를 하도록 하면서, 명대 초기의 유학적 문화주의를 대표하는 군주의 모습을 보여 주고 있었다는 점에서 드러난다. 성리학적 도덕주의의 순결성을 가장 많이 더럽힌 것도, 명초에 성리학적 문화주의를 가장 장려한 것도 영락제라는 사실은, 이 시기가 성리학적 이상과 그 현실적 구현력 사이에서 갈등하고 있는 모습을 확인시켜 준다. 그와 동시에, 성리학적 이상은 선언으로만 제출되고 실제의 정치 현실이나 시대적 삶은 이상이 증발되어 버린 부정성을 드러내는 시대였음을 말해 준다.[25]

영락 13년(1415)에 황제의 명에 따라 호광 등이 사서오경의 《대전》과 《성리대전》을 편집함으로써 주자학에 따른 경전 해석의 지도방침과 도덕의 사상적 지도방침이 확립되었다. 이것은 이른바 과거제도라는 국가시험의 형태로 나타났고 그 결과 과거를 거부하면서 서원교육을 통한 인격수련을 목적으로 하던 주자학은 아이러니하게도 과거시험의 도구가 되었다.[26] 이 시기를 대표하는 주자학자들 가운데 한 명인 구준邱濬은

---

25 윤천근, 〈성리학적 이상과 현실의 틈새 메우기〉, 《역사 속의 중국철학》, 예문서원, 1999, 315-317쪽.

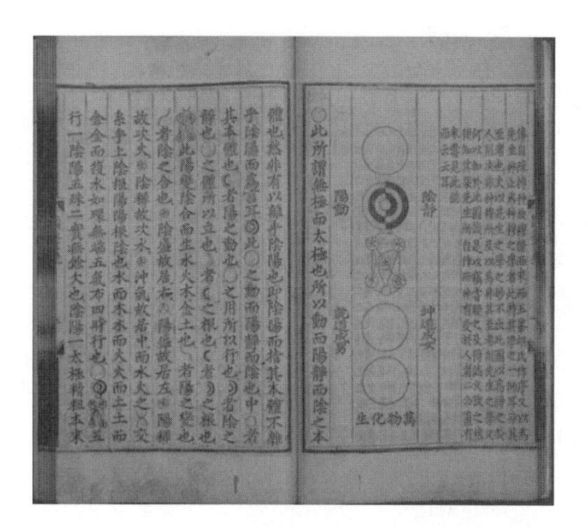

사진 1 송대 성리학설을 집대성한 《성리대전》

관료세계에 들어와서 경서에 정해져 있는 예식 등을 아무도 지키지 않고 사람들을 성인의 길로 이끄는 시스템이 형성되어 있지 않은 현실상황에 사회의 병폐가 있다고 보았다. 그는 예교禮敎를 소홀히 할 수 없다는 인식 아래 황제에게 바치는 건의서라는 형식으로 그의 대표작인 《대학연의보》를 저술하여 사회질서의 재건을 목표로 하고 있었다.[27]

이 시기 조선 주자학자들은 경세지향적 《대학》 해석을 보여 주었다. 조선의 개국 이래 《대학연의》가 제왕학의 텍스트로서 태조·태종·세종·문종대에 수시로 진강되어 왔는데, 이때 이석형李石亨은 이 책의 축약본이라고 할 수 있는 《대학연의집략》을 편찬하여 성종 3년 4월에 왕에게 올렸다. 이영호는 이 책이 성인의 학문에 유익하고 다스리는 도에 큰 보탬이 될 수 있는 제왕의 경세서로, 전 왕조의 실정을 거울삼아 경계가 될 만한 일을 골라 각 조목의 말미에 삽입한 것은 《대학연의》의 조선화

26 구스모토 마사쓰구, 김병화·이혜경 역, 《송명유학사상사》, 예문서원, 2005, 463쪽.
27 고지마 쓰요시, 신현승 역, 《송학의 형성과 전개》, 논형, 2004, 205쪽.

사진 2 《대학연의집략》

과정을 보여 주는 한 특색이라고 한다.[28]

성종이 치세했던 15세기는, 관학파라고 불리는 훈구세력이 주도했던 실천의 시대 또는 과도기로 이해되어 왔다. 그 이유는, 성리학이 아직 이해되지 못했다는 점과 도통론에 입각하여 사상사를 보는 시각이 강하게 작용하여 관학파의 사상을 소홀하게 다룬 점을 들 수 있다. 그러나 성종시대는 유교이념의 내면화라는 교화의 문제가 현실정치에 투영되어서 격렬한 대립을 야기하던 시대였고, 어떻게 정치적 안정을 유지하면서도 교화를 실현해 갈 수 있을 것인가 하는 문제를 놓고 고민했던 때였다.

성종대의 교화 문제는, 우선 세조대 훈신들이 풍속을 퇴락시킨 것에 대한 도덕적인 문제제기라고 할 수 있다. 성종 5년에 사헌부 지평 채수蔡壽는 "고려 말에 사풍이 크게 무너졌는데, 우리 태조 때부터 세종대에 이르기까지 사풍이 다시 떨치었습니다. 그러다가 세조조 이후로 탕연하게 기강이 없어져서, 대신으로서 탐오하고 절제가 없는 자가 많이 있습니다."라고 지적하기도 했다.[29] 이에 따라 사풍의 교화 문제가 군자와 소인에 관한 논쟁을 통해 본격적으로 제기되었고, 군주·대신·대간 사이에서 치열한 대립과 논쟁을 야기하였다.

공자는 백성을 선한 길로 이끌어 가는 데 법이나 형벌로 하는 방식

28 이영호, 《조선중기 경학사상연구》, 경인문화사, 2004, 41–42쪽.

29 《성종실록》 5년 3월 22일(정미).

과 덕이나 예로써 하는 방식 두 가지가 있음을 언급하면서, 전자보다는 후자에 따르는 것이 바람직한 것임을 말하고 있다. 공자는 여기에서 백성들을 '정政으로 이끈다.'라는 표현을 사용하고 있다.[30] 주희는 이때의 '정'은 법제와 금령으로 해석했다.[31] 그는 공자의 말을 빌려 '형과 정'이 '덕과 예'와 함께 백성을 선으로 이끌어 주는 교화의 두 가지 수단이기 때문에 어느 한쪽도 폐할 수 없음을 말한다. 주목할 것은, 형벌이나 법도 및 금령은 죄로부터 멀어지게 할 뿐 온전히 선으로 나아가게 하는 것은 아니라는 한계가 있기 때문에, 더 근본적인 수단은 덕과 예임을 강조했다는 점이다.[32] 그는 "몸소 행하여 솔선수범하면 백성이 진실로 보고 감동하여 흥기하는 바가 있을 것"이라고 주장한다.[33]

유교에서 교화는 법령과 함께 백성을 다스리는 '수레의 두 바퀴'라고 할 수 있다. 성리학은 천리의 실현가능성을 인성에서 구하는 학문이다. 따라서 성리학을 정치이념으로 하는 조선에서 정치의 본질은 눈에 보이는 외면적인 제도나 법령을 바꾸는 차원을 넘어서, 내면의 변화를 통해 정치공동체에 속한 모두가 성인이 되는 것을 목표로 삼는다.

성종시대의 교화 논쟁은 그 이전 시기의 논의보다 훨씬 더 깊이 정치가의 내면의 문제로 파고들어 가고 있었다. 성종시대는 세조~예종시대의 훈신과 공신들이 점차 분열해 가던 시기였다. 성종의 재야사림 등용정책에 따라 주로 양사와 홍문관에 출사하게 된 신진관료들은 그들에

30 《論語》〈爲政〉"子曰 道之以政 齊之以刑 民免而無恥 道之以德 齊之以禮 有恥且格."

31 《孟子集註》〈盡心 上〉"政 謂法度禁令 所以制其外也 敎 謂道德齊禮 所以格其心也."

32 《論語集註》〈爲政〉"政者 爲治之具 刑者 輔治之法 德禮則所以出治之本 而德又禮之本也 此其相爲終始 雖不可以偏廢 然 政刑能使民遠罪而已 德禮之效 則有以使民日遷善而不自知 故治民者不可徒恃其末 又當深探其本也."

33 《論語集註》〈爲政〉"言躬行以率之 則民固有所觀感而興起矣."

게 부여된 간쟁과 탄핵의 권한을 통하여 훈구들의 전행과 비리를 문제 삼으며 비판했다. 그들이 사용한 군자와 소인을 분별하는 논리는 이후의 사림에게도 계승되었다. 이러한 논쟁과 비판은 연산군과 중종시대를 거치면서 사화라는 극단적인 정치투쟁과 비극을 야기하기도 하였다.

그렇다면 사화나 당쟁의 시대와 비교해 볼 때 교화라는 동일한 시대적 과제를 안고 있었던 성종시대가 다른 어느 시대에 견주어 정치적 안정과 태평을 유지할 수 있었던 이유는 무엇인가? 선행 연구에서는 이러한 문제에 대한 해답이 보이지 않는다. 다만 성종이 적장자가 아닌 상태에서 수렴청정을 거쳐야 했던 즉위 초기의 왕권의 취약성을 극복하고 어떻게 왕권을 강화하고자 했는가에 초점을 맞춘다. 특히 후궁들의 분란과 폐비사건, 훈척과 대간의 알력, 세 대비를 봉양하는 데 따른 부담, 사림 정치활동의 한계, 여진 정벌에 따른 국력 소모, 인사의 불공정 등을 지적하면서 성종이 어떻게 국왕의 권위를 높이고자 했었는지를 설명한다.[34] 또한 훈구대신과 새로 등장하는 사림세력들 사이에서 균형을 유지하는 데 치중했다고 설명한다.[35] 즉 성종은 훈구대신들을 적절히 기용하여 그 기득권을 보장해 주었고, 연소한 사림들 역시 그들의 이상을 자유롭게 표출할 수 있도록 언로와 신분을 보장해 주었기 때문에 사생결단으로까지 치닫는 극한 상황은 일어나지 않았다는 것이다.[36]

그러나 이 책에서는 기존의 연구들과는 다른 관점에서, 즉 성종이 지치至治를 달성해 가는 과정에서 교화가 야기할 수 있는 폐단을 자각하고 대신과 대간의 대립을 중재하며 정치적 안정을 유지했다는 '설득적

34 최승희, 《조선초기 정치사연구》, 지식산업사, 2002, 444~479쪽.
35 진덕규, 《한국정치의 역사적 기원》, 지식산업사, 2002, 527쪽.
36 지두환, 《성종대왕과 친인척》, 역사문화, 2007, 291쪽.

리더십'에 초점을 맞추어 설명하고자 한다.[37] 이를 통해서 성종시대의 정치가 교화를 이루어 가는 두 개의 수레바퀴라고 할 수 있는 형정刑政과 감화를 어떻게 양립시키고 있는지, 그리고 그 가운데 어떻게 정치적 안정을 유지하고 있는지를 보이고자 한다.

37 당쟁의 시대에도 붕당정치의 폐단을 극복하기 위해서 분쟁의 '중재자' 역할의 필요성에 주목한 연구들이 있다. 박현모, 〈정조의 탕평정치연구: 성왕론의 이념과 한계〉(《한국정치학회보》 34, 2000, 45~61쪽)는 군주가 노론과 소론의 중재자로 제3세력을 등용하여 중재자의 역할을 하는 경우를 논하고 있다. 또한 김백철, 〈산림의 징소와 출사: 박세채의 사직소를 중심으로〉(《규장각》 33, 2008, 123~157쪽)는 산림이 중재자의 역할을 수행하는 것을 논하고 있다.

제2부 문제 인식과 진단

1장 선왕의 유산

세조 14년 5월 28일에 세조가 병이 들어 충순당으로 이어移御했다. 이날 세조는 후원에 나가서 종친과 판서 등을 불러 술자리를 베풀었다. 이 자리에서 그는 자신의 삶을 되돌아보면서 다음과 같이 말했다.

> 내가 잠저로부터 일어나 창업의 임금이 되어 사람을 죽이고 사람을 형벌한 것이 많이 있었으니, 어찌 한 가지 일이라도 원망을 취함이 없었겠느냐? 《주역》에 이르기를, '소정小貞은 길吉하고 대정大貞은 흉凶하다.' 하였는데, 이제 사거徙居·군적軍籍·호패號牌 등의 대사를 한꺼번에 아울러 거행하니, 비록 국가에는 매우 이롭다 하더라도 어찌 대정大貞인데 원망함이 없겠느냐? 또 내가 모든 국무에 비록 심히 소사小事라 하더라도 반드시 극진한 데에 이르러서야 행하였으니, 이것이 대정大貞의 흉凶이라 이르는 것이다. 나의 허물은 이에 불과하니, 내가 어찌 숨기겠느냐? 나는 숨기는 것이 없다.[1]

세조는 자신이 모든 국무에서 비록 작은 일이라 하더라도 반드시 극진한 데에 이르러서야 행하였고 정성을 다했음을 언급했다. 자신의 허물은 이처럼 모든 일에 매우 세심하게 처리한 것일 뿐이며 다른 허물은 없다고 강조했다. 그러나 그 역시 계유정난을 일으키고 왕위에 오르는

1 《세조실록》 14년 5월 28일(계해).

과정에서 사람을 죽이고 형벌한 것이 많았음을 알고 있었고, 그 때문에 원망하는 사람이 있을 수 있음을 인정했다. 또한 재위 중에 모련위 정벌(세조 5년)과 건주위 정벌(세조 13년)이 있었고, 이를 위해서 백성을 북방으로 이주시키는 사민 정책과 함께 군적에 대한 정비,

사진 3 호패의 모습

그리고 호패법의 시행 등을 추진하였다. 그 결과 동북아지역에서 조선이 주도하는 평화질서를 이룰 수 있었다.[2] 하지만 그것은 동시에 백성들의 피와 땀과 눈물이 따르는 것이었다. 세조 역시 그의 국방·군사정책이 국가의 위상을 드높이고 조종의 옛 땅을 회복하는 데 매우 이롭다는 점을 강조하면서도 그 과정에서 희생당한 백성들의 원망이 없을 수 없다는 것을 인정했다. 아버지의 소생이 불가능하다고 여긴 세자〔예종〕는 계유년과 병자년의 난신亂臣에 연좌되어 억울하게 희생당한 이들을 방면했다. 아버지로 말미암아 한을 품은 사람들의 원망을 풀어 주기 위해서였다.

계유정난이라는 정변을 통해서 집권한 세조는 정변에 참여하고 정변을 지지했던 한명회·신숙주·정인지 등과 같은 공신을 우대하며 국정을 운영했다. 그런데 세조 집권 중반을 넘어서면서 정난에 함께 했던 공신들의 불경행위가 잇달아 일어났고, 세조는 한명회·신숙주로 대표되는

2 세조의 여진정책과 동북아지역에서의 평화질서 수립에 대해서는 방상근, 〈조선 세조대 여진정책과 역사화해: '중화공동체론'의 관점에서〉(《평화연구》 제28권 2호, 2020, 223-257쪽)를 참조.

공신들에게 '군주는 군주답고 신하는 신하다워야 한다'는 정치적 경고를 할 필요성을 느꼈다. 그때 마침 이시애의 난이 일어났고, 그들이 난에 연루되었다는 풍문이 돌았다. 최근 연구에 따르면, 세조는 이시애의 난을 계기로 한명회와 신숙주를 처벌함으로써 종래의 공신들에게 경종을 울리고자 했고, 종친과 문·무신 가운데 자신이 신임했던 참신한 인물들, 대표적으로 구성군 이준·남이·허종 등의 적개공신을 의정부에 배치하여 국정의 전면에 대두시킴으로써 신·구공신의 자신에 대한 충성을 유도하고자 했다. 그러나 세조 사후에 신·구공신간의 권력투쟁은 예종 즉위년(1468) '남이 역모사건'과 '민수의 사옥史獄'을 거치면서 구공신 세력의 승리로 귀결되었다.[3]

남이의 옥사는 적개공신敵愾功臣인 남이가 역모하여 반란을 도모하고자 한다는 유자광의 발고에 따라 일어났다. 이 사건으로 남이의 입을 통해 당여라고 지목된 적개공신 강순을 포함해 7명이 환열당하였고, 그 결과 신공신이라고 할 수 있는 적개공신세력이 궤멸당하고 정국은 한명회와 신숙주 등 구공신 세력이 장악하게 되었다. 민수의 사옥은 세조대 사관 민수와 원숙강이 대신들의 권세를 두려워해서 양성지와 권람의 사초를 개작하여 벌어진 일이었다. 당시 예종이 "인군의 허물은 또한 쓰고 재상의 허물은 삭제하였으니, 그 까닭이 무엇이냐?"라고 질문하니, 원숙강이 "대신을 거슬리면 그 화가 빠르기 때문에 신이 삭제하였습니다."라고 대답하였다. 이에 예종은 "너는 대신에게는 아부하면서 인군을 두려워하지 않는구나!"라고 비판하고 있다.[4] 이처럼 세조대 말엽에서 예종대에 이르는 정국에서 권력을 강화시킨 대신들을 신하답게 만드는 책

3 김순남, 〈조선 세조대 말엽의 정치적 추이〉, 《역사와 실학》 60집, 2016, 67-104쪽.
4 《예종실록》 1년 4월 27일(경진).

사진 4 성종의 장인이자 공혜왕후의 부친 한명회 묘

무는 세조의 손자인 성종에게 주어졌다. 하지만 세조조차도 재위 기간 자신의 신하를 절대적으로 통제하지 못했던 상황이었다는 점을 고려해 볼 때, 대신들의 의중에 따라서 옹립된 13세의 성종이, 더군다나 대왕대비 정희왕후의 수렴청정 아래 있던 집권 초기에 대신들을 제어하기는 현실적으로 어려웠다.

세조와 예종의 연이은 죽음에 직면하여 상황을 수습한 것은 세조의 훈구대신들이었다. 이들은 13살의 새 왕으로부터 국정을 위임받았다. 성종은 즉위 직후에 "국가의 여러 일을 내가 어떻게 알겠는가. 고령군(신숙주)·상당군(한명회)·능성군(구치관)은 여러 임금에게 두루 벼슬했기 때문에 국가의 일을 알지 못하는 것이 없으니, 함께 의논하여 잘 처리하라."고 명을 내렸다. 신숙주 등은 "신등이 감히 마음을 다하지 않겠습니까."라고 말하며 그 명에 따랐다.[5]

성종 즉위년에 이르러 세조대에 시작되었던 《경국대전》의 편찬사업이 완성되었고, 이듬해(성종 1년, 1470)에 시행됨으로써 제도화는 일단락되

5 《성종실록》 즉위년 12월 1일(경술).

었다. 성종이 즉위한 뒤 대사헌 이극돈이 올린 상소에는 당시 교화의 문제가 시급한 정치적 과제였음을 지적하고 있다.

> 학교는 인재가 배출되는 곳이기 때문에 풍화의 본원입니다. 왕자는 하늘을 본받아 만물을 다스리므로, 스스로 군사君師의 위치에 처하였으니, 대학을 세워서 나라를 교화하고, 상서庠序를 베풀어 고을을 교화함에 백성을 인으로써 인도하고, 백성을 의로써 무마하고, 백성을 예로써 절제 있게 해야 합니다. 그럼으로써 교화가 행해지고 풍속이 아름다워지니, 당·우·삼대가 성했던 것도 이 때문입니다. 근년 이래로 문풍이 날로 쇠해지고, 선비의 풍습이 예스럽지 못하여 처음으로 배우는 선비가 겨우 글자를 쓸 만하면 먼저 영리에 치우치기 때문에, 읽는 것이 모두 미사여구를 탐구하는 데에 치우치거나, 그렇지 아니하면 문장과 구절만 따져서 스승이 제자를 가르치거나 제자가 스승에게 배우거나 하는 것이 매진하는 것으로 급무를 삼으니, 어느 겨를에 효제와 충신의 행실을 다스리겠습니까? … 엎드려 바라건대, 전하께서는 먼저 효제를 장려한 뒤에 문학을 익히게 하며, 지절志節을 숭상하고 사화詞華를 천하게 여겨 교관教官과 사장師長으로서 과연 능히 경서에 밝고 행실이 닦여져서 현저하게 효과가 있는 자는 순서에 따르지 않고 탁용하여 그 나머지를 권장하소서.[6]

이극돈은 왕이 대학을 세워서 나라를 교화하고 백성을 인의와 예절로 인도하여 풍속이 아름다워지는 삼대의 정치를 말하면서, 당시 선비의 풍습이 예스럽지 못하고 영리를 추구하는 일에 치우쳐서 효제孝悌와 충신忠信의 행실이 없음을 지적하고 있다. 그 대안으로써 경서에 밝고 행실을 닦아 현저하게 효과가 있는 자를 탁용하도록 건의한다.

6 《성종실록》 1년 2월 22일(신미).

정치를 이끌어 갈 엘리트라고 할 수 있는 선비의 풍습이 바르지 못한 것에 대한 우려는 성종이 즉위 초에 책문한 자리에서 드러난다. 성종은 "나라를 위함에서는 마땅히 절개와 의리를 숭상하여 선비들의 습관을 바르게 하여야 할 것인데, 근자에 선비들의 습관이 바르지 못하여 염치의 도리가 기운을 잃게 되었으니, 그 이유는 무엇이겠는가?"라고 질문하면서 "사람들로 하여금 절개와 의리를 숭상하고 염치를 장려하려고 하면 그 길은 무엇을 연유해야 할 것인가?"라고 의견을 물었다.[7]

이듬해에 대사헌 한치형이 올린 시무 17조에 대한 상소에서도 선비의 풍습과 민간의 풍속 문제를 거론한다. 그 내용 가운데 요점은 첫째, 《소학》과 《삼강행실》을 널리 간행하게 하여 어른과 어린이 모두 배우게 하는 것, 둘째, 지혜·어짊·용기의 덕과 부모를 섬기는 효행·군자를 존경하는 우행·스승을 섬기는 순행을 알게 하는 것, 셋째, 지智·인仁·성聖·의義·충忠·화和의 덕과 효孝·우友·목睦·인婣·임任·휼恤의 행실을 알게 하는 것, 넷째, 재물을 다투고 은혜를 상하는 자를 징계하는 것, 다섯째, 이곳저

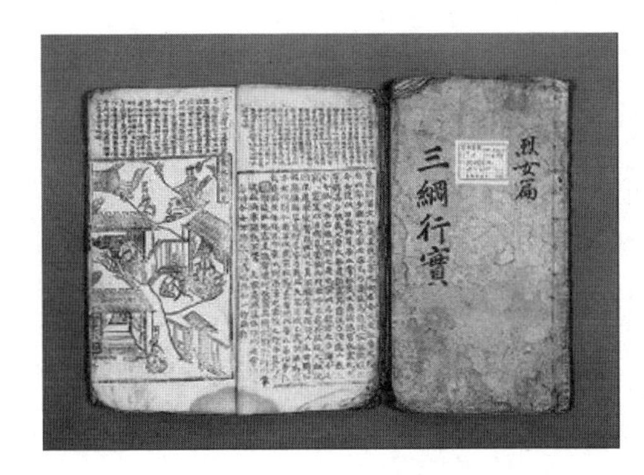

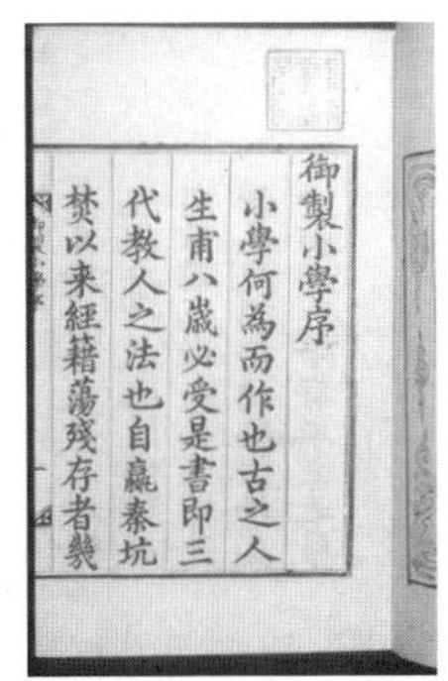
御製小學序
小學何為而作也古之人
生甫八歲必受是書卽三
代教人之法也自嬴秦坑
焚以来經籍蕩殘存者幾

사진 5 《삼강행실》(왼쪽)과 《소학》

7 《성종실록》 1년 10월 21일(을축).

곳 돌아다니며 구차하게 승진하려는 자는 파출하는 것, 여섯째, 사치한 것을 믿고 의리를 멸하는 자는 억제하는 것, 일곱째, 참소하고 아첨하는 자는 물리치는 것, 여덟째, 사람의 착한 마음을 감발하게 하고 방일한 뜻을 징계하는 것 등이다. 이를 통해 민풍과 사풍을 바르게 하여 교화에 힘쓸 것을 건의하고 있다.[8] 상소의 내용을 거꾸로 생각해 보면 성종 초년의 민풍과 사풍이 어떠했는지를 어렵지 않게 유추해 볼 수 있다.

성종은 한치형의 상소를 검토한 뒤에 예조에 전지하면서 "백성의 풍습과 선비의 습속은 위에 있는 사람이 높이 장려하고 격려하여야 하니, 중외로 하여금 충신·열부·효자·순손을 찾아다니며 계문하여 착한 사람과 악한 사람을 구별하게 하고, 또 제도 관찰사로 하여금 《소학》·《삼강행실》 등을 널리 간행하여 백성들이 강습하게 하라."고 지시하였다.[9]

성종 7년 1월에 성종은 그의 친부인 덕종을 종묘에 부묘하고 나서 다음과 같이 교서를 반포하였다.

천성에 근본하는 것을 친애親愛라 이르는데, 친애는 실로 은혜에 근본하는 것이고, 인정에 따르는 것을 예절이라 이르는데, 예절은 그 근본을 잊지 않는 것이니, 이는 고금에 변경할 수 없는 떳떳한 도리이다. 내가 변변치 못한 몸으로써 외람되이 대통의 소중함을 계승했는데, 황백고를 추념해 보니 종천終天이 비통을 영원히 품으셨으므로 별도로 원묘를 세워 신神이 안주하기를 기다렸다. 이것이 어버이를 높이는 일이 지극하지 못하였으니, 어찌 내 마음의 편안한 바이겠는가? 옛것을 참고하고 예절을 참작하여 사유를 갖추어 황제에게 아뢰니, 마땅함에 따르고 정리에 맞다고 하여, 곧 황제의 명으로 윤허한 것이다. 이에 휘호를 내려 주어 존숭을 극진하게 하니, 마땅히 종묘에 부祔하여 종사에 영원

8 《성종실록》 2년 6월 8일(기유).
9 《성종실록》 2년 6월 18일(기미).

사진 6 종묘 영녕전 모습

히 흠향하도록 해야 할 것이다 …… 이에 효치孝治를 나타내어 백성의 풍속을 후厚하게 한다〔聿彰孝治 用厚民風〕.[10]

덕종은 세조의 장자로 세조 1년(1455)에 세자로 책봉되었으나 병약하여 세조 3년에 20세의 나이로 죽었다. 이때 세조의 둘째 아들로 세자가 된 예종이 1468년에 즉위한 뒤 불과 13개월 만에 죽자, 세조비 정희왕후의 선택으로 즉위한 이가 덕종의 둘째 아들인 성종이었다. 그는 본래 왕위를 계승할 만한 적장자가 아니었다. 그의 친부인 덕종은 임금으로 즉위하지 못했고, 그 역시 장자도 아니었다. 그럼에도 정희왕후는 포대기에 싸인 예종의 아들과 병약했던 덕종의 장자 월산군을 물리치고 평

10 《성종실록》 7년 1월 10일(을묘).

소 총명함으로 세조의 눈에 들었던 13세의 어린 자산군(자을산군)을 즉위시켰다. 위의 교서에서 "외람되이 대통의 소중함을 계승"했다고 표현한 것은 이러한 연유에서였다.

성종은 즉위 이후 7년 동안 대왕대비인 정희왕후의 수렴청정 아래에서 그 뜻을 좇으면서 세조대의 대신인 원상들의 보좌에 의지해서 정사를 시행해 왔다. 이 시기에 성종이 주도하여 자신의 뜻을 관철했던 정책은 일부 신하들의 반대에도 정희왕후의 동의 아래 그의 친부였던 의경세자를 명나라 황제의 윤허를 얻어 왕으로 추존했던 것 정도였다. 이 점에서 성종이 덕종의 부묘를 단행하면서 표명한 '효치'의 이념은 일반적으로 유교에서 강조하는 것보다 더 특별한 의미를 가진다.

이 교서의 핵심적인 부분은 "효치를 나타내어 백성의 풍속을 후하게 한다."는 구절이다. 성종시대는 세조대의 정변과 권력 찬탈, 사육신 사건과 단종의 폐위와 사사, 북방정벌과 내란(이시애의 난)이라는 격변과 혼란의 정치로 말미암아 무너져 내린 선비와 백성들의 풍속을 바로잡아야 했던 시기였다. 이 시대의 핵심적인 정치 과제인 풍속의 교화가 세조대의 폐단이 많았던 정치에 대한 성찰의 결과였다는 점은 당시 대간들의 말을 통해서 확인할 수 있다. 성종 5년에 사헌부 지평 채수는 "고려 말에 사풍이 크게 무너졌었는데, 우리 태조 때부터 세종 때에 이르기까지에 사풍이 다시 떨치었습니다. 그러다가 세조조 이후로 탕연하게 기강이 없어져서, 대신으로서 탐오하고 절제가 없는 자가 많이 있습니다."라고 지적한 바 있다.[11]

정희왕후의 수렴청정기간 동안 실록 곳곳에서는 당시에 도둑이 성행하고 대신들이 탐오하여 사풍의 무너짐이 심각하여 끊임없이 문제로 제

11 《성종실록》 5년 3월 22일(정미).

기되고 있었다. 그러나 성종은 대신들의 장리長利나 농장과 전원, 그리고 권세가들의 횡포 등이 야기하고 있는 문제들에 대해서 처벌에 신중한 모습을 보인다. 장리란 '돈이나 곡식을 꾸어 주고받을 때에 내는 한 해 이자'를 말한다. 성종이 자신의 정치적 부모라고 할 수 있는 세조와 정희왕후에 대한 효를 내세우는 이상 세조대에 있었던 폐정에 대해서는 언급을 삼가하거나 쉽게 처단하지 못하는 것은 어쩌면 정치 도의상 당연한 것이라고 할 수 있다. 그럼에도 불구하고 성종이 효치를 내세워 세조시대의 부정적인 정치 유산과 폐단이 낳은 퇴락한 풍속을 후하게 교화시켜 가고자 했다는 점에서 주목할 만하다. 이처럼 '효치'와 '교화'라는 상충된 정치목표를 추구해야 한다는 점에서, 그의 치세는 근본적 딜레마를 내재하고 있었다.

덕종을 부묘한 뒤에 정희왕후는 수렴청정을 거두고 국정을 성종에게 되돌렸다. 성종은 마지못해서 친정親政의 뜻을 밝힌다.[12] 친정을 선포한 이후에도 교화의 필요성은 계속 제기되었고, 사풍을 교화하는 데 크게 두 가지의 과제가 놓여 있었다. 첫째는 세조대의 권신으로서 여전히 막강한 영향력을 행사하는 대신들에게 당부黨附하여 자신들의 이익을 도모하려는 소인을 교화하는 문제였다. 성종의 친정 초기의 정치상황은 세조대의 정치를 주도했던 훈구대신들이 원상院相으로 오랫동안 국정을 운영해 왔기 때문에, 비록 성종이 친정을 선포한 뒤 대간의 건의를 받아들여서 원상제를 폐지했지만, 이후에도 세력을 쫓고 권세에 붙는 사교私交의 문제는 그치지 않았다. 이로 말미암아 성종은 여러 도의 관찰사에게 하유下諭하여 신하로서 봉공의 직무를 다할 것이며, 세력 있고 요직에 있는 자에게 붕비하는 자는 사면할 때에 용서하지 않고 형정으

12 《성종실록》 7년 1월 13일(무오).

로 징계할 것을 선언하였다.[13] 이 하유는 충청도 절도사 이종생이 신유정을 보내어 한명회 집사로 그 집 물건을 외방에서 팔았던 김성의 물건을 빼앗아 한명회의 종 도치에게 주고, 또 홍주에 있는 배에 실은 김성의 물건을 다 몰수하고 그와 동반하던 10여 인을 가둔 사건에서 비롯되었다. 이 일은 본래 절도사가 청리할 일이 아닌데, 이종생이 자신의 직임이 아닌 줄 알고 있었음에도 "한명회의 환심을 사기 위해서 한 짓"이라고 성종은 밝히고 있다.

또 다른 과제는 대신들의 탐오貪汚, 곧 욕심이 많고 하는 짓이 더러움이었다. 성종 8년 6월 한 경연 자리에서 성담년은 근자에 선비는 탐오한 뜻을 품고 사람들은 화복의 설에 현혹되고, 사대부의 뜻이 낮아져서 이익과 욕망에 골몰하여 염치를 차리는 것을 졸렬하다 하고 이익을 좇고 있으며, 뜻을 도탑게 하여 현혹되지 않고 염정廉正을 스스로 지키는 자가 드물다는 점을 지적하자, 성종 역시 공감을 표시한다. 김질은 이러한 풍속의 비루함을 바로잡기 위해서는 오직 법을 쓰는 데에 사사로움이 없게 하여 비록 친하고 귀한 자라도 범한 것이 있으면 용서하지 않아야 함을 주장하였다. 그러나 윤자운은 교화는 '천백 년을 쌓아도 넉넉하지 못하나, 하루에 무너뜨려도 남음이 있다.'는 옛말을 인용하면서, 풍속이 비루한 것은 하루아침에 형벌하여 다스릴 수 있는 것이 아니고, 오직 위에 있는 사람이 몸소 모범을 보여서 이끌기에 달려 있을 따름이라고 하였다.[14]

이처럼 성종 초년의 정치 상황은 세조의 정치유산이 초래한 문제들, 특히 권신에게 의지하여 이익을 도모하려는 풍속과 대신의 탐오함이 결

13 《성종실록》 8년 1월 24일(계해).

14 《성종실록》 8년 6월 23일(무오).

합되어 나타나고 있었다. 제2부에서는 이러한 문제에 대해서 성종이 어떻게 진단하고 처방하는지, 그리고 그 과정에서 그의 리더십이 어떻게 발휘되는지에 관하여 살펴보고자 한다. 그러나 그에 앞서서, 먼저 성종의 즉위배경과 왕권의 기반을 살펴보고, 그가 즉위 초에 경연에서 읽었던 책들과 독서의 경향을 검토함으로써 어떤 정치비전을 형성해 갔는지를 확인해 보고자 한다.

2장 정치비전의 형성: 경연과 독서

1. 왕권의 기반

성종은 본래 왕위를 계승할 만한 적장자가 아니었다. 그의 친부인 덕종은 임금으로 즉위하지 못했고, 그 역시 덕종의 장자도 아니었다. 그럼에도 정희왕후는 평소 총명함으로 세조의 눈에 들었던 13세의 어린 자산군을 즉위시켰다. 당시 정희왕후가 내린 전교傳教는 다음과 같다.

> 대위大位는 잠시 동안이라도 비워 둘 수는 없는데, 사왕嗣王의 아들은 바야흐로 포대기 속에 있고 또 본디부터 병에 걸려 있으며, 세조의 적손嫡孫으로는 다만 의경세자의 아들 두 사람이 있으나, 월산군 이정은 어릴 때부터 병이 많고, 그 동모제 자산군 이혈은 재질이 준수하여 숙성하였으므로, 세조께서 매양 자질과 도량이 보통 사람보다 특별히 뛰어났음을 칭찬하면서 우리 태조에게 견주기까지 하였다. 지금 나이가 점차 장성하여 학문이 날로

진보되어서 큰일을 맡길 만하다. 이에 대신들과 의논하니 대신들도 말을 같이하여, '진실로 여러 사람의 희망에 부합합니다.' 하므로, 이에 이혈을 명하여 왕위를 계승하도록 한다. 국가의 존망을 감념感念하건대, 마음이 놓이지 않는다. 그대들 대소 신료는 내 뜻을 잘 본받아서 힘을 다하여 좌우에서 보좌하라.[15]

위의 전교에서 주목할 것은 의경세자의 두 아들인 월산군과 자산군 가운데, 장자인 월산군이 아니라 차자인 자산군이 선택되는 논리이다. 정희왕후는 월산군이 어릴 때부터 병이 많았다고 말하고 있지만, 조선 초기 왕위 계승에서 적장자가 아닌 자가 왕이 되었을 때 벌어졌던 정변이나 정국의 불안정을 생각한다면, 그 이유만으로 장자를 물리치고 차자를 선택하였다고 보기는 어렵다. 더욱이 월산군은 성종이 왕으로 즉위한 이후에도 19년이나 더 살았다는 점을 고려하면, 그의 병약함이 후계 구도에서 배제되는 결정적 이유는 아니었을 것으로 보인다.

그렇다면 자산군이 월산군을 제치고 왕이 될 수 있었던 이유는 무엇이었을까? 정희왕후의 전교에서는 자산군의 "자질과 도량이 보통 사람보다 특별히 뛰어났음"을 언급하고 있다. 조선왕조의 왕위계승에서 적장자가 아닐 경우 현자 또는 유덕자가 왕이 되어야 한다는 것이 또 하나의 원칙이었다는 점에서 자산군의 재질은 그가 왕으로 선택되는 데 중요한 요인이 되었다고 할 수 있다. 정희왕후가 예종의 후계자를 결정하는 과정에서 월산군과 자산군의 어머니인 인수대비가 어느 정도 역할(조언)을 했을 것이고, 비록 나이는 어려도 모든 면에서 상대적으로 자산군의 자질이 뛰어나다고 보아서 그를 추천했을 가능성도 있다. 하지

15 《성종실록》 즉위년 11월 28일(무신).

만, 13세에 불과한 자산군의 '잠재적' 재질을 보고 그를 왕으로 선택하였다는 것 역시 그대로 믿기 어려운 대목이다. 자산군이 월산군을 제치고 후사로 결정된 더 근본적인 이유와 관련하여, 선행 연구에서는 혼맥으로 연결된 정치적 배후 때문이라는 점을 지적하고 있다.[16] 즉 자산군에게는 왕실의 최고 어른인 정희왕후와 혼맥으로 연결된 한명회의 절대적인 지원이 있었다는 것이다.

정희왕후는 후계자가 결정되지 않은 상황에서 발생한 예종의 죽음으로 자칫 왕위계승을 둘러싼 정치투쟁이 일어날 수 있음을 생각하였을 것이다. 더욱이 과거에 단종이 어린 나이로 즉위하였을 때, 자신의 남편이 단종을 제거하고 국왕의 자리에 올랐던 과정에서 겪었던 정치적 파란을 다시 겪고 싶지는 않았을 것이다. 따라서 그녀는 어린 임금의 즉위에 따른 정치적 혼란을 극복하고 이전의 정치질서가 그대로 유지되기를 바랐을 것이다. 그리고 이를 위해서는 당시 국정에 절대적인 영향력을 지녔던 한명회를 비롯한 대신들의 협조가 필요했으며, 따라서 후계자 선정에서도 그런 환경을 고려하였을 것이다.[17] 이처럼 자산군은 예종과 마찬가지로 정계의 실권자인 한명회의 딸과 혼인하였고, 그를 정치적 후견인으로 두고 있었기 때문에 왕이 될 수 있었다. 아버지가 임금이 아니었고, 적장자가 아니었음에도 혼맥을 통해서 왕이 될 수 있었던 성종은, 어쩌면 조선왕조 역사상 최대의 행운아가 아니었을까 생각된다.

여기서 성종 왕권의 기반과 관련하여 즉위교서에 나타난 내용에 주목할 필요가 있다. 정희왕후의 전교가 있은 뒤에 성종은 곧바로 임금의 면복을 갖추고 경복궁 근정문에 나가서 즉위하였는데, 다음과 같은 교

16 최연식, 《조선의 지식계보학》, 옥당, 2015, 116쪽.

17 김우기, 〈조선 성종대 정희왕후의 수렴청정〉, 《조선사연구》 제10집, 2001, 173쪽.

사진 7 경복궁 근정문 모습

서를 반포하였다.

생각건대, 우리 국가가 큰 명령을 받아서 열성列聖이 서로 계승하였는데, 하늘이 돌보아 주지 않아 세조대왕께서 갑자기 제왕의 자리를 떠나시니, 대행대왕(예종)께서도 슬퍼하다가 병이 되어 마침내 세상을 떠나시게 되었다. 태비太妃께서 나에게 명하여 왕위를 계승하도록 하셨으므로, 군이 사양타 못하여 마침내 대위大位에 나아가게 되었다. 자성왕대비를 높여서 대왕대비로 삼고, 대행왕비를 높여서 왕대비로 삼는다. 지금 사위嗣位한 처음에 당했으니, 마땅히 관대한 은전을 펴야만 할 것이다. 이제부터 11월 28일 이른 새벽 이전의 모반과 대역모반, 자손이 조부모와 부모를 모살謀殺 또는 구매毆罵한 것, 처첩妻妾이 남편을 모살한 것, 노비가 주인을 모살한 것, 고독蠱毒·염매魘魅·모고살인謀故殺人한 것이나, 다만 강도를 범한 것을 제외하고는, 이미 발각되었거나 발각되지 않았거나, 이미 결정되었거나 결정되지 않았거나, 이를 모두 사면할 것이니, 감히 유지宥旨 전의 일을 가지고 서로 고언告言하는 사람은 그 죄로써 죄줄 것이다. 관직에 있는 사람은 각기 1계급을 올려 주고, 직첩을 회수당한 사람은 돌려주며, 도형·유형·부처·정속된 사람은 죄의 경중을 분변하여 석방할 것이다. 내가 어린 몸으로 외롭게 상중에 있으니 어찌할 바를 모르겠다. 그대들 대소 신료는 마음과 힘을 합하여 나의 미치지 못한 점을 보좌하여, 나로 하여금 우리 조종을 욕되게 하는 일이 없도록 하고, 우리 사직을 영구히 보전하도록 하라.[18]

즉위교서는 정희왕후를 대왕대비로 삼고 예종의 비 안순왕후를 왕대비로 삼는다는 것으로 시작해서 은전恩典과 사유赦宥를 베푸는 것으로 이어진다. 그리고 마지막으로 대소신료를 향해 "그대들은 마음과 힘을 합하여 나의 미치지 못한 점을 보좌하여, 나로 하여금 우리 조종을 욕되게 하는 일이 없도록 하고, 우리 사직을 영구히 보전하도록 하라."고 말한다. 13살의 어린 몸으로 갑자기 왕위에 오른 성종은 즉위 제일성으로 신하들에게 "나의 미치지 못한 점을 보좌"할 것을 당부하며 도움을 구하고 있다. 그의 왕권이 불안정한 상태에서 시작되고 있음을 말해 준다.

이는 세종과 비교해 볼 때 분명한 차이를 확인할 수 있다. 세종의 즉위교서는 성종과 마찬가지로 사면령을 반포한 뒤 마지막 대목에서 "어짊을 베풀어 정치를 일으켜 세우겠다(施仁發政)"고 말하면서 정치적 비전을 제시했다.[19] 여기서 '시인발정'은 본래 《맹자》에 나오는 '발정시인發政施仁'이라는 말을 바꾸어 사용한 것이다. 맹자는 정령政令을 세우고 인정을 베푸는 것을 말하였는데, 세종은 먼저 백성에게 인정을 베풀고 정

18 《성종실록》 즉위년 11월 28일(무신).

19 《세종실록》 즉위년 8월 11일(무자).

령을 세울 것임을 말하였다. 즉 백성들에게 인정을 베푸는 것으로 정치를 시작하겠다는 의지를 표명한 것이다. 세종은 비록 갑자기 왕위에 오르긴 하였지만, 즉위 당시 22세의 나이였고 두 달이라는 짧은 세자생활을 거친 뒤에 즉위하였다. 즉위교서는 그 스스로 작성한 것으로, 정치에 대한 자신의 생각을 '시인발정'이라는 말로 표현할 정도로 나름대로 준비된 왕이었다. 비록 즉위한 다음 날에 열린 첫 어전회의에서 "내가 인물을 잘 알지 못하니, 좌의정·우의정과 이조·병조의 당상관과 함께 의논하여 벼슬을 제수하려고 한다."고 말하고 있지만,[20] 실제로 잘 몰라서라기보다는 겸손하게 신하들의 의견을 수렴하고 함께 논의하여 인사정책을 결정하겠다는 뜻으로 이해될 수 있다.

반면 성종의 즉위문은 성종이 작성한 것이 아니었다. 아무런 준비 없이 13세에 갑자기 왕위에 오른 어린 자산군이 자신의 생각과 정치비전을 즉위문에 담아냈다고 보기는 어렵기 때문이다. 더욱이 즉위문의 내용이 정희왕후가 전교의 말미에서 언급한 말과 대구를 이루고 있다. 즉 전교가 "그대들 대소 신료는 내 뜻을 잘 본받아서 힘을 다하여 좌우에서 보좌하라"는 말로 끝나고 있는 것과 마찬가지로 성종의 교서도 "나의 미치지 못한 점을 보좌하라"는 말로 끝나고 있다. 이를 통해 볼 때, 즉위교서 역시 전교와 마찬가지로 정희왕후와 그를 옹립한 신숙주·한명회 등의 합의를 거쳐 작성되었음을 짐작해 볼 수 있다. 그러하기에 신료들의 도움을 요청하는 그의 즉위 제일성을 단순히 겸양의 표현으로 이해하기는 어렵다. 오히려 당시 상황이 그만큼 절박했고 왕권은 불안정했으며 왕실의 운명이 위태로웠고, 대소신료의 힘에 의지하지 않고는 국정수행이 원활하게 이루어질 수 없음을 말해 주고 있다.

---

20 《세종실록》 즉위년 8월 12일(기축).

2. 수렴청정과 원상제

자산군(성종)의 행운은 동시에 그에게 일종의 대가지불을 요구하고 있었다. 왜냐하면 그는 성년이 될 때까지 정희왕후와 장인인 한명회를 정치적 후견인으로 받아들여야 했기 때문이다. 성종은 즉위 이후 7년 동안 정치의 중요한 실무 결정 때 대왕대비인 정희왕후의 뜻을 좇아야 했고 세조시대의 대신인 원상들의 보좌에 의지해서 의사결정을 할 수밖에 없었다. 성종은 즉위한 뒤 열흘이 지난 12월 9일에 처음으로 의정부에 전지傳旨하여 다음과 같이 말하였다.

> 내가 어린 나이로서 대업을 외람되이 계승했으나 다스릴 줄을 알지 못하겠다. 무릇 군국軍國의 기무機務를 대왕대비의 재단裁斷을 우러러 받들어 그 제야 시행할 것이니, 그것을 중앙과 지방에 알아듣도록 타일러라.[21]

이 수렴청정 기간에 정희왕후가 시행했던 대표적인 정책들은 호패법의 폐지와 관수관급제의 시행, 귀성군 이준의 안치安置와 좌리공신의 책봉, 의경세자의 추숭과 부묘祔廟 등이었다.[22]

호패법은 수렴청정이 시작된 이후 처음으로 논의된 정책이었다. 본래 태종 13년(1413)에 정확한 인구 파악과 역役의 조달을 위한 목적으로 시행되었으나 곧 폐지되었고, 그 뒤 세조 5년(1459)에 군역 부과의 평준화와 군액軍額의 증가를 위해 다시 시행되었다. 그러나 시행 과정에서 호패를 받은 사람은 국역을 부담해야 한다는 생각을 갖게 되어 양인들

21 《성종실록》 즉위년 12월 9일(무오).

22 김우기, 〈조선 성종대 정희왕후의 수렴청정〉, 《조선사연구》 제10집, 2001, 184-188쪽.

이 기피하는 문제점이 나타났다. 예컨대 호패법 시행 이후 죽은 사람이 있으면 이를 국가에 반납해야 하나 반납하지 않고 빌려 차고 다니면서 각종 역의 의무를 회피하려는 사례가 늘어났으며, 이를 적발하여 치죄治罪하는 과정에서 형벌 또한 번거로워짐으로써 백성들이 호패에 대한 부담을 느끼기 시작하였다. 이에 정희왕후는 그 문제점을 지적하면서 고위 관료들과 논의한 뒤 폐지하였다.[23]

성종 1년에는 관수관급제를 시행하였는데, 이 제도는 국가가 경작자로부터 직접 조租를 받아 관리들에게 현물로 지급한 것이었다.[24] 이는 세조 때 시행된 직전법의 문제점을 해결하기 위한 것이었다. 과전법의 제도적 모순으로 관료들에게 지급해야 할 토지가 부족해지자 이를 해결하기 위하여 현직 관료에게만 과전을 감축하여 지급한 것이 직전법이었다. 그러나 이 제도의 운영과정에서 세를 거두는 자가 지나치게 많이 받는 등 수조권을 남용함에 따라 민폐가 발생하였다. 이에 따라 수조권자인 현직 관료의 농민 침탈을 막고 국가의 토지 지배권을 강화하기 위해서 시행된 제도가 관수관급제였다. 관수관급제의 시행은 호패법 폐지와 더불어 민생 안정을 목적으로 하는 정책이었고, 수렴청정 초기에 민생 안정을 통하여 정권의 기반을 확고히 하려는 정희왕후의 의도를 보여 주는 조치라고 할 수 있다.

법과 제도의 보완과 함께 정희왕후가 어린 임금을 위해 심혈을 기울였던 사안은, 권력 행사의 걸림돌을 제거하고 지지기반을 확대하여 왕권의 안정성을 높이려 한 조치들이었다. 이를 위해서 정희왕후는 우선 성종에게 가장 위협적인 맞수가 될 귀성군 이준을 정치적으로 거세하였

23 《성종실록》 즉위년 12월 4일(계축), 12월 6일(을묘).

24 《성종실록》 1년 4월 20일(무진), 4월 21일(기사).

다.[25] 귀성군은 세종의 4남 임영대군의 아들로 세조의 조카였다. 문무의 자질을 갖추어 세조의 총애를 한 몸에 받았고, 27세에 이시애의 난이 발발하자 4도병마도총사로 임명되어 이를 토벌한 공로로 적개 1등공신에 임명되었으며, 이듬해 영의정이 되어 남이의 옥을 처리한 공로로 익대공신에 책록되었다. 이후 부친의 사망으로 영의정에서 사직하였다가 성종 1년 정월에 왕재王才로서 물망이 있었다는 권맹희와 최세호의 발언이 문제가 되어 탄핵을 받고 유배되었다.[26]

성종을 옹립하고 보필한 공신을 의미하는 좌리공신은 성종 2년(1471) 3월에 책봉되었다. 성종은 나라가 어려운 시기에 신료들의 도움으로 인심이 바로잡히고 나라가 튼튼히 보존되었다며 이에 대한 논상의 뜻으로 공신을 책봉하였다.[27] 그러나 이 공신책봉은 책봉 초기부터 신료들의 반발에 부딪혔다. 언관을 중심으로 한 반대론자들은 건국 이래의 각종 공신들은 나름대로의 공이 있었지만, 좌리공신들은 무슨 공이 있느냐고 비판했고, 또 평화로운 시기에 논공하는 것은 마땅하지 않다고 하면서 반대하였다.[28] 심지어 좌리공신 중에서도 스스로 공이 없었음을 주장하는 일이 발생하기도 하였다.[29] 이는 좌리공신 책봉이 뚜렷한 공로의 대가로 이루어진 것이 아니라, 유약한 성종의 왕권을 보호해 준 일부 신료들을 위한 논공행상의 의미가 담긴 것임을 말해 준다. 당시 수렴청정의 상황에서 공신책봉은 성종보다는 정희왕후의 의지가 더 반영된 것으로 볼 수 있다. 정희왕후는 성종의 즉위가 가져올 수 있는 혼란

25 최연식, 《조선의 지식계보학》, 옥당, 2015, 119쪽.
26 《성종실록》 1년 1월 2일(신사), 1월 13일(임진).
27 《성종실록》 2년 3월 27일(경자).
28 《성종실록》 2년 3월 27일(경자), 3월 28일(신축).
29 《성종실록》 2년 4월 4일(병오).

을 수습하고 왕권을 안정시킨 신료들에 대한 보답으로 공신책봉을 해 준 것이다.[30]

왕권을 확립하려는 정희왕후의 노력은 성종의 생부인 의경세자의 추숭과 부묘를 통해서도 확인할 수 있다. 의경세자는 세조의 큰 아들로서 세조 1년(1455)에 세자로 책봉되었으나, 병약하여 세조 3년에 20세의 나이로 죽었다. 그러나 성종이 즉위한 뒤 그에 대한 추숭작업이 시도되었고, 성종 1년 1월에 의경세자의 시호·묘호·능호가 임금의 지위로 격상되었다. 성종 5년 8월에는 의경세자를 국왕으로 추봉해 줄 것을 중국에 요청하였고, 결국 회간왕懷簡王이라는 시호를 받았다.[31]

그 뒤 성종 6년 9월 12일에는 의경왕의 종묘 부제祔祭에 대한 문제가 대두되었다. 당시 정인지·정창손 등의 원상과 예문관 관리·언관들은 예종이 세조로부터 토지와 인민을 받았으니 정통성이 있는 반면, 의경세자는 세자로 책봉은 되었으나 왕으로 재위하지 못했기에 종묘에 부묘해서는 안 된다고 주장하였다. 반면 임원준·승지 등 왕실측근세력은 의경왕이 세조로부터 세자로 책봉되었고, 비록 왕위에는 오르지 못하였으나 중국으로부터 왕으로 추존되어 고명誥命을 받았으니 부묘할 수 있다고 주장하였다. 이 논의는 결국 정희왕후가 왕실측근세력의 주장을 지지하면서 부묘를 하는 쪽으로 여론을 몰아갔고 결국 관철시켰다. 의경왕은 덕종德宗으로 추존되었고 그 위패는 옛 세자궁이 있던 자리에 지은 연은전이라는 별전에 부묘되었다.[32] 이처럼 정희왕후가 의경세자의 추숭과 부묘를 적극적으로 추진한 것은 성종의 생부를 추존함으로써 성종의 왕

30 김우기, 〈조선 성종대 정희왕후의 수렴청정〉, 앞의 논문, 187쪽.

31 《성종실록》 5년 8월 28일(경술), 12월 11일(임진).

32 《성종실록》 6년 10월 9일(을유), 14일(경인), 15일(신묘).

권을 확립하고자 했기 때문이었다.

3. 경연과 독서

성종은 즉위한 지 한 달여가 지난 원년 1월 7일에 처음으로 보경당에 나아가 경연을 개최하였다. 이때 동지사 정자영이 《논어》의 학이편을 진강하면서 음독과 해석을 각기 세 번씩 하였고, 임금이 그에 따라서 음독과 해석을 각기 한 번씩 하였다.[33] 이날의 경연이 만족스럽지 못하였는지, 대왕대비가 "오늘 경연에서 해석한 음과 뜻이 분명하지 못하다. 주상께서 처음 배우면서 어찌 능히 환하게 알겠는가? 나중에는 이와 같이 하지 말고 분석하여 진강하기를 힘써야 한다."고 전교하였다. 그 뒤 경연은 날마다 계속되었다. 10일에도 임금이 경연에 나아갔는데, 대왕대비가 다시 전교하여 "지금 주강에서 다만 전일에 수업한 음音만 한 번 읽고는 해석은 하지 않으니, 나는 혹시 이해하지 못하는 곳이 있을까 염려된다. 지금 이후부터는 음과 해석을 각기 한 번씩 읽는 것이 어떻겠는가?"라고 말하였다.[34] 정희왕후가 어린 나이에 즉위한 손자의 교육에 얼마나 관심을 기울이고 있었는가를 보여 주는 대목이다. 흥미로운 것은 이날 전교의 내용 가운데 성종의 학문수양이 어느 정도였는지를 알려 주는 내용이 있다는 점이다. 그 내용은 다음과 같다.

> 세조께서 일찍이 대행왕(예종)에게 이르기를, '글을 외우지 말라. 글을 외

33 《성종실록》 원년 1월 7일(병술).
34 《성종실록》 원년 1월 10일(기축).

우면 기운이 다 없어진다.'고 했으며, 또 매양 주상과 월산대군을 볼 때마다 반드시 말씀하기를, '글 읽기를 일삼지 말아라. 글 읽는 것은 너희들이 서두를 것이 아니다.'고 했다. 무릇 사람이 어릴 때에는 글 읽기를 좋아하지 않는 것이 대다수인데, 세조의 명령도 또 이와 같은 까닭으로, 주상의 학문이 숙달하지 못하였다.[35]

성종은 즉위 당시에 학문적 소양을 갖추지 못하고 있었다. 그것은 정희왕후가 지적한 바와 같이, 첫째는 세조가 '글 읽기를 일삼지 말라'고 명령했기 때문이고, 둘째는 무릇 사람이 어릴 때에는 글 읽기를 좋아하지 않기 때문이었다. 아버지 태종이 책 읽기를 권하지 않았음에도, 스스로 태종의 책을 가져다가 밤새워 읽었던 충녕대군(세종)과는 달리, 성종은 왕으로 즉위한 13세까지 거의 책을 읽지 않았던 것으로 보인다. 아무런 준비 없이 임금이 되었고 왕이 되어서야 비로소 학문을 시작한 것이다. 정희왕후가 경연의 내용에 대해서 일일이 간섭하며 전교를 내린 것은, 성종의 학문이 숙달하지 못하였기 때문에 혹시나 학문을 멀리할까 걱정되었기 때문일 것이다. 그러나 성종은 경연에 열성을 보이며 할머니의 걱정을 불식시켰다. 어쩌면 자신을 용상에 올려 준 할머니에게 보답하기 위해서 더 경연에 열심을 낸 것일 수도 있다.

성종은 조선왕조에서 가장 경연을 많이 개최한 군주였다. 그는 가장 뛰어난 임금이며 호학好學의 군주였던 세종보다도 총횟수나 월평균횟수 면에서 경연을 더 많이 개최했다. 뿐만 아니라 조선시대 전체를 놓고 어떤 임금과 비교하여도 가장 경연을 많이 연 임금이라고 할 수 있다.

경연은 언관과 재상들이 왕 앞에 앉아서 고전을 놓고 공부하면서 당

35 《성종실록》 원년 1월 10일(기축).

〈표 1〉 조선시대 주요 임금들의 경연 횟수[36]

임금	태조	정종	태종	세종	문종	성종	영조
총횟수	23회	36회	80회	1,898회	210회	9,006회	3,458회
월평균	0.2회	1.3회	0.4회	5회	7회	29회	5회

면과제를 풀어가는 회의방식이다. 세종은 즉위하자마자 그전까지 형식적으로 운영되던 경연을 본격화하고 국정 토론의 중심지로 만들었다. 특히 세종은 경연에 언관이나 재상만이 아니라 당시 신진엘리트 그룹인 집현전 학사들도 참여하게 하여 '말'과 '일'을 엮으며 국사를 의논하게 했다.[37] 세종시대 창의적인 과학성과나 혁신적인 제도가 많이 이루어진 것은 경연을 통해서 국정토론을 활성화하고 좋은 아이디어를 모은 결과라고 할 수 있다. 세종은 세자로서 준비기간이 겨우 두 달밖에 안된 상태에서 갑자기 즉위하였기 때문에 왕이 된 이후 신하들과 함께 고전을 공부하고 토론함으로 국정에 관한 이론과 실무를 동시에 익히고자 했던 것이다. 물론 세종시대 경연의 활성화에는 세종이 어린 시절부터 책읽기를 좋아하는 호학의 자질을 가지고 있었다는 점도 크게 작용하였다. 경연을 거듭하면서 유교지식인 관료들에게 자신의 재능을 확인시키고, 왕권의 정당성도 강화시킬 수 있었던 것이다.

성종 역시 세종과 마찬가지로 세자로서 준비기간을 거치지 않고 갑자기 즉위하였다. 왕으로서 자질과 소양을 갖기 위해 경연을 활성화할 수밖에 없는 상황이었다. 세종이 왕이 된 이후에도 4년 동안 상왕인 태종이 살아 있는 상태에서 '견습왕'으로 자신의 치세를 준비했던 것과 같이, 성종 역시 왕이 된 이후에 정희왕후의 수렴청정을 받는 '수습기간'

36 박현모, 《세종처럼》, 미다스북스, 2008, 181쪽.

37 위의 책, 181쪽.

사진 8 명 신종 때 경연의 모습(왼쪽)과 조선시대 경연의 장소인 경복궁 사정전

을 거치면서 친정을 준비했다. 그 역시 책 읽기를 좋아하는 성품이었고, 왕실의 남자들(세조·의경세자·예종)이 차례로 죽어가는 위기 속에서 세 대비의 기대를 한 몸에 받으며 그에 보답하기 위해서 학문에 정진해야 했다. 세종에 견주어 더 많은 경연을 개최했던 것은 이러한 사실을 배경으로 하고 있다.

성종은 25년 동안 집권하면서 성리학을 바탕으로 도학정치를 실현시키기고자 학문에 심혈을 기울였다. 잡직의 전문성을 향상시키기 위해 각 분야별로 습독관제도를 두고 관련 분야의 책을 집중적으로 토론하도록 했으며, 문신들에게는 독서당을 마련하여 특별휴가를 주어 독서를 권장하고, 그들을 자주 불러 읽었던 분야를 시험하기도 하여 성적이 좋으면 상을 주고 좋지 않은 자는 이직시키면서 독서를 권장하였다. 내관들까지 실력향상을 위해 경연관들에게 특별히 강독을 부탁하는 열의도 보였다. 또한 성종은 학문이 깊고 문장에 조예가 있는 선비들에게 많은 책을 저술토록 하거나 교서관을 통하여 간행하도록 하였으며, 성균관 안에 존경각이란 도서관을 설립하여 유생들에게 독서의 혜택을 누리도록 하였다. 왕 자신도 경연에서 경연관들과 하루에 조강, 주강, 석강, 야대 등 4회씩 열심히 독서와 토론을 병행하였다. 이처럼 성종은 학문에 독실하여 하루 세 때에 책을 읽고 밤이면 옥당에서 숙직한 선비와 글을 읽고 끝난 뒤에는 신하에게 술을 하사하며 고금의 치란에 대해서 질문하고 때로는 민간의 노고도 물었다.[38]

성종시대에는 조강 이외에, 주강·석강·야대, 그리고 불시 경연까지 실시함으로써 조선조 역대 제왕 가운데 가장 왕성한 학구열을 보여 주었다. 이러한 탐구 정신은 제왕이 국정을 수행할 때 꼭 필요한 이론과 경험을 체득하는 원동력이 되었고, 유학을 기본이념으로 삼아 이상국가의 기틀을 형성하고자 했던 노력의 근간이 되었다. 조선왕조가 건국 후 100년을 통과하는 시대에 이르러 통치체제가 정비되는 계기를 맞게 된 것도 곧 군왕의 명덕을 밝혀 내성외왕內聖外王을 이루려 했던 경연의 활성화에서 찾을 수 있다. 창업으로부터 500년의 국맥을 이을 수성守成의 기틀이 완성된 것도 바로 여기에 있다.[39] 즉위년을 제외한, 성종 재위 25년 동안의 경연의 시간대별 횟수를 표로 요약하면 아래와 같다.[40]

〈표 2〉 성종 재위 25년 동안 경연의 시간대별 횟수

	조강	주강	석강	야대	불시
1470(1년)	240	236	195	49	
1471(2년)	232	225	223	74	1
1472(3년)	231	236	237	79	
1473(4년)	230	219	215	100	2

38 김중권, 〈조선조 경연에서 성종의 독서력 고찰〉, 《서지학연구》 제32집, 2005, 539쪽.

39 송영일, 〈조선 성종조 경연 진강 연구〉, 《조선조 성종대왕 치적 심층연구》 성종대왕연구포럼, 2015, 2쪽.

40 위의 논문, 19쪽.

1474(5년)	228	207	242	96	3
1475(6년)	217	218	214	27	
1476(7년)	212	147	141	15	
1477(8년)	226	23	36	8	
1478(9년)	63	22	22	11	
1479(10년)	88	23	21	5	2
1480(11년)	125	82	39	1	
1481(12년)	127	10	8	12	
1482(13년)	131	54	38	4	6
1483(14년)	63	32	11	2	2
1484(15년)	75	26	6	12	
1485(16년)	82	60	57	6	1
1486(17년)	94	75	71	2	
1487(18년)	73	73	66	1	
1488(19년)	66	36	27	3	
1489(20년)	51	47	43	2	
1490(21년)	82	80	71	5	
1491(22년)	89	73	61	9	
1492(23년)	73	72	65	9	
1493(24년)	54	47	41	5	
1494(25년)	26	25	23	1	
합 계	3178	2249	2173	529	17

위에서 보는 바와 같이, 성종조 기간 동안 조강·주강·석강·야대는 모두 실시되었고, 불시 경연이 실시된 경우는 재위 2년·4년·5년·10년·13년·14년·16년이었다. 성종조의 경연 진강은 전반기가 후반기보다 더 적극적으로 실시되었으며, 이는 성종이 10대에서 20대 시기에 학구열이 가장 왕성했음을 보여 준다. 송영일은 이러한 성종 재위기간의 경연 기록을 바탕으로 성종조의 경연을 초기·중기·말기로 구분하고, 각 시기별로 국왕의 성장 시기에 따라 경연의 목적이 다르게 형성되었음을 밝히고 있다.[41] 여기에서는 그러한 시기 구분과 연구 내용을 토대로 성종의

독서력을 정리하고자 한다.

먼저 초기는 성종이 13세에 즉위하여 대왕대비의 조력을 받던 재위 7년까지의 시기로 주로 경서經書와 사서史書 중심의 학문적 형성기였다. 이 시기는 성종이 학문에 관심이 가장 많았던 시기로 연 총수업 일수 228일~243일이 말해 주듯, 사신 접대 등 국가행사일, 제사일, 관사시觀射時, 혹서시酷暑時를 제외하고는 모두 경연에 참가할 정도로 적극성을 보인 때이다. 이때는 현실정치의 적용을 통한 국정 운영상의 문제보다는 교재 내용의 이해와 활용에 비중을 둔 시기였다. 당시 진강 교재로는 《대학》《논어》《맹자》《중용》《시경》《서경》《춘추》《고려사》《국조보감》《통감강목》《정관정요》《명신언행록》《송원절요》 등이 있었다. 경연관들은 이들 교재를 통해 군왕의 학문적 기초 형성에 초점을 두었고, 국정문제 논의도 병행하여 추진함으로써 이론과 실천이 현실정치에 반영될 수 있도록 하였다. 특히 우리의 역사서인 《고려사》와 《국조보감》의

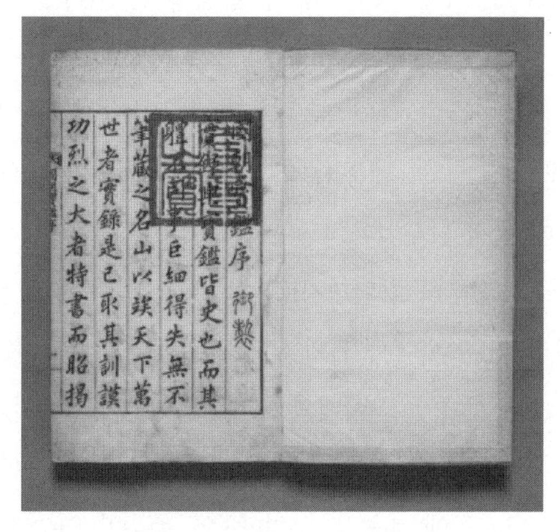
鑑序 御製
鑑皆史也而其
臣細得失無不
筆藏之名山以詒天下萬
世者實錄是已取其訓謨
功烈之大者特書而昭揭

사진 9 편년체 사서 《국조보감》

41 송영일, 앞의 논문, 5-6쪽.

진강을 통해서 우리 역사의 바른 인식과 현실문제의 개선에도 관심을 보였다.

중기는 재위 8년부터 18년까지의 시기로, 역사서 중심의 치인관治人觀 형성과 학문적 완숙기이다. 즉 사서四書와 삼경三經에 대한 복습이 이루어졌고, 다양한 역사서의 진강을 통해 치인治人의 원리와 활용법을 연구하였으며, 국정 현실에 필요한 실제적 학문에 관심을 둔 시기라고 말할 수 있다. 이때의 교재로는 《대학》《논어》《맹자》《중용》《시경》《서경》《주역》《예기》《악경》《사서춘추》《고려사》《좌전》《통감강목》《통감강목속편》《한서》《자치통감》《소미통감》《진서》《정관정요》《명신언행록》《국어》《대학연의》《근사록》《역학계몽》《가어》《동자습》《이문등록》《장감박의》《병서》 등이 있다. 중기의 경연은 사서와 삼경의 복습을 통한 학문적 성숙과 이에 대한 현실국정의 반영 여부에 관심이 집중되었다. 또 여러 역사서를 통해 선왕들의 흥망성쇠의 자취를 알고, 이를 실제 치인의 원리로 발전시키는 계기를 형성케 한 시기였다. 특히 《동자습》의 진강은 중국어 회화 습득을 목적으로 하였고, 《이문등록》은 중국 조정과의 왕래사항에 대한 지식을 습득하기 위함이었다. 《장감박의》와 《병서》는 역대 명장名將의 재품才品의 고하, 기량器量의 대소, 지계智計의 장단을 아는 데 목적을 두었다.

말기는 재위 19년부터 25년까지로, 성리학 서적 중심의 도덕적 성숙과 실천이 강조되었으며, 《사기》의 진강을 통해 역사적 비판과 그 적용 문제에 관심을 둔 시기였다. 이때의 교재로는 《논어》《맹자》《중용》《서경》《사기》《대학연의》《문헌통고》를 들 수 있다. 이때는 교재의 진강보다는 현실문제의 토론에 비중을 두었다. 연 총수업 일수(32일~82일)가 말해 주듯이, 이전에 견주어 경연 참석이 저조한 시기였다. 이는 성종의 건강 악화도 그 한 원인이 있겠지만 현실정치에 더 관심을 보인 시기였기 때문이라고 할 수 있다.

이러한 시기 구분에 입각하여, 실록에 나타난 구체적이고 특징적인 독서 사례를 몇 가지 살펴보자.

성종은 어린 나이에 왕위에 올라 자료 선정능력이 없기 때문에 경연에서 어떤 책을 먼저 읽어야 할지 판단이 부족하였다. 신하들 역시 어린 임금을 어떤 방법으로 교육하여 '수신제가치국평천하'의 목적을 달성할 것인가 하는 것이 큰 관건이었다. 성종이 집권하자마자 선정받은 책은 신숙주가 추천한 《논어》였다. 이 책을 집권 1년(1470) 1월 7일에 처음으로 읽기 시작하여 11월까지 경연관들과 완독하였다. 어린 나이에 《논어》가 독서 자료로 선정되었다는 것은, 이미 《소학》 등의 어린이 서적은 읽었다는 근거이기도 하다. 그러나 가장 큰 이유는 성종 자신의 수양을 위해서 사서四書 가운데 가장 먼저 《논어》가 선정된 것으로 판단된다. 《논어》를 완독한 뒤 12월부터 《맹자》를 조강, 주강, 석강으로 나누어 반복해서 읽기 시작하였다.[42]

성종 2년(1471) 2월 1일에는 시강관 김계창이 《맹자》에만 치중하다 보면 《논어》의 내용을 잊어버릴 것을 염려하여 5, 6일이나 10일에 한번씩 《논어》 한 편씩 읽도록 권하기도 하였다.[43] 성종 2년 3월 12일에는 성종이 성균관을 방문하여 제사를 지냈다. 이때 명륜당에서 시강관 구종직이 《대학》을 강독하면서 제왕은 반드시 '격물치지'를 공부할 것이 없다고 발언했다는 이유로 사간원에서는 구종직을 파면해야 한다는 건의를 내기도 하였다.[44] 같은 해 윤9월부터는 야대에서 《국조보감》을 병

42 김중권, 앞의 논문, 2005, 545쪽.
43 《성종실록》 2년 2월 1일(갑진).
44 《성종실록》 2년 3월 12일(을유).

행하여 읽기 시작하였고, 그 뒤 성종 3년(1472) 6월에는 《서경》을, 그리고 같은 해 9월부터는 《시경》을 읽기 시작하여 성종 4년 3월 중순까지 완독하였다. 《시경》을 완독한 성종은 자신의 뜻대로 《춘추》를 읽기 시작하여 5년 3월 초에 마치고, 곧바로 《자치통감강목》을 선정하여 8년(1477) 2월까지 완독하였다. 《강목》의 독서는 5년(1474)부터 8년까지 3년에 거쳐 완독하였으나, 이 기간 동안 성종은 《강목》 한 자료에만 치중한 것이 아니라 《고려사》《대학》 등 여러 자료를 병행하여 읽었다.[45]

이처럼 수렴청정 기간 동안 성종은 사서를 비롯하여 《시경》《서경》《춘추》《강목》과 같은 경전과 함께 《고려사》와 《송감》과 같은 역사서를 읽음으로써 제왕으로서 자질과 소양을 길렀음을 알 수 있다. 특히 주자학의 핵심 텍스트라고 할 수 있는 《강목》과 《대학》을 읽으면서 동시에 《송명신언행록》을 읽고 있었다는 사실은 주목할 만하다. 성종은 7년 10월 13일에 승지들에게 명하여 석강에서 진강하게 하였는데, 당시 승지들은 "아침에 《강목》을 강講하고 낮에 《대학》을 강하고서는 또 마땅히 온고溫故해야 하니 강하는 것이 너무 많습니다."라고 말하면서 《송명신언행록》은 진강하지 않을 것을 건의하였으나, 성종은 석강에서 이 책을 강하도록 전교하였다.

《송명신언행록》은 중국의 북송 및 남송 시대에 활약한 중요한 인물의 말과 행적을 '신하됨'의 기준에서 서술한 일종의 전기집이며, 저자는 남송 전반기의 주희와 남송 후반기의 이유무이다. 이 《언행록》은 주희가 서문에서도 밝힌바, 세상을 교화하기 위한 목적을 가지고 문집을 비롯한 기존의 서적 여러 곳에 흩어져 있는 '명신'의 말과 행적을 모아서 기록한 것이다. 북송 시기에 활약한 신하들을 주희 자신의 가치체계에

45 김중권, 앞의 논문, 2005, 545쪽.

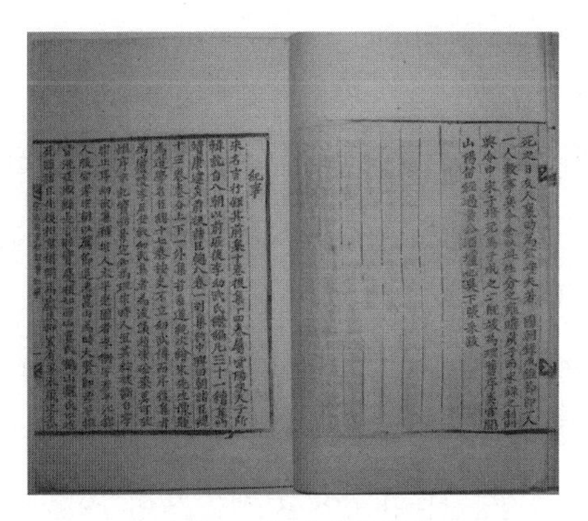

사진 10 《송명신언행록》

따라 선별하였고, '명신'의 이름을 부여하여 서술하였다. 《송명신언행록》이 나온 뒤 원나라·명나라 등에서도 이와 유사한 저술이 나와 교훈서로서, 역사적 포폄褒貶의 한 전형으로서 '언행록' 체제가 활용되었다. 조선 왕조에 들어와서 세종도 경연에서 《송명신언행록》을 읽으며 신하들과 함께 역대 인물에 대한 포폄을 하기도 하였다. 성종이 이 책을 읽어 보았다는 점에서 이후에 현석규에 대한 탄핵을 놓고서 군자와 소인에 관한 논쟁이 전개되는 것이 결코 우연이 아님을 말해 주고 있다. 성종은 주자학의 대표적인 서적을 읽어 가면서 그 텍스트에 제시된 내용을 현실정치에 적용하고 실천하고자 노력했던 것이다.

성종 8년 11월 4일에는 석강에서 《강목》을 강하다가 당나라 헌종이 재상 이강과 더불어 붕당을 논의한 대목에 이르러 성종이 "붕당은 심히 나쁜 것이다."라고 하였고, 좌부승지 손비장은 "군자와 소인이 서로 용납되지 못하는 것은 마치 얼음과 숯을 같은 그릇에 담을 수 없는 것과 같습니다."라고 아뢰었다. 임금이 만약 밝지 못하면 사정邪正이 뒤바뀌고 시비가 혼란되어 군자는 벼슬에서 물러나고 소인은 벼슬에 나오게 될 것임을 경계하고, 임금이 성의誠意와 정심正心을 하여 군자와 소인을 변별할 것을 건의하기도 하였다.

성종 9년 1월 4일에는 석강에서 이극배가 추천한 유진과 최자빈에게 《역학계몽》을 윤번으로 진강하도록 하였으며, 9년 5월 4일에는 석강에서 《강목속편》을 읽고, 9월 8일부터는 주강에서 《예기》를 읽었다. 10년 3월 28일 석강에서 다시 《논어》에 들어갔으며, 10년 4월부터 10월까지 《대학연의》를 강독하였다. 《대학연의》를 읽는 도중에 주강에서 《좌전》을 읽고 경연관들과 토론하기도 하였고, 12년부터는 《자치통감》을 읽기 시작하였다. 그러나 성종은 경연관들이 추천한 책을 받아들이기만 한 것은 아니었다. 경연에서 정한 자료 외에도 읽고 있는 책이 있을 때에는 그들과 상의해서 결정하려고 노력하였다. 그는 폭넓고 다양한 독서를 원했으며, 문신들이 이단의 책이라 하여 멀리한 《노자》 《장자》 《열자》와 같은 책을 읽으려고도 하였다. 성종은 신하들이 어떤 사유로 그러한 책들의 독서를 금하고 있는지 직접 읽고 좋은 책인지 나쁜 책인지 판단하고자 했던 것이다. 이처럼 독서 자료의 선정 문제로 성종이 경연관들과 의견 대립한 것은 한두 번이 아니다. 성종 14년 12월 8일에는 성종이 주강에서 《전국책》을 읽고 싶어 했으나, 시강관이 네 차례에 걸쳐 역사책을 읽는 것은 옳지 못하니 경학 서적을 읽도록 권유하는 기록이 나와 있다.[46]

성종 18년 3월 12일에 《자치통감》 강독이 거의 끝나자 성종은 《원사元史》를 읽고 싶어 했다. 하지만 지평 정석견과 헌납 김호 등이 옛날의 일을 읽어서 경계로 삼는 것은 좋지만 경서를 읽는 것만 못하므로 《중용》과 《대학》을 읽어야 한다고 주장하자, 성종은 차라리 《논어》를 읽겠다고 하였다.[47] 성종은 왕위에 오른 뒤 18년이 지난 시점에서 여러 경

---

46 김중권, 〈조선조 경연에서 성종의 독서력 고찰〉, 《서지학연구》 제32집, 2005, 551-553쪽.
47 《성종실록》 18년 3월 12일(임자).

서들을 다양한 방법으로 읽어 왔기 때문에서 경서 위주의 경연을 탈피하고 다른 책을 읽고 싶어 했지만, 경연관들은 그 요구를 들어 주지 않았다. 그 결과 성종이 집권 25년 동안 경연에서 읽고 토론한 책은 27종인데, 김중권의 연구에 따르면 그 책들은 다음과 같다.[48]

《논어》《맹자》《중용》《국조보감》《서경》《시경》《춘추(좌씨전)》《역학계몽》《강목》《강목속편》《자치통감》《고려사》《송감》《송명신언행록》《대학연의》《주역》《예기》《국어》《정관정요》《이문등록》《전한서》《근사록》《가어》《진서》《성리대전》《문헌통고》《사기》.

그 밖에도 성종이 읽고 싶었지만 경연관들의 반대로 읽지 못한 책은 앞서 언급한 《노자》《장자》《열자》 외에도 《전국책》《문한류선》《삼국사》 등이 있다.

성종조의 경연에서 연도별로 진강된 교재를 정리하면 아래와 같다.[49]

〈표 3〉 성종조 연도별 진강 교재

	조강	주강	석강	불시	야대
1470(1년)	논어	논어, 맹자	논어		
1471(2년)	맹자	맹자, 중용	맹자	대학, 논어, 맹자	국조보감
1472(3년)	상서, 모시	상서	상서		정관정요, 상서, 좌씨춘추
1473(4년)	모시	춘추, 모시	모시	논어, 모시, 상서	
1474(5년)	춘추, 강목	강목	강목	맹자, 상서	고려사
1475(6년)	강목	강목	강목, 송감		고려사
1476(7년)	강목		강목, 대학, 송명신언행록, 송원절요		고려사

48 김중권, 앞의 논문, 2005, 556쪽.
49 송영일, 앞의 논문, 2015, 21쪽.

1477(8년)	주역	강목, 주역	강목		고려사, 중용, 강목
1478(9년)	예기, 악기, 역학계몽	예기	강목, 강목속편		
1479(10년)	대학연의, 좌전, 국어	좌전	대학연의, 논어	대학연의, 논어, 좌전, 소미통감, 상서	정관정요
1480(11년)	강목속편	좌전	맹자		정관정요
1481(12년)	자치통감, 동자습	한서	고려사		
1482(13년)	강목, 직해소학	이문등록, 고려사, 전한서	고려사	상서, 중용, 대학, 주역, 모시, 장감박의	
1483(14년)	자치통감	근사록	전한서	병서, 주역, 대학, 중용	가어
1484(15년)	상서, 자치통감	상서			
1485(16년)	자치통감	상서	전한서	상서	
1486(17년)	자치통감	사전 춘추			
1487(18년)	자치통감, 논어		진서		
1489(20년)	성리대전				대학연의
1490(21년)	성리대전	사기			
1491(22년)	성리대전		문헌통고		
1492(23년)	중용, 맹자, 중용혹문	사기			
1493(24년)	논어	사기			
1494(25년)	논어, 상서			운회	

위의 목록으로 알 수 있듯이, 성종은 경연을 통해서 성리학의 경전과 역사서들을 많이 읽었다. 반면에 성리학 이외의 경전, 예를 들면 《노자》《장자》《열자》 등의 서적은 거의 읽지 않은(혹은 못한) 것으로 보인다. 그것은 성종 개인의 독서취향의 문제라기보다는 성종시대 대신과 경연

관들이 경연을 통해서 성종에게 성리학에 대한 소양을 갖추도록 했기 때문이었다. 학구열이 강했던 성종이었던 만큼 다양한 서적들을 보고자 했으나, 경연관들의 반대로 뜻을 이루지 못했다. 어쩌면 이것이 성종시대가 성리학의 심화 또는 교조화로 이어진 하나의 계기가 아니었을까 생각된다. 성종은 성리학 서적을 읽으면서 유학이 지향하는 교화의 정치를 자연스럽게 익히게 된 것이다. 친정 이후 그의 정치는 여기서 출발하게 된다.

3장 개혁의 과제와 방법: 성종 9년의 옥사*

일반적으로 조선 사회에서 언론의 발달은 성종대 사림세력의 등장과 연결 짓는 것이 통설이다. 즉 국초에는 국왕의 언론에 대한 통제가 엄격하게 이루어지는 가운데 언관言官들의 활동에 많은 제약이 따랐는데, 성종대에 이르러 김종직의 문인들을 위시한 재야의 사림세력이 중앙 정계에 등장하고, 이후 홍문관의 언관화로 촉발된 언론 삼사 체제가 갖추어지면서 언론이 활성화되었다는 것이다. 아울러 성종이 훈구재상들을 견제하기 위해 적극적으로 사림세력을 등용함과 동시에 이들의 주요 활동무대인 언론기관을 지원해 주었던 점 역시, 이 시기 언론 발달의 또 다른 요인으로 지적된다.

그런데 이러한 기존의 통설에 대해서 송웅섭은 다음의 몇 가지 점을 지적하며 좀 더 면밀한 검토가 필요하다는 견해를 제시한 바 있다.[50]

첫째, 성종대 언관들의 활발한 간쟁활동은 정파 간의 갈등에서 기인한 것으로 전제한 채 사림세력의 활동으로 직결시키는 것이 과연 타당한가 하는 문제이다. 국왕뿐만 아니라 대부분의 일반 관료들 역시 붕당이라는 신료사회의 분열에 대해 매우 부정적인 인식을 가지고 있었고, 신하들이 군주를 배제한 채 독자적인 정치세력을 형성하는 일이 '붕당을 조성한 죄'로 단죄되고 있던 상황에서, 대간의 훈구재상들에 대한 탄핵을 서로 다른 정파 간의 대립으로 단정하는 것은 무리한 연결이라는 것이다. 김종직의 문인 그룹이 조정에서 도태된 무오사화 직후와 조광조가 조정에 진출하기 이전의 중종 전반기, 그리고 기묘사림이 실각한 이후의 시기들 동안에도 계속해서 대간의 활발한 간쟁활동이 지속되고 있었다는 사실 역시 언론의 발달을 특정 세력과 연결시키는 데 주저하게 하는 또 다른 증거이다.

둘째, 언론의 발달과 권력에 대한 견제 활동의 강화는 기본적으로 왕권의 강화보다는 왕권을 제약하는 속성을 지니고 있다는 점이다. 통설에서는 성종이 친정을 시작하면서 왕권 강화의 일환으로 사림세력을 지원하고 언론을 우용優容하여 훈구재상들의 권력을 제어하고자 했다고 설명한다. 하지만 관료들이 개별 정치세력으로 분화된 것은 결국 국왕의 신료들에 대한 통제력 약화를 의미한다. 따라서 성종의 왕권강화를 위한 노력이 사림세력의 등용 및 언론의 발달과 맞물려 이루어지고 있다는 관점은 일종의 자기모순적인 요소를 내포하고 있다는 것이다.

셋째, 대신들에 대한 탄핵의 허용은 결국 국왕의 통치에 대한 더 많은 견제와 비판으로 확대될 소지가 다분했기 때문에, 성종이 사림세력

---

* 이 장은 방상근, 〈성종의 중재적 리더십과 태평의 정치: 소인논쟁을 중심으로〉(《대동문화연구》 제74집, 2011)를 수정한 것임.

50 송웅섭, 〈조선 성종대 전반 언론의 동향과 언론 관행의 형성〉, 《한국문화》 50, 2010, 28-30쪽.

의 언론을 통해 훈구재상들의 비리를 탄핵하도록 용인하고 이로써 재상들의 권력을 제어하고자 했다는 주장 역시 더욱 면밀한 접근이 필요하다는 것이다. 게다가 도학道學의 정치사상에서 진정한 권위는 군주와 조정에 있는 것이 아니라 도학을 이해하고 추구하는 학인學人들에 있다. 그런 관점에서 대간은 군주의 권위보다는 도덕적 권위를 더 우월한 가치로 인식하고 있었으며, 따라서 왕권과 언론과의 관계는 근본적으로 상충되는 속성마저 있다.

위와 같은 견해에서, 송웅섭은 성종이 설사 언론을 우용하고 그것이 언론의 활성화에 일정 정도 기여하는 측면이 있었다고 할지라도, 이것을 곧바로 언론활성화의 주된 요인으로 간주하기보다는, 오히려 성종이 이전의 군주들과는 달리 그러한 태도를 갖게 된 이유가 무엇이며, 또 성종의 언론 우용 태도가 언제까지 유지되고 있었는지 등에 대한 규명 속에서 왕권과 언론과의 역학 관계를 논의할 필요가 있다고 주장한다. 그는 '언론에 대한 압박'과 '신료사회의 분열에 대한 억제'가 국왕권이 강했던 15세기 군주들의 공통된 통치전략이었다는 점을 지적하면서, 성종이 그 전략을 선택하지 않았다는 점을 주목해야 한다고 주장한다.

성종시대 언관의 활성화와 관련한 송웅섭의 문제제기는 적절하다. 그러나 15세기 군주들이 공통적으로 '언론에 대한 압박'과 '신료사회의 분열에 대한 억제'를 통치전략으로 채택했다고 보기는 어렵다. 이 시기를 대표하는 군주였던 세종은 언론에 대해 압박을 가하지도 않았고 신료사회의 분열을 억제하려고 노력하지도 않았다. 이 점에서 세종과 성종은 유사성이 있다. 오히려 언론 압박과 신료 분열 억제의 전략은 쿠데타를 통해서 비정상적으로 집권한 태종과 세조와 같은 군주가 왕권을 강화하고 공신들과의 동지적 결속을 굳건하게 하기 위해 채택한 특수하고 비정상적인 전략으로 보아야 하지 않을까 생각된다. 최승희 역시 태종과 세조 때에 왕권을 강화하는 과정에서 언관이 가장 많은 탄압을 받았으며 언론은 봉쇄를 당하였지만, 조선 초기의 언관들은 왕권이나 권력의 외압에도 언관의 임무를 충실히 이행해 갔음을 지적한 바 있다.[51]

조선은 태조 이래로 언론을 중시하고 공론에 따른 정치를 표방해 왔다. 비록 몇 차례의 정변政變으로 언론이 탄압받는 시기가 있었지만, 성리학 이념이 뿌리내려 갈수록 그러한 전략을 유지하기 어려워졌다. 태종만 보더라도, 집권 초기에는 언론을 탄압하기도 했지만, 집권 후반기로 갈수록 공론을 중시하는 모습을 보여 주었다.[52] 그런 점에서 세조는 분명히 예외적인 경우라고 할 수 있으며, 성종대의 언론 활성화는 세조대의 비정상적인 언론 관행을 정상화해 가는 과정이었다고 생각된다.

중요한 점은, 성종 전반기의 언론 활동은 양과 질 모두에서 이전 시대와는 확연히 달라진 모습이었다는 것이다. 전 시대와는 비교할 수 없을 정도로 폭증하고 있는 언론의 양이 그렇고, 세조대 폐지된 언론 관련 제도들이 복구되어 안착되는 모습이 그렇다. 한마디로 말해서 성종 전반의 대간 언론은 '나의 말이 법이다.'라고 윽박지르며 언관들을 벌주었던 세조대는 물론이고, '세 번 간해서 임금이 듣지 않으면 떠난다.'는 고사를 들먹이며 면박을 주던 세종대의 언론과도 매우 다른 모습이었다.[53]

이 장에서는 성종시대 언론의 활성화에서 중요한 전환점이었다고 할 수 있는 성종 9년의 '현석규 탄핵사건'을 살펴보고자 한다. 역사학계에서는 이 사건을 성종 9년(무술년)의 옥사라고 일컫는데, 성종 친청 초기의 정국에서 가장 중요한 정치적 사건이라고 할 수 있다. 특히 이 사

---

51 최승희, 《조선초기 언론사연구》, 지식산업사, 2004, 365쪽.

52 이와 관련해서는 박홍규·이세형, 〈태종과 공론정치: '유신의 교화'〉(《한국정치학회보》 제40집 제3호, 2006)를 참조.

53 송웅섭, 2010, 36-37쪽.

건은 세조대 집현전의 폐지와 언론 탄압으로 위축되었던 언관의 역할과 활동이 성종시대에 어떤 문제를 야기했는지 잘 보여 주고 있으며, 그 문제를 처리하면서 성종으로 하여금 어떤 방향으로 정치를 개혁해야 하는지를 일깨워 준 계기가 되었다. 수렴청정 기간 동안 경연을 통해서 정치수업을 받아온 성종은 이 사건을 통해서 본격적으로 현실정치의 '맨 얼굴'에 직면하게 되었고 그에게 정치개혁의 과제와 방법에 관한 고민과 문제의식을 던져 주었다.

1. 현석규 탄핵사건

성종의 친정 초기에 발생한 '현석규에 대한 탄핵사건'은 권신에게 당부黨附하여 자신의 이익을 도모하는 언관의 풍속과 대신의 탐오함이 결합되어 나타난 대표적 사건이었다. 성종 8년 9월 5일 경연 자리에서 사헌부 지평 김언신이 당시 형조판서였던 전 도승지 현석규를 음험하고 간사한 소인이라고 지목하여 탄핵했다. 그 주요한 논거는 현석규가 승지의 직임에 있었을 때 평시에 하는 일을 동료가 모두 복종하지 않고, '조식의 일'을 여러 승지가 사사私事로 의논하여 임금에게 아뢰자, 이로 말미암아 동료에게 분노하여 눈을 부라리고 팔뚝을 뽐내어 여러 승지로 하여금 모두 자기 말을 듣고 자기 뜻을 어기지 못하게 하여 조정의 화합을 해쳤다는 것이다. 또한 심술의 은미한 것을 알기로는 동관同官만한 사람이 없으며, 그때의 승지가 모두 용렬한 사람들이 아닌데 화합하지 않는 마음이 있었으니 그 음험한 것을 알 수 있다는 것이었다.[54]

54 《성종실록》 8년 9월 5일(기사).

김언신이 상소에서 말하고 있는 '조식의 일'이란 다음과 같다. 이심의 처 조씨가 과부로 살고 있었는데, 그의 동복형제인 조식과 조식의 매부인 송호 등이 조씨의 노비를 빼앗아 차지하고도 조씨를 존휼尊恤하려는 뜻이 없었다. 이때 전 칠원현감 김주가 조씨와 성혼하자 조식 등이 이를 알고 강간이라고 의금부에서 무고하였는데, 이를 형추刑推하고자 하여 동부승지 홍귀달이 임금에게 아뢴 사건이었다.

성종은, 김언신이 현석규를 나라를 그르친 노기와 왕안석에게 견주어 소인이라고 지목하면서 그의 진퇴에 국가의 안위와 치란이 달려 있다고 주장한 것에 대해서 의정부의 대신들과 이조당상을 불러 그 진위 여부를 논의하도록 지시하였다. 대신들 의견은, 현석규가 그러한 소인은 아니라는 것으로 모아졌다. 이에 성종은, 김언신이 자신이 소인을 쓰고 있다며 진秦나라 이세황제에 견주고 있다는 점을 지적하면서 임금을 속인 것에 대해 국문할 뜻을 보였다. 그리고 조종 이래로 덕정德政을 해 왔는데 자신에게 이르러서 소인을 써서 나라를 어지럽히고 있다는 주장에 대해서 마음 아파했다.

김언신의 탄핵이 있은 다음 날 성종은 대신과 전조銓曹, 곧 이조와 병조에서도 모두 현석규를 소인이라 하지 않는데, 김언신이 그를 소인이라 하고 심지어 자신을 당나라 덕종과 송나라 신종에 견주었고, '만일 소인이 아니면 신이 극형을 받겠습니다.'라고 계달하였다는 점을 지적하면서 추국하여 아뢸 것을 명하였다. 이에 대간은 비록 자신들이 직접 현석규를 소인이라고 한 것은 아니지만, 본래 모두 같은 마음으로 탄핵하였는데 김언신만 추국하니 자신들도 하옥할 것을 아뢰었다. 성종은 김언신을 하옥한 것은 현석규 때문이 아니라 자신이 소인을 썼다고 한 것 때문이며, "소인은 국가에 있어서 치란에 관계되니, 그 화가 또한 참혹하지 않은가?"라고 답변하였다.[55]

이틀 뒤 의금부에서는 김언신이 현석규를 소인이라 지목하고 기망하여 계달한 죄가 장杖 1백 대, 도徒 3년에 해당함을 아뢰었다. 이에 성종은 "기망한 죄는 마땅히 죽어야 하는데, 어찌 율이 경한가?"라고 하면서 다시 고쳐 조율하고 김언신을 잡아 올 것을 지시하였다. 김언신이 항쇄項鎖를 갖추고 승정원 뜰에 나아오자 성종은 죄가 죽기에 이르렀어도 현석규를 소인으로 여기는지, 아니면 당초에 고집한 것이 잘못이었는지를 물었다. 이는 만약 김언신이 자신의 과오를 고집하지 않는다면 죽음에서 벗어날 수도 있음을 암시하는 것이었다. 그러나 이에 대해 김언신은 자신이 죽기를 두려워하거나 잘못 고집한 것도 아니며 현석규는 참으로 소인이라고 답변하였다. 죽음을 불사하고 자신의 소신을 굽히지 않는 김언신의 태도에 대해서 성종은 "덕종·신종은 내가 이미 당하였고, 노기·왕안석은 모두 당류黨類가 있었는데, 지금 대신·전조에서 모두 말하기를 현석규는 소인이 아니라고 하니, 이것도 현석규에게 당부黨附하여 숨기는 것이냐?"라고 질문하였다. 이에 김언신은 "성명聖明한 때에 어찌 붕당이 있겠습니까? 저들은 알지 못하고 말하는 것입니다. 왕안석이 소인인 것을 오직 여회 한 사람이 알았습니다. 신이 천일 아래에 어찌 거짓말을 하겠습니까?"라고 답하였다.

이 사건에 대한 최종판결을 내리기에 앞서 성종은 "내가 그대를 죽이면 걸桀·주紂같은 임금이 되겠다. 그대가 죽어도 용봉龍逢·비간比干과 더불어 지하에서 놀고자 하느냐?"라고 마지막으로 질문하였다. 용봉은 하나라 말년의 대신 관용봉을 말하는데, 걸왕이 황음무도하여 조정의 정치를 돌보지 않았을 때 용봉은 늘 바른말로 잘못을 지적하면서 물러 나오지 않았다. 이에 걸왕은 그가 요망한 말로 윗사람을 농락한다고 죄를

55 《성종실록》 8년 9월 6일(경오).

묻고 구금하여 죽였다. 비간은 은나라 말기의 현자 가운데 한 명이다. 당시 주왕은 "성인의 가슴에는 구멍이 일곱 개 있다고 하던데 어디 한 번 열어 보자."며 비간의 심장을 들어내 죽였다. 역대 왕조에서도 많은 관심과 추앙을 받았으며 충직과 직언의 대명사로 통한다.

김언신은 "신은 죽는 것을 다행으로 여깁니다."라고 최후변론을 하였다. 성종의 판결은 다음과 같다.

> 그대가 죽음에 임하여 말을 바꾸지 않는 것은 신信이라는 말 때문에 그러는 모양이다. 간하는 신하를 죽인 것은 오직 걸·주뿐이다. 어찌 임금으로서 간신諫臣을 죽이겠느냐? 내가 그대를 옥에 가둔 것은 그대가 고집하기 때문이다. 당 태종은 간언을 듣는 것이 점점 처음만 같지 못하였다 하는데, 내가 어찌 그와 같겠느냐? 금후로 말할 만한 일을 만나거든 극진히 말하라. 내가 가상하게 여겨 받아들이겠다. 그대가 강개慷慨하고 굴하지 않는 것을 내가 대단히 기뻐한다. 가서 그대의 직사에 나아가라.

이제까지의 변론의 진행과정을 볼 때 성종의 이러한 판결은 다소 예상 밖이었다. 확실한 근거도 없이 대신을 소인으로 지목하여 기망하면서, 임금을 그러한 소인을 등용한 어리석은 군주로 간주했다는 점에서 그에 대한 단죄는 피할 수 없는 것으로 보였다. 그럼에도 성종이 김언신을 가상하게 여기고 받아들인 이유는, 죽음을 두려워하지 않는 그의 강개함 때문일 것이다. 비록 그가 현석규를 탄핵하며 제시했던 논거들에 문제가 있다고 하더라도, 현석규가 소인은 아니라는 조정의 공론 앞에서도 자신이 한 말을 지키기 위해서 뜻을 굽히지 않고 죽음을 달게 받아들이는 강직한 성품과 의로운 기상이 성종의 마음을 움직였던 것이다. 또한 대간의 잘못된 말을 벌하기보다는 오히려 이를 가납함으로써

'정관의 치'를 이루었던 당태종의 고사를 염두에 둔 것이었다.[56]

비록 언관의 말에 허물이 있고 임금의 귀에 거슬리는 말이라도 너그러운 마음으로 받아들여야 한다는 대간의 주장에 대해서 이를 기쁘게 받아들이는 아름다운 정치의 모습이라고 할 수 있다. 이후에 다시 대간에서는 현석규를 소인으로 지목하면서 장차 큰 죄를 범할 것을 경계하여 처벌을 주장하지만, 성종은 현석규에게는 죄가 없다고 하면서 비호한다.

2. 간신의 간계

한동안 잠잠했던 현석규 탄핵사건은 이듬해인 성종 9년 4월 8일에 있었던 이심원의 상소를 기점으로 해서 다시 논의된다. 이 상소는 4월 1일에 흙비가 내리는 재변이 있자 임금이 직언을 구한 것에 대한 답으로 올린 것이었다. 여기서 이심원은 천견이 나타난 여러 이유 가운데 하나로 당시 세조 때의 신하들을 모두 쓰고 있기 때문에 벼슬을 옮기는 즈음에 잘못됨이 나타난 것이라고 지적하였다.[57] 성종은 그를 불러서 "지금의 대신들은 모두 세조조의 훈구인데, 이들을 버리고 장차 누구를 쓸 것인가?"라고 물었다. 이심원은 옛 신하들을 모두 쓸 수 없다는 것이 아니라, 그 가운데 재주와 덕이 겸전한 자는 쓰고 어질지 못한 자는 쓰지 말자는 것이라고 답했다. 구체적으로 인물을 밝히지 않은 원론적인 대답이었다.

---

56 《성종실록》 8년 9월 8일(임신).

57 《성종실록》 9년 4월 8일(기해).

이심원이 물러난 뒤 당시 도승지였던 임사홍은 조정에서 사람을 쓰는 데에는 모름지기 구신舊臣을 써야 하며, 이심원은 다만 옛 글을 읽었을 뿐이고 시의時宜에 조처함을 알지 못하는 어리석고 망령된 사람이라고 비판했다. 그는 대간이 대신들의 한 마디 말실수를 가지고 한갓 구차한 말을 하고 있으니 그들의 말을 모두 들을 필요는 없고, 오직 임금의 마음으로 결정하면 된다고 주장했다. 당시 임사홍의 발언의 문제점에 대해서 사관은 "인신은 마땅히 간하는 말을 받아들이도록 임금에게 경계하는 말을 올려야 하는데, 임사홍의 말하는 바가 이와 같으니, 실언한 죄를 피할 바가 없다."고 지적하였다. 성종은 한 가지 실수 때문에 훈구대신을 견책할 수는 없다고 대답함으로써 논의를 마무리하였다.[58]

얼마 뒤 이번에는 남효온이 상소하여 재변이 일어난 이유와 이를 막을 방법에 대해서 논하였다. 그 가운데 문제된 것은, 벼슬이 당상에 있음에도 한 명의 누이를 포용하여 양식을 주어서 생활하도록 하지 않는 대신이 있다는 것이었다. 이에 대해 임사홍은 이 상소가 이심원이 올린 상소와 서로 같다고 하면서, 이심원이 천거한 서생 강응정의 무리인 남효원과 정여창, 박연 등은 강응정을 공자로 추숭하고 박연을 안연이라 하며 항상 소학小學의 도를 행하며 이론異論을 숭상하고 폐풍을 이루어 치세에 누가 된다고 주장했다. 그러나 성종은 구언의 명령이 있었으니 남효온의 말이 적중하지 못해도 죄를 물을 수는 없다고 하였다.[59]

당시의 재이와 천견에 관해서 사간원도 대책을 제시했는데, 그 가운데 주요한 것은 세 가지였다. 첫째, 사대부의 집에 대한 간가間架의 수는 정하였지만 높이와 넓이의 제도는 정하지 않았기 때문에 토목의 역

58 《성종실록》 9년 4월 9일(경자).

59 《성종실록》 9년 4월 15일(병오).

사진 11 경복궁 경회루

사가 성하니 사치스럽고 크게 하지 못하게 할 것, 둘째, 관사觀射는 유희에 가까우니 경회루 밑에서 관사할 때 임금이 종친과 더불어 활을 쏘거나 술에 취한 종친들과 엄숙하고 공경하는 예를 잃어서는 안 된다는 것, 셋째, 흙비와 지진이 있고 성안에 불이 나서 수백 집이 연소되었으니 병이나 혼인·제사 이외에는 술을 금하는 것이었다. 이에 대해서 임사홍은 다음과 같이 임금에게 계달하였다.

> 술이란 것은 본시 사람이 먹는 물건으로, 대저 임금이 큰 재변을 만난 뒤에 몸을 닦고 마음을 반성하며 술을 금한 것은 이 또한 한갓 문구일 뿐입니다……만약 흙비를 재이라고 한다면, 예로부터 천지의 재변은 운수에 있으니, 운성도 그 운수입니다. 이제 흙비도 때의 운수가 마침 그렇게 된 것인

데, 어찌 재이가 있는 것이겠습니까? 만약 화재를 재변이라 한다면, 민가의 집이 붙어 있고 담이 연하였는데 삼가지 못해서 불이 나자 마침 바람이 불어 연달아 탄 것이니, 족히 괴이할 것이 없습니다. …… 임금이 비록 신하와 더불어 활을 쏠지라도 가한데, 하물며 그날은 따로 종친을 모아서 친친親親의 의義를 편 것이므로, 친히 활과 화살을 잡으실지라도 정치에 방해됨이 없는 것이겠습니까? …… 대간이 또 사대부의 집이 참람하고 지나치다고 말하여, 간가間架의 넓이를 정하기를 청하였습니다. 신등은 생각하건대, 간수間數는 이미 법을 세웠으니, 다시 세쇄하게 할 필요가 없다고 여겨집니다. 대저 간사한 꾀는 측량하기 어려우니, 이러한 법을 비록 아무리 세울지라도 반드시 법 밖에서 교묘하게 짓는 것이 있을 것입니다.

성종은 임사홍의 주장에 대해 "대간이 나로 하여금 비록 재변이 없을지라도 항상 경계하고 두려워하도록 하였으니, 이는 어려운 일이 아니므로 금한다고 해도 편하다."고 말하였다. 주목할 것은, 흙비를 재이가 아니라 운수라 하고 화재도 재변이 아니니 괴이할 것이 없다는 임사홍의 주장은 사실상 천견론天譴論을 부정하는 것이었다는 점이다. 전한의 동중서는 재이에 관한 사상이라고 할 수 있는 천인상관론天人相關論을 주장하였는데, 이는 재변의 배후에는 그것을 지배하는 하늘의 의지가 있음을 상정하여 군주권을 억제하는 데 사용되어 왔던 이론이었다.[60] 당시 임사홍의 말에 대해서 사관은 "이치에 위반하여 임금을 속였으니, 옛날의 아첨한 말로 스스로 몸을 파는 자와 무엇이 다르겠는가?"라고 하면서 '요망한 말'이라고 규정했다.[61]

'재변은 족히 괴이할 것이 없다'는 임사홍의 말은 '천변은 족히 두려

60 日原利国,《漢代思想の研究》, 東京: 研文出版, 1986, 64~66쪽.
61《성종실록》9년 4월 21일(임자).

워할 것이 없다.'고 말한 왕안석의 말을 상기시킨다. 왕안석은 "천변은 족히 두려울 것이 없고, 조종은 족히 본받을 것이 없으며, 남의 말은 족히 근심할 것이 없다."고 주장하여 대표적인 소인으로 지목되어 왔다. 재변을 둘러싼 논의에서 나타난 임사홍의 요망한 말에 대해서 얼마 뒤 홍문관과 예문관에서 문제를 제기하였다. 양관의 상소는 임사홍이 음험하고 방자하여 술수를 쓰며 밖으로는 엄하고 굳센 듯하지만 안으로는 간사하고 아첨하여 옛 소인의 태도를 모두 겸하여 가졌다고 비판하였다. 또한 임금 앞에서 하늘과 사람의 재이는 족히 두려울 것이 없고 대간의 말은 들을 것이 못 된다고까지 말하였으니, 이는 임금을 업신여겨 속이는 것이라고 지적했다. 임사홍과 함께 그의 아버지인 임원준을 탄핵한 양관은 이들 부자를 내쫓아서 여망에 부응하고 천견에 답하여 간사하고 불충한 자의 경계가 되게 할 것을 주장했다. 이 탄핵상소에는 임원준·임사홍·임광재 3부자의 권세를 지적하면서 임금이 삼대三代의 정치를 이루어 가는 데 이를 그르치게 하는 간사한 자들을 요로要路에서 제거해야 함을 역설하고 있었다.[62]

다음 날 성종은 대간과 양관의 관원을 인견한 자리에서 만일 양관이 "임사홍이 소인인 것을 알았으면 어찌하여 일찍 아뢰지 아니하였는가." 라고 반문하면서 "그대들이 전일에는 현석규를 소인이라고 하더니, 이제 또 임사홍을 소인이라고 하는가?"라고 하여 불쾌감을 드러냈다. 그리고 임원준에 대해서는 "아들의 악행 때문에 그 아버지를 아울러 논하는 것은 옳지 못하다."고 답변하였다. 이 자리에서 대간과 양관은 그동안의 임사홍의 행적을 지적하면서 죄주지 않을 수 없다고 주장하였으나, 성종은 '좌우에서 모두 죽여야 옳다고 말하여도 듣지 말고 나라 사람들이

62 《성종실록》 9년 4월 27일(무오).

모두 죽여야 옳다고 말한 뒤에야 죽인다.'[63]라는 맹자의 옛말을 언급하며 대신들과 의논하지 않을 수 없다는 뜻을 밝혔다. 하지만 결국 임사홍이 말한 바가 지나치다고 하면서 국문할 뜻을 내보였다. 양관 역시 임사홍이 소인임을 알면서 일찍이 말하지 아니하였다는 점에서 임금의 덕을 보양하는 실상이 없으므로 함께 국문하도록 지시하였다. 그 뒤 성종은 양관 관원의 벼슬을 파면하고 임사홍의 고신告身을 거두도록 이조에 전지하였다.

이제까지의 논의를 통해서 드러난 임사홍의 언술을 볼 때 그가 소인이라고 생각될 수도 있었다. 그러나 참으로 소인인지 아닌지의 여부를 분별하는 것은, 단지 겉으로 드러난 행적이나 말만이 아니라 그 사람의 마음속 사정邪正까지 분변해야 한다는 점에서 어려운 것이었다. 한 가지 분명한 것은, 당시 소인이 정치에 끼칠 수 있는 해악의 위험성 때문에 소인을 물리치는 것이 고금古今의 득실得失을 살펴볼 때 치평治平을 이루는 요체라는 것에 대해서는 임금과 신하들 모두 인식하고 있었다는 점이다. 성종은 비록 임사홍이 소인인지는 확실히 단정할 수는 없지만, 대간을 견책하라고 하거나 대간의 말이 자질구레하다는 그의 말이 소인의 말과 같기 때문에 고신을 거두도록 명령하였다. 그리고 성종의 이 전지에 대해서 모두가 "성상의 하교가 지당합니다."라고 동의하였다.[64]

양관의 관원을 죄주고 임사홍의 고신을 거둠으로써 마무리될 듯 보였던 이 사건은, 다음 날 이심원이 임사홍의 간계를 폭로함으로써 새로운 국면으로 전개되었다. 이심원은 군자와 소인을 쓰고 버리는 것과 형

63 《孟子》〈梁惠王 上〉"左右皆日可殺 勿聽 諸大夫皆日可殺 勿聽 國人皆日可殺然後 察之 見可殺焉然後 殺之 故 日國人殺之也 如此然後 可以爲民父母."

64 《성종실록》 9년 4월 28일(기미).

벌이 뒤바뀌게 되는 것은 사직에 관계되기 때문에 감히 친계하기를 청했다. 이 자리에서 이심원은, 비록 현석규가 마음이 바르지 못하고 온후한 도량은 없으나 일을 당하면 용감하게 말한다는 점에서 무상한 소인은 아니며, 이제까지 대간들이 현석규를 소인이라고 하여 탄핵한 것은 사실 임사홍이 몰래 대간을 사주한 것이라고 폭로했다. 이에 성종은 놀라워하면서 "임사홍이 몰래 사주하여 현석규를 공격하였으니, 바로 간사한 자이다."라고 하고, "네가 임사홍 부자와 더불어 혼인한 인연이 있었기에 망정이지, 만약 그 간사함을 자세히 알지 못하였으면 어찌 감히 이같이 하겠는가?"라고 말했다. 곧 대신과 대간, 그리고 양관의 관원과 임원준 부자 등을 불러 모아서 심문하였다.[65]

이심원은 태종의 둘째 아들 효령대군의 증손자로 성질이 엄정하며 학문에 정통하고 의술에도 밝았는데, 임원준의 아들 임사홍은 그의 고모부가 된다. 그는 성종 9년에 주계부정朱溪副正이라는 관직에 제수되었는데, 임사홍 부자의 간사한 사실을 알고 성종에게 면대하여 "후일에 반드시 나라를 그르치고 집을 망하게 할 인물이니 중용하지 말라."고 간곡하게 청하여 귀양 보내게 한다. 훗날 연산군 10년(1504)에 임사홍이 갑자사화를 일으킬 때 모함을 받아 아들 형제와 함께 임사홍에게 피살되었다.

이심원이 고발한 근거가 된 표연말의 말은 김맹성으로부터 들은 말을 이심원에게 전한 것이었다. 표연말이 진술한 김맹성의 말의 요지는, 임사홍이 박효원을 부추겨서 현석규를 공격하도록 하였다는 것, 대간들이 처음에는 이에 동조하여 현석규를 공격했다가 뒤에 임사홍의 술책에 빠졌음을 알게 되었는데 그의 술책에 빠진 책임을 질 것을 두려워하여

65 《성종실록》 9년 4월 29일(경신).

현석규를 공격할 수밖에 없었다는 것, 그리고 대간이 현석규를 공격할 때는 소인이라고 하지는 않았는데 뒤에 김언신이 현석규를 소인이라고 지목하여 탄핵했다는 것 등이었다. 표연말의 진술에 대해서 김맹성 역시 동일한 진술을 하였다. 결국 표연말·김맹성·김괴의 진술에 따르면, 이 사건의 핵심인물은 임사홍의 사주를 받아 대간으로 하여금 현석규를 탄핵하도록 했던 박효원으로 모아졌다. 박효원은 자신이 임사홍으로부터 편지를 받았다는 사실, 그리고 임사홍이 현석규를 비판하면서 도승지가 부하를 욕하는 것은 옳지 못하다고 했다는 점에 대해서는 인정하였다. 그러나 현석규를 공격하여 탄핵한 것은, 자신이 대간을 부추겨서 한 것이 아니라, 동료들 가운데 회의를 통해서 의논이 결정되어 차자箚子를 올린 것이라고 진술하였다.

다음 날 성종은 신하를 불러서 임사홍이 박효원을 부추겨서 현석규를 공격하기를 꾀했던 일을 물었다. 이 자리에서 임사홍은 박효원에게 편지나 말로 지시한 구체적인 내용은 잊었지만, 사실상 자신이 그를 사주하여 현석규를 탄핵하도록 했음을 시인했다. 이에 성종은 관원들에게 임원준·임사홍 부자의 소인됨을 다시 물었는데, 여기에서 대사헌 유지는, 임사홍이 박효원을 몰래 시켜서 현석규를 공격할 때에 김언신이 현석규를 노기·왕안석에게 비유하였던 사실을 지적하면서, 김언신이 임사홍과 더불어 가까운 이웃으로 본래 교분이 있어서 조석으로 상종하였다는 것으로 보아 김언신의 탄핵 역시 임사홍이 시킨 것이라고 말하였다. 또한 그때에 유자광의 상소가 김언신의 아뢴 바와 뜻이 같고 김언신과 유자광이 또 서로 사귀어 친하였으니 반드시 부동符同하여 탄핵한 것이라는 점을 들어서 이들을 함께 추국할 것을 아뢰었다. 임금은 의금부에 내려 국문하도록 지시하고, 이어서 대신들과 대간이 입시한 자리에서 다음과 같이 말하였다.

> 사람을 알기가 심히 어렵다. 내가 홍문관·예문관 양관의 상소를 보니, 임사홍을 소인이라고 한 말이 있어 친히 물으니, 양관 사람이 대답하기를, '언어와 거동이 모두 소인이고, 또 요즘 말한 바가 바로 소인의 일이라.'고 할 뿐, 아무 일과 아무 일이 소인의 일이라는 것을 두루 말하지 아니하나, 내 생각으로도 임사홍이 요즘 말한 바는 과연 잘못이라고 여긴다. 그러나 이것이 어찌 소인에 이르겠는가? 그러므로 내가 말한 자를 아울러 파면하였는데, 주계(이심원)의 말을 들음에 미쳐, 말에 관련된 사람들에게서 들으니, '임사홍의 한 바는 참으로 소인이다. 양관 사람이 모두 임사홍이 소인인 것을 알았다.'고 말하였다. 임사홍이 승지와 참의를 지내도 소인이라고 말하지 아니하다가 지금에 이르러서야 말하니, 진실로 잘못이다. 그러나 임사홍이 이미 반을 자백하였으므로 그 소인의 형상을 끝내 덮을 수는 없는 것이다.

이 사건은 결국 이심원의 폭로와 임사홍의 자백으로 그의 간계가 드러났지만, "사람을 알기가 심히 어렵다."는 성종의 말에서 알 수 있는 바와 같이 소인을 분별하는 것이 얼마나 어려운 것인지, 말과 거동을 통해서 소인됨을 분별하다 하더라도 그 구체적인 일을 들어 밝힘이 얼마나 어려운 것인지, 그리고 대간이 소인의 간계에 빠져 얼마나 쉽게 휘둘릴 수 있는지를 보여 주었다.[66]

성종은 다음 날 의금부에서 아뢴 것을 보면서 유자광과 김언신이 같이 의논한 것이 명백하며, 이들이 그때에 현석규를 소인이라고 극언하였으니 김언신이 반드시 임사홍의 술책에 빠져서 말한 것이었으며, 이 일은 탄로나기가 어려운데 이미 드러났으니 엄하게 징계할 것임을 선언했다.[67] 임사홍이 스스로 몰래 사주한 일을 인정한 상황에서도 김언신과

66 《성종실록》 9년 4월 30일(신유).

67 《성종실록》 9년 5월 1일(임술).

유자광만은 옥중에서 각각 글을 올려서 자신들이 임사홍의 음주陰嗾를 받아 남을 헐뜯은 것이 아니며, 오직 의리와 공의에 따라서 현석규의 음험하고 간사함을 아뢰었을 뿐이라고 주장하였다.[68] 이에 대해서 성종은 다음과 같이 말하였다.

> 현석규가 만약 소인이라면 김언신이 말한 것이 옳겠지만, 소인이 아닌데도 이와 같이 말하였으니, 김언신이 임사홍에게 하는 것이 마치 여혜경이 왕안석에게 한 것과 같다. 만약에 분변하지 않았으면, 현석규가 반드시 큰 죄를 받았을 것이다. 대간의 말을 듣지 않을 수 없으나, 들으면 그 폐단이 이와 같으니, 어떻게 해야 하겠는가? 대저 사람 쓰기를 살피지 않을 수 없다. 김언신이 극진히 말할 때에는 내가 절개가 곧은 선비라고 생각하였는데, 어찌 그 붕당을 위해서 말한 것인 줄 알았겠는가? 이로써 보면 대간의 말을 어찌 다 믿을 수 있겠는가? 양관의 상소를 보고 임사홍이 진짜 소인인 줄 알지 못하였는데, 실정을 알고 보니, 소인의 행동이 누가 이보다 더하겠는가?

성종은, 죽음 앞에서도 의연히 현석규를 탄핵했던 간신諫臣 김언신의 강개慷慨함은 사실 임사홍과 결탁하여 그를 위해서 말한 간신姦臣의 간계奸計였음을 지적하고, 사람을 쓰는 일과 간관의 말을 듣는 일에 근본적인 질문을 던지고 있는 것이다.[69] 임금과 신하가 함께 다스려 나아가는 데 의리와 신뢰에 기초해서 군자를 받아들이고 소인을 내쳐야 하는 것이 최상의 원칙이지만, 신의가 무너지고 소인의 간계로 누가 진짜 소인인지 분별하기 어렵고, 소인의 변설로 군자가 소인으로 탄핵될 수 있는 상황이라면 어떻게 해야 하는가? 군주는 최종 심판자로서 소인을 끝

68 《성종실록》 9년 5월 3일(갑자).
69 《성종실록》 9년 5월 4일(을축).

까지 가려내어 법에 따라 모두 처벌해야 하는가? 그러나 그럴 경우 자칫 소인의 탄핵으로 몰린 군자가 해를 입을 수도 있다. 뿐만 아니라 임사홍과 같이 왕실과 연결되어 있는 경우나 임원준·유자광과 같은 전조前朝의 구신이자 공신을 처벌하기는 쉽지 않았다.

참고로 실록에서는 임사홍이 대간을 시켜 현석규를 공격할 때에 다들 임사홍이 음험한 줄은 알았으나 현석규의 심술은 몰랐다고 말한다. 즉 현석규의 사람됨 역시 간사하고 크게 탐욕스러운 심술을 가지고서도 임금 앞에서는 깨끗한 체하고 미더운 체하여 속이는 소인이었다는 점을 지적하면서, 임사홍이 현석규를 탄핵한 사건을 "소인으로써 소인을 친다는 것"이라고 규정하고 있다.[70]

의금부에서 조율한 형벌은 '붕당을 교결交結하여 조정을 문란하게 한 죄'로써 참형에 처하는 것이었다. 대간에서도 붕당의 사람은 자기와 뜻이 다른 자는 배척하고 자기를 편드는 자는 가까이하여 조정의 정사를 탁란하게 하고 나라가 난망하기에 이르게 하니 두렵다고 하면서, "임사홍 등은 은밀히 대간과 결탁하여 대신을 모함하였으니 의금부에서 간당의 율에 해당시킨 것은 매우 합당합니다."라고 아뢰었다. 그러나 성종은 "유자광은 조종조 때의 원훈이고, 임원준은 지금의 좌리공신인데, 만약 일체로 율문과 같이 한다면, 어찌 '백세百世까지 죄를 용서한다.'는 뜻이 있겠는가?"라고 하여 반대하였다.[71] 그의 최종판결은 사건의 주요인물인 임사홍·유자광·박효원·김언신을 유배하고, 임사홍의 술책에 속아 넘어간 김맹성과 김괴를 도배徒配하며, 박효원과 김언신은 결장決杖하고, 나머지는 모두 속贖하도록 하는 것이었다.[72]

---

70 《성종실록》 17년 3월 15일(경신).

71 《성종실록》 9년 5월 7일(무진).

현석규에 대한 탄핵에서 임사홍 일파의 유배에 이르는 일련의 사건들과 관련한 선행 연구에는 이들이 《대명률》의 간당조奸黨條에 따라 처벌되었다는 점에서 주로 붕당론의 관점이나 훈구세력에 대한 사림의 도전으로 다루어져 왔다. 붕당론의 관점은 정만조가 다룬 바가 있다.[73] 훈구세력에 대한 사림의 언론을 통한 모험적 도전이나 견제활동이라는 관점은 이병휴가 언급하였다.[74] 그러나 최근에 정두희는 성종 9년의 이 사건에 대해 중종대 이후의 사림들이 '무술년의 옥사'로 특별하게 명명했던 배경을 밝히면서, 사림들이 자신들을 역적으로 몰아넣었던 연산군대의 '무오사화'가 일어나기 이미 20여 년 전인 성종 9년에 두 적대적인 세력의 대립이 시작되었다고 해석하고 있는 《연산군일기》의 기사를 비판적으로 검토한 바 있다.[75] 유자광에 대한 평가 내용과 무오사화의 전말에 대해 기록하고 있는 《연산군일기》의 내용은 다음과 같다.

> 식자들이 탄식하기를, '무술년의 옥獄은 정류正類가 사당邪黨을 다스린 것이요, 무오년의 옥은 사당이 정류를 모함한 것이다. 20년 사이에 일승일패를 했는데 치와 난이 따랐으니, 애석하도다! 군자의 형刑 쓰는 것은 항상 관완寬緩에 치우치고, 소인의 원망을 보복함은 반드시 잔멸殘滅하고야 말도다. 만약 무술년의 군자들이 능히 그 율律을 다 썼던들 어찌 오늘의 화가 있겠는가.' 하였다.[76]

72 《성종실록》 9년 5월 8일(기사).

73 정만조, 〈16세기 사림계 관료의 붕당론〉, 《한국학논총》 12, 1989.

74 이병휴, 《조선전기 사림파의 현실인식과 대응》, 일조각, 1999.

75 정두희, 〈조선 성종 9년 '무술지옥(戊戌之獄)'의 정치적 성격〉, 《서강인문논총》 29, 2010.

76 《연산군일기》 4년 7월 29일(계해).

중종대 이후의 사림들은 무오사화의 발생 배경을 성종 9년(무술년)의 옥사의 연장선에서 재조명하면서, 세조대의 정치를 성리학의 입장에서 비판하는 세력을 조선왕조 정치의 정통으로 보려고 하였다. 그러나 무술년 옥사의 본질은 성종이 친정을 선언한 직후였던 성종 8년에 승정원 승지들 사이의 반목에서 비롯되었다. 그때 유자광과 임사홍을 같은 정치세력으로 보아야 할 아무런 인연도 없었으며, 오히려 유자광은 세조대 이래의 훈신들을 비판하는 입장에 서 있었다. 따라서 성종 9년의 사건을 '훈구세력과 사림세력의 대립'으로 볼 수는 없다.

또한 성종 9년 당시 임사홍과 유자광 등을 탄핵했던 대간을 김종직을 필두로 하는 사림세력으로 부르기도 어렵다. 물론 임사홍이 소인이라는 것을 밝혀내는 데 결정적으로 공헌한 이심원이나 그가 고발하는 근거를 제공했던 표연말과 김맹성, 그리고 임사홍이 소학의 도를 행하며 이론異論을 숭상한다고 비판했던 정여창 등이 모두 김종직의 문인이었다는 점은 사실이다. 그러나 그들이 스승 김종직을 중심으로 하나의 세력을 형성하고 있었다거나 왕의 후원 아래 훈구파를 비판하거나 견제하기 위해서 임사홍과 유자광 등을 탄핵했다는 것은 사실과 거리가 멀다. 그들은 개인적 소신이나 직임에 충실하여 탄핵하고 비판했을 뿐, 하나의 세력으로 집단행동을 한 것이 아니었다. 더욱이 당시 김종직은 노모老母를 봉양한다는 이유로 함양과 선산을 전전하며 지방수령 일을 하고 있었고, 성종 5년부터 10년까지 계속된 가족사의 불행으로 아들과 딸을 모두 잃고 실의에 빠져 있었다. 또한 그는 훈구대신이었던 신숙주와 강희맹 등과 교분이 깊었고 세조대의 폐정이나 대신들의 비행에 대해 문제를 제기하거나 비판한 적이 없었다. 그것이 오히려 뒷날 그와 그의 제자들 사이에 틈이 생기는 빌미가 되기도 했다. 요컨대 성종시대에 사림세력이라고 불릴 수 있는 집단은 형성되어 있지 않았던 것이다.

이 사건의 진행과정에서 중요한 부분은 훈구와 사림의 갈등이 아니라, 사욕을 추구하면서 정치를 해치는 소인들을 어떻게 분별하고 사풍의 교화를 이루어갈 것인가 하는 점이었다. 이후에 성종은 세조대 이래로 깊게 병들어 있는 관리들의 내면을 어떻게 치유할 것인지, 어떤 '처방'을 통해서 기존의 인사시스템이 지닌 문제를 보완할 것인지, 그리고 특히 세조대 대신들의 탐오함과 권력남용을 어떻게 제어할 수 있을지 하는 문제를 놓고 고민하게 된다. 이러한 성종의 고민과 대응은 제3부(2장 인사정책)에서 살펴보겠다.

제3부 정책처방

1장 왕실 운영: 폐비윤씨 사건*

1. 머리말

왕조국가에서 왕비는 국모國母로 호칭되며 왕비를 세우는 것은 국가의 중대사이다. 국가경영의 관점에서 보면, 왕비는 국왕의 배우자로서 내명부를 관리하며 왕실을 운영해 가는 한 축이 된다. 또한 차기 대권을 담당할 왕자를 생산하고, 경우에 따라서는 선왕의 사후에 그 후계자를 결정하기도 한다. 그리고 성종 초기 정희왕후의 수렴청정에서 보는 바와 같이, 나이 어린 임금이 즉위했을 때 국왕을 대신하여 나라를 운영하는 소임을 맡기도 한다. 국왕의 어머니(또는 할머니)이자 왕실의 큰 어른으로서, 때로는 공식적인 국왕의 권력보다 더 강한 실권을 행사하기도 한다. 뿐만 아니라 유교가 지향하는 교화의 정치를 이루어 가는데 임금과 함께 공적인 정치주체로서 역할을 한다. 따라서 왕비를 세우는 것은 나라의 명운과도 직결된 문제이며, 더욱이 왕비를 폐하는 것은 국가의 장래에 심대한 영향을 줄 수밖에 없는 사안이다.

조선왕조에서 폐비廢妃 문제가 처음 제기되었던 것은 태종대에 원경왕후의 사례였다. 당시 태종은 원경왕후와 사이가 좋지 않았고, 그로 말미암아 폐비 문제를 놓고 심각하게 고민하였다. 하지만 사안의 중대성을 주장하는 신하들의 반대에 부딪쳐 실행하지 못했고, 결국 폐비 문제는 수면 아래로 가라앉았다. 그 사건은, 태종과 같은 강력한 왕권을 지닌 군주에게서조차 폐비 문제가 얼마나 중대하고 결정하기 어려운 사안인지를 알려 준다. 태종 이후 폐비 문제가 다시 논의된 것은 성종대였다. 이때에는 논의되었을 뿐만 아니라, 실제로 단행되었다. 그 결과는 조선 전기의 역사에 심대한 영향을 주었다. 연산군대의 참혹했던 갑자사화는 폐비윤씨 사건이 단초가 되어서 발생하였기 때문이다. 조선왕조실록에서 '폐비'의 사례는 성종의 비妃 윤씨가 처음이지만 마지막은 아니었다. 중종반정 이후 연산군과 중종의 비가 폐위되었고, 인조반정 이후 광해군의 비가 폐위되었다. 그 밖에도 숙종의 비 인현왕후가 장희빈의 무고로 폐위되어 서인이 되었으나 장희빈의 몰락과 함께 복위된 바 있다. 이 사례들은 반정反正이나 왕자책봉 문제를 둘러싼 환국換局정치의 과정에서 발생한 사건들이었고 국가적인 일로 처리되었다.

성종 4년(1473)에 후궁으로 입궁하여 성종 7년에 왕비가 되었던 폐비윤씨는 연산군을 낳은 지 4개월 만에 폐비 문제가 발생하여 그 뒤 두 차례의 논의를 거친 뒤 3년 만에 폐출되었고, 사가私家로 폐출된 지 3년 만에 사사賜死되었다. 윤씨가 폐비되고 폐출되어 사사되었던 원인과 과정, 그리고 폐비윤씨 사건이 성종시대의 여성정책과 어떤 관련이 있는지는 선행 연구를 통해서 논의된 바 있다. 특히 기존의 연구에서는 성종과 폐비윤씨 사이의 불화뿐만 아니라, 시어머니인 인수대비(소혜왕후)의 미움을 폐비·사사의 배경으로 지적한다. 특히 인수대비는 내명부의 도덕적 기준을 강화시키기 위해 《내훈》이라는 여성윤리 서적을 지을 정도로 엄한 시어머니였다는 점이 강조되었다. 윤씨를 폐비시키고 죽음으로 몰고 간 배경에는 궁중의 기강을 바로잡으려는 인수대비의 뜻이 반영되어 있으며, 그 과정에서 윤씨는 '억울하게 죽임을 당한 조선시대 최초의 왕비'[1]로 일종의 '희생양'이었다는 것이다. 한희숙은 이 사건이 성

* 이 장은 방상근, 〈폐비윤씨 사건의 재검토: 성종을 위한 변명〉, 《정치사상연구》(第26권

종대 여성정책을 살펴보고 나아가 조선시대 여성정책, 특히 왕비와 후궁 및 양반 여성들을 훈련시키는 좋은 사례라고 주장한 바 있다.[2]

이처럼 이제까지 이 사건은 그 배경이 되었던 인수대비와 《내훈》을 중심으로 설명되어 왔다. 《내훈》은 조선시대의 유교적 여성관이 정착되는 과정에서 지대한 영향을 끼쳤던 텍스트이며, 조선의 여성정책과 관련하여 중요한 저술로 이해되어 왔다.[3] 윤씨의 언행에서 '사소한 실수'도 용서하지 못한 성종의 잘못을 지적하는 시각도 여전히 존재한다.[4]

사실 폐비의 원인이나 동기에 대해서는 부부간의 내밀한 일이라서 실체적 진실이 무엇인지 누구도 객관적으로 판단하기 어렵다. 실록에는 윤씨를 폐위시키고 사사했던 성종과 세 대비, 그리고 관료들의 주장을 중심으로 서술되어 있기에 더욱 그렇다. 하지만 설사 윤씨가 자신의 입장을 변론한 글을 남겨 놓았다고 하더라도, 성종과 윤씨 사이의 서로 다른 주장에 대해서 누구의 주장이 옳다고 누가 판단할 수 있을까? 이 부분은 말할 수 없는 영역이다. 소설가나 작가라면 상상력을 발휘할 수

2호, 2020)을 수정한 것임.

1 한희숙, 〈조선 초기 소혜왕후의 생애와 《내훈》〉, 《한국사상과 문화》 27권, 2005, 124쪽. _____, 〈조선 성종대 폐비윤씨 사사 사건〉, 《한국인물사연구》 6, 2006, 288쪽.

2 한희숙, 〈조선 초기 성종비 윤씨 폐비·폐출 논의 과정〉, 《한국인물사연구》 4, 2005, 118쪽.

3 《내훈》의 번역자인 육완정의 논문(〈소혜왕후의 《내훈》이 강조하는 여성상〉, 《이화어문논집》 13, 1994) 이후로, 고은강의 논문(〈《내훈》 연구: 유학의 여성 윤리〉, 《태동고전연구》 제18집, 2002)과 마르티나 도이힐러의 연구서(《한국사회의 유교적 변환》, 아카넷, 2003), 그리고 한희숙의 논문(〈조선 초기 소혜왕후의 생애와 《내훈》〉, 《한국사상과 문화》 27권, 2005) 등이 대표적이다.

4 이숙인은 성종에 대해서 "늘 '내가 그리 우습냐?' '폐비가 나보다 중하냐?'며 자신의 콤플렉스를 유감없이 드러내는 진상"이라고 비판하면서 "그녀가 설령 상스러운 욕을 했다 한들 뭐가 그리 죄일까 싶다. 그것이 혈친을 난도질하고 아들을 빼앗고, 사약을 내려 죽여야 할 사안이었는가 말이다."라고 주장한 바 있다(이숙인, 〈폐비 윤씨를 위한 변명〉, 《한겨레신문》 2019.10.25).

도 있으며, 실제로 그런 글이나 드라마도 있다. 하지만 연구자라면 "말할 수 없는 것에 대해서는 침묵해야 한다"(Wittgenstein)고 생각한다.

그럼에도 기존의 연구나 글이 대체로 피해자인 윤씨의 입장에서 접근하고 있고, 그 주장에는 실록과 다른 부분이 많다. 물론 필자 역시 실록이 반드시 진실을 담고 있다고는 생각하지는 않는다. 하지만 실록에 근거해서 성종의 생각과 입장이 무엇이었는지는 말할 수 있다고 판단한다. 그런 점에서 이 글은 일종의 '성종을 위한 변명'이라고 할 수 있다. 그 변명이 얼마나 공정하고 설득력이 있는지는 독자가 스스로 판단할 문제이다. 필자의 역할은 일차적으로 그의 입장을 충실하게 설명하고, '윤씨를 위한 변명'이 자칫 간과하고 있는 문제를 드러내는 데 있다.

이 책에서는 《성종실록》을 통해 나타나는 폐비의 원인과 과정, 그리고 결과를 좀 더 세밀하게 살펴보고자 한다. 그 뒤에 폐비윤씨 사건의 의미를 여성정책과의 관련성보다는, 국가경영의 관점에서 해석하고자 한다. 국왕에게 '제가齊家'의 문제는 사적인 차원의 문제일 뿐만 아니라 수신과 치국이 만나는 공간이자 양자를 연결하는 핵심 고리라고 할 수 있다. 이 장에서는 성종의 국가경영에서 가장 중요한 사건들 가운데 하나라고 할 수 있는, 폐비윤씨 사건을 제왕에게 요구되는 '제가'의 관점에서 검토하고 그 의미를 왕실경영의 관점에서 재해석한다.

폐비윤씨 사건을 바라보는 성종의 시각에는 가家의 측면과 국國의 측면이 혼재되어 있다. 사건은 발단은 '가'에서 시작되었지만, 사건이 진행되는 과정에서 '국'의 논리가 개입되었고 사건의 성격 자체가 변화되기에 이르렀다. 이른바 '국가'(republic, stato)라는 말은 국과 가라는 글자를 합성한 단어로서, 국의 기본적 구성이 가에서 출발함을 암시한다. 필자는 '가(family)'와 구별되는 '국가(state)'의 관점에서 이 사건을 조명하고자 한다. 개념의 혼동을 피하기 위해서 '국가의 관점'을 '국의 관점'이라고 사용한다. 이 글에서 필자가 사용하는 '국가'는 '국國'을 의미한다.

다음에서는 먼저 이 사건을 이해하기 위한 사전 지식의 측면에서 《내훈》과 《대학연의》를 검토한다. 이어서 가의 측면에서 이 사건을 살펴보고, 국의 관점에서 재조명한다. 그리고 마지막으로 성종 치세에서 이 사건이 지닌 의미를 제시하고자 한다.

2. 《내훈》과 《대학연의》

폐비사건을 다루기 위해서 두 권의 책을 언급할 필요가 있다. 그 하나는 앞서 말한 인수대비의 저서 《내훈》이며, 또 다른 하나는 《대학연의》이다. 《내훈》은 성종 6년(1475) 겨울에 만들어졌다. 성종의 첫 번째 왕비이자 한명회의 딸이었던 공혜왕후 한씨는 성종 5년에 죽었는데, 당시 공석으로 남아 있는 왕비의 자리에 누구를 앉혀야 하는가 하는 문제로 인수대비(소혜왕후)는 고민하고 있었다. 더욱이 당시 19세였던 성종이 성인成人의 나이를 앞두고 있었고, 이듬해에 정희왕후가 수렴청정을 거두고 성종이 친정을 할 것으로 예상되는 상황이었다. 이에 잠재적 왕비 후보자들인 궁중 여성들의 기강을 바로잡을 필요성이 컸기에 《내훈》을 저술했다.[5] 성종은 많은 후궁을 두었다. 그것은 흔히 말하듯 성종의 호색好色때문이라기보다는, 세조와 예종의 연이은 죽음으로 예상치 못한 상황에서 급작스럽게 즉위했던 성종을 후원하면서 왕실의 안정을 기하고자 했던 세 대비(정희왕후·안순왕후·소혜왕후)의 배려 때문이었다.

《내훈》은 결혼한 여성들이 완수해야 할 역할에 대해 자세히 설명한

5 한희숙, 〈조선 초기 소혜왕후의 생애와 《내훈》〉, 《한국사상과 문화》 27권, 2005, 82쪽.

다. 시부모를 잘 모시는 며느리, 순종적이고 의무를 다하는 부인, 그리고 현명하고 자상한 어머니로서의 역할을 다해야 한다고 가르친다.[6] 특히 여성으로서 네 가지 덕목을 가르친다. 첫째는 도덕적 행위(조용하고 차분하며 정숙하고 예의범절이 있어야 한다), 둘째는 얌전한 말씨(상스러운 말이나 공격적인 말은 삼가고 잘 가려서 해야 한다), 셋째는 정숙한 외모(아름다울 필요는 없으나 의복과 외모가 청결해야 한다), 넷째는 여성으로서 의무(베를 짜거나 손님을 접대하는 의무들에 정성을 기울여야 한다)이다.

《대학연의》는 성리학의 가장 기본적인 책인 《대학》의 이해를 돕는 해설서이다. 《대학》은 원래 오경 가운데 하나인 《예기》의 한 편명이었는데, 송대宋代의 학자들이 《예기》에서 분리시켜 단행본의 형태로 만들었다. 송대의 신유학에서 《대학》은 가장 기본이 되면서 전체 체계를 제시하는 경전으로 확고한 위치를 갖게 되었다. 삼강령과 팔조목 체제의 《대학》은 인정仁政을 향한 제왕학의 성격이 강한 것으로 임금과 신하가 공통적으로 숙지해야 할 과제로 인식되었다. 그러나 《대학》은 기본적인

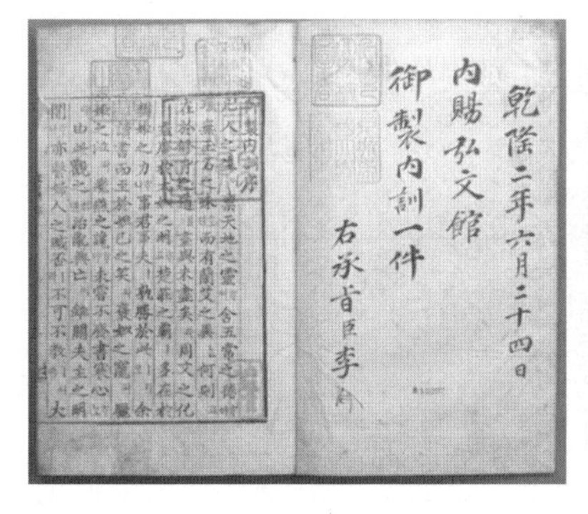

사진 12 《내훈》(왼쪽)과 《대학연의》

6 마르티나 도이힐러, 《한국사회의 유교적 변환》, 아카넷, 2003, 356쪽.

원칙만을 제시하였기에 제왕의 실제적인 정치에 직접 활용하기에는 어려움이 있었다. 《대학》의 정신과 내용에 입각한 구체적인 사례가 제시된다면 그 활용도가 높아질 것이다. 여기에 부응하여 만들어진 것이 '풀어쓴 대학'이라는 뜻의 《대학연의》이다.[7]

송나라의 학자 진덕수의 《대학》 주석서인 《대학연의》는 1403년(태종 3)·1434년(세종 16)·1527년(중종 22) 등 여러 차례 국비로 간행되었고, 제왕학의 교과서로서 임금이 참여하는 경연의 텍스트로 자주 활용되었다. 남송대 사서四書 중심의 주자성리학을 받아들인 고려 말과 조선 초에는 《대학》과 《대학연의》가 정치지침서가 되었다.

성종 역시 성종 10년(1479) 4월부터 10월까지 《대학연의》를 강독한 바 있다. 당시 시독관 안침은 성종에게 "《대학연의》를 지금 이미 다 보셨는데, 치란·흥망의 자취를 환하게 볼 수가 있었습니다. 다른 책은 한만汗漫하여 한결같지 않은데 이 책은 펴 보기가 매우 편리하니, 되풀이하여 본다면 정치하는 도리에 크게 도움이 있을 것입니다."라고 아뢰면서 《대학연의》를 반복하여 강론할 것을 요청하였다.[8] 이 시기에는 특히 윤씨에 대한 폐비 논의가 한창 진행되고 있었다. 따라서 성종이 폐비를 결심하고 단행하게 된 사상적 배경에는 《대학연의》가 있었다고 말할 수 있다. 후술하는 바와 같이, 성종은 처음 이 사건이 발생했을 때 단지 '투기'와 '국모의 의범'을 언급했다. 그런데 그의 폐비 시도가 신하들의 반대로 좌절된 뒤, 《대학연의》를 읽기 시작했고 그 책을 읽은 뒤로 이

7 《대학》은 삼강령과 팔조목으로 이루어진 경전인데, 너무 기본적인 원칙만을 제시하였기에 이를 다시 역사적 사실과 여러 가지 예를 들어 설명할 필요를 느껴 만든 것이 《대학연의》이다(지두환, 〈조선 전기 《대학연의》 이해 과정〉, 《태동고전연구》 제10집, 1993, 338쪽).

8 《성종실록》 10년 윤10월 5일(정사).

사건에 대해서 윤씨의 국왕모해 의도와 집권의지를 언급했다. 뿐만 아니라 그 사례로 《대학연의》에 나오는 한성제漢成帝를 언급하며 자신의 주장을 정당화시켰다.

《대학》의 팔조목 가운데 하나인 제가齊家와 관련하여, 《대학연의》에서는 상당히 긴 분량을 할애하여 풀어 설명하고 있다. 그 앞의 조목인 성의정심誠意正心이나 수기修己와 비교해 볼 때에 더 분량이 많다. 그만큼 제왕의 제가는 나라를 다스리는 데 중요한 사안임을 말해 준다. 《대학연의》 〈제가편〉의 첫 장에서는 '왕비를 중하게 여김'이라는 제목으로 왕비를 엄격하게 간택하여 세우는 도리에 대해서 설명한다.

왕비를 배필로 맞아들인다는 것은 백성을 낳는 시초이자 모든 복의 원천이니 혼인의 예가 바른 뒤에야 다른 일들이 제자리를 잡는 것이 제대로 이루어지고 하늘의 명이 온전해진다. 공자가 시詩를 논하면서 '관저'를 첫머리에 둔 것은 임금이란 백성들의 부모이기 때문이다. 따라서 임금의 본부인 행실이 하늘과 땅에 부합되지 않으면 신령의 큰 줄기를 받을 수 없고 만물의 마땅함을 다스릴 수 없다. 그래서 시는 '요조숙녀가 군자의 좋은 짝이로다'라고 한 것이니, 이는 능히 정숙할 수 있고 그 지조를 그대로 지킬 수 있으며, 정욕의 감정이 용모와 거동에 끼어들지 않게 할 수 있고, 사사로운 뜻이 움직이고 고요할 때 전혀 나타나지 않게 할 수 있다는 말이다. 무릇 이렇게 한 연후에야 지존, 곧 임금의 배필이 될 수 있으며 종묘의 주인이 될 수 있는 것이니, 이것은 사람됨의 근본 틀의 으뜸이며 왕의 교화의 실마리다. 옛 세상 이래 삼대의 가르침이 흥하거나 쇠하는 것이 이것으로부터 말미암지 않은 것이 없었다.[9]

9 진덕수, 《대학연의》(下) 이한우 역, 해냄, 2014, 381-382쪽.

위의 언급처럼, '왕의 교화'에서 가장 중요한 것은 그 배필인 왕비의 행실에 있다는 점을 《대학연의》는 제가의 첫머리에서 강조하고 있다. 즉 왕비의 행실이 정숙하고 지조를 지키고 정욕의 감정이 용모와 거동에 끼어들지 않으며 사사로운 뜻이 나타나지 않아야, 임금의 배필이자 종묘의 주인으로서 교화를 이루어 갈 수 있음을 말하고 있다. 이처럼 이 책은 단순히 왕비가 지녀야할 덕목으로 남편을 내조하는 역할을 제시하는 것에 그치지 않고, 임금과 함께 교화의 정치를 이루어가는 공적인 정치주체로서의 역할을 강조하고 있다.

진덕수는 '관저'에 대한 광형의 해설에 이어서 주희의 해설을 인용하고 있다. 주희 역시 "요조숙녀는 마땅히 자나 깨나 잊지 않고 구해야 하는 것"이며 "이런 사람과 이런 덕은 세상에 늘 있는 것이 아니니 열심히 구하여 얻지 못하면 군자의 배필이 되어 가정을 다스리는 아름다움을 이룰 수 없다."고 말하고 있다는 것이다.[10]

《대학연의》는 《시경》 〈관저關雎〉에 이어서 〈대명大明〉의 구절을 인용한다. 왕계王季의 배필이 되어 문왕을 낳은 태임太任의 덕을 칭송한 이 시는, 주나라 왕실이 세상에서 뛰어나고 빼어난 임금을 갖게 되어 그 덕이 하늘과 합치됨을 노래한 것이며, 하늘이 뛰어나고 빼어난 배필을 내려주어 빼어난 아들을 낳게 함으로써 정벌의 공을 이루었다고 해설하고 있다. 여기에서 진덕수가 말하는 요지는, 공자가 흠모하며 따르고자 했던 주周나라의 훌륭함은 바로 빼어난 왕비[태임]가 빼어난 아들[문왕]을 낳았기에 가능했다는 것이다. 그는 다음과 같이 주장한다.

주나라가 상나라를 성공적으로 정벌할 수 있었던 것은, 거슬러 올라가 살

---

10 진덕수, 앞의 책, 383쪽.

펴보면 빼어난 아들들(문왕과 무왕)이 있었고, 주나라가 그 빼어난 아들들을 낳을 수 있었던 것은 거슬러 올라가 살펴보면 빼어난 왕비들이 있었고, 그 빼어난 왕비들이 그런 아들들을 낳을 수 있었던 것은, 각각 왕계와 문왕과 만나 덕을 닦고 하늘의 명에 응했기 때문입니다. 이렇게 볼 때 주나라 왕실의 흥성이 어찌 우연이라고 하겠습니까?[11]

진덕수가 강조하는 것처럼, 왕실이 흥성할 수 있는 요체는 제왕의 '제가'에 있고, 제가의 요체는 빼어난 아내를 만나고 빼어난 아들을 낳는 데 있다. 주희 역시 〈대명〉에 대한 해설을 통해서 이 시가 문왕의 덕을 노래한 것이며, "문왕은 뒤로는 빼어난 어머니가 있어서 이룬 것이 원대했고 안으로는 뛰어난 왕비가 있어서 임금을 돕는 것이 깊었다."고 말하고 있다. 임금이 배필이자 왕자의 어머니로서, 왕비의 역할이 얼마나 중요한 것이며 그렇기에 왕비를 택하는 데 얼마나 신중하고 조심해야 하는지를 잘 말해 주고 있다.

성종은 폐비윤씨 사건이 진행되는 과정에서 《대학연의》를 경연에서 읽고 있었다. 자신의 '제가'가 심각하게 문제되고 있는 상황이라는 점을 감안한다면, 그는 필시 〈제가〉편 첫 구절인 이 대목을 읽었을 것이라고 생각해 보는 것도 무리는 아닐 것이다. 그렇다고 한다면, 이 구절이 성종에게 윤씨 사건을 처리하는 데 어떠한 행동 지침을 줄 것인지도 어렵지 않게 추측해 볼 수 있다.

11 위의 책, 387쪽.

3. 성종 8년(1477)의 폐비 논의

성종 4년 3월 19일에 윤씨가 성종의 후궁이 되었을 때, 실록에서는 "고故 판봉상시사判奉常寺事 윤기견의 딸을 숙의淑儀로 맞아들였다."고 적고 있다. 이는 윤씨가 숙의가 되기 전에 그의 아버지인 윤기견이 이미 세상을 떠났음을 말해 준다. 윤기견의 정확한 생몰년은 전하지 않지만, 고려 때의 시중 윤관의 9대손인 아버지 윤응과 어머니 안동 권씨의 4남 2녀 가운데 장남으로 태어났다. 윤응은 통훈대부와 교하현감을 지냈고, 어머니 안동 권씨는 선공감부정을 지낸 권소의 딸이다. 윤기견은 1439년에 생원으로 친시親試 문과에 병과로 급제하였고 세종 말년에 김종서, 윤회, 박팽년, 신숙주, 유성원, 이극감 등과 함께 《고려사절요》 편찬에 참여하기도 하였다. 1453년(단종 즉위년) 계유정난에 참여한 공로로 사헌부지평이 되었으며, 1454년에는 단종에게 불당의 철거를 청하다가 성삼문 등과 함께 좌천되었으나, 1455년 세조 즉위 후 좌익원종공신에 봉해졌고 봉상시판사의 직까지 올랐다.

윤씨의 어머니는 세종대에 정언正言을 지낸 신평의 딸이다. 신평은 양녕대군을 서울로 불러들이려는 세종의 뜻에 반대하여 세종과 대립했던 강직한 언관들 가운데 한 사람이었다.[12] 이렇게 볼 때, 폐비윤씨의 집안이 윤기견 사후에 비록 가난했다고 전해지지만 가문 자체가 한미한 집안은 아니었다. 윤씨가 공신가문인 친가와 대간을 지낸 외가에 대한 자부심을 가지고 있었을 것으로 생각된다. 그녀가 성종의 후궁으로 간택될 수 있었던 것도, 윤기견이 세조의 공신으로 세조와 가까웠던 점이 작용했을 것이다.

---

12 《세종실록》 20년 1월 11일(병신).

폐비윤씨가 숙의가 되어 입궁하던 3월 즈음에, 성종의 첫 번째 부인이었던 공혜왕후 한씨는 건강이 좋지 않은 상태였다. 성종은 6월에도 병조참지 윤호의 딸을 숙의로 맞아들였다. 7월에는 공혜왕후가 병으로 친정인 한명회의 집에서 거처하였고, 이듬해인 성종 5년 4월에 자식이 없이 죽었다. 왕비의 삼년상을 마친 7년 7월 11일에, 성종은 대비의 뜻을 얻어 숙의 윤씨를 중전으로 삼았다. 당시 대왕대비 정희왕후의 명령에는 숙의 윤씨를 중전으로 삼은 이유가 나와 있다.

> 숙의 윤씨는 주상主上께서 중히 여기는 바이며 나의 의사 또한 그가 적당하다고 여겨진다. 윤씨가 평소에 허름한 옷을 입고 검소한 것을 숭상하며 일마다 정성과 조심성으로 대하였으니, 대사大事를 위촉할 만하다. 윤씨가 나의 이러한 의사를 알고서 사양하기를, '저는 본디 덕이 없으며 과부의 집에서 자라나 보고 들은 것이 없으므로 사전四殿에서 선택하신 뜻을 저버리고 주상의 거룩하고 영명한 덕에 누累를 끼칠까 몹시 두렵습니다.'고 하니, 내가 이러한 말을 듣고 더욱더 그를 현숙하게 여겼다.[13]

위의 교지에서 정희왕후는, 윤씨를 왕비로 삼은 이유로 성종이 총애하고 있으며, 검소하고, 일마다 정성과 조심성으로 대하며, 세 대비(정희왕후·안순왕후·소혜왕후)와 주상을 잘 섬기고, 사양할 줄 아는 현숙함을 지니고 있다는 점을 지적하고 있다. 성종이 왕위에 오를 수 있는 적장자가 아니었음에도 예종의 갑작스런 죽음과 대비의 간택으로 왕이 되었던 행운아였던 것과 마찬가지로, 폐비윤씨 역시 후궁으로 입궁했음에도 공혜왕후의 죽음과 대비의 간택으로 3년 만에 왕비가 되는 행운을 잡았

13 《성종실록》 7년 7월 11일(임자).

다. 그러나 누군가의 행운이 다른 누군가에게는 불행이 될 수도 있는 것처럼, 윤씨의 행운은 다른 후궁들에게 시기의 대상이었다. 더구나 윤씨가 스스로 말하고 있는 바와 같이 "과부의 집에서 자라나 보고 들은 것이 없"음에도 왕비가 되었기에, 그녀의 행동과 처신은 명문가 출신의 후궁들에게는 참을 수 없는 질투의 대상이었고 궁궐 사람들의 관심과 비난의 소재가 되었다. 이것이 조선 초기 왕실의 최대 비극이라고 할 수 있는 폐비윤씨 사건이 태동하는 토양이 되었다.

7월에 왕비가 된 윤씨는 11월 7일에 아들(후에 연산군)을 낳았다. 이 사실은 그녀가 왕비의 자리에 오를 수 있었던 요인 가운데 하나로 성종의 후사를 잉태하고 있었다는 사실도 포함됨을 의미한다. 성종의 적장자이자 대통을 계승할 왕자를 낳았다는 것은, 자신을 둘러싼 시기와 관심을 한몸에 받고 있었던 윤씨에게는 큰 힘이 되었을 것이다. 왕비로서 그녀의 지위는 이제 확고해진 것으로 보였다. 그런데 이로부터 불과 4개월 만에 대왕대비의 명으로 중전을 폐하는 문제를 논하는 장면이 실록에 등장한다. 그 사이에 도대체 무슨 일이 있었기에 이런 논의가 나오게 되었을까?

성종 8년 3월 29일에 성종은 일찍이 정승을 지낸 사람과 의정부·육조판서·대사헌·대사간을 불러서 언문 한 장을 꺼내어 의지懿旨를 내보였다. 그 내용은 사건의 개요를 설명한 부분과 중전의 행실에 대한 평가로 이루어져 있다. 사건의 개요는 다음과 같다.

> 이달 20일에 감찰 집에서 보냈다고 일컬으면서 권숙의의 집에 언문을 던지는 자가 있었는데, 권숙의의 집에서 주워 보니 정소용과 엄숙의가 서로 통신하여 중궁과 원자를 해치려고 한 것이다. 생각건대 정소용이 한 짓인 듯하다. 그러나 지금 바야흐로 임신하였으므로 해산한 뒤에 국문하려고 한

다. 그런데 하루는 주상이 중궁에서 보니 종이로써 쥐구멍을 막아 놓았는데, 쥐가 나가자 종이가 보였고, 또 중궁의 침소에서 작은 상자가 있는 것을 보고 열어 보려고 하자 중궁이 숨겼는데, 열어 보았더니 작은 주머니에 비상砒霜이 들어 있고, 또 굿하는 방법의 서책이 있었다. 이에 쥐구멍에 있는 종이를 가져다가 맞춰 본즉 부절符節과 같이 맞았는데, 이것은 책이 잘린 나머지 부분이었다. 놀라서 물으니, 중궁이 대답하기를, '친잠親蠶할 때 종 삼월이가 바친 것이라.'고 하고, 또 삼월이에게 물으니 모두 실토하여 그 사실을 알았다. 중궁이 만일 이때에 아뢰었다면 좋았을 것인데, 중궁이 능히 그러하지 못했다.[14]

권숙의(성종의 친부인 덕종의 후궁)의 집에 정소용과 엄숙의가 모의하여 중궁과 원자를 해치려고 한다는 투서가 있었다. 그 뒤에 성종이 중궁의 침소에서 비상과 굿하는 책을 발견했다. 이 독약과 책은 성종 7년에 윤씨가 왕비로서 친잠을 했을 때에 종 삼월이가 윤씨에게 바친 것이었다. 왕비를 투기하는 정소용과 엄숙의를 제거하기 위해서였다. 이를 통해서 볼 때, 권숙의의 집에 언문을 투서한 것도 중궁(윤씨)이었다는 사실을 알게 되었다는 것이다. 정소용과 엄숙의가 정말로 중전과 원자를 해치려고 했는지는 불분명하다. 하지만 그들이 왕비와 그 아들을 질투하고 시기했다는 것은 분명했다. 그러나 그렇다고 하더라도, 왕비가 그들을 모해하기 위해 독약과 굿하는 책을 지니고 있었다는 것은 국모國母로서 의범儀範을 잃은 부덕한 행실이었다. 또한 그들을 음해하기 위해서 권숙의의 집에 투서까지 했다는 것은 도를 넘은 행동이었다. 대왕대비는 다음과 같이 윤씨의 행실을 비판했다.

14 《성종실록》 8년 3월 29일(병신).

> 중궁이 옛날 숙의로 있을 때 일하는 데에 지나친 행동이 없었으므로 주상이 중하게 여겼고 세 대비도 중히 여겼으며, 모든 빈嬪들 가운데에 또한 우두머리가 되기 때문에 책봉하여 중궁을 삼았는데, 정위正位에 오르면서부터 일이 잘못됨이 많았다. 그러나 이미 귀중한 몸이 되었으니 어찌 일마다 책망할 수 있겠는가? 지금에서 본다면 전일에 잘못이 없었던 것은, 주상이 주적(主嫡, 정실 왕비)이 없으므로 각각 이름을 나타내려고 했을 것이다. 지금 주상이 바야흐로 중히 여기고 있는데 중궁이 어찌 주상을 가해하려고 하겠는가? 다만 이것은 잉첩媵妾을 제거하려는 것일 것이다. 부인婦人은 옳은 것도 없고 그른 것도 없는 것으로 덕을 삼는 것인데, 투기하는 것은 아름다운 일이 아니다. 하물며 제후는 아홉 여자를 거느리는 것인데 지금은 그 수數가 차지 않았으니, 어찌 한 나라에서 어머니로서 의범儀範이 되어야 하는 데도 하는 바가 이와 같아서야 되겠는가?[15]

대왕대비의 글에서는 윤씨가 중궁이 되기 전에는 지나친 행동이 없었으며 임금과 세 대비를 잘 섬겼는데, 중궁이 된 이래로 잘못됨이 많았다는 점을 지적하고 있다. 그중에서도 임금의 첩妾을 투기하고 그들을 죽이고자 했다는 것은 아름답지 못한 일로 '국모로서의 모범'이 되지 못한다는 점을 밝히고 있다. 이 글에는 윤씨가 왕비가 되고자 자신의 평소 행실을 숨기고 이름을 나타내려 했다는 사실과 함께 그녀의 속임수를 알아차리지 못하고 왕비로 삼았던 일에 대한 깊은 후회가 드러나 있다. 하지만 이미 국모가 된 이상, 대비도 어쩔 수 없는 일이었다. 윤씨가 임금을 가해하려고 하지 않은 이상, 후궁을 투기하여 죽이려 했다는 사실만으로는 그녀를 국모의 자리에서 끌어내릴 수는 없음을 고백하고 있다.

---

15 《성종실록》 8년 3월 29일(병신).

주목할 대목은, 윤씨가 중전이 되고 원자를 낳았음에도 후궁과의 관계에서 여전히 문제가 있었다는 점이다. 즉 윤씨는 정소용과 엄숙의가 자신과 원자를 해쳐서 자신의 자리를 빼앗을지도 모른다고 생각하고 있었고, 그 결과 먼저 그들을 제거하고자 시도했으며, 그것이 그녀의 폐비가 논의되는 원인이 되었다. 왜 윤씨는 그런 불안감 또는 피해의식을 지니게 되었을까? 이와 관련하여 선행 연구에서는 윤씨의 폐비가 논의된 배경을 몇 가지 지적한다.[16]

첫째, 후궁들이 윤씨의 시어머니인 소혜왕후를 가까이 하면서 윤씨를 이간질하거나 참소하는 행동이 있었을 것이라는 점이다. 특히 정소용은 임신을 한 상태여서 윤씨의 심기를 매우 불편하게 만들었다. 둘째, 윤씨의 한미한 친정세력으로 말미암아 그녀를 비호해 줄 세력이 없었다는 점이다. 아버지 없이 어머니만 있었으며 형제들도 큰 힘을 가지지 못하였다. 이 점은 그녀가 궁궐 안에서 무시당할 수 있는 요소였다. 오직 성종의 총애만이 그녀를 버티게 하는 힘이었는데 성종은 후궁에 더 관심이 많았다. 셋째, 그녀를 둘러싸고 있는 여성들은 막강한 힘을 가지고 있었다는 점이다. 정희왕후는 파평 윤씨 가문이었고 소혜왕후와 안순왕후는 당대 큰 세력을 가진 청주 한씨 가문의 딸이었다. 또 윤씨와 거의 같은 시기에 들어온 숙의 윤씨(후에 정현왕후)도 파평 윤씨로 정희왕후와 일문一門이었다. 요컨대 후궁의 신분에서 왕비가 된 윤씨는 어려운 대비들의 시선과 쉽게 제어되지 않는 후궁들의 질투로 자신과 아들이 신변의 위협을 당할지도 모른다는 피해의식이 있었고, 다른 후궁들이 아들을 낳을 경우 자신의 지위가 흔들릴 수 있다는 두려움이 있었다. 이런 상황에서 자신을 지원해 줄 세력이 없었기에 자신감이 결여되어

16 한희숙, 〈조선 초기 성종비 윤씨 폐비·폐출 논의 과정〉, 앞의 논문, 131-133쪽.

있었다. 그 결과 비상식적인 행동을 한 것이다.

대비의 글은 "중궁이 이미 국모가 되었고 또한 원자가 있는데, 장차 어떻게 처리할까?"라는 물음으로 끝을 맺고 있다. 하지만 그 자리에 참석했던 사람들은 실색하여 말할 바를 알지 못하였다. 한참 뒤에 내관內官 김효강은 윤씨를 당장 폐하기보다는 조정이나 민간에 반포하지 말고 별도로 하나의 방에 거처하게 하여 2, 3년 동안 개과천선함을 기다린 연후에 다시 복위시킴이 옳을 것이라는 의견을 제시하였다. 이에 반해 성종은 윤씨를 중전의 자리에서 폐하되 원자를 폐하지는 않을 것이며, 장차 임금이 될 원자의 처지를 고려하여 윤씨를 사저私邸에 거처하도록 하겠다는 입장이었다. 그리고 이 사건을 종묘와 사직에 고하고 중외中外에 유시諭示하고자 했다. 그러나 영의정 정창손은 "투기는 상정常情인데 종묘·사직에 간여되지 않습니다."라고 말하였다. 예조판서 허종은 "정승들과 함께 다시 사흘을 생각하셔서 후회를 남기지 않게 하소서."라고 건의하였다. 이에 성종은 재상들을 모두 모아 놓고 다음과 같이 전교하였다.

> **내가 반복해서 생각해 보니, 이 문제는 투기만이 아니다. 가지고 있는 주머니에 비상砒霜이 있었으니, 비록 나를 해치려고 하지는 않았다 하더라도 국모의 의범을 잃는 것이 심하다. 별궁에 두는 것으로는 징계하는 뜻이 없다.**[17]

성종은 이 사건이 단순한 투기의 문제가 아니며, 국모로서 자격과 품위에 관련된 일임을 말하고 있다. 그리고 '비록 나를 해치려고 하지는 않았다 하더라도'라는 언급을 통해서, 어쩌면 자신이 해를 당했을 수도

17 《성종실록》 8년 3월 30일(정유).

있었음을 은연중에 내비치고 있다. 임금의 안위와도 관련된 사안임을 완곡하게 말하고 있는 것이다. 그러나 정창손은 중궁을 폐하여 서인庶人으로 만들었던 사례는 없었으며, 중궁을 빈嬪으로 강등하는 것만으로도 징계함이 될 것이고, 사저와 같이 누추한 데 거처하도록 할 수는 없다고 지적하였다. 결국 성종은 정창손의 말에 따라서 윤씨를 자수궁에 두기로 하고 빈으로 강등하기로 결정하였다.[18] 윤씨를 도와서 일을 꾸몄던 여종 삼월이는 교형에 처하고 사비는 장杖 1백 대를 때리어 변방 고을의 종〔婢〕에 붙이고, 윤씨의 어머니 신씨에게는 비복婢僕을 억제하지 못한 죄를 물어 작첩을 빼앗는 것으로 사건을 마무리하였다.[19]

성종 8년 3월에 있었던 이 사건은 투서사건에서 시작하여 후궁에 대한 왕비의 투기문제로 진행되었고, 국모로서 예의범절을 지키지 못한 왕비를 폐해야 한다는 임금의 주장과 투기만으로는 왕비를 폐할 수 없다는 신하들의 주장이 대립했다. 주지하는 바와 같이, 유교에서는 이른바 칠거지악七去之惡 또는 칠출七出이라고 하여 남편이 아내를 내쫓을 수 있는 7가지 사유를 규정한다. 그것은 부모에 대한 불효, 아들을 낳지 못한 경우, 간통, 절도, 부당한 질투, 중병, 심한 수다 등이다. 그러나 칠거지악이 악용되는 것을 막기 위해 부인을 내쫓을 수 없는 세 가지 사유〔三不去〕도 있었다. 즉 결혼해서 살면서 재산이 크게 늘어난 경우, 부인이 친정으로 돌아갈 수 없는 경우, 이미 시부모에 복상服喪의 의무를 다한 경우이다. 윤씨 사건의 경우, '부당한 질투'에 해당되고 삼불거에는 해당되지 않는다.

비록 국모의 예의범절을 잃은 것은 사실이지만, 투기만으로 왕비를

18 《성종실록》 8년 3월 30일(정유).
19 《성종실록》 8년 4월 1일(무술).

폐할 수 없다는 신하들의 의견이 대세였다. 유교는 가정의 평화를 유지시키는 책임을 여성보다 남성에 돌리기 때문에, 사간원은 큰 이유 없이 아내를 내쫓은 남편을 엄하게 다루었다. 즉 《명률》에는 칠출 가운데 어느 것도 입증하지 못한 채 아내를 쫓아내면 80대의 장杖에 처하도록 규정했다.[20] 이 사건에서 신하들이 투기를 이유로 폐비할 수 없다고 말한 것은 칠출을 법적 규정보다는 도덕적 의무로 인식했기 때문으로 보인다. 그런 점에서 이 사건은 '가家의 논리'에 입각하여 처결되었다고 말할 수 있을 것이다. 도덕적 원칙이 적용되었고, 법적·정치적 판단은 유보되었다.[21] 즉 이 사건에서 신하들은 투기의 문제를 '가의 문제'로 인식하고 더 이상 정치쟁점화하려 들지 않았다. 하지만 투기만으로 왕비를 폐할 수 없다는 신하들의 주장도, 왕비는 흔들릴 수 없는 더 큰 공적인 가치를 지닌 것임을 전제로 하는 것이라는 점에서 일종의 정치적 판단일 수 있다.

이 사건에서 성종은 투기만을 가의 논리로 보았고 국모의 의범을 국의 논리로 보았다. 반면 신하들은 국모의 의범이 결국 윤씨의 투기를 말한다는 점에서 이를 가의 논리로 보았다. 사실 '국모의 의범'이라는 것이 '국모'가 가진 '국'의 속성과 '가'의 속성 때문에 본래 이중적이라고 할 수 있다. 성종과 신하들의 견해 차이는 여기에서 발생했다. 성종은 국모의 의범을 내세워 윤씨를 폐위하고자 했으나 수용되지 않았다. 그로부터 2년 뒤 국왕모해 의도와 집권의지, 그리고 국가의 대계大計와 같은 '국의 논리'가 등장한다. 특히 국왕모해 의도와 집권의지는 이 사

20 마르티나 도이힐러, 《한국사회의 유교적 변환》, 앞의 책, 375-376쪽.

21 이한수(2005, 177)는 가家의 영역은 도덕적 원칙이 적용되며, 국가의 영역은 정치적 판단이 필요한 영역임을 강조한다.

건을 단순한 투기나 가사사건이 아닌 반역이나 역모사건으로 전환시켰고, 끝내 '폐비'와 '사사'로 이어지게 된다. 그렇다면 그 사이에 무슨 일이 벌어진 것일까?

4. 성종 10년(1479)의 폐비와 폐출

성종 8년 4월 초에 일단락되었던 폐비문제는 성종 10년에 다시 논의되기 시작하였다. 그 사이에 별궁에 거처하던 윤씨와 성종 사이에 둘째 아들이 태어났다. 하지만 성종 10년 6월에 윤씨를 서인으로 폐한다는 하교를 내린 것으로 보아, 두 번째 아들이 태어난 뒤에도 윤씨와 성종의 사이는 좋아지지 않았던 것으로 보인다. 그렇다면 왜 이 시점에 와서 다시 윤씨를 서인으로 폐하고자 했던 것일까? 성종은 2년 전에 국모의 의범을 내세워 윤씨를 폐위하고자 했으나 신하들의 반대로 수용되지 않았다. 그 뒤 2년 동안 윤씨가 보여 주었던 비행들을 견디다가 이것이 더이상 부부간의 사사로운 일이나 인내해야 할 일이 아니라, 국가와 관련된 사건임을 인식하고 마침내 결단하여 폭로하게 된 것이라고 생각된다. 그리고 그 인식의 계기는 성종이 그동안 경연에서 읽었던 《대학연의》라고 할 수 있다.

10년 6월 2일에 성종은 영의정 정창손을 비롯한 대신들을 선정전에 소집하고 승지·주서·사관이 모두 입시한 자리에서 "궁중의 일을 여러 경들에게 말하는 것은 진실로 부끄러운 일"이지만 사안이 매우 중대하므로 말하지 않을 수가 없다고 하면서 입을 열었다. 그는 "예전에 중궁의 실덕이 심히 커서 일찍이 이를 폐하고자 하였으나 경들이 모두 다 불가하다고 말하였고 나도 뉘우쳐 깨닫기를 바랐는데, 지금까지도 오히

사진 13 창덕궁의 선정전 뜰. 윤씨에 대한 폐비 논의가 이곳에서 진행되었다.

려 고치지 아니하고, 또는 나를 능멸하는 데까지 이르렀다."고 밝히고, "이제 마땅히 폐하여 서인으로 만들겠는데, 경들은 어떻게 여기는가?"라고 신하들의 의견을 물었다.[22] 조정의 대신들과 승지 및 사관들이 모두 모인 자리인지라 중궁의 실덕을 상세히 언급할 수는 없지만 한두 가지가 아니며, 예법의 칠거지악 가운데 '말이 많으면 버린다', '순종하지 아니하면 버린다', '질투를 하면 버린다'라는 내용을 언급하였다.

상당부원군 한명회가 "성상께서 칠거七去로써 말씀하시니 신은 말을 할 수가 없습니다."라고 하면서도 "그러나 다만 원자가 있어서 사직의 근본이 되는데 어떻게 하겠습니까?"라고 대답하였다. 대신들의 의견 가운데는 "사세가 이에 이르렀으니 어찌할 수가 없습니다."라고 대답한 윤

22 《성종실록》 10년 6월 2일(정해).

필상도 있었지만, 과거 태종이 원경왕후와 화합하지 못하여 한 전각殿閣에 벽처僻處하게 했다는 점을 상기시키면서 "지금도 역시 별궁에 폐처하도록 하는 것이 좋겠습니다."라고 답한 심회도 있었다. 이에 성종은 다음과 같이, 윤씨를 서인으로 폐하고자 하는 분명한 뜻과 이유를 밝힌다.

> 경들은 사의事宜를 알지 못한다. 한漢나라 성제成帝가 갑자기 붕어한 것은 누구의 소위였던가? 대저 부덕한 사람은 비의非義한 짓을 많이 행하는 것인데, 일의 자취가 드러나게 되면 화禍는 이미 몸에 미친 뒤이다. 큰일을 수행함에 만약 일찍 조처하지 아니하였다가 만연이 된 뒤에는 도모하기가 어려울 것이다. 만일 비상한 변이 생기게 되면 경들이 비록 나를 비호하고자 하더라도 미치지 못할 것이다.[23]

성종은 윤씨의 소위가 단지 투기와 같은 실덕의 문제만이 아니고, 자신을 능멸하고 모해謀害하고자 하여 신변에 '비상한 변'이 생길 수 있는 위험이 있기에 폐하고자 함을 밝히고 있다. 성종 8년의 폐비 논의가 윤씨의 투서사건에 이어진 중궁과 후궁사이의 질투 문제에 초점이 놓여져 있었지만, 성종 10년의 폐비 논의에서는 성종이 윤씨를 그대로 두고 궁궐에 거처하는 것이 자신의 신변에 위협이 됨을 분명하게 밝히고 있다는 점에서 차이가 있다.

위 인용문에서 그가 언급하고 있는 한성제는 《대학연의》 〈제가〉에서 실패한 황제의 대표적 사례 가운데 하나로 다루어지고 있다. 한성제는 즉위 이후 주색에만 빠져 있었고, 황태후 왕씨와 사이가 별로 좋지 않았다. 조비연(효성황후 조씨)과 조합덕(후궁 조씨)은 미모가 굉장히 아

23 《성종실록》 10년 6월 2일(정해).

름다웠는데, 가무로 성제를 홀렸다. 성제는 조씨 자매를 궁으로 불러들였고 그녀들은 차례대로 성제를 모셨다. 그런데 어느 날 성제가 조합덕의 침상에서 급사하였다. 외척의 득세를 불러왔던 그의 죽음으로 한나라의 황제지배 체제는 무너지기 시작하였고 왕망王莽정권의 등장을 초래하였다.

성종은 자신의 결정이 대비의 뜻에 따른 것임을 언급하면서, 대왕대비 역시 '내가 항상 화禍가 주상의 몸에 미칠까 두려워하였는데, 이제 이와 같이 되었으니, 나의 마음이 편안하다.'고 하교하였다면서 "자식된 자가 부모로 하여금 그 마음을 편안하게 하는 것이 또한 옳지 않겠는가?"라고 폐비하려는 뜻을 강력히 표명하였다. 성종이 윤씨로부터 신변의 위협을 느낀 것이 과연 어느 정도 객관적인 사실인지는 부부간의 내밀한 일이라 확인하기 어렵다.

이한우는 성종이 윤씨가 자신을 죽이려 할 것이라고 생각한 것은 윤씨를 폐비시키기 위한 일종의 엄살이자 논리 비약이라고 보았다.[24] 물론 그 가능성을 전혀 배제할 수는 없지만, 당시의 여러 정황이나 세 대비의 반응과 대응을 보면 그 가능성은 희박하다. 대비들이 모두 성종의 진술을 지지하고 공감하고 있었다는 점에서 볼 때, 단지 성종이 윤씨를 미워하는 사감私感으로 꾸며낸 이야기는 아닐 것이라고 판단된다. 세 대비가 아무리 성종을 일방적으로 비호했다고 해도, 성종이 꾸며낸 실체 없는 이야기에 근거하여 왕비를 폐하기로 결정한다는 것은 왕실과 종사宗嗣의 미래를 염두에 두는 대비들 입장에서 수용하기 어려웠을 것이기 때문이다. 또한 비록 부부간의 일이기는 하지만, 내명부의 일을 가장 잘 알고 있는 이들이 대비들이기 때문에, 일단 그들의 주장을 신뢰하는 것

24 이한우, 《성종, 조선의 태평을 누리다》, 해냄, 2006, 276쪽.

이 더 객관적이라고 생각된다.

대비는 더 나아가 폐비의 일을 정승과 의논해 결정했음에도 도승지 홍귀달을 비롯한 승지들이 "대의를 헤아리지 않고 왕을 가볍게 보고 왕후를 무겁게 여기어 왕비를 구하고자, 오히려 대왕대비께 아뢰기를 청하면서 종사宗社에 누累가 되게 하였"음을 지적하면서 의금부로 하여금 그 사정과 이유를 추국하여 아뢰도록 지시하였다. 결국 이날 성종은 교서를 반포하면서 윤씨 폐비를 내외에 공식화하였다.

바르게 시작하는 길은 반드시 내치內治를 먼저 해야 하는 것이니, 하나라는 도산(塗山, 우임금의 아내)으로써 일어났고, 주나라는 포사(褒姒, 주나라 유왕의 비)로써 패망했다. 후비后妃의 어질고 어질지 못함은 국가의 성쇠가 매인 것이니, 돌아보건대 중하지 아니한가? 왕비 윤씨는 후궁으로부터 드디어 곤극(坤極, 왕비)의 정위正位가 되었으나, 음조陰助의 공은 없고, 도리어 투기하는 마음만 가지어, 지난 정유년(성종 8년, 1477)에는 몰래 독약을 품고서 궁인宮人을 해치고자 하다가 음모가 분명히 드러났으므로, 내가 이를 폐하고자 하였다. 그러나 조정의 대신들이 합사合辭해서 청하여 개과천선하기를 바랐으며, 나도 폐치廢置는 큰일이고 허물은 또한 고칠 수 있으리라고 여겨, 감히 결단하지 못하고 오늘에 이르렀는데, 뉘우쳐 고칠 마음은 가지지 아니하고, 실덕함이 더욱 심하여 일일이 열거하기가 어렵다. 그러니 결단코 위로는 종묘를 이어 받들고, 아래로는 국가에 모범이 될 수가 없으므로, 이에 성화成化 15년 6월 2일에 윤씨를 폐하여 서인으로 삼는다. 아아! 법에 칠거지악이 있는데, 어찌 감히 조금이라도 사사로움이 있겠는가? 일은 반드시 여러 번 생각하는 것이니, 만세를 위해 염려해야 되기 때문이다.[25]

25 《성종실록》 10년 6월 2일(정해).

교서에서 성종은 윤씨가 개과천선하기를 바라며 그동안 기다려 왔지만 오히려 실덕함이 심해 결코 '국가에 모범'이 될 수 없음을 강조한다. 그는 왕비가 어질고 어질지 못함은 '국가의 성쇠'와 직결된 일이며 '만세를 위한 염려'로 폐비를 결정했음을 밝히고 있다. 성종은 폐비의 실덕을 일일이 열거하기가 어렵다는 점을 들어 언급하지 않았고, 궁중과 침실의 일을 조정 신하들에게 밝히기도 어렵다는 점을 들어 언급을 삼갔지만, 폐비를 확정한 이후 실록의 기사를 통해서 볼 때 그 '실덕'의 구체적 내용과 관련된 몇 가지 점을 확인해 볼 수 있다.

교서를 반포한 다음 날 성종이 의금부에서 국문을 받던 승지들을 불러서 한 말 가운데 "(중전이) 후궁의 방에 들어간 것으로 허물이 되는 것이 아니라 평소에 실덕이 많았기 때문이다."라고 언급하고 있다.[26] 다시 말하면 윤씨가 성종이 총애하는 후궁의 방에 들어가 '질투'를 하였으며 이 때문에 성종과 갈등이 있었다는 것을 암시한다. 이와 관련하여 실록에서는 구체적으로 확인되지 않지만, 야사에서는 이때 윤씨가 성종의 얼굴에 상처를 냈고 이를 안 성종의 어머니 소혜왕후 한씨가 노발하여 윤씨를 폐비시킨 것으로 알려져 있다.[27]

6월 5일에는 의정부와 육조·대간이 성종에게 윤씨가 폐해져서 사저로 돌아간 것은 옳지 못하다고 하자, 성종은 그들이 폐비한 연유를 알지 못하여 의심한다고 반박하고, 윤씨의 부덕함에 대해서 "내가 일일이 면대하여 말하겠다."고 하면서 다음과 같이 언급한다.

> 항상 나를 볼 때 일찍이 낯빛을 온화하게 하지 않았으며, 혹은 나의 발자

---

26 《성종실록》 10년 6월 3일(무자).

27 한희숙, 〈조선 초기 성종비 윤씨 폐비·폐출 논의 과정〉, 앞의 논문, 139쪽.

취를 찾아서 없애 버리겠다고 말하였다. 비록 초부樵夫의 아내라 하더라도 감히 그 지아비에게 저항하지 못하는데, 하물며 왕비가 임금에게서이겠는가? 또 위서僞書를 만들어서 본가에 통하여 이르기를, '주상이 나의 뺨을 때리니, 장차 두 아들을 데리고 집에 나가서 내 여생을 편안하게 살겠다.'고 하였는데 …… 또 상참常參으로 조회를 받는 날에는 비妃가 나보다 먼저 일찍 일어나야 마땅할 것인데도, 조회를 받고 안으로 돌아온 뒤에 일어나니, 그것이 부도婦道에서 있을 수 있는 일인가? 항상 궁중에 있을 때에 대신들의 가사家事에 대해서 말하기를 좋아하였으나, 내가 어찌 믿고 듣겠는가? 내가 살아 있을 때에야 어찌 변變을 만들겠는가마는, 내가 죽으면 반드시 난亂을 만들어 낼 것이니, 경등은 반드시 오래 살아서 목격할 자가 있을 것이다.

성종은 윤씨가 후궁들을 시기하여 투서를 만들어 죽이고자 했을 뿐만 아니라, 자신의 '발차취를 찾아서 없애 버리겠다.'는 말을 하면서 임금도 해치고자 하는 생각을 드러냈다고 진술한다. 또한 '장차 두 아들을 데리고 집에 나가서 여생을 편안하게 살겠다.'는 말을 통해서 임금을 모해하거나 아니면 임금이 죽은 뒤에 그 아들을 통해서 일을 도모하고자 하는 뜻을 보였다. 아들이 원자元子이고 장차 임금을 이어서 왕위에 오를 것이 예상되는 상황에서 그 아들을 데리고 집에 나가서 여생을 편안하게 살겠다는 윤씨의 말을 초부樵夫의 아내가 내뱉는 소박한 투정으로 받아들일 수는 없기 때문이다. 여기서 성종이 말하는 '난'의 의미가 구체적으로 무엇인지는 불분명하지만, 성종 사후에 어린 아들이 왕이 될 경우, 정희왕후가 했던 것처럼 수렴청정이나 섭정을 하고자 했던 것으로 해석할 수 있다.

성종이 앞서 2일에 윤씨를 폐하면서 "한나라 성제가 갑자기 붕어한 것은 누구의 소위였던가"라고 질문하면서 "만약 비상한 변이 생기게 되면 경들이 비록 나를 비호하고자 하더라도 미치지 못할 것이다."라고 말한 것과 연관시켜 보면, 한성제가 조황후에 의해서 암살되었던 것처럼, 성종은 윤씨가 자신을 죽이고 어린 아들을 왕으로 올려 수렴청정을 할 것이라고 판단한 것이다. 폐비교서에서 밝힌 바와 같이, 성종은 사사로운 감정 때문이 아니라 국가의 쇠망을 초래한 한성제의 전철을 밟지 않기 위해서 윤씨를 서인으로 만들어 폐출하였다. 그는 자신의 사후에 발생할 수 있는 국가적 혼란과 왕실의 불행을 예방하기 위해 정치적 판단을 내린 것이다.

성종이 윤씨를 폐비하여 폐출한 원인에 대해서 선행 연구에서는 윤씨의 부덕한 행동들이 원인이었음을 언급하면서, 그녀의 질투와 그에 따른 부덕한 행동의 배경에는 무엇보다도 임신하고 아들을 낳았던 정소용과 엄숙의의 질투와 참소, 그리고 대비들의 곱지 않은 눈초리가 있었으며, 이러한 부부간의 갈등과 고부간의 갈등, 그리고 처첩간의 갈등이 서로 치열하게 얽혀 있는 가운데 윤씨가 고립되어 있었음을 지적하고 있다.[28] 물론 그런 부분도 어느 정도는 사실일 것이다. 하지만 부부간, 고부간, 처첩간의 갈등이나 투기는 상정常情이라는 점에서 볼 때, 그것이 국모인 윤씨를 서인으로 폐하고 폐출시켜서 사사賜死까지 이르게 하는 결정적인 원인이었다고 보기는 어려울 것이다.

윤씨의 폐비에는 그녀가 통상 있을 수 있는 그러한 갈등상황을 슬기롭게 극복하지 못하고, 오히려 성종에게 위해를 가하고 원자를 내세워 훗날을 도모하고자 했다는 것이 더 중요한 요인으로 부각된다. 적어도 성종에게 그것은 자신에 대한 일종의 '반역'이자 '역모'로 인식되었다. 이것이 그가 폐비를 단행한 더 근본적인 이유였다. 당시 성종의 해명을

28 한희숙, 〈조선 초기 성종비 윤씨 폐비·폐출 논의 과정〉, 앞의 논문, 152-153쪽.

들은 정창손과 박숙진은 윤씨를 사제가 아닌 별궁에 안치하려는 것은 "윤씨를 위함이 아니고 곧 원자와 내군을 위하는 것"이라고 대답하였다.[29] 그 이후 '폐비' 자체에 대해서 이의를 제기하는 논의는 거의 사라졌다. 사건의 본질이 투기의 문제가 아니라 반역의 문제로 전환되었기 때문이다.

윤씨를 서인으로 폐하여 사제로 폐출하였다면, 원자(연산군)는 어떻게 되는 것일까? 후일의 역사를 아는 사람의 관점에서 보면, 어머니를 폐출하면서 그 아들을 원자로 두어 왕위를 계승시킨다는 것은 후환을 남긴 것이고 성종의 왕실경영에서 최대의 실책이라고 생각할 수도 있다. 성종은 그 아들이 뒷날에 왕이 되어 어머니의 폐위 사실을 알게 되었을 때 문제가 될 수도 있다는 점을 몰랐을까? 물론 성종도 훗날에 문제가 될 수 있음을 인식하고 있었다.

성종이 처음에 윤씨를 빈嬪으로 강등하기로 결정한 날에, 임사홍은 "만일 그 죄가 있다면 마땅히 폐하여 서인으로 삼아 궁 밖으로 내보내는 것이 옳을 것"이라고 말하면서 "지금 전하의 춘추가 한창이라서 금지옥엽이 반드시 번성할 것입니다."라고 말하였다. 성종은 "뒤에 비록 아들을 두더라도 원자야 어떻게 폐할 수 있겠는가?"라고 답하였다.[30] 그리고 윤씨를 서인으로 폐하여 내치기로 하고 교서를 반포한 날에도 "만약 그 아들이 주기(主器, 후사)가 되면 마땅히 윤씨를 추봉追封할 것인데, 지금 서인을 만드는 것이 어찌하여 무엇이 상하겠는가(今爲庶人, 庸何傷)?"라고 말하였다.[31] 성종은 비록 윤씨를 폐하더라도 그 아들까지 폐

29 《성종실록》 10년 6월 5일(경인).
30 《성종실록》 8년 3월 30일(정유).
31 《성종실록》 10년 6월 2일(정해).

할 수는 없으며, 그 아들이 뒤에 생모를 왕후로 추봉하더라도 어쩔 수 없는 것이라고 생각했다.

성종은 윤씨를 폐출하던 당시에 원자가 후일에 윤씨를 추봉하는 과정에서 정치적 보복과 같은 불미스러운 일이 벌어질 수 있다는 것도 예상했다. 그는 자신이 죽은 뒤에 "나쁜 무리끼리 서로 도와가며 만일 이 날의 원한을 보복한다면, 폐비를 의논한 신하는 그 몸을 보전할 수가 있겠는가? 반드시 상(机) 위의 고기가 될 것이다."라고 언급했다.[32] 성종은 윤씨를 폐출하던 당시 겨우 만3세에 불과했던 원자가 그 사실을 모르길 바랐지만, 후일에 알게 되어 윤씨를 추봉하게 될 수도 있을 것이라는 정도는 예상했다. 하지만 갑자년(1504)의 사화와 같은 참극이 벌어질 것이라고는 성종 자신은 물론 누구도 예상할 수 없었다. 성종의 입장에서 보면, 윤씨를 폐하고 그 아들까지 폐하여 내칠 경우 후사가 불확실해지는 것이었다. 비록 다른 후궁을 왕비로 세우고 그 자식을 원자로 세운다 하더라도, 윤씨의 아들이 성장한 뒤에 또다시 문제가 될 수 있다. 더구나 폐비윤씨와 함께 성종 4년에 후궁으로 들어온 숙의 윤씨(파평 윤씨 윤호의 딸)는 아직 임신도 못한 상태였고, 성종 11년(1480) 8월에 왕비로 책봉된 숙의 윤씨(정현왕후)의 아들(중종)이 태어난 것은 윤씨를 폐출한 지 9년이 지난 성종 19년(1488)의 일이었다. 폐비 당시에 성종에게는 원자를 보전하는 것이 그가 취할 수 있는 선택지 가운데 최선이었다.

---

32 《성종실록》 10년 8월 17일(경자).

5. 성종 13년(1482) 폐비윤씨의 사사賜死

윤씨를 폐하여 사제로 폐출한 뒤, 성종은 승정원에 전교하여 윤씨를 금폐禁閉하여 그 형제를 만나지 못하게 하고, 그 어머니와 동거하게 하는 절목을 마련하여 아뢰라고 지시하였다. 이에 승정원은 "하나, 다만 어머니를 따라 사는 것은 허락하되, 동생 및 원근遠近 족친族親과는 교통하지 못하게 한다. 둘, 혹 어떤 사람이 출입하게 되면 가장 가까운 이웃 사람으로 하여금 이를 고하게 하고, 만약 알면서 고하지 아니하면 임금의 교지를 위반하는 자를 다스리는 율로써 죄를 준다. 셋, 그 부部의 관원으로 하여금 상시로 고찰하게 하되, 그렇게 하지 아니하는 자는 아울러 이를 죄준다."고 아뢰었다. 그 결과 폐비윤씨는 완전히 고립되었다. 성종은 더 나아가 윤씨 부모의 봉작을 박탈할 것을 이조에 지시하였다.[33]

윤씨가 폐위된 뒤에, 대사헌 박숙진은 두 번 폐비의 집을 지나갔는데 문 앞에 인적이 없어서 화재가 나거나 도적이 침입했을 때 문제가 될 수 있음을 염려하면서, 옛말에 '3개월이면 천도天道도 절후가 조금 바뀐다.'고 한 것처럼, 윤씨도 스스로 후회하는 마음이 있을 터이니 별전에 두는 것이 옳을 것이라고 건의하였다. 그러나 성종은 박숙진의 발언이 윤씨를 복위시켜서 장차 큰 화를 만들 수 있음을 경계하면서 그를 의금부에 가두고 대사헌을 교체하도록 지시하였다. 성종은 윤씨에게 아들이 있기 때문에 자신이 죽은 뒤에 다시 복위될 가능성이 있으며, "만약 윤씨가 다시 나오게 되면 반드시 큰 변이 생길 것"이라고 말했다.[34]

---

33 《성종실록》 10년 6월 7일(임진).

34 《성종실록》 10년 8월 16일(기해).

다음 날에 의정부에서 대사헌 박숙진이 견책당하여 언로가 막힐 것을 두려워한다고 아뢰자, 성종은 폐비의 결정이 하루아침에 이루어진 사사로운 노여움 때문이 아니라 3년을 참아 오다가 대의로 결단한 사안임을 거듭 언급하였다.

성종은 윤씨가 자신을 죽이고 아들을 왕으로 올려 수렴청정을 할지도 모른다고 의심하여 폐출하였고 더 이상 폐비에 대한 논의가 없기를 바랐다. 만약 그의 바람대로 되었다면, 폐비윤씨가 죽음에 내몰리는 일까지는 없었을 것이다. 그렇다면 왜 윤씨는 폐출된 지 3년 뒤에 사사되었을까? 고립된 윤씨가 다시 사제에서 변란을 꾸미기라도 했던 것일까? 실록에는 그와 관련한 기사는 등장하지 않는다. 다만 궁궐에서 벌어진 일을 잘 알지 못하는 일반 백성들의 입장에서는 윤씨를 동정하는 여론이 형성되어 갔던 것으로 보인다. 그것은 비록 윤씨가 의도한 것이 아니었지만, 윤씨를 죽음으로 이르게 한 원인이 되었다.

원자인 폐비의 아들이 점점 더 자라남에 따라서 사저에 유폐되어 있는 윤씨를 동정하면서 궁궐로 불러들여야 한다고 주장하는 의견이 제기되었다. 그것은 국왕의 반대에도 폐비와 그 아들을 동정하며 자신들의 주장을 관철시키려는, 성종시대에 활성화된 언관의 성격 때문이라고 볼 수도 있다. 하지만 다른 측면에서 보면 그것은 일종의 '보험'과도 같은 것이었다. 만약 그런 주장을 하지 않은 상태에서 원자가 왕이 되었을 경우, 그 왕이 어떤 '처벌'을 하게 될지도 모를 일이기 때문이다.

윤씨를 사가로 내친 지 3년이 더 지난 시점에서 열린 한 경연 자리에서 시독관 권경우는 폐비윤씨의 지은 죄악이 매우 크므로 폐비하여야 마땅하다는 점을 전제로 하면서, "그러나 한때 국모가 되었던 분이니 이제 여염閭閻에 살게 하는 것을 온 나라의 신하와 백성들이 마음 아프게 여기지 않는 이가 없습니다."라고 아뢰었다. 당시 경연에 참여했던 한명회 역시 "지존께서 쓰시던 것은 아무리 작고 미미한 것이라도 외처外處에 두지 못하는데, 하물며 일찍이 국모가 되었던 분이겠습니까?"라고 발언하였다. 그러나 성종은 '언성을 높여' 화를 내면서 "이는 다름이 아니라 원자에게 아첨하여 후일의 지위를 위하려는" 것이라고 비난하였다.[35]

윤씨를 사저로 폐출해야 한다는 성종의 생각은 단호하였고, 윤씨가 자신에게 준 곤욕에 대해서 더 노골적으로 언급하기 시작하였다. "나를 가리키면서 말하기를, '발자취까지도 없애 버리겠다.'고 하였다."거나, "차고 다니는 작은 주머니에 항상 비상(독약)을 가지고 다녔으며 반드시 나에게 쓰려는 것일 텐데 종묘와 사직이 어찌 편하였겠는가?"라고 말하면서 "나는 당나라 중종과 같이 됨을 거의 면하지 못하였을 것이다."라고 말하였다. 중종은 고종의 아들로, 왕후인 위후韋后의 음란하고 방자함을 방치하였다가 뒤에 위후에게 도리어 시해당하였다. 성종은 윤씨가 자신이 거처하는 곳의 장막을 가리키며 '소장素帳', 곧 장사지내기 전에 궤에 치는 포장이라고 말하였다는 점을 폭로하면서, 자신이 목숨을 보전한 것만도 다행이며 "만일 일찍이 계책을 도모하지 아니하였다면 한나라 여후呂后나 당나라 측천무후 같은 화禍가 없겠는가?"라고 반문하였다.[36]

이런 상황에서 대사헌 채수가 한 발언이 성종을 더욱 격동시켰다. 그는 근자에 세종의 첫째 서자인 화의군 영瓔과 종친인 귀성군 준浚의 죄가 종묘·사직에 관계되었으므로 외방에 추방당했지만 국가에서 그들에게 옷과 음식을 공급해 주었다는 것을 언급하면서, "이제 윤씨도 유폐

---

35 《성종실록》 13년 8월 11일(정미).

36 《성종실록》 13년 8월 11일(정미).

시키되 옷과 음식은 공급함이 좋겠습니다."라고 건의하였다. 이에 성종은 윤씨가 가난하다는 사실을 어떻게 알았으며 누가 말하여 주었는지를 질문하고, 윤씨가 목숨을 보존한 것만도 다행인데 그녀에게 음식을 주어 공양하고자 한다면 자신의 녹봉으로 공급하라고 말하며 비판하였다. "그대들은 윤씨의 신하인가, 이씨의 신하인가?"라고 질문하는 성종의 모습에서 그가 얼마나 격노하였는지를 읽어볼 수 있다. 그는 채수의 말이 "반드시 윤씨의 오라비 등 불초한 무리들이 서로 무리를 형성하여 퍼뜨려서 말하기 때문인 것이다."라고 단정하고 윤씨의 오라비들을 의금부에 가두도록 지시했다.[37]

'온 나라의 신하와 백성들이 통한痛恨하지 않는 이가 없다.'고 말한 권경우의 발언이 당시 민심을 얼마나 정확히 반영한지는 알 수 없다. 단지 윤씨의 처지를 동정하여 우연히 내뱉은 말일 수도 있다. 폐비가 논의되었던 성종 10년 즈음에 그는 천추사의 검찰관으로 명나라에 다녀왔기 때문에 폐비 당시의 상황을 잘 몰라서 했던 발언일 수도 있다. 그러나 그 발언의 파장은 컸다. 성종은 의정부와 육조, 그리고 대간들을 불러서 그렇게 '통한'하였다는 자들을 낱낱이 말하여 보라고 다그쳤다. 그 자리에서 성종은 윤씨의 일을 참고 참다가 부득이하여 결단한 것이고 종묘와 세 대비에 고하고 대신들과 의논하여 폐비한 것인데, 이제 와서 "인심이 통한하지 않음이 없다고 말하니, 내가 참으로 통분하다."고 말했다. 권경우는 윤씨의 일을 다 알지 못하여서 그럴 수 있다 하더라도, 자세히 알고 있는 자들 가운데에도 그의 말에 동조하여 윤씨를 동정하거나 윤씨에게 음식을 주어야 한다고 말한 자가 있음을 매우 분하게 생각했다. 성종은 승지를 보내어 세 대비에게 이 일을 아뢰게 하

37 《성종실록》 13년 8월 11일(정미).

였고, 대비전에서 언문으로 된 글을 지어 보내왔다.

이제 권경우의 일을 듣고서 매우 놀랐다. 윤씨는 정유년 3월에 죄를 지었었는데 …… 만일 우리들이 바른말로 책망을 하면, 저는 손으로 턱을 고이고 성난 눈으로 노려보니, 우리들이 명색은 어버이인데도 이러하였다. 그런데 하물며 주상에게는 패역한 말까지 많이 하였으니, 심지어는 주상을 가리키면서 말하기를, '발자취까지도 없애 버리겠다.'고 하고, 또 스스로 '상복을 입는다.' 하면서 여름철에도 표의(겉옷)를 벗고 항상 흰 옷을 입었다. 그리고 늘 말하기를, '내가 오래 살게 되면 후일에 볼만한 일이 있을 것이다.' 하였다. 이는 그가 어린 원자가 있기 때문에 후일의 계획을 한다는 것이니, 우연한 말이 아니다. 우리는 시운이 불행하여 이렇게 좋지 못한 일을 만났으니, 늘 탄식하고 상심하여 세월이 가는 것조차 알지 못하는 형편이다. 그런데 저는 스스로 다행하다고 여기면서 무릇 음흉하고 위험한 일을 하지 못하는 것이 없어서, 낱낱이 다 들어 말할 수 없다. ……

우리는 모두 주상을 우러러보면서 사는 자들이다. 그러니 저가 만일 주상을 대함에 실덕함이 없었다면, 우리들이 마땅히 먼저 폐비를 하지 말도록 간언하였을 것이다. 우리는 주상의 일신一身을 위하여 매우 염려하는데, 주상이 이에 불안하여서 늘 말씀하기를, '윤씨가 그 사이에 무슨 짓을 할지 모르겠습니다.' 하니, 매냥 잠자리에 누웠을 적에 더욱 두려워하였다. 지금은 곁에 있는 악惡한 것을 이미 제거하였으니, 우리가 비록 다른 처소에서 살지마는 마음은 안심이 된다. 그런데 이제 권경우의 말로써 보면, 온 나라 사람들의 마음을 장차 다 변하게 할 것이다. 만일 옳게 한 일을 도리어 그르게 한 일로 안다면, 작은 일도 그래서는 안 되는데, 하물며 큰일이겠는가? 주상께서 몸에 화가 미칠까 두려워서 전교하더라도 오히려 믿지 아니하고, 다시 사람의 마음을 동요하게 하니 장차 큰일이 일어날까 두렵다. 이는 주상의 신하가 아니니, 마땅히 옳고 그름을 가려내어 이를 징계하고 뒷사람을 경계

해야 하겠다.[38]

정희왕후의 언문교지에는 이제까지 알려지지 않았던 윤씨의 부덕한 행실에 대해 더 구체적으로 언급되고 있다. 윤씨가 "만일 주상을 대함에 실덕함이 없었다면, 우리들이 마땅히 먼저 폐비를 하지 말도록 간언하였을 것이다."라는 대비의 말을 통해서 성종이 신변의 위협을 느꼈다는 것이 꾸며낸 엄살이나 논리비약이 아니라는 점을 확인할 수 있다. 그리고 마지막 대목에서는 권경우의 말을 그대로 내버려 두면 온 나라 사람들의 마음이 동요하여 큰일이 생길 수 있음을 지적하면서, 관련자를 징계하여 사람을 경계하도록 할 것을 강조하고 있다.

대비의 교지가 있은 뒤, 성종은 권경우와 채수에게 그들이 발언한 진의와 배경에 대해서 진술을 요구하였고 그들의 처리 여부에 관하여 여러 신하들의 의견을 물었다. 그들을 어떻게 처벌할 것인지와 관련하여서는 잠시 논외로 하자. 이 사건에서 가장 중요한 것은, 폐비윤씨의 아들이 원자이기 때문에 사람들의 마음이 안정되지 못하다는 점이었고, 원자가 점점 더 자라남에 따라 그의 어머니에 대한 동정 여론이 형성되어 더 크게 문제가 될 수 있다는 점이었다. 결국 사태 해결의 본질은 윤씨를 처단하여 후환을 제거하는 데 있다는 결론에 이르게 되었다. 성종은 권경우와 채수의 발언이 있은 지 5일 뒤에, 의정부·육조·대간들을 선정전에 불러 놓고 다음과 같이 말하였다.

윤씨가 흉험凶險하고 악역惡逆한 것을 이루 다 말할 수 없다. 당초에 마땅히 죄를 주어야 하겠지만, 우선 참으면서 개과천선하기를 기다렸다. 기해년

38 《성종실록》 13년 8월 11일(정미).

에 이르러 그의 죄악이 매우 커진 뒤에야 폐비하여 서인으로 삼았지마는, 그래도 차마 법대로 처리하지는 아니하였다. 이제 원자가 점차 장성하는데 사람들의 마음이 이처럼 안정되지 아니하니, 오늘날에는 비록 염려할 것이 없다고 하지만, 후일의 근심을 이루 다 말할 수 있겠는가? 경들이 각기 사직을 위하는 계책을 진술하라.[39]

이 자리에서 정창손은 "후일에 반드시 발호할 근심이 있으니 미리 예방하여 도모하지 않을 수 없습니다."라고 말하였고, 심회와 윤필상 등은 "마땅히 대의로써 결단을 내리어 일찍이 큰 계책을 정하셔야 합니다."라고 건의하였다. 성종은 "후일에 그가 발호하게 되면 그 후환이 어찌 크지 않겠느냐? 측천무후가 조정의 신하들을 많이 죽였던 것은, 자기 죄가 커서 천하가 복종하지 않을 것을 알았기 때문에 자기의 위엄을 보이려고 한 것이다."라고 말하였다. 윤씨를 어떻게 처리하여야 할지를 좌우에 물어보자 재상과 대간들이 같은 말로 임금의 말을 옳게 여긴다고 답하였다. 결국 성종은 좌승지 이세좌에게 명하여 윤씨를 그 집에서 사사賜死하게 하고, 이 뜻을 우승지 성준에게 명하여 세 대비전에 아뢰도록 하였다. 대비들 역시 원자를 보호하기 위해 대의로써 결단한 일이라고 하면서 성종의 결정에 동의하였고, "이와 같이 한 뒤에야 사람의 마음이 한결같이 안정될 것입니다."라고 격려하였다. 권경우의 발언이 있은 지 불과 5일 만에 전격적으로 단행된 조치였다.

윤씨의 오라비인 윤구, 윤후, 윤우 등에게는 각기 장杖 1백 대를 때려 외방에 안치하는 명령이 내려졌다. 윤씨의 어머니 신씨는 윤구와 함께 장흥에 유배되었고, 윤우는 거제에, 윤후는 제주도에 유배되었다. 그

39 《성종실록》 13년 8월 16일(임자).

리고 이 사건의 발단자인 권경우와 채수에 대해서 성종은 "그대들의 죄를 논한다면 마땅히 중한 법으로 처치하여야 하겠지만, 이제 특별히 사면한다."고 말하면서 앞으로 나라에 보답하도록 명령하였다. 이에 채수 등이 감격하여 눈물을 흘리면서 물러갔다.[40]

사진 14 채수의 신도비와 채수의 묘

선행 연구의 지적처럼, 폐비윤씨 사건은 사적인 갈등에서 출발했지만 최고의 공적인 존재들과 관련되면서 국가적 범죄로 처벌된 것이었다.[41] 즉 윤씨는 투기와 불순종, 국왕에 대한 음모와 집권의 위험성, 후일의 발호와 동정 여론에 대한 우려 때문에 폐출되고 사사되기에 이른 것이다. 김범은 성종이 다른 측면에서 인내와 절제를 보여 주었지만 이 사건에서는 '자제력이 부족했다'고 지적한 바 있다.[42] 하지만 폐비윤씨가 원자(세자)를 끼고 훗날을 도모할 것임을 공공연히 밝힌 상황에서 성종이 어떤 자제력을 발휘해야 했을까? 자제를 해서 최소한 죽이지는 말아야 했을까? 그런데 그것이야말로 폐비가 진정 원하는 것이고, 자신이

40 《성종실록》 13년 8월 16일(임자).

41 김범, 《연산군 —그 인간과 시대의 내면》, 글항아리, 2010, 65-65쪽.

42 김범, 위의 책, 83쪽.

목숨만 살아 있으면 언제든 훗날을 도모할 수 있다고 공언하고 있었다. 따라서 폐비를 살려 두는 것은 결국 왕실과 국가를 해치는 것을 의미하는 것이었다. 필자는 이 상황에서 성종에게는 다른 선택의 여지는 없었다고 판단한다.

이 사건은 사도세자를 뒤주에 가두어서 죽여야만 했던 영조의 사례와 유사하다. 물론 폐비윤씨와 사도세자는 여러 가지 면에서 다른 점이 많다. 하지만 그들에게는 한 가지 공통점이 있다. 즉 시간이 지나서 임금이 죽게 되면 그들의 아들(연산군과 정조)이 왕이 되고 그들은 복위되어 권세를 누리게 될 것이라는 사실이다. 사도세자가 역모를 꾀하여 부왕父王을 죽이려고 했던 상황에서, 그래서 그 아들로 하여금 자결할 것을 명한 상황에서 폐세자를 하는 데 그쳐야 했을까? 정병설은 "아들을 진정으로 사랑하는 부모라면 다른 길을 찾지 않았을까?"라고 언급하며 자식을 사랑하는 아버지의 눈에는 아쉬움이 남는다고 지적한다.[43] 하지만 영조가 자제력을 발휘했다면 그 자신이 아들에게 굴욕이나 변變을 당할 수도 있었다. 설사 영조가 무사히 죽음을 맞이했다 하더라도, 그의 사후에 세손(정조)이 왕이 되었을 때 사도세자는 복위되어 권세를 누리게 될 것이고, 국가의 미래에 암운이 드리우게 될 것이었다. 영조 역시 다른 대안은 없었다. 설사 아들을 잘못 가르친 책임이 있다 해도, 국왕인 아버지가 물러나거나 죽을 수는 없는 것이다.

사도세자의 경우, 그가 아버지를 죽이고자 칼을 차고 경희궁으로 향했을 때 정신착란 또는 심신미약 상태에 빠져 있었다는 이유로 그를 위해 변명해 주는 사람(선희궁)이 있었다. 그럼에도 영조는 "비록 미쳤다고는 하지만 어찌 처분을 하지 않으리오(雖放狂何不處分)"라고 말했다.[44]

43 정병설, 《권력과 인간—사도세자의 죽음과 조선왕실》, 문학동네, 2012, 218쪽.

반면에 폐비윤씨의 경우, 어떠한 정신이상 증후도 보고되지 않았고 자신의 부주의하고 부덕한 언행에 대해 어떠한 변명이나 후회도 하지 않았던 것으로 보인다.

이 사건이 만약 사대부 가문에서 일어난 일이었다면, 윤씨는 비록 쫓겨났을지언정 죽음에 이르지는 않았을 것이다. 하지만 왕실에서 일어난 이 사건은 국왕에 대한 반역을 의미하는 것이었고, '사직'을 위해서는 그 반역자를 처단함으로써 훗날의 혼란을 예방하는 것이 당시 국왕으로서 취할 수 있는 최선이었다. 비록 국모로서 보여 준 윤씨의 부덕함과 비행에 일정 부분 성종의 책임이 있고 성종이 집안을 올바르게 다스리지 못했다 하더라도, 자신에 대한 '반역'을 도모하는 왕비를 그대로 놔두거나 스스로 왕위에서 물러날 수는 없는 것이다. 이 사건은 '국가'의 영역에서 벌어진 일이기 때문이다.

6. 유교적 교화

윤씨가 죽을 당시의 상황이 《연려실기술》(6권, 연산조 고사본말)에 기록되어 있다.

일찍이 성종 기유년에 폐비윤씨에게 사약을 내려 자결하게 했는데, 폐출되어 사약을 내린 일은 성종조에 나와 있다. 윤씨가 눈물을 닦아 피묻은 수건을 그 어머니 신씨에게 주면서, "우리 아이가 다행히 목숨이 보전되거든 이것을 보여 나의 원통함을 말해 주고, 또 거동하는 길옆에 장사하여 임금의

44 위의 책, 215쪽.

행차를 보게 해 주시오." 하므로 건원릉의 길 왼편에 장사하였다. 〈기묘록〉

윤씨가 죽을 때에 약을 토하면서 목숨이 끊어졌는데, 그 약물이 흰 비단 적삼에 뿌려졌다. 〈파수편〉

위 기록에 따르면 윤씨가 죽으면서 붉은 피를 토해냈다고 전해지며, 그 피로 물들였던 수건과 적삼은 그녀의 어머니 신씨에 의해 보관되었다. 그 뒤 연산군 10년(1504)에 사화가 벌어지는 원인(근거)이 되었다. 폐비윤씨 사건은 당사자인 윤씨 본인이나 그 집안의 해명을 실록에서는 찾아볼 수 없다. 따라서 성종과 대비들의 주장처럼 그녀가 정말 남편을 죽이거나 아들이 즉위한 뒤에 수렴청정을 하고자 했는지에 대해서는, 그녀가 내뱉은 몇 마디 말만으로는 쉽게 단정하기 어렵다. 어쩌면 선행연구의 지적처럼, 그녀는 성리학적인 여성관이 정착되어 가는 과정에서 '희생양'일지도 모른다. 그러나 성종의 시대는 교화의 시대였고 '풍속의 교화'라는 구호 속에서 법 규정보다 더 강력한 처벌을 받은 사람은 비단 왕비만이 아니었다. 이 글에서는 폐비윤씨 사건만을 다루었지만, 이 사건과 비슷한 시기에 성종시대 불륜스캔들로 유명했던 '어우동 사건'이 있었다. 사대부가문의 여성이 다양한 신분의 남성들과 놀아난 일로 큰 사회적 파장을 일으켰고 성종은 부녀자에 대한 교화의 차원에서 그녀를 처형했다. 하지만 이 사건은 성적윤리에 대한 차별적 판결과 유교적 도덕의 확산을 명분으로 한 희생의 측면이 더 부각된다.[45]

성종시대의 정치사를 기록하고 있는 《실록》을 보면, 사풍의 교화를

45 이 사건과 관련하여서는 다음의 연구를 참조. 정해은, 〈조선전기 어우동 사건에 대한 재검토〉, 《역사연구》 17호, 2007; 황혜진, 〈실록을 통해 본 어을우동의 사랑과 죽음〉, 《통일인문학》 46호, 2008; 김대홍, 〈조선시대 어우동 음풍사건의 전모와 당시의 법적 논의〉, 《법사학연구》 44호, 2011.

사진 15 폐비윤씨 묘(서삼릉 소재)

추구하는 과정에서 좌천되고 처벌되는 관료(남성)들의 이야기로 가득 차 있다. 그러한 이야기들은 고위관료일수록 더 사회적 책임을 묻고 있으며, 겉으로 드러나는 품행과 관련된 비행(음행·부정·부패)뿐만 아니라 내면의 마음가짐조차 진퇴와 출척의 근거가 되었다. 남성 관료들은 심술이 바르지 못하다는 이유로 소인으로 몰려 처벌받거나 좌천되었다. 특히 폐비 논의가 시작된 성종 8년과 이듬해에 전 도승지 현석규에 대한 탄핵사건이 있었고, 이 사건으로 임사홍·유자광 일파가 유배되고 군자소인논쟁이 전개되었다. 그 논쟁이 한창 진행 중이던 성종 10년에 윤씨는 폐위되었다.[46]

성종시대의 정치가 여성에게 품행의 정절을 요구하였다면, 남성들은 인격人格 그 자체만으로도 얼마든지 탄핵을 당했다. 대간은 국왕을 비롯

46 성종대 교화의 정치는 다음의 졸고拙稿를 참조. 방상근, 〈철인왕 성종의 설득적 리더십: 진퇴논쟁을 중심으로〉, 《정신문화연구》(제34권 제2호, 2011); 〈성종의 중재적 리더십과 태평의 정치: 소인논쟁을 중심으로〉, 《대동문화연구》(제74집, 2011); 〈성종과 포황(包荒)의 정치: 심술논쟁을 중심으로〉, 《한국정치연구》(제21집 제1호, 2012).

한 통치자들의 인격적인 완성을 부단히 촉구함으로써 덕치德治라는 유교적인 이상정치를 구현하려는 것이었다.[47] 유교는 정치공동체에 속한 구성원을 성인聖人으로 만드는 교화의 정치를 지향하고 있으며, 교화를 위해서 임금과 위정자가 먼저 모범을 보일 것을 요구한다. 오늘날 관점에서는 지나치게 높은 도덕 수준과 희생을 요구한다고 볼 수도 있지만, 유교정치 자체를 거부하거나 유교국가 조선을 부정하지 않는 이상, 교화의 이상과 논리가 무의미하다고 말할 수는 없을 것이다. 정도의 차이는 있을 수 있겠지만, 국가영역에서의 공공성이나 정치가에 요구되는 도덕과 윤리의식은 오늘날에도 여전히 유효한 정치적 과제이자 현안이다.

윤씨는 한 여성이기 이전에 국모였다. 정치의 세계에서 최고 권력자나 그 배우자에게는 엄격한 품위유지 의무와 책임이 요구된다. 그것은 본인들에게는 일종의 특권이자 희생일 수도 있지만, 국가적 차원에서는 나라의 품격과 흥망성쇠에 직결된 사안이라고 할 수 있다. 성종 8년의 투서 사건 이후 그녀가 보여 준 일련의 어리석은 행실과 무례하고 무모하기까지 한 발언은 결과적으로 본인의 죽음뿐 아니라 조선 초기 정치사에 큰 파장과 오점을 남기게 되었다. 반면에 성종의 판단은 기본적으로 《대학연의》에서 제시된 '제가'의 원칙에 따르고 있다. 즉 그의 결정은 왕비의 행실이 정숙하고 지조를 지키고 사사로운 뜻이 나타나지 않아야 임금의 배필이자 종묘의 주인으로서 교화를 이루어 갈 수 있다는 원칙에 따른 것이며, 단지 일시적인 분노나 왕비의 투기를 미워해서 내린 결정은 아니었다.

성종에게 이 사건은 단지 부인의 투기나 불미스러운 비행에 그치는 문제가 아니었다. 자신을 모해謀害하거나 어린 원자(세자)를 왕위에 올

47 정두희, 《조선시대의 대간 연구》, 일조각, 1994, 160쪽.

려서 훗날을 도모하려는 일종의 '역모'사건이었다. 사전적 의미에서 반역이란 '통치자에게서 나라를 다스리는 권한을 빼앗으려는 행위'로 정의된다. 사실 윤씨가 아무리 어리석다고 하더라도, 성종에게 직접적으로 "당신이 죽으면 내가 나라를 다스리는 권한을 차지할 것이다."라고 말하지는 않았을 것이다. 하지만 성종이 문제 삼은 윤씨의 발언들 가운데 '내가 오래 살게 되면 후일에 볼 만한 일이 있을 것이다.'라는 말이 있다. 그 말이 무엇을 의미하는가는 그녀가 어버이인 세 대비에게조차 '성난 눈으로 노려보았다'는 것, 성종이 죽기를 바라면서 '상복을 입는다'고 말했다는 것, 그리고 여름에도 흰옷을 입었다는 것 등을 고려해 보면 분명해 보인다. 그리고 중요한 것은 성종이 그런 발언을 자신에 대한 반역으로 인식했다는 점이다.

어쩌면 윤씨는 남편인 성종을 죽이려고 하지는 않았을지도 모른다. 굳이 죽일 필요가 없었을지도 모른다. 단지 남편보다 더 오래 살아남기만 한다면, 아들이 왕이 되고 자연스럽게 왕의 생모로서 지위와 권세를 회복하고 누릴 수 있을 것이기 때문이다. 그러나 그것은 성종의 입장에서 보면, 왕실과 국가가 풍전등화와 같은 위기에 봉착하는 것이며, 조선의 미래를 생각할 때 결코 바람직하지 않은 일이었다.

만약 윤씨의 바람대로 성종 사후에 그녀가 수렴청정을 통해 집권하였다면 조선의 운명은 어떻게 되었을까? 정희왕후의 선례처럼, 어린 국왕에게 권력을 이양하는 과도기에 국가와 왕실을 안정시키는 역할을 수행했을까? 아니면 명종(문정왕후) 시대의 외척정치나 왕권의 유명무실화로 귀착되었을까? 정희왕후는 수렴청정을 성공적으로 이끌어 철저하게 왕권을 보호하며 성종의 정치적 입지를 열어 주는 계기를 마련하였고 조선왕조는 문물제도가 정비되는 안정기로 접어들었다. 반면 문정왕후는 왕(명종)에 대한 지나친 압력, 외척세력에 대한 의존, 인사권·경제권 독점으로 많은 물의를 일으켜 비난의 대상이 되었다. 특히 외척들의 무능과 부패, 불교에 대한 극단적 집착 등이 유교 중심의 조선사회를 헤쳐 나가는 데 장애물이 되었다.[48]

폐비윤씨의 경우 어떤 정치를 했을지에 대해서 쉽게 단언하기는 어려운 일이다. 하지만 윤씨가 보여 준 일련의 언행을 통해서 판단할 때, 그녀가 조선을 공공선(公)에 입각하여 이끌어 가기보다는, 사욕(私)에 따라 운영할 가능성이 훨씬 더 컸다. 동서고금의 사례로 얻을 수 있는 교훈은, 국가가 공공성을 담보하지 못한다면, 사욕을 추구하는 세력에 의해 국정이 농단된다면, 결국 침몰하게 된다는 사실이다. 성종이 이 사건을 통해서 후세인들에게 말하고자 했던 것은 바로 이것이었다.

2장 인사정책: 승출의 법*

성종시대는 한편으로는 왕조 초기의 변란이나 정변과 같은 권력투쟁의 문제가 마무리되고, 국정 운영의 틀이 제도화로 완성되고 안정화되어 가던 시기였다. 그러나 다른 한편으로는 조선을 건국했던 혁명파 사대부들이 정변과 정난을 거치면서 분화되고, 태종과 세조시대의 공신들이 훈구대신으로서 확고한 정치적 입지를 확대해 가고 있는 가운데, 창업의 과정에서 배제되었던 온건파 사대부들이 새롭게 정치무대에 등장하는 시기라는 점에서 잠재적으로 갈등요인을 내재한 시기이기도 하였

48 이배용, 〈여성의 정치 참여와 수렴청정〉, 최홍기 외, 《조선전기 가부장제와 여성》, 아카넷, 2004, 220쪽.

다. 선행 연구에서는 성종시대의 정치와 관련하여 이 시기를 고려의 중흥을 내세웠지만 여말의 권력투쟁에서 패배한 온건파 신진사대부들이 조선의 창업과정에서 배제되었다가 뒤에 사림파 또는 절의파로 불리며 성종시기를 통해 재등장하여 훈구파와 대립을 형성하며 새로운 정치를 모색해 가던 시기로 설명한다.[49] 선행 연구가 공통적으로 가지고 있는 시각은, 사림파의 등장이라는 '외재적'인 변화, 곧 세대교체를 통해서 비로소 성종시대에 새로운 정치가 시작되었다는 점이다. 성종대를 다룬 비교적 최근의 연구들에서도 기존의 연구에서 통설적으로 제시된 '훈구'와 '사림'의 대립구도 아래에서 성종이 사림파를 등용하여 새로운 정치를 모색했다는 관점을 공유하고 있다.[50]

그러나 이 책에서는 사림파가 등장해서 훈구파를 비판하고 새로운 정치를 모색하면서 내세웠던 교화의 정치가 성종의 주도적인 노력으로 이루어져 가고 있었음에 주목하고자 한다. 즉 성종시대의 '교화의 정치'가 사림파의 등장이라는 '외재적 요인'보다는 성종이 인욕에 물든 정치

---

* 이 장은 방상근, 〈철인왕 성종의 설득적 리더십: 진퇴(進退)논쟁을 중심으로〉(《정신문화연구》 제34권 제2호, 2011)를 수정한 것임.

49 이와 같은 연구는 다양한데, 대표적으로는 한영우, 〈조선 건국과 사대부〉, 《한국사특강》(서울대학교 출판부, 2005); 최승희, 〈성종조의 국정운영체제와 왕권〉, 《조선초기 정치사연구》(지식산업사, 2002); 민현구, 〈조선양반국가의 성립과 발전〉, 《한국사의 재조명》(고려대학교 출판부, 2007); 김용흠, 〈조선전기 훈구·사림의 갈등과 그 정치사상적 함의〉, 《조선건국과 경국대전체제의 성립》(혜안, 2004) 등을 들 수 있다.

50 성종이 영남사림의 종장宗匠인 김종직을 임명하여 사림세력을 등용하고 훈구세력을 견제함으로써 사림정치의 기반을 조성하였다고 보는 지두환의 연구서인 《성종대왕과 친인척》(역사문화, 2007)과 성종대의 지배연합 양상이 수렴청정기의 '훈척대신 연합'으로 출발하여 '훈척대신·대간연합'을 경유하여 '훈척대신·삼사사신 연합'으로 이어지는 특징을 지적하는 강광식의 연구서인 《유교 정치사상의 한국적 변용》(백산서당, 2009)을 들 수 있다. 진덕규의 연구서인 《한국정치의 역사적 기원》(지식산업사, 2002)에서는 성종이 '이이제이책'을 사용하여 훈신들의 지나친 통치권 행사나 파당화에 대해서 사림파로 하여금 규탄하게 하는 데 치중했다고 지적한다.

가들로 하여금 스스로 내면을 돌아보도록 설득하는 '내재적 요인'으로 이루어졌다는 점을 밝히고자 한다. 이를 통해서 기존의 연구들에서 간과되어 온 측면, 곧 새로운 세력의 등용이 반드시 새로운 정치를 보장하는 것은 아니며 그들이 새로운 정치를 펼쳐갈 수 있기 위해서는 그들 자신의 이념과 노력 못지않게, 그들을 둘러싼 정치환경과 여건이 중요하다는 점을 환기하고자 한다. 성종은 그 환경과 여건을 마련해 주었을 뿐만 아니라 스스로 모범을 보이고 신하들에게 함께 교화를 이루어 가자고 설득했다.

이 장에서는 성종이 어떤 방식으로 교화를 추구해 가고 있었는지, 그것이 유교가 표방하는 이상적인 교화의 방식인 감화와 어떻게 다른 것인지를 살펴본다. 이를 통해서 성종이 수기修己의 모범을 보임으로써 자연스럽게 교화되도록 유도하는 감화보다는 내면을 분별하고 출척을 통한 교화를 추구했음을 조명해 보고자 한다.

1. 감화와 설득

유교에서 교화는 인간의 내면을 변화시키는 것을 목적으로 한다. 성인이나 군자와 같은 지도자가 수기修己를 통해서 자신의 마음을 바로잡고 그 뜻을 정성스럽게 함으로써 백성을 가르치고 다스려 나간다면, 정치는 자연스럽게 바르게 되고 백성들은 그러한 성인의 교화를 본받아서 다스려지게 된다는 것을 강조한다. 공자는 "정사政事란 바로잡는다는 뜻이니, 그대가 바름으로써 솔선수범한다면 누가 감히 바르지 않겠는가?"[51]라고 말한 바 있다. 그는 또한 정치지도자인 군자의 덕을 바람에 비유하고 백성을 풀에 비유하면서, "그대가 선하고자 하면 백성들이 선해

사진 16 공자

지는 것이니, 군자의 덕은 바람이요 소인의 덕은 풀이다. 풀에 바람이 가해지면 풀은 반드시 쓰러진다."[52]고 말한다. 정치지도자가 먼저 선해짐으로써 그 인격적인 감화에 따라 백성이 교화될 수 있음을 강조한 것이다.

주자가 강조하는 설득은 기본적으로 이러한 교화의 연장선상에 있다. 특히 주목할 것은, 예법을 제정해서 교화를 닦고 삼강三綱을 바르게 하여 백성이 크게 화합하는 교화의 과정은 말을 통한 논쟁과 설득으로 이루어지기보다는, 마치 음악이 백성들 귀에 들어와 마음을 감동시켜 화평하게 하는 것과 같이, 자연스럽게 백성들이 화합하고 만물이 이에 따르는 것으로 설정되어 있다는 점이다.[53] 성왕이 백성을 교화하는 방식으로써 감화를 지향하고 있는 것이다.

유교정치에서는 군주와 신하 사이에서뿐만 아니라 친구들 사이에도 말로써 견해와 이론을 다투기보다는 서로의 마음을 가다듬어서 바른길로 인도해 가는 감화를 더 이상적인 설득의 방식으로 보고 있다.[54] 이

51 《論語》〈顔淵〉"政者正也 子帥以正 孰敢不正."

52 《論語》〈顔淵〉"子欲善 以民善矣 君子之德 風 小人之德 草 草上之風 必偃."

53 《近思錄》〈治法類〉"古聖王制禮法 修敎化 三綱正 九疇敍百姓太和 萬物咸若 乃作樂以宣八風之氣 以平天下之情 故樂聲淡而不傷 和而不淫 入其耳 感其心 莫不淡且和焉 淡則欲心平 和則躁心釋 優柔平中 德之盛也 天下化中 治之至也 是謂道配天地 古之極也."

러한 정치에서 군주와 신하는 모두 상대방의 마음속에 감화를 추구하면서 자신의 뜻을 설득하고자 한다. 군주는 거짓이 없는 진실함과 공경함으로써, 신하는 충신선도忠信善道의 마음으로 임금의 밝은 점으로부터 임금의 마음을 바로잡아서 바른길로 보좌하고 이끌어 감으로써 설득한다. 군주가 신하를 설득하는 감화와 신하가 군주의 마음을 바로잡는 격군格君은 모두 교화를 위해서 이루어지는 설득의 방식이라고 할 수 있다. 이러한 '감화적 설득'에서는 구변을 통한 논리적인 변론보다는 진실함과 공경하는 말과 충신선도의 마음으로 서로를 대할 때 얻어지는 믿음과 그 믿음을 기반으로 서로 감통感通하는 것에 더 강조점을 두고 있다.

그러나 유교정치에서 인간 내면의 변화를 추구해 가는 데 인격적 감화만을 강조하고 대화나 설득을 통한 변화는 존재하지 않았다고 말할 수는 없다. 인간의 심성에서 "천리를 보존하고 인욕을 멸하"는 것을 추구하는 주자학에서 설득은 종종 군자와 소인에 관한 '논쟁'을 통해서 이루어졌기 때문이다. 맹자가 "양호가 말하기를 '부자가 되는 일을 하면 인仁하지 못하고, 인을 하면 부자가 못 된다.' 하였습니다."[55]라고 말한 바에 대해서 주자는 "천리와 인욕은 병립함을 용납하지 않는다. 양호가 이것을 말한 것은 인을 함이 부에 해가 될까 두려워함이요, 맹자께서 이것을 인용하신 것은 부를 함이 인에 해가 될까 두려워하신 것이니, 군자와 소인은 매양 상반될 뿐이다."[56]라고 하였다. 여기서 주자는 군자는 천리(爲仁)를 추구하고 소인은 인욕(爲富)을 추구한다는 점을 지적하

54 《近思錄》〈敎學類〉"橫渠先生日 孟子日 人不足與適也 政不足與間也 唯大人爲能格君心之非 非唯君心 至於明游學者之際 彼雖議論異同 未欲深較惟整 理其心 使歸之正."

55 《孟子》〈滕文公 上〉"陽虎日 爲富不仁矣 爲仁不富矣."

56 《孟子集註》〈滕文公 上〉"天理人欲 不容並立 虎之言此 恐爲仁之害於富也 孟子引之 恐爲富之害於仁也 君子小人 每相反而已矣."

면서 맹자를 군자로, 양호를 소인으로 설정하고 있다.

이처럼 주자는 군자를 '천리의 공'을 추구하는 자로, 소인을 '인욕의 사'를 추구하는 자로 규정하면서 군자와 소인의 분변을 강조하였고, 옛날부터 지금까지 흥망성쇠는 다만 군자를 나아가게 하고 소인을 물리치며, 사람을 아끼는 것에 불과하다고 말한 바 있다.[57] 이러한 주자학적 이념에 의해서 지배된 사회에서 군자와 소인의 분별은 유학적 이념체계를 삶에 구현했는가의 여부를 재는 잣대가 되며, 어떤 집단에서 군자로 인정받는다는 것은, 자신의 논의가 집단 내부에서 공적으로 통용될 수 있는 권위를 부여받는 것을 의미한다. 따라서 유학자들 사이에서는 자기 의사의 정당성을 내세우거나, 상대방 의사에 정당성을 부과하지 않기 위해서 군자·소인 논쟁을 치열하게 벌인다. 이 논쟁은 이념투쟁의 양상을 보인다.[58]

앞서 제2부 3장에서 살펴본 바와 같이, 조선에서 군자와 소인의 분별에 관한 논쟁은 성종대의 '임사홍사건'을 계기로 본격적으로 제기되었다. 물론 성종시대 이전에도 군자와 소인에 관한 논의는 많이 있었다. 그러나 이 논의가 정치투쟁과 연관되면서 정치의 전면에서 본격적으로 제기된 것은 이 사건에서 비롯된다. 성종 8년 9월 전 도승지 현석규에 대한 탄핵사건을 시작으로 하여 성종 9년 5월에 임사홍·유자광·박효원·김언신 등 임사홍 일파의 인물들이 유배됨으로써 마무리되었던 이 사건은 붕당이 죄악시되었던 조선 초기에 "대명률을 사용한다."는 《경국대전》의 형전에 따라서 《대명률》의 '간당조奸黨條' 규정으로 처벌된 것이었

57 《朱子語類》 卷十三 〈學七 力行〉 "因論人好習古今治亂典故等學曰 亦何必苦苦於此用心 古今治亂 不過進君子退小人 愛人利物之類 今人都看巧去了."

58 김미영, 〈성리학에서 '공적 합리성'의 연원—군자/소인 담론을 중심으로〉, 《동서철학의 공적합리성》(철학과현실사, 2005), 55쪽.

다. 《대명률》에서는 "조정의 관원으로서 붕당을 교결交結하여 조정의 정치를 어지럽히는 자는 모두 참斬하여 그 처자妻子는 종으로 삼고 재산은 관官에 몰수한다."고 규정되어 있다.[59]

선행 연구에 따르면 이 구절이 중국의 전통적이고 부정적인 붕당관에 기초하여 명문화된 것으로 붕당행위를 죄목으로까지 규정해 놓은 것이며, 조선 초기의 붕당관 역시 이와 마찬가지로 극히 부정적인 성격을 지니고 있었음을 보여 주는 것이라고 한다. 정만조는 15세기의 붕당론이 붕당을 소인이 이해관계에 따라 취합하는 사당私黨과 같은 의미로 사용하고 있었다는 점에서 중종대 이후 사류士類의 붕당론과는 현저한 차이가 있었으며, 연산군 이후에 일어난 사화의 구실 또한 바로 이와 같은 사당적이고 죄악시되는 부정적 붕당관에 근거하였던 것이라고 한다. 그리고 이러한 인식에서 벗어나 조금씩 새로운 이해와 약간이나마 긍정적인 의미를 부여하려 시도한 예는 중종대 신진사류세력의 도학정치론의 일환으로 제기된 군자와 소인의 변辨에 관한 논의과정에서 찾을 수 있다고 한다.[60]

그러나 임사홍이 처벌된 것은 그가 붕당을 교결했다는 죄목으로 이루어진 것이지만, 더 본질적인 이유는 당시에 그가 천견天譴을 부정했을 뿐만 아니라 몰래 간관諫官을 사주하여 현석규를 탄핵하고자 했던 소인이었기 때문이었다. 이 사건에서는 붕당과 소인의 문제가 서로 결합되어 나타나고 있었기 때문에 소인의 문제는 곧 붕당의 문제로 이해되고 있었지만, 붕당에 의한 정치가 본격적으로 이루어지기 이전이라는 점에서 사법적 심사의 초점은 임사홍이 소인인가 아닌가에 더 비중이 놓여

59 《大明律》〈吏律〉奸黨條: "若在朝官員 交結朋黨紊亂朝廷者皆斬 妻子爲奴 財產入官."
60 정만조, 〈16세기 사림계 관료의 붕당론〉, 《한국학논총》 12, 1989, 92-95쪽.

있었다. 그리고 이 점은 사욕을 추구하면서 정치를 해치는 소인들을 어떻게 배제해야 하는가, 그리고 그들을 어떻게 교화시켜 나갈 것인가 하는 문제로, 붕당정치가 이루어지는 16세기 이후에도 중요한 과제가 되었다.

성종 10년 5월의 한 경연 자리에서 성종은 "군자와 소인을 어떻게 구별하는가?"라고 질문한다. 이때 이세광은 행사行事하는 것과 언론을 병합하여 보면 알 수 있다고 대답하고, 조위는 '그 하는 바를 보고 그 마음 씀을 관찰하며 그 좋아하는 바를 살피면 사람이 어찌 숨기겠는가?'라는 공자의 말을 인용하면서 그 말을 듣고 행실을 관찰해야 군자와 소인을 구별할 수 있을 것이라고 간한다. 이에 대해서 성종은 동의를 표명한다.[61]

이듬해에도 경연관을 인견한 자리에서 주나라 말기의 치란과 흥망성패의 자취에 대하여 강론하도록 지시하였다. 강론에서 '당고黨錮의 화禍'에 이르러 김흔이 군자와 소인은 각각 그 무리로써 당을 삼는다고 하자, 성종은 "분별하는 것이 밝지 못하면 군자가 화를 입는다."고 말하고 있다. '당고의 화'는 후한 말에 환관이 정권을 전담함을 분개하여 이를 공박한 뜻있는 선비들이 환관의 미움을 받아 종신금고의 형을 받았던 일에서 나온 말이다. 이때 이창신은 "만일 공평무사하여 사정私情에 가리워지지 않는다면 가히 분별할 수가 있을 것"이라고 말하면서 한무제는 욕심이 많았기 때문에 급암의 어짊을 알고서도 쓰지 못했다는 점을 지적하였다. 성종은 급암같이 곧은 사람은 얻기가 쉽지 않다고 하면서 당시 새로이 관직에 들어온 자가 모두 직언을 하지만, 지위가 높아지고 편하게 되면 처음과 같지 못하고 곧음을 내세워 승진을 탐내는 자들로

61 《성종실록》 10년 5월 18일(계유).

서 취할 바가 못 된다고 하면서 사풍을 비판하였다. 이 자리에 참가했던 성현은, 선을 좋아하면서도 능히 쓰지 못하고 악을 미워하면서도 능히 물리치지 못하여 나라가 망하는 지경에까지 이르렀던 춘추시대의 곽공, 우문사급의 아첨함을 알고서도 능히 물리치지 못했던 당태종, 이임보의 간사함을 알고서도 능히 물리치지 못했던 당현종 등의 사례를 거론하면서 간사하고 아첨하는 소인을 물리치지 못하여 후회가 있었다는 점을 경계로 삼을 것을 간언하였다.[62]

이처럼 임사홍 사건 이후 지속된 군신 간의 논의에서는 정치에서 군자와 소인을 분별하는 일과 소인을 물리치고 군자를 나아오게 하는 것에 관한 의론이 집중적으로 이어지고 있었다. 그리고 이러한 논의는 그동안 신하들과 암묵적으로 합의해 왔던 감동의 정치를 탈피하고, 공의를 실현하여 교화를 더 철저하게 시행하기 위한 제도적인 방안을 새롭게 마련하는 논의로 연결된다.

2. 유신의 교화

성종 11년 11월 8일에 임금이 인정전에 나아가서 왕비를 책봉하였다. 이날 정승들의 동의를 얻어서 사면의 전교를 내리고 이 전교를 통해서 임사홍 사건으로 유배를 갔던 이들도 사유赦宥를 얻게 된다.[63] 성종의 첫 번째 비妃였던 한명회의 딸 공혜왕후는 성종 5년에 죽었는데, 성종 7년에 윤씨를 왕비로 삼았다. 그러나 연산군의 생모이기도한 윤씨는 성

62 《성종실록》 11년 2월 11일(신유).

63 《성종실록》 11년 11월 8일(갑신).

사진 17 창덕궁 인정전

종 10년 6월에 폐비되었고, 이때에 이르러 새 왕비를 맞이한 것이었다.

대간에서는 임사홍 등은 죄를 범한 바가 매우 무거우므로 사유를 입게 할 수 없다고 하면서 지속적으로 반대하였지만, 성종은 강상綱常에 관계되는 것이 아니면 모두 용서하였는데 임사홍의 무리만 용서하지 않는 것은 신의를 저버리는 것이라고 하여 받아들이지 않았다.[64] 이듬해 정월에 성종은 예조에 삼퇴례와 삼소례를 행할 것을 상의해서 아뢰라고 전지하였다. 삼퇴례는 임금이 적전籍田에 나아가 쟁기를 잡고 세 차례 쟁기질을 하는 의식을 말하며, 삼소례는 왕비가 누에고치의 실을 뽑을 때 세 차례 손으로 잡고 실을 뽑는 의식을 말한다. 이처럼 백성들에게 친경親耕과 친잠親蠶의 뜻을 보이고 있는 이 전지에서 성종은 '유신의

64 《성종실록》 11년 11월 10일(병술), 11일(정해), 14일(경인), 15일(신묘), 21일(정유).

교화'를 선언하였다.

내가 부덕한 자질로 조종의 기업을 이어 신민의 위에 군림하여, 농사짓고 누에 치는 것이 제대로 수행되지 않을까 염려하였다. 그래서 이미 지난해에 고전을 널리 상고하게 하여 친경과 친잠하는 예를 행하도록 하였다. 이제 윤씨를 왕비로 삼았으니, 마땅히 이를 책봉한 뒤에 반드시 성한 예에 맞추어 유신維新의 교화를 펴게 할 것이다.[65]

성종이 이 시점에서 유신의 교화를 선언한 직접적인 이유는, 전지에 나와 있는 바와 같이 성종 10년에 폐위되었던 윤씨 이후 한동안 왕비의 자리가 비워져 있었는데, 새 왕비를 맞이하고 친경과 친잠을 행하는 것을 계기로 국정을 일신하고자 했던 것이다. 그런데 성종 이전의 임금들이 유신을 선언하며 그 이전과 이후가 구별되는 정치적 변화를 보여 주었다는 점에서 볼 때 성종의 유신 역시 왕비책봉에 따른 단순한 선언 이상의 의미를 지니고 있다고 할 수 있다. 그렇다면 성종이 유신의 교화를 통해서 추구하고자 했던 변화는 무엇이었는가?

우선 주목할 것은, 앞서 왕비의 책봉과 더불어 사유를 내린 것에서 알 수 있듯이 성종은 이 유신선언을 전후로 하여 임사홍사건으로 유배되었던 인물들에 대한 포용을 시도한 점이다. 이는 임사홍 무리에 대한 사유와 더불어 "유자광은 사직에 공이 있으니 공신녹권을 특별히 돌려주라."고 이조에 전지한 대목에서도 보인다.[66] 유자광은 비록 임사홍사건에 연루되어 함께 유배를 갔지만, 그 자신이 공신이란 점에서 다른

65 《성종실록》 12년 1월 18일(계사).
66 《성종실록》 12년 5월 21일(을미).

이들과는 다른 대우가 필요한 신분이었고, 성종은 이미 임사홍사건이 마무리된 이듬해에 유자광의 공신녹권을 환급할 뜻을 보인 바가 있다. 그러나 겨우 1년이 넘어서 갑자기 공신녹권을 돌려주는 것에 대한 대간의 반대가 컸고, 대신들 역시 너무 빠르다고 한 까닭에 뜻을 굽힌 바 있다.[67] 이로부터 2년이 지나 유신의 교화를 선언한 시점에서는 더 이상 대간의 반대나 문제제기는 일어나지 않았다.

성종 13년에는 유자광의 직첩을 돌려주는 것과 관련해서 대간이 반대하면서 다시 문제가 제기된다. 당시 한재旱災가 심하였는데 대신들은 유자광의 죄는 비록 중하지만 그 공이 크니 다시 쓸 만하다고 건의하였다. 대간에서는 유자광이 소인과 교제를 맺어 나라를 저버렸는데 국가에서 녹권을 주어서 그 공에 보답한 것이 이미 지극하였다는 점과 상벌이 이치에 합당한 뒤에야 하늘의 마음을 화하게 할 수 있다는 점에서 한재를 이유로 직첩을 돌려줄 수 없다고 반대하였다. 그러나 성종은 그가 예종조에 큰 공이 있다는 이유로 직첩을 주면서 김맹성·김괴·표연말도 모두 직첩을 주라고 지시하였다. 이에 대사헌 채수 등이 직첩을 돌려주는 것이 마땅치 못하다고 논하였으나, 성종은 유자광이 공신을 대우하는 자신의 마음을 다시 저버리지는 않을 것이라고 하여 들어주지 않았다.[68]

유신의 교화를 전후로 한편으로는 유배를 갔던 임사홍 무리들에 대한 사유와 포용을 시도했던 성종은 다른 한편으로 새로운 인재의 등용을 적극적으로 추진해 가고 있었다. 이는 성종의 즉위 이후 지속적으로 문제시되어 온 세조대 훈신들의 탐오와 전횡, 그리고 당시의 신하들이

67 《성종실록》 10년 4월 21일(정미).
68 《성종실록》 13년 7월 22일(기축), 25일(임진).

보여 주었던 표리부동한 행태를 목도하면서 새로운 인재를 등용시켜야 할 필요성을 더 분명하게 인식하였기 때문이었다. 성종은 의정부와 육조·대간에 인재를 천거하라고 전지하면서 다음과 같이 말한다.

> 내가 생각하건대, 사람을 등용하기는 어렵고 사람을 알아보기는 더욱 어렵다. 외모가 공손한 듯하고 언어가 정직한 듯하나 실제는 그렇지 않은 자가 있고, 외모와 언어는 민첩하지 않은 듯하나 마음과 행실이 충직한 자가 있다. 더구나 하료(下僚, 지위가 낮은 관리)에 침체되어 있거나 멀리 초야에 사는 자 가운데 어진 인재가 있더라도 내가 어떻게 알겠는가? 전조銓曹의 주의에도 혹 구슬을 빠뜨리는 한탄이 있다.

성종은 이 당시 화기和氣를 손상하여 재변을 부르는 일이 발생하는 것도 인재를 잘못 등용한 것과 무관하지 않다고 지적하면서 널리 어진 인재를 구해서 함께 치평을 이루어 천견에 보답하고자 한다는 점을 말하고 있다.[69] 이에 대해서 사간 경준과 영사 정창손 등은 우리나라는 중국과 달리 땅이 좁아서 한 가지 기예라도 이름난 자는 다 기록되었으므로 유일遺逸되거나 침체되어 있는 자가 없을 것이라고 하면서, 다만 전형銓衡을 맡는 자들이 마땅한 사람을 구하기에 달려 있다는 의견을 제시한다. 그러나 성종은 "전조(銓曹, 이조와 병조)의 직임을 맡은 자가 마땅한 사람을 구하더라도 어찌 사람의 현부賢否를 죄다 알 수 있겠는가?"라면서 대신들로 하여금 아는 자를 천거하게 하였다.[70]

여기서 성종은 인재를 등용시키고 물리치는 직임을 맡고 있는 전조의 역할에 대해서 근본적인 문제를 제기하고 있다. 그것은 전형을 맡고

---

69 《성종실록》 12년 6월 22일(을축).

70 《성종실록》 12년 6월 23일(병인).

있는 자의 능력과 자질에 대한 불신과 함께, 사람을 알아보는 것이 얼마나 어려우면서도 절실한 것인가에 관한 인식에 기반하고 있다. 어진 사람을 등용하고 쓸 만한 재주를 가진 자를 알아보기 위해서는 전조의 판단만으로는 미진하고, 더 폭넓은 시각과 경험에 의지해서 그 인선을 행하는 것이 필요하며, 이 과정에서 현능한 자에 관한 여러 사람들의 논의가 필요함을 말해 주고 있다.

성종은 "전조는 사람의 심술을 알고서 등용해야 한다."고 말하고, 선비를 시험하는 책문에서도 "어떻게 해야 풍속을 순박하게 하고 교화가 유행하겠는가?"라고 물었다. 현재에 유통하면서 옛것에 어긋나지 않고 옛것을 본받되 현재에도 어긋나지 않게 교화를 이루려면 무슨 방법으로 성취시킬 수 있는지에 대해서 질문한 것이다.[71] 이러한 모색은 당시 관리들의 인사에 관한 규정을 담고 있는 전최殿最의 법에 관한 문제제기로까지 이어지고 있다. '전최'란 이조와 병조에서 관리의 근무성적을 평정하는 것이다. 《경국대전》〈이전〉에는 관리의 업적평정, 곧 포폄할 때 "중앙관리는 해당관청의 당상관·제조 및 소속된 조의 당상관이, 지방관리는 관찰사가 해마다 6월 15일과 12월 15일에 등급을 평정하여 임금에게 보고한다."고 규정되어 있다.

성종은 관리의 포폄에 대해서 의정부에 전지를 내려 당시 폐단을 지적했다. 중앙과 지방 관리들의 현부를 평가하는 일, 곧 '전최'를 담당하는 전조의 당상관 및 관찰사들이 '공'을 버리고 '사'를 따르는 관행으로 말미암아 용렬한 자들이 상등上等에 남아 있다는 것이다. 또한 전최의 법이 제대로 시행되기 위해서는 포폄을 맡은 자들이 사정私情을 버리고 공도公道를 따름으로써 관리의 잘잘못을 가릴 수 있음을 말하고 있다.[72]

71 《성종실록》 12년 6월 30일(임신), 9월 29일(경자).

전조의 직임과 역할이 단지 관행에 따라서 관리들의 근무성적과 업적을 평정하는 것에 그쳐서는 안 되고, 더 중요한 것은 그들의 현부와 내면의 심술까지 분별해야 함을 촉구하고 있다. 이를 위해서 전조는 먼저 스스로 '사'를 버리고 '공'을 따름으로써 자신과 다른 사람들을 살피는 역할을 감당할 것을 요구한 것이다.

성종이 전조가 전최를 행할 때 공도를 따를 것을 역설한 것은, 그가 관리들의 내면의 변화를 요구하며 설득한 것이었다. 그러나 공도에 따라서 전최의 법을 올바르게 시행하기만 한다면 교화는 이루어지는 것인가? 성종의 치세 중반기에 해당하는 이 시기의 논의를 살펴보면 그것이 그렇게 쉬운 일이 아니라는 점이 드러나고 있었다. 성종 13년 4월에 전 도승지이자 평안도관찰사였던 신정申瀞이 인신印信을 위조했을 뿐만 아니라 세 번이나 임금을 속여 가면서 자신이 위조하지 않았다고 상소까지 한 사건이 발생하였다. 성종은 신정이 공신이라는 점과 신숙주의 아들이라는 점을 고려에서 그 처벌에 신중을 기하고자 했지만, 임금을 대면하여서도 거짓으로 속이면서 상소까지 올린 일은 고금古今에 없었던 일이라고 한탄하면서 스스로 부끄러워하였다. 결국 신정은 그 자신이 공신이었음에도 사사賜死되어 공신의 적에서 삭제되기에 이른다.[73]

신정사건은 성종으로 하여금 사람을 구별하고 인재를 쓰는 일에 대한 경각심을 다시 한 번 환기시켰다. 이로부터 얼마 뒤 경연 자리에서 사람을 쓰는 일에 대해서 논하면서 "기예技藝가 있다고 하더라도 심술이 바르지 못하면 장차 어떻게 쓸 것이며, 만일 정대正大하다고 하면 재주가 모자란다는 것으로써 버리는 것은 옳지 않은 것이다."라고 말하고

---

72 《성종실록》 12년 11월 13일(계미).

73 《성종실록》 13년 4월 21일(기미), 23일(신유), 24일(임술).

"신정을 시험해 보았더니 과연 심술이 바르지 못하였다."고 술회했다.[74] 성종은 어질고 능력 있는 인재를 찾아서 아뢰도록 지시하고, 아울러 훌륭한 덕행이 있는 선비도 이름을 적어 아뢰도록 하면서, 사람의 '마음을 들추어내어 판별'하고자 함을 알린다.

> 현명하고 능력 있는 선비가 혹 하급 관료로 침체되어 그 재주를 다 펴지 못하기도 하고, 혹은 한산한 곳에 배치되어 세상에 쓰이지 못하는 자도 있을 것이다. 비록 완전한 덕을 갖춘 사람이 아니더라도 진실로 일절의 덕행이 있으면 이도 훌륭한 사람이 되므로 또한 채용할 만하니 아울러 이름을 적어 계문하여서 나의 측석명양(側席明揚, 마음을 기울여 들추어냄)하는 뜻에 부응하도록 하라.

이 전지에서는 숨어 있는 인재뿐만 아니라 도고·관고·포관과 같은 천한 직업에 속한 자까지 언급하고 있다. 성종이 인재의 진퇴문제에 대해서 얼마나 심각하게 고민했는지를 보여 주는 대목이다.[75] 신정사건은 재주와 뛰어남을 간직하고 있으면서도 쓰이지 못하고 있는 인재를 찾아내어야 한다는 것, 더 나아가서는 숨어 있는 선비뿐만 아니라 심행과 덕행을 갖춘 인물도 나아오게 해야 함을 인식시켜 주었다. 그리고 단지 기예나 재주만이 아니라 '마음을 들추어내는 것'이 더 중요하다는 것을 성종에게 각인시켰다.

유신의 교화를 선언한 이후 성종은 새로운 인재를 등용코자 했다. 이를 위해서는 사람을 분별하는 것이 필요하고, 사람을 올바르게 분별하

74 《성종실록》 13년 6월 2일(기해).
75 《성종실록》 13년 6월 28일(을축).

기 위해서는 겉으로 드러나는 모습만이 아니라 그 사람의 마음을 들추어내어야 한다. 사람의 마음속을 들추어내기 위해서는 먼저 그 속마음을 털어놓아야 한다. 그러나 신하가 그 속마음을 임금 앞에서 솔직하게 털어놓는다는 것은 쉽지 않은 일이고, 따라서 임금이 신하의 속마음까지 분별하는 것 역시 어려운 일이다. 그렇다면 어떻게 신하가 스스로 그 속마음을 허심탄회하게 털어놓도록 할 수 있는가? 여기서 성종은 이 문제에 세심한 배려를 보여 주고 있었다.

《대학》을 강론하는 경연 자리에서 성종은 신하들과 함께 성의誠意·정심正心과 군자를 올려 쓰고 소인을 물리치는 임금의 도를 논하면서 순임금은 뜻이 성실하고 마음이 바르고 거울처럼 맑고 저울처럼 공평하기 때문에 능히 사흉四凶의 간사함을 알아서 내쫓았다고 말하였다. 임금이 신하의 속마음을 들추어내기 위해서는 먼저 임금의 뜻이 성실하고 마음이 바르고 맑고 공평해야 함을 자각하고 있음을 보여 준다. 이어서 성종은 왕안석이 소인이 되는 이유를 신하들로 하여금 자세히 말하도록 하였다. 실록에서는 이 자리에서 공조판서인 "손순효가 몹시 취하여 말이 절도를 잃은 것이 많았는데, 임금이 모두 관대히 용서하였다."고 기록하고 있다.[76] 이후에 대간은 강연의 자리에서 신하들이 임금 앞에서 실례를 범한 일들을 지적하면서 손순효의 행실을 비판했다. 이에 성종은 다음과 같이 말한다.

무릇 사람이 취하면 반드시 속마음을 털어놓는 것인데 임금과 신하 사이에 품은 것을 반드시 진술하는 것이 무엇이 옳지 못한 것이 있겠는가? 만약 머리와 꼬리를 두려워하여 말을 골라서 발하면 교언영색하는 것인데, 이것이

76 《성종실록》 13년 11월 29일(계해).

옳겠는가? 사람으로 하여금 임금 앞에서 담론하지 못하게 하면 임금이 누구와 같이 사람의 어질고 어질지 못한 것과 정치의 잘하고 못한 것을 논하겠는가? 대간의 말이 매우 옳지 못하다. 손순효의 말이 비록 오활한 듯하나 다만 마음속을 털어놓았을 뿐이다. 무슨 다른 뜻이 있었겠는가? 군신 사이에는 항상 공경하는 것만을 주로 할 수 없다.[77]

성종은 임금 앞에서 속마음을 털어놓고 품은 것을 반드시 진술하는 것이 교언영색하는 것보다 옳은 일이라고 말하고 있다. 또한 임금 앞이라고 할지라도 얼마든지 서로 담론을 나눌 수 있어야만 사람의 현부를 분별하고 정치의 선악과 득실을 논할 수 있음을 강조한다. 군신 사이에 비록 공경함이 없어서는 안 되지만, 정치를 행하고 논함에는 비록 오활한 말이라 할지라도 마음속을 솔직하게 털어놓을 수 있어야 한다는 점을 신하들에게 설득하고 있는 것이다. 성종의 이 언급은 사람의 마음속 깊은 곳을 들추어내어 그 심술을 알고서 등용하는 일이 가능하기 위한 조건이 무엇인지에 대한 해답을 제시해 주고 있다. 군신 사이의 공적인 담론에 관한 성종의 이러한 인식은 단지 정치에서 담론의 중요성에 대한 일회적인 언급으로 그쳤던 것이 아니었다. 성종의 집권 후반기에 이르러서 홍문관이 경연과 학문을 담당하는 기관에서 점차 언관의 기능을 띄기 시작했고 이를 통해 성종대 언론이 더욱 활성화되고 있었다.[78]

---

77 《성종실록》 14년 1월 4일(정유).

78 이와 관련하여서는 후술하는 제4부 1장(공론정치: 언론의 활성화)을 참조.

3. 승출의 법

성종 14년 3월에 대왕대비 정희왕후가 승하하자 성종은 신하들의 의견을 물리치고 3년상을 치른다. 아직 상중에 있던 성종 15년 11월 이조에 다음과 같이 전지한다.

> 우리나라는 인재가 비록 중국과 비교할 수는 없으나, 십실十室의 고을에도 반드시 충성되고 미더운 사람이 있다고 하였는데, 사방 넓은 땅에 어찌 그만한 사람이 없겠는가? 요要는 쓰고 버림을 적당하게 하여 착한 사람과 악한 사람을 담는 그릇을 다르게 할 뿐이다. 돌이켜 보건대, 사람을 알아보기는 요순도 어려워하는 바이므로, 전선銓選의 임무를 일체 전조銓曹에 위임하였는데, 전조에서 연륜과 격식에 구애되어 오직 날짜의 오래고 가까운 것만 취하고, 인물의 착하고 착하지 못한 것은 가리지 아니하므로, 비록 뛰어난 사람이 있을지라도 보통 하찮은 사람과 더불어 한 격格에 섞였으니, 어찌 국가에서 어진 재주를 골라서 쓰는 도라고 하겠는가?

성종은 잘 다스려진 시대, 곧 '삼대'의 화목하고 태평한 다스림의 요체는 쓰고 버림을 적당하게 하여 착한 사람과 악한 사람을 담는 그릇을 다르게 하는 것이라고 말한다. 그렇게 하기 위해서는 인물의 착하고 착하지 못한 것을 가리는 것이 필요하다. 하지만 당시 전조에서는 인물의 선악을 가리지 않고 다만 연륜과 격식에만 구애되어 있으며 연차에 따라서 형식적으로 취하고 있을 뿐이라고 비판한다. 그 결과 현능한 사람과 불초한 사람을 쓰는 도에 맞지 않다는 것이다.

그런데 이러한 논리는 후술하는 제4부 2장(중재적 리더십)에서 성종이 내세우는 인사 원칙과 정반대이다. 성종은 이 장에서 추진했던 '승출의 법'이 실패한 이후에, 악한 자라도 개과천선할 수 있는 기회를 주어야 한다는 태도로 전환했다. 그는 삼대의 잘 다스려진 세상에도 악한 자가 없지 않았으며, 그들을 가려내어 분별하고자 한다면 오히려 군자가 해를 입을 수도 있다고 주장했다. 이러한 입장 전환의 필요성과 정당화논리를 이해하는 것이 성종의 교화정치에서 가장 중요한 대목이다.

주목할 것은, 성종이 이 전지를 내린 뒤에 재주와 행실이 뛰어난 자는 자격에 구애되지 말고 차례를 뛰어넘어서 쓰고, 그다음으로 쓸 만한 사람은 그 임기만료에 따라 차례로 올려 써서 점차로 승진하도록 했다는 점이다. 반면에 범용한 무리는 비록 갑자기 버리지는 아니하더라도 벼슬을 올려 주지 않고 임기가 만료된 뒤에 같은 품계에서만 옮기도록 함으로써, 어질고 어리석은 이가 함께 오래 머물러 있는 폐단이 없도록 지시하였다.[79]

본래 유교에서는 세습이나 출신을 관직 분배의 기준으로 내세우지 않는다. 유가에서는 덕성과 능력을 갖춘 사람, 곧 현능賢能이야말로 남을 다스리는 위치에 설 수 있으며, 따라서 관직에 오를 자격이 있다고 생각했다. 덕과 능력은 이상적인 행정·관리 요원에게 필요한 도덕적·인격적·행정적 탁월성을 지칭하는 것이었다.[80] 관직이 세습이나 출신 또는 연륜과 격식에 구애받아 왜곡되거나 침체되는 경우는 있었지만, 유교에서는 정치에서 도덕적이고 인격적인 덕성과 탁월성을 향상시킬 것을 사람들에게 요구할 뿐만 아니라, 관직의 배분과 관원의 선별을 통해서 이를 실현할 수 있는 제도적 장치를 마련하고 있었다. 다만 공자의 시대와 달리 신분제가 정착되어 있던 조선에서는 관리 임용 면에서 출신에

79 《성종실록》 15년 11월 10일(계사).
80 이승환, 《유가사상의 사회철학적 재조명》, 고려대학교출판부, 2001, 30-32쪽.

따른 제약이 존재했다.

공자는 미국 독립선언서의 "모든 인간은 평등하게 태어났다."는 말을 찬성하지 않았을는지는 모르지만, 1789년 프랑스의 인권선언서에 나오는 "인간은 모두 동등한 권리가 있다."는 말에는 찬성하였을 것이다. 공자는 그의 제자들 가운데 왕자도 아닐 뿐 아니라 가계에 무언가 먹구름의 그림자가 걸려 있는 것 같은 제자를 보고 군주가 될 자격이 있다고 말한 적이 있다. 그 제자의 가문이 문제가 되지 않은 것은 그에게 덕망도 있고 능력도 있었기 때문이었다. 또한 똑똑하고 부지런하기만 하면, 누구에게나 교육을 받을 수 있는 동등한 권리가 있다고 주장하였다. 세습귀족의 전제정치 대신 가장 유덕하고 능력 있는 사람이 모든 백성의 이익을 위해 정치를 해야 한다는 것이 그의 신념이었다.[81]

성종은 당시 관직에 있는 자들을 재주와 행실이 뛰어난 자, 쓸 만한 사람, 범용한 무리로 구별하여 이들로 하여금 각각 다른 차등적으로 대우할 것을 요구하고 있다. 특히 재주와 행실이 뛰어난 현능한 자를 높이면서 인물의 착하고 착하지 못한 것을 가려야 함을 다시 역설함으로써 인간 내면의 변화를 관직의 배분과 관원의 선별을 통해서 실현하고자 했다. 이것은 '전최의 법'에 대한 문제제기와 비판의 차원을 넘어서는 것이라는 점에서 더 진일보한 조치였다. 그러나 이것으로도 사풍을 바로잡아 교화를 이룰 수 없다면 그다음에 취할 수 있는 방도는 무엇인가?

성종 16년 1월에 홍문관에서 유교를 장려하고자 올린 상소에는 일반적으로 교화론에서 얘기되고 있는 감화의 정치를 강조하고 있었다. 즉 교화는 허물어지고 풍속은 날마다 야박해져서 점점 구제할 수 없는 지

81 H. G. 크릴, 이성규 옮김, 《공자-인간과 신화》, 지식산업사, 1997, 192-196쪽.

경으로 빠져들어 가고 있는 상황을 지적하면서, 백성을 교화하는 데 임금이 먼저 그 몸을 닦고 마음을 바르게 하여 인도해야 한다는 것이다. 홍문관은 백성들이 임금을 보고서 감화되는 것은 정교政教나 호령號令을 기다리지 아니하여도 이루어지는 것임을 강조한다. 그것은 마치 하늘에 덮이고 땅에 실린 것과 해와 달이 비치고 서리와 이슬이 내리는 곳에서 혈기가 있는 자는 기뻐하며 고무하고 감동하고 분발하여 공경하기를 신명처럼 하는 것과 같다. 임금이 백성을 사랑하기를 부모처럼 한다면 풍속이 바르게 되지 않을 수 없으며 인간으로서 지켜야 할 떳떳한 도리가 밝아지지 않을 수 없다는 것이다.[82]

그러나 성종은 '덕과 예로 인도하고 형벌과 정사로 가지런히 한다.'는 옛사람의 말은 바꿀 수 없는 지론이지만, "지금으로 보면 한갓 덕과 예만 믿고 다스릴 수는 없다."고 말하였다.[83] 이는 교화에서 덕과 예로 다스리는 감화가 중요한 원칙이라고 할 수 있지만, 당시의 각박한 시대상황을 고려해 볼 때 더 개혁적인 조치가 필요함을 말해 준다.

이로부터 두 달여가 지나 비로소 정희왕후의 3년상을 끝내고 탈상하는 제사를 마친 뒤에 경연에 나아간 자리에서 동지사 김종직은 다음과 같이 건의하였다.

> 지금 관직의 과궐窠闕이 부족하여, 별좌別坐가 8년이 되도록 등용되지 못한 자가 있고, 부장部將이 10년이 되어도 등용되지 못한 자가 있는데, 전지傳旨로 서용하는 자가 매우 많아서 즉시 서용하지 못합니다. 또 현능한 자도 침체되어 등용되지 못하는 자가 있으니, 청컨대 승출(陞黜, 올리고 내림)의

82 《성종실록》 16년 1월 9일(임진).
83 《성종실록》 16년 1월 24일(정미).

사진 18 김종직의 생가 추원재 앞의 김종직 동상

법을 행하소서.

그리고 이 건의에 성종은 다음과 같이 화답하였다.

과연 경의 말과 같다. 용렬한 사람이 하료에 침체되는 것은 괴이할 것이 못되나, 적당히 쓰일 재목이 억울함을 품고 펴지를 못한다면, 이는 실로 잘못된 정사인 것이다. 사람을 쓰는 전지를 전조에서 대부분 많이 폐각하고 행하지 않음은 매우 옳지 못하다. 지금 관직에 있는 자가 어찌 다 어질겠는가? 그 직임을 감당하지 못하는 자는 내치고, 현사賢士를 등용하는 것이 가하다.[84]

84 《성종실록》 16년 4월 7일(무오).

김종직은 '승출의 법'을 건의하였고, 성종은 그에 공감하며 따를 것임을 표명하였다. 그러나 승출의 법을 시행하는 데에서는 많은 논란이 야기되고 있다. 성종은 이날에 의정부와 전조의 당상관을 불러서 승출의 법을 통해서 쓸 만한 사람을 얻으려 함을 말하면서 의견을 물었다. 대신들 가운데는 이조판서 이숭원이 임금의 뜻에 동감을 표시하였지만, 영의정 윤필상 등은 반대하였다. 비록 출척黜陟을 행한다 하더라도 정밀하기가 어려울 것이며, 만약 출척하는 바가 정밀하지 못하다면 물의를 불러일으킬 뿐이므로, 전조에 맡기는 것만 같지 못하다는 것이었다. 의정부와 이조·병조에서 합사하여 아뢴 의견도 대체로 이와 유사하였다.

윤필상은 당시 출척하는 바가 정밀하지 못하여 물의를 불러일으켰던 사례로써 '서감원 사건'을 언급하였다. 이는, 대구에 사는 생원 서감원이 성종 15년 8월 2일에 구언求言에 응하여서, 시사時事를 말하고 파직되어 오래도록 복직되지 않은 자가 있으며 의정부가 수령의 승출에 어진 자와 어질지 못한 자를 구별하지 못하고 승출했다고 비판한 사건이다. 이를 계기로 이해 8월부터 11월까지 넉 달여에 걸쳐서 그것이 누구를 말하는 지에 관하여 한동안 조정에서 논란을 야기했다. 결국 이 사건은, 서감원이 자신의 사촌이자, 폐비윤씨를 동정하는 언사로 말미암아 파직되어 오랫동안 복직되지 아니한 전 대사헌 채수를 비호하기 위한 것이었음이 밝혀졌다. 성종은, 서감원이 처음부터 채수를 언급하지 않고 그와는 상관없이 파직되어 오랫동안 복직되지 아니한 정윤정을 말하였고, 수령을 올리고 내치는 것이 공론에 맞지 않는다는 것은 채신보에게 있는 것인데, 처음에 말하지 아니하였다는 점에서 간사함이 막심한 소인의 행위로 규정했다. 나라의 기강을 세우기 위해 죄를 가할 뜻을 보였지만, 구언에 대해 응한 자를 죄주면 언로가 막힌다는 신하들의 건의를 받아들여 그를 용서하였다.

이처럼 승출의 문제를 둘러싼 임금과 신하들의 견해 차이가 분명하게 드러나고 있는 상황에서, 성종과 신하들은 지속적으로 승출의 법에 대한 서로의 견해를 제시하며 논의했다. 이때 성종이 제시한 논거들로는 첫째로 어진 사람의 보좌를 얻어서 선왕의 다스림을 일으켜야 한다는 것, 둘째로 지금의 대간은 재능이 있는 자를 명하여 한 계급을 올리면 과당하다고 논박하고 작은 일을 하나하나 들어서 책임을 면할 뿐이며 어진 자가 침체되는 것과 '정사의 궐실'과 '국가의 대계'를 말하는 이가 없다는 것, 셋째로 대간의 말이 모두 지공至公에서 나오는 것이 아니며 사사로이 붕당을 심고 은밀히 선한 사람을 배척하는 자도 있으니 대간 역시 변별하지 않으면 안 된다는 것이었다.[85]

신하들의 반대논리로는, 앞서 언급한 내용, 곧 사람의 현부와 마음을 알기란 매우 어렵기 때문에 이를 억지로 분별하려면 착오가 많을 것이라는 점 외에도 다음과 같은 논거가 제시되었다. 첫째, 임금이 어진 사람을 구하는 마음을 처음부터 끝까지 한결같이 하면 현량한 보좌가 나오는 것은 기다리지 않아도 그렇게 될 것이라는 점, 둘째, 어진 사람을 올리고 바르지 못한 사람을 물리치는 것은 비단 대간의 책임만은 아니며 전조의 관리로 마땅한 사람을 얻으면 시행하는 것이 모두 마땅함을 얻게 될 것이니 전조를 가려 신중하게 임명하면 된다는 점, 셋째, 군주의 마음은 만화萬化의 근본이니 임금이 먼저 그 마음을 바르게 하면 대간을 비롯한 조정이 바르게 될 것이라는 점이었다.[86] 요컨대 사람의 사정邪正을 분별하여 어진 사람을 나아오게 하고 사악한 사람이 물러나게 하는 핵심은, 결국 임금이 마음을 바르게 하여 감화시키는 데 있을 뿐

85 《성종실록》 16년 4월 12일(계해).
86 《성종실록》 16년 4월 12일(계해).

이라는 주장이다.

하지만 성종은 이러한 신하들의 반대론에도 불구하고 승출의 법을 시행할 것을 지시하면서, 이조와 병조에게 다음과 같이 전지한다.

> 사람을 아는 것은 요·순도 어렵게 여긴 바이다. 내가 과매寡昧한 몸으로 구중九重에 깊이 거처하여 조정신하의 현부를 능히 다 알지 못하므로, 착한 사람과 악한 사람을 구별하는 것을 한결같이 전조에 맡겼는데, 만약 남들이 아는 현인인데도 등용되지 못하고, 남들이 아는 불초한 사람인데도 물리치지 못한다면, 어찌 가히 인물을 전형한다고 할 수 있겠는가? …… 어진 사람과 우매한 사람이 같이 침체되고 선악의 구별이 없으면, 장차 어떻게 사람을 권려하고 징계하겠는가? 말이 여기에 미치니 진실로 마음이 아프다. 오직 너희 전조는 나의 지극한 뜻을 체득하여, 쓸 만한 자는 한미하다고 하여 가벼이 여기지 말고, 제거할 만한 자는 권세가 있다고 하여 비호하지 말며, 혐의嫌疑를 갖지도 말고 형적을 숨기지도 말며, 아는 바에 따라 견별甄別하여 승출시켜, 내가 위임하여 책성責成하는 뜻에 부응하도록 하라.[87]

사람을 알고 분별하는 것이 어렵다는 점에 대해서는 성종 역시 인정한다. 그럼에도 성종은 전조에서 어진 자와 불초한 자의 진퇴를 제대로 하고 있지 못하기 때문에 선악이 구별되지 못하고 어질고 우매한 자가 함께 섞이고 침체되어서 사람을 권려하고 징계됨이 없다는 점을 들어서 승출이 필요함을 역설한다. 성종은 임금이 마음을 바르게 하여 악하고 불초하며 우매한 자들을 감화시킴으로써 이루어지는 교화를 부정하지는 않는다. 그러나 그것 못지않게 승출을 통하여 진퇴시킴으로써 교화가

87 《성종실록》 16년 4월 경오(경오).

이루어질 수 있다는 점을 분명하게 말하고 있는 것이다.

성종은 또한 관찰사들로 하여금 지방의 수령들에 대해서 전최의 법을 엄격히 시행할 것을 지시했다. 그는 최근에 여러 도에서 지방관을 평가한 것을 보았더니 상등에 있는 자가 많고 중등과 하등에 있는 자는 적었음을 지적하였다. 그러면서 한 도가 넓고 군읍이 많아서 수령들이 반드시 모두 어질지 않을 것인데도 겉으로 드러난 허물만 없으면 비록 용렬하여 그 임무를 감당하지 못하고 오히려 백성에게 해를 미친 자라 하여도 거의 모두 상등에 두는 것은 악한 자를 내치고 착한 자를 올려 쓰려는 자신의 뜻에 부합하지 않는다고 비판했다. 만약 그런 상황을 그대로 둔다면 "사람들이 장차 권징勸懲되는 바가 없어서 훈유薰蕕의 구별이 없고 사람을 쓰고 버리는 것이 마땅함을 잃게 되니 어찌 그것이 가하겠는가?"라고 하였다. 이는 당시 관찰사가 행하던 수령들에 대한 전최를 비판하는 것이자 경고였다.[88]

승출의 어려움과 감화를 주장하는 신하들의 입장은 형정보다는 감화를 더 바람직한 것으로 여기고 이를 추구해야 한다는 교화론에 입각하고 있다. 그러나 유의할 것은, 신하들이 비록 승출을 반대하는 논리로 감화론을 내세우고는 있지만, 그 말 속에 담겨진 진실함이라는 측면에서는 설득력이 없었다는 점이다. 왜냐하면 승출을 반대하는 이면에는 자신들의 사욕이 드러나는 것을 두려워하는 뜻이 내재되어 있었기 때문이다. 성종이, 감화론을 내세운 신하들의 설득에 반대하면서 대간의 말이 모두 지공至公에서 나오는 것이 아니며 간혹 사사로이 붕당을 심고 은밀히 선한 사람을 배척하는 자도 있으니 대간 역시 변별하지 않으면 안 된다고 말한 것은 이 점을 말해 주고 있다.

---

88 《성종실록》 16년 윤4월 7일(정해).

신하들의 반대논리에 견주어 성종의 논리는 감화보다는 출척이라는 징계를 사용하고자 한다는 점에서 예와 덕보다는 승출을 통한 교화를 시도한 것이었다. 그것은 마치 의사가 환자의 병을 치유하기 위해 고통을 주는 일이 있는 것과 같이, 비록 모든 신하들로부터 환영받지 못할지라도 책벌을 통해서 사풍을 바로 세워야 함을 주장하고 있는 것이다. 성종은 대신과 대간들의 반대에도, 감화만으로는 교화가 불가능하며, 진퇴와 출척을 통해서라도 인간 내면에 있는 악함을 치유함으로써 공의와 선함을 회복시키고자 하였다. 비록 사람을 알기란 어렵기 때문에 승출이 정밀하지 못하여 착오가 생길 수 있을지라도, 그것이 현부를 가려서 침체된 사풍을 교화하고자 하는 데 방해가 되어서는 안 된다는 것이다. 성종은 승출을 통해 관리들의 악덕을 치유하고 공의를 회복시키고자 하는 교화를 시도하였던 것이다.

승출의 법을 시행한 이후 이조에서 영해부사 전자완·봉산군수 김계증과 안동판관 박소정·아산현감 고언겸 등을 아뢰자 성종은 이들을 모두 파출罷黜하게 하였다.[89] 이후에도 이조와 병조의 당상, 그리고 대간과 함께 관원의 등용과 파출에 대해서 논의하면서 그 현부를 가린다.[90] 홍문관에서도 상소하여 사람들의 허물을 논하였는데, 성종은 "나라를 다스리는 길은 어진 이를 등용하고 불초한 자를 물리치는 것보다 급한 것이 없는데, 만약 출척이 없다면 관리들을 어떻게 권장하고 징계하겠는가?"라면서 이를 의논하도록 하였다. 당시 홍문관의 상소는 다음과 같다.

장례원사의 최자축·유종수·정겸과 한성부참군 송환종은 사리에 어둡고,

---

89 《성종실록》 16년 윤4월 5일(을유).
90 《성종실록》 16년 윤4월 25일(을사), 26일(병오).

정언 안진생은 입을 다물고 말하지 않으며, 익위 이숭경·익찬 김제·위솔 정의·현준·정부, 시직 윤운손·세마 유집은 용렬하고 무능하며, 태안군수 이종경·양지현감 이중선·광주판관 성준·유천·평양판관 이식·양덕현감 탁경지·하동현감 정내언은 탐오하고, 강서현령 정인손·강음현감 윤소보·진천현감 양전은 학문이 없고 책략도 없으며, 청안현감 경수·안음현감 이서손·합천군수 허훈·신계현령 허창은 연약무능하고, 우후 전세정은 광망하고, 조익희는 용렬합니다.[91]

사리에 어둡고 입을 다물고 말하지 않으며 용렬하고 무능하며 탐오하고 학문과 책략이 없으며 연약무능하고 광망하거나 용렬하다는 것이 출척당한 관리들의 징계 사유이다. 이 가운데 무능하거나 탐오하기 때문에 내친다는 것은 어느 정도 수긍할 수 있다. 하지만 사리에 어두운 것과 말을 하지 않는 것, 학문과 책략이 없다는 것과 연약하고 용렬하다는 것은 징계 사유로 삼기에는 어려운 측면이 있다. 왜냐하면 그 평가의 기준이 겉으로 드러나는 실적이나 부패행위가 아니라 관리들의 학문 수준이나 인품 또는 행실과 같은 다분히 주관적이고 내면적인 성질의 것이기 때문이다. 이러한 사유로 관리를 올리거나 내친다면 평가자의 주관에 따라서 누구라도 파출될 위험이 있다. 그럼에도 이런 조치가 취해진 것은, 현부를 가려서 침체된 사풍을 교화해야 한다는 명분이 있었기 때문이었다.

그러나 이로부터 얼마 뒤 해주지방에 큰 바람이 불고 천둥번개가 치며 우박과 얼음 덩어리가 섞여 내려서 그것이 지나간 곳의 곡식이 모두 손상되는 재변이 일어났다. 이에 성종은 놀라움과 두려움을 표시하면서,

91 《성종실록》 16년 7월 6일(갑인).

비록 재변이 홍문관에서 논박당하여 파출된 수령들이 원통함을 품고 있기 때문에 일어난 것은 아니라 하더라도, 마음이 편치 않으니 그들을 경직京職에 서용하여 원통함을 펴게 하고 개과천선하는 길을 열어 주고자 하는 뜻을 보인다. 이에 대해 승지들은 파출당한 수령들의 소행이 홍문관에서 아뢴 바와 그렇게 다르지 않으니 폐출한 것은 마땅하며, "선한 자에게 복을 주고 악한 자에게 재앙을 내리는 것이 하늘의 도"이니 퇴출된 자를 갑자기 다시 쓰는 것은 적당하지 않다고 하면서 반대하였다.

승지들이 《서경》의 말[92]을 인용하여 말한 것은, 재변이 파출당한 수령들의 원한과 직접적인 관련은 없다고 하더라도, 하늘의 뜻이 승출의 법의 시행에 대해서 견책을 보이는 것이라고 생각하여 절치부심하던 성종에게 하늘의 뜻 역시 착한 자에게 복을 주고 악한 자를 벌하는 데 있다는 '복선화음福善禍淫'을 명분으로 승출의 정당성을 옹호해 주기 위한 것이었다. 하지만 성종은 "이들이 만약 능히 허물을 고친다면 이는 선한 사람이 되는 것이니, 어찌 끝내 버릴 수 있겠는가?"라고 하면서 들어주지 않았다.[93]

천견을 이유로 하여 파출된 자들을 복귀시킴으로써 지난 몇 달 동안 시행해 오던 승출의 법이 사실상 좌초되었다. 앞서 천견을 둘러싼 소인 논쟁에서 살펴본 바와 같이, 재이현상의 배후에는 그것을 지배하는 하늘의 의지가 있음을 상정하고 있는 천인상관설은 왕권을 제약하는 논리로서 유교정치에서 누구도 명시적으로는 부인할 수 없는 것이라는 점에서, 천견을 이유로 '승출의 법'이 좌초된 것을 이해 못할 것은 아니었다.

---

92 《書經》〈湯誥〉"天道福善禍淫."

93 《성종실록》 16년 7월 16일(갑자).

파출을 통해서 악덕을 치유하는 것도 중요하지만, 재변을 내리는 하늘의 뜻 역시 중요하기 때문이다.

그렇다고는 하더라도 성종이 이 법을 시행하면서 보여 주었던 교화를 향한 단호한 의지를 고려해 볼 때 너무 허무하게 좌절된 것은 아닌가 하는 의문이 든다. 하지만 승출의 법을 시행하는 과정에서 파출된 수령들뿐만 아니라 대간과 대신의 비판 역시 적지 않았다는 점을 고려할 때, 성종이 천견을 명목으로 삼아 문제점이 드러난 승출의 법을 폐기한 것이라고 생각된다.

출척당한 수령들을 다시 서용하여 원통함을 풀게 하라는 교지를 내린 다음 날에 승출에 찬동했던 이승원과 이 법을 건의했던 김종직이 사직하기를 청하였다. 이때 이승원은 "사람을 알아보지 못하여 주의注擬할 때 많은 착오를 가져와서 대간의 논박을 당하였습니다."라고 하였다. '주의'란 관원을 임명할 때에 먼저 문관은 이조에서, 그리고 무관은 병조에서 임용예정자 수의 3배수를 정하여 임금에게 올리던 것을 말한다. 김종직은 "조정 신하들의 현부를 다 잘 알지 못하여서 거조(擧條, 임금에게 아뢰는 조항)가 타당함을 잃어 사람들의 의논에 부끄럽습니다."라고 말하였다. 여기에서 대간과 대신들 역시 승출의 과정에서 주의의 착오와 거조의 부적절함을 지적하면서 비판하고 있었음을 알 수 있다. 파출된 수령들이나 승출을 위해서 논박당한 당사자들 가운데는 대간이나 대신들과 직접 또는 간접적으로 관련된 인사도 적지 않았기 때문이다. 성종은 결국 이승원을 유임시키고, 김종직은 그의 뜻에 따라 성균관에서 근무하도록 하였다.[94]

승출의 법이 폐기된 뒤에 성종은 이조와 병조에 전지하여 청렴한 관

94 《성종실록》 16년 7월 17일(을축).

리와 파출된 관리에 대하여 경계하게 하는 다음의 글을 내렸다.

> 염치는 사대부가 몸을 세우는 큰 절조이니, 사람이 염치가 없다면 그 나머지 무엇을 보겠는가? 근자에 홍문관에서 탐오로 지적한 자는 이미 모두 공론에서 나온 것이니, 그 파출은 부득이한 것이었다. 그러나 인심의 변이가 일정하지 않아서 혹 먼저는 곧다가 뒤에 탐하기도 하고, 혹 먼저는 탐하다가 뒤에 청렴하기도 한 것을 생각하면 일률적으로 논해서는 안 된다. 허물이 있어도 능히 고치면 선한 사람이니, 지금 파출을 당한 자라도 진실로 능히 마음을 움직이고 성품을 고쳐서 개과천선한다면 내가 마땅히 그 새로워진 것을 어여삐 여겨 이들을 쓰되 의심하지 않을 것이다. 어찌 지난날의 허물을 탓하여 끝내 폐기하겠는가? 그대 전조는 내 뜻을 잘 알도록 하라.[95]

성종은 승출의 법의 필요성을 부정하지 않으며, 이 법에 근거한 파출 역시 부득이한 것이었다는 점을 들어서 그 정당성을 말하고 있다. 다만 인심의 변화 가능성을 얘기하면서 허물이 있어도 마음과 성품을 고쳐서 개과천선한다면 영영 폐기하는 것보다 다시 쓰도록 하는 것이 교화에 더 바람직한 것이라는 견해를 밝히고 있다. 이것이 승출의 법을 둘러싼 논의과정을 통해서 그가 도달한 결론이었다.

4. 군사君師의 리더십

유교정치에서는 군주와 신하가 말로써 견해와 이론을 다투기보다는

95 《성종실록》 16년 7월 20일(무진).

서로의 마음을 가다듬어서 바른길로 인도해 가는 감화를 더 이상적인 설득의 방식으로 보고 있다. 그러나 이제까지 살펴본 논쟁에서 교화의 방식에 대한 성종의 입장은 인격적 감화를 통한 설득과는 거리가 있는 것이었다. 이는 임사홍사건과 신정사건 이후에 성종이 감동의 정치를 넘어서서 군자와 소인을 분별하는 문제의 중요성과 필요성을 인식하게 되었기 때문이다. 그가 신하들과 나누었던 군자와 소인의 분별에 관한 논의는 단지 논의에 그친 것이 아니라 사람의 현부와 그 내면의 심술을 관찰하도록 하고, 전최를 행할 때 사정을 버리고 공도를 따라서 잘잘못을 가려야 함을 설득하는 데까지 이어지고 있었다. 성종은 교화를 이루기 위해서는 감화만으로는 불가능하며 진퇴와 출척을 통해서라도 내면의 사악함을 물리치고 공의를 회복시켜야 한다고 설득하였다.

성종의 주장은 마치 소크라테스가 온 시민이 정신적으로 향상되도록 하기 위해서 변론했던 것과 유사하다.[96] 그는 어떻게 해서든지 사풍을 바로잡아서 신하들의 내면에서부터 정의가 소생되고 부정이 제거되도록, '사'를 제거하고 '공'을 따르도록, 절제가 생기고 방종이 제거되도록, 덕을 심고 악덕을 몰아내고자 하였다. 소크라테스에 따르면 참된 변론가는 시민들의 영혼을 돌보는 자이며 참된 변론술은 영혼 속에서 정의가 소생되고 부정이 제거되도록 변화시키는 자이다. 성종은 대신과 대간의 마음을 들추어내고 함께 논의하는 과정을 통해서, 그리고 승출의 과정을 통해서 관료들의 내면에서 정의가 소생되고 부정이 제거되도록 변화시키고자 했다. 그는 의사나 교사처럼, 내면이 병들어 있는 정치가들로 하여금 탐욕의 마음을 몰아내도록, 그래서 올바른 성품을 갖추도록 설득하면서 '승출의 법'을 추진했다.

---

96 Plato, *Gorgias,* 503a–505b.

소공권은 공자와 플라톤을 비교하면서 양자 모두 군주는 스승의 직책과 같은 것이며 정치와 교육은 동일한 효과를 갖는다는 점에서, 그리고 도덕을 국가존립의 최고 문제로 삼아서 정치와 교육이 분리되어서는 안 된다고 보았다는 점에서 동일하다고 주장한다. 다만 플라톤의 철인왕은 지식을 무엇보다 숭상하고 지식으로써 나라를 다스리는 데 반하여, 공자의 군사君師는 덕을 무엇보다 숭상하고 덕으로 사람을 교화시킨다는 차이가 있다고 하였다.[97] 성종은 덕으로 교화시키는 감화를 부정하지 않았다. 하지만 사람의 마음을 들추어내어서 그 내면의 선악까지도 살피고 분별하고 출척을 통해서 이를 실현하고자 하였다.

비록 천변으로 승출의 법이 실패했지만, 그가 이 법이 지닌 의미에 대해서까지 부정한 것은 아니었다. 그는 여전히 파출은 부득이한 것이었으며 공론을 따른 것이었다는 점을 들어서 그 정당성을 변론하고 있었다. 다만 "처음에 현저한 죄악이 있는 것이 아니었는데 끝내 폐기하게 된다면 그 원한이 없을 수 없다."고 언급하고 있는 바와 같이, 현재의 진퇴 문제에 초점을 두기보다는 세월이 바뀌면 징계되는 것을 고려하여 서용함으로써 "장래의 선善을 권고"할 것임을 밝히고 있다. 성종은 사풍의 교화를 추구하는 방법 면에서 향후의 입장 변화를 시사했다.[98] 이와 같이 '승출의 법'을 시행하여 관리들을 변화시키고자 했던 성종의 군사론은, 조선 후기에 '초계문신제'를 통해 신하들을 가르치고 그들의 수준을 향상시키고자 했던 정조의 군사론과 유사하다.

정조는 문신 재교육제도인 초계문신제를 통해서 친왕세력을 육성하고 성왕론의 이념을 전파하고자 했다. 그는 쇠잔해진 사대부의 기풍을 진

---

97 蕭公權 저, 최명·손문호 역, 《중국정치사상사》, 서울대학교출판부, 1998, 112-113쪽.
98 《성종실록》 17년 2월 24일(경자).

작시키고 관료들의 역량을 강화하기 위해 이 제도를 도입하였다. 정조 5년(1781)에 16명을 선발한 것을 시작으로 정조 말년인 24년까지 10회에 걸쳐 모두 138명을 선발하였다. 이렇게 선발된 초계문신은 '임금의 사인私人'이 되어 버렸다는 정약용의 비판이 있었지만, 정조는 국왕인 자신이 명실상부한 군사君師의 지위를 복원하고 계승하였다고 주장하면서 친강親講과 친시親試를 한 달에 한 번씩 거행하였다.[99] 그 결과 정약용이나 박지원과 같은 걸출한 학자가 배출되어 문예부흥의 시대를 가능케 하기도 했다. 하지만 정조는 특히 회의 때 가장 많은 발언을 할 뿐만 아니라 신하들을 가르치는 '선생님'을 자처하였고, 그의 '다변'과 '가르치기 좋아하는' 태도는 반발을 불러일으키기도 했다. 박현모는 이러한 정조의 군사론을 '앞에서 끄는' 방식의 지도자로 정의한 바 있다.[100]

성종은 탐오한 관리를 파출하고 새로운 인물을 등용시킴으로써 침체된 사대부의 기풍을 쇄신하고자 승출의 법을 시행하였다. 친왕세력을 육성하기 위해 승출의 법을 이용한 것은 아니지만, 임금이 덕으로 신하를 감화시켜 가는 동시에 사람의 마음을 들추어내어서 그 내면의 선악까지도 살피고 분별하고 출척하는 '교사'의 모습을 보여 주고 있었다. 그 점에서 정조의 군사론, 곧 '앞에서 끄는' 방식의 리더십을 보여 주었다. 이는 세조시대 이래 지속되어 온 대신들의 탐오함과 관료사회의 기강문란, 그리고 세력 있는 대신들에게 빌붙어 출세를 도모하는 언관의 폐습을 청산하고 '유신의 교화'를 이루어가기 위한 불가피한 선택이었다. 하지만 성종 16년 이후에, 성종은 이제까지와는 다른 방식의 리더십을 보이기 시작하였다.[101]

---

99 박현모, 《정치가 정조》, 푸른역사, 2001, 156-160쪽.
100 박현모, 《세종이라면》, 미다스북스, 2014, 507쪽.

한편 대신과 대간들은 군자와 소인을 분별하는 문제의 중요성을 공감하고 소인을 물리치기 위해서 언행과 심행을 살필 것을 임금에게 건의했고, 사풍을 바로잡는 데 감화를 원칙으로 주장하고 승출의 법을 통한 출척에는 반대하였다. 그들의 논거는 사람의 현부와 마음을 알기란 매우 어렵기 때문에 이를 억지로 분별하려면 착오가 많을 것이라는 점, 기존의 제도인 전최의 법과 전조를 통한 포폄을 제대로 시행하면 교화를 이루어 갈 수 있다는 것이었다. 그렇지만 그들의 주장이 항상 고정불변한 것은 아니었다. 왜냐하면 그들이 비록 처음에는 승출에 반대하기는 하였지만, 승출을 논의하는 과정을 통해서 자신을 돌아보고 성찰할 기회를 가질 수 있었기 때문이다. 그들은 승출의 대상이 되었던 조정의 관료 및 지방관들과 함께 변론이 이루어지는 '법정'에 참여하고 있었다. 그리고 이 변론의 장에서 성종과 대간·대신은 자신들의 입장과 견해를 주고받으면서 사람의 현부를 가리고 논하는 문제를 서로 설득하고자 하였다. 비록 합의를 통해서 승출의 법이 추진된 것은 아니었기에 천견을 이유로 하여 폐지되었지만, 대신과 대간 역시 그동안 자신들이 가지고 있었던 문제들에 대해서 자각할 수 있었다.

승출을 의논하는 법정에 참여한 사람들과 그 논의를 통해서 파출된 사람들, 그리고 이러한 승출의 논의와 파출당한 인사를 지켜보는 중앙과 지방의 관리들과 사림들은 탐오함과 권세에 물든 자신들의 내면을 자각하고 치유할 수 있는 기회를 부여받았다. 그동안 세조시대의 훈척정치에 익숙해져서 드러나지 않았던, 또는 이미 모두가 알고 있는 일이지만 권세가의 위세에 눌려서 체념하고 방치해 왔거나 그 상황에 편승하여 자신의 이익을 도모하려 해 왔던 문제들에 대해서, 그리고 성리학

101 이와 관련하여서는 제4부(지지의 동원)의 2장과 3장에서 다루고자 한다.

의 이념이 추구하는 정치의 윤리성과 도덕성이라는 본질적인 문제에 대해서 새롭게 성찰하며 내면을 돌아볼 수 있는 경험을 하게 되었다. 비록 승출의 법은 실패했지만, 이후에 전개되는 교화의 정치에서 대신들의 풍속에 대한 대간의 탄핵과 격렬한 비판이 가능해지고, 공公을 추구해야 한다는 정치의 대의가 분명하게 세워지게 되었다. 이 점에서 '승출의 법'을 둘러싼 논쟁은 성종의 치세를 그 이전과 이후로 가르는 분수령이 되었을 뿐만 아니라, 조선 전기의 정치사를 성종시대 이전과 이후로 구별 짓게 하는 분기점이 되었다고 평가할 수 있다.

3장 법제 정비: 통치제도의 완성

수성守成의 시기에 군주가 대체로 의존하는 것 두 가지 가운데 하나는 유능한 신하이다. 정도전은 《조선경국전》에서 "만약 군주의 자질이 중간 정도인 경우에는 훌륭한 재상을 얻으면 잘 다스려지고, 그렇지 못한 재상을 얻으면 어지러워진다."고 말하였다. 그 사례로 "예컨대 당현종은 송경과 장구령을 재상으로 등용하여 개원開元의 태평을 이룩하였으나, 이임보와 양국충을 재상으로 등용하여 천보天寶의 화란을 초래하였다."고 논하였다.[102] 수성기 군주가 의존하는 또 다른 하나는 전장典章제도이다. 정도전은 《경제문감별집》에서 원나라의 성종과 인종시대에 대해서 다음과 같이 서술하고 있다.

102 정도전, 《조선경국전》 〈治典〉(宰相年表).

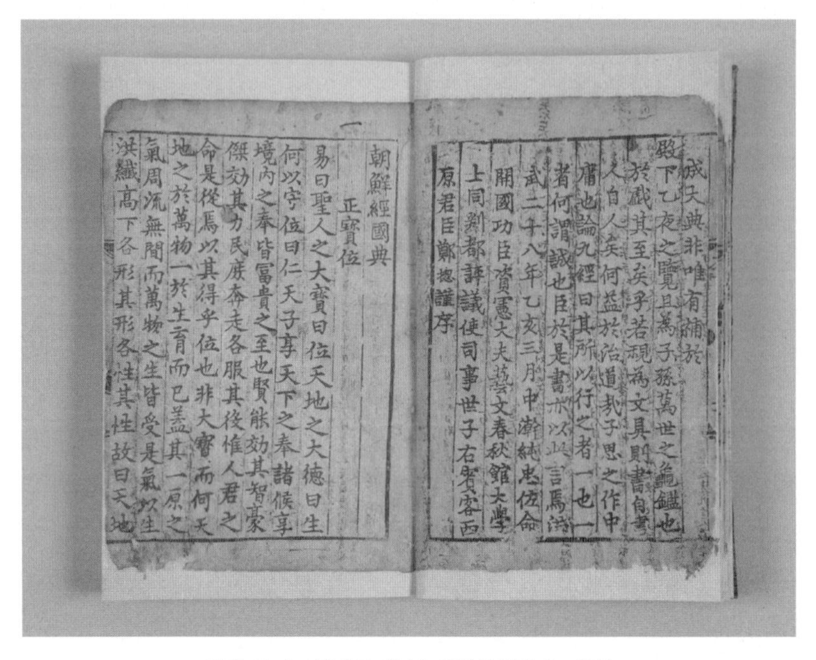

成大典非唯有補於
殿下乙夜之覽且爲子孫萬世之龜鑑也
於戲其至矣乎若視爲文具則書自書
人自人矣何益於治道哉子思之作中
庸也論九經曰其所以行之者一也一
者何謂誠也臣於是書亦以此言焉洪
武二十八年乙亥三月中樞純忠佐命
開國功臣資憲大夫藝文春秋館大學
上同判都評議使司事世子右賓客西
原君臣鄭摠謹序

朝鮮經國典
正寶位
易曰聖人之大寶曰位天地之大德曰生
何以守位曰仁天子享天下之奉諸侯享
境內之奉皆富貴之至也賢能效其智豪
傑效其力民庶奔走各服其役惟人君之
命是從焉以其得乎位也非大寶而何天
地之於萬物一於生育而已蓋其一原之
氣周流無間而萬物之生皆受是氣以生
洪纖高下各形其形各性其性故曰天地

사진 19 《조선경국전》(수원화성박물관 제공)

천하가 혼일된 뒤를 이어받아 팔장 끼고 아무 일도 하지 않고서도 다스려졌으니, 수성하기를 잘하였다고 할 수 있다. 다만 그 말년에 여러 해 동안 병을 앓아, 모든 국가의 정사가 안으로는 궁중에서 결정되고 밖으로는 대신에게 맡겨졌다. 그럼에도 불구하고 정사가 폐지되거나 실추되지 않은 것은, 세조의 시대가 지나간 지 머지않아 성헌이 모두 남아 있었기 때문이다 …… 늘 부지런히 정사에 임하여 한결같이 세조의 성헌대로 따랐다.[103]

창업을 지나 수성기를 맞이한 왕조가 오래 지속될 수 있는 비결은 '성헌成憲', 곧 조종에서 이루어 놓은 법도와 제도에 있다는 것을 정도전

103 정도전, 《경제문감별집(下)》 〈君道〉.

은 말하고 있다. 《경제문감별집》에는 당우唐虞로부터 원조元朝에 이르기까지 중국 역대 왕조의 흥망성쇠가 "군도君道"라는 표제 아래 기록되어 있다. 정도전은 고려 태조에 대하여 "초창기이고 새로 시작하는 때라서 비록 예악을 갖출 틈은 없었지만, 그 큰 규모와 원대한 방략, 깊은 인정과 후한 은택은 실로 이미 500년을 이어갈 나라의 명맥을 배양하였다."라고 언급한다. 고려의 태조 때 "예악을 갖출 틈이 없었다"고 지적되고 있는 바와 같이, 고려는 '일대지제一代之制'를 만들지는 못하였다. 정도전은 조선의 건국을 통해서 고려의 미진했던 부분을 채워서 진정한 의미의 정통 왕조를 실현시키고자 하였다.[104] 태조 이래로 지속된 조선왕조의 법전 편찬과 법제의 정비과정은 '일대지제'를 만들고자 하는 노력의 산물이라고 할 수 있다.

주자학을 체제이념으로 표방하였던 조선은 건국 이후 한 세기 이상을 유학과 관련된 제도적 정비에 심혈을 기울였다. 그 결과 《경국대전》으로 대표되는 정비된 통치체제를 구축하였다.[105] 그러한 성과를 바탕으로 성종은 조회 및 경연 등의 제도적 운영에서 볼 수 있는 것처럼, 통치기간 내내 일관성과 지속성을 가지고 근면하게 통치에 임하여 이후 조선시대 국왕들에게 군주상의 전형을 제시하였다.[106] 특히 세조에서 성종에 이르는 시대에는 국가운영의 기본 법전이라고 할 수 있는 《경국대전》과 《국조오례의》 등이 끊임없이 수정되고 보완되었다. 1392년의 왕조 창업 이후 100년에 이르는 조선왕조의 통치체제 정비가 완성되었던 것이다. 이 장에서는 세조시대에 본격적으로 시작된 《경국대전》의 편찬

104 최상용·박홍규, 《정치가 정도전》, 까치, 2007, 142-143쪽.
105 강제훈, 〈조선 성종대 조회의식과 조회 운영〉, 《한국사학보》 제27호, 2007, 47쪽.
106 남지대, 〈조선 초기의 경연제도〉, 《한국사론》 6, 1980, 134-139쪽.

작업이 성종시대에 이르러 법제의 정비와 국가운영체제의 완성으로 이어지는 과정을 살펴보고자 한다.

1. 경국대전체제의 형성

1) 《경국대전》 이전의 법전 편찬 과정

정도전을 비롯한 조선 건국에 참여한 혁명파 사대부들의 정치적 계획은 《경제육전》을 통해서 현실화하였다. 《경제육전》은 처음 만들어진 뒤 여러 차례 증보되고 속간되는 변화가 있었지만, 세조대에 《경국대전》이 만들어질 때까지 국가경영의 표준적인 법전으로 기능하였다.[107]

태조의 즉위교서에서 "의장법제는 고려고사에 따른다."고 한 것은 급격한 개혁을 피함으로써 민심의 안정을 꾀하는 목적이 있었으며, 태조 6년(1397)에는 우왕 14년(1388) 이후 당시까지의 현행법령을 편집하여 조선왕조 최초의 성문법전인 《경제육전》을 편찬케 하였다. 이해 12월에 조준의 주도로 검상조례사에서 국조헌장조례를 모아 교정한 뒤에 간행하였다. 여기에는 이성계와 혁명파 사대부들이 위화도 회군으로 정권을 잡은 우왕 14년(1388) 이후부터 태조 6년(1397)까지에 이르는 기간의 수판受判 및 정령政令·조례條例가 실려 있다.[108] 태종대부터 《경제육전》에 대해서는 그것이 매우 불완전한 법전이었음에도, 창업군주의 이념과 의지의 체현인 '조종의 법'으로서 함부로 변경할 수 없다는 성격이 부여되

107 정호훈, 〈조선전기 법전의 정비와 《경국대전》의 성립〉, 《조선 건국과 경국대전체제의 형성》 혜안, 2004, 62쪽.

108 《태조실록》 6년 12월 26일(갑진).

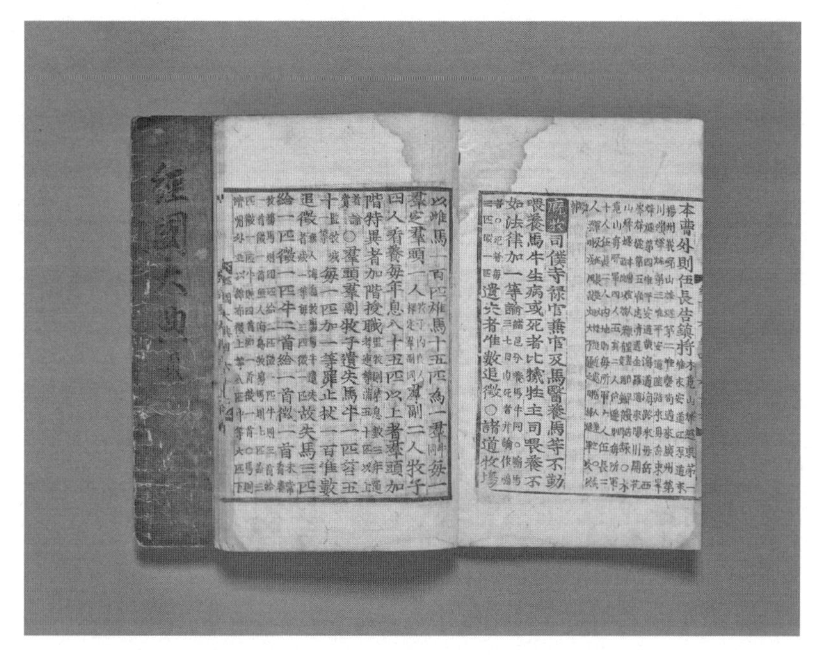

사진 20 《경국대전》(서울역사박물관 제공)

었다.

그러나 《경제육전》은 《경국대전》과 같이 모든 조문의 중복과 모순을 조정하여 만든 종합법전이 아니라, 각사各司에서 수시로 받아낸 수판 및 정령·조례를 모아 놓은 것이었다. 따라서 시간이 흘러가면 또 새로운 수판과 조례 등이 생겨났고 불가피하게 그 속전의 편찬이 계속되어야 하는 한계를 지니고 있었다.[109] 《경제육전》은 법전으로 시행되기는 했으나 방언과 이두가 섞였고, 《대명률》처럼 법전으로서의 체제를 갖추지 못하였을 뿐만 아니라, 그중에는 누락되거나 새로 공포된 법령이 있었다. 특히 법제의 변화가 크게 일어나고 정령·조례·수교가 많이 쌓이게 되면서 수정 증보 작업이 필요해졌고, 태종 7년(1407) 8월에 하륜의 주

109 정호훈, 앞의 논문, 63쪽.

도로 속전의 편찬 작업이 이루어졌다.[110] 하륜 등은 5년에 걸쳐, 《이두원육전》을 한문으로 바꾼 《경제육전원집상절》(이른바 《원육전》 또는 《원전》)과 태조 7년부터 태종 7년까지 10년 동안의 조령條令 및 판지判旨를 모은 《경제육전속집상절》(이른바 《속육전》 또는 《속전》)을 만들었다. 태종 13년(1413) 2월에 완성하여 반행하였다.[111]

《원육전》에 실린 법령은 그 뒤의 실정에 맞지 않아서 법 운용에 불편을 가져왔고, 《원육전》과 《속육전》 사이, 또는 이들과 신법이 어긋나는 사태조차 생겼다. 이에 따라 태종 15년(8월)에는 모든 조문은 한결같이 《원전》을 본위로 하고, 《원전》의 규정과 모순되는 것, 곧 《원전》의 조문을 개정하는 내용의 《속전》 규정은 모두 삭제하며, 부득이 《원전》을 변경해야 할 경우에는 《원전》에 실린 조문을 그대로 두고 그 밑에 취지를 각주로 표시하기로 함으로써 《원육전》과 《속육전》 사이의 모순을 해결하는 법전 편찬의 기본방침을 세웠다. 이리하여 《경제육전》은 조종성헌이기 때문에 존중하여야 하며, 《속전》으로 변경할 수 없도록 하는 '조종성헌 존중주의'가 조선시대에 걸쳐 법전 편찬의 기본방침이 되었다.

그러나 법전 편찬에서 '성헌존중주의'는 현실에서 제기된 실제적 필요와 상충관계에 있었다. 이로 말미암아 실제상의 불편을 참고 성헌을 따를 것인가, 그렇지 않으면 실제상의 편익을 위해서 성헌이라도 희생하여야 할 것인가의 문제가 커다란 논란을 불러일으켰다. 세종시대의 논쟁을 보더라도 《경제육전》에 규정된 법이라 할지라도 실제로 편익하지 못하면 개정해야 한다는 주장도 있었으나, 다수의 의견은 육전에 규정된 것을 경솔히 개정하면 조종성헌에 위배될 뿐만 아니라 백성들의

110 《태종실록》 7년 8월 18일(기해).
111 《태종실록》 13년 2월 30일(기묘).

신의를 잃는다는 것이었다.

속전의 편찬 작업은 그 뒤 세종대에도 계속되었다. 세종은 즉위 때부터 인정仁政을 자신의 정치이념으로 내세웠던 만큼, 백성들이 원통하고 억울한 일이 없도록 법을 맡은 관리들에게 신중하게 형벌을 집행할 것을 강조했다. 하지만 당시 법률은 아직 미비한 점이 많았고 관리들은 백성들에게 중한 형벌을 적용하고 있었다. 사법행정은 열악했고, 감옥에서 죽어 가는 죄수들도 많았다. 이러한 상황을 우려하여 세종은 신중하고 조심하여 형刑의 경중을 가려 법에 알맞도록 하라는 내용을 담은 교지를 내렸다.

> 형刑으로 다스림을 돕고 율로 형을 결정하는 것은 고금의 떳떳한 법이다. 비록 그러하나 율문에 기재된 것은 한도가 있는데, 사람이 범죄하는 것은 한정이 없다. 이러므로 형서刑書에 '율에 바로 들어맞는 조목이 없으면 이에 가까운 율을 인용하여 적용한다.'는 문귀가 있다. 형이란 진실로 성현도 조심하는 바라, 올리고 내리는 적용에서 호리만한 간격도 더욱 정상을 살펴야 할 것인데, 지금 법을 맡은 관리가 형을 적용할 때에 대개 중한 법을 적용하니, 내 심히 딱하게 여기노라. 죄가 경한 듯도 하고 중한 듯도 하여 의심스러워서, 실정이 이렇게도 저렇게도 할 수 있는 경우면 경한 법을 따르는 것이 마땅하고, 만약 실정이 중한 편에 가까운 것이면 아무쪼록 법에 알맞도록 하라. 《서경》에 '조심하고, 조심하라. 형을 시행함에 조심하라.' 한 말은 내 항상 잊지 못하는 바이며, 또 '너의 말은 옥사에 조심하여 나의 왕국을 장구하게 하라.' 하였으니, 맡은 관리들은 깊이 유념할 것이며, 형조에서는 중외에 효유하라.[112]

112 《세종실록》 7년 7월 19일(병술).

위 교서에서 세종은 먼저 율문에 기재된 것에 한도가 있다고 말하면서 당시 법률의 미비를 언급한다. 그런데 해당 법률(조문)이 없을 경우 가까운 율을 적용해야 하는데, 관리들이 살피지 않고 중한 법을 적용하고 있음을 비판한다. 그리고 '의심스러울 때는 경한 법을 적용'하도록 지시하여 신형愼刑의 원칙을 강조한다. 세종의 형벌관을 잘 보여 주는 대목이다. 이처럼 세종은 대체로 일반 관리들보다 법률에 대한 관심이 훨씬 깊었던 반면, 관리들은 이념적으로는 예치와 덕치를 표방하지만 사실은 법가적인 엄형주의를 따르고 있었다. 그 이유와 관련하여 선행 연구에서는 '법의 미비'와 관리들의 책임 회피 때문이라고 지적한다.[113] 즉 입법이 미비한 상황에서 관리들이 책임을 회피하고자 엄형주의를 따르고 있었다는 것이다. 이 문제를 해결하기 위해서는 관리들로 하여금 명덕신벌明德愼罰이나 덕주형보德主刑輔의 원칙에 따르도록 강요하는 것만으로는 어렵고, 근본적으로 입법의 미비를 보완해 나가야 했다.

세종 4년(1422)에 육전수찬색을 설치하여 이직·이원·맹사성·허조 등으로 하여금 수정 작업에 착수하도록 하였다.[114] 이때 국왕의 수교 가운데 삭제 개정 증보할 사항들을 전별典別로 정리한다는 편찬 방향을 정했다. 이후 4년 동안 수정 작업을 계속하여 세종 8년(1426) 2월에 《속육전》을 간행하였다.[115] 그 뒤 세종 10년(1428) 11월 29일에는 더 체계적인 작업을 거쳐서 태종 8년 이후의 교지를 모아 《속육전》 5권과 《육전등록》이 만들어졌고, 이듬해에 간행·반포되었다.[116] 법률의 미비를 보완하여 관리들이 엄형주의로 흐르지 않도록 하는 과정이었다.

113 김영수, 〈세종대의 법과 정치〉, 《세종리더십의 형성과 전개》, 지식사업사, 2009, 172쪽.
114 《세종실록》 4년 8월 11일(을미).
115 《세종실록》 8년 2월 8일(임신).
116 《세종실록》 11년 3월 18일(갑자).

세종에 이어 세조대에는《경국대전》의 편찬이 추진되었다. 이 법전은 임시적인 성격의 법이 아니라 '영세永世에 전하여 사라지지 않을 법전' '자손만대로 지켜야 할 법'의 성격을 가지고 있다는 점에서 이전의 법전과는 구별되는 것이었다. 이처럼 세조대에 들어《경국대전》을 편찬한 것은《경제육전》의 불완전한 체제를 보완하여 영구불변의 법제를 만들겠다는 의미도 있었지만, 더 본질적으로는 여전히 강한 영향을 미치는 고려적인 체제와 단절하겠다는 세조의 의도가 깔려 있었다.[117]

2) 세조대《경국대전》의 편찬 과정

세조는 1453년 계유정난을 통해 집권하고 그로부터 2년 뒤인 1455년 6월 즉위했다. 그다음 달 집현전 직제학 양성지는 장문으로 상소했는데, 그 가운데 하나가 모든 법을 전체적으로 조화시켜 후대에 길이 전할 법전을 만들라는 것이었다.

> 대개 백성을 휴양해 생식生息하도록 하는 것은 본시 인군의 선무先務이나, 법을 세우고 제도를 정하는 것도 또한 늦출 수 없는 일입니다. 백성을 사랑한다는 것은 나라를 다스리는 근본이며, 법을 세우는 것은 세상을 규제하는 한 방법으로서 본시 이것은 거행하고 저것은 버릴 수도 없는 것이어서 반드시 병행되어야 한다는 것입니다. 만약 법제를 고정하지 않으면 한때의 전장典章을 수시로 세우고 고치게 되어 후세 자손들이 실로 빙고憑考하여 의지할 바가 없게 되는 것입니다.[118]

117 정호훈, 앞의 논문, 65-67쪽.
118《세조실록》1년 7월 5일(무인).

양성지는 고려시대 토지제도인 전시과와 군사제도인 부위제가 지극히 정밀하고 상세하여 잘 정제되었지만, 후대에 이르러 전제田制가 문란해져서 사전私田으로 되면서 겸병과 약탈이 자행되어 산과 내로써 토지의 경계로 삼았고 병제兵制는 폐하여 사병이 되었으므로 몽고와 왜구가 번갈아 침입해 와도 방어할 만한 군사가 없었다고 지적했다. 반면 조선은 태조·세종 때 《원전》과 《속전》이 있었고 또 《등록》과 같은 좋은 법이 있었으나 전제田制와 의주儀註가 아직 일정한 법제를 이루지 못하였고 병제兵制와 공법貢法도 임시로 적당하게 한 법이 많았다고 지적했다. 그는 불충분한 전장제도를 보완하기 위해서 "대신에게 명하시어 다시 검토를 더하여 한 조대의 제도를 정하시어 자손만대의 법칙으로 삼게 하시면 매우 다행하겠습니다."라고 건의했다.[119]

양성지의 상소를 긍정적으로 받아들인 세조는 그로부터 2년 뒤인 1457년(세조3) 본격적으로 새로운 법전 편찬에 착수했다. 세조로서는 상소를 당장에 실행에 옮길 수도 있었겠으나, 이 기간 동안 정치적으로 너무나 많은 일이 일어났다. 때문에 2년의 유예 기간이 있었다고 여겨진다. 관료사회의 비극을 초래했던 '상왕 단종 복위 모의 사건'이 세조 2년 6월에 일어나 이른바 6신이 가혹하게 죽임을 당했고 그와 연루된 70여 명의 신하들이 처벌받았으며 그들의 부녀자 170여 명이 운명을 달리했다. 이른바 사육신과 생육신 사건이라는 정치적 폭풍이 지나간 뒤에 세조는 법전 편찬에 본격적으로 착수했다. 이즈음에 판서운관사 양성지가 다시 임금에게 상언하였다.

쓸데없는 관원은 도태시키지 않을 수가 없습니다. 그러나 법을 만들고 제

---

119 《세조실록》 1년 7월 5일(무인).

> 도를 정할 적에는 마땅히 이익되는 일과 폐해되는 일은 세밀히 연구하여 장차 백년이 되어도 폐해가 없도록 해야만 하니, 한때에 바쁘게 이를 만들 수는 없습니다. 지금의 계책으로는 《속전》 이후의 조장條章을 먼저 취하여 《신전》을 찬술하고, 《신전》이 이미 이루어지면 《원전》 《속전》 《등록》 《신전》 등 4종의 책을 합하여 이를 참고해서 육전을 만들어 대성시키고 이내 관제를 정하게 하는데, 관제를 정할 때에는 백관의 직사 가운데 어느 것은 도태시켜야 되고 어느 것은 도태시키지 않아야 됨을 참작하여 이를 증감시켜야 할 것입니다. 이와 같이 한다면 《신전》이 이루어짐으로써 근년의 조장이 거취去就가 있을 것이고, 육전이 대성됨으로써 전후의 법도가 한곳으로 귀착됨이 있을 것이니, 관제가 정해짐으로써 백관의 준수할 바가 있게 되고 쓸데없는 관원들도 도태될 것입니다.[120]

이에 세조는 어서御書를 통해서 "내가 이미 포치布置했는데 꼭 내 마음에 부합한다."고 답하였다. 세조는 양성지의 상언에 따라서 육전상정소를 설치하고 최항·김국광·한계희·노사신·강희맹·임원준·홍응·성임·서거정 등에게 명하여 편찬 작업을 시작하게 하였다. 육전 편찬을 위한 세조의 열의는 대단했다. 세조는 자신이 직접 육전을 정하겠다는 생각을 가지고 있었다. 세조 4년에는 어느 정도 작업이 진척되어 육전상정관들이 각자 찬纂한 법전을 가지고 세조가 직접 검토하고 필삭하는 작업을 벌이기도 했다. 세조 5년에는 능력 있는 실무자들이 복상服喪 때문에 빠져나가자, 특별히 이 작업에 가담할 것을 명령하기도 했다. 세조는 상중이던 한계희로 하여금 기복起復하여 육전상정소에 참여하도록 하였으며, 세조 5년 5월에는 역시 최항으로 하여금 기복하여 《경국대전》 편

120 《세조실록》 3년 3월 15일(무인).

찬 사업에 참여하도록 하였다. 이 작업이 하루아침에 이루어질 것은 아니었지만, 세조는 이 일을 세종이 자신에게 내린 유업을 완수하는 사업이라고까지 의식하였다. 따라서 치세 기간 가운데 가장 유의했으며 직접 그 조문을 다듬었다.[121] 이처럼 세조 3년부터 시작한 육전 편찬 사업은 세조 6년(1460)에 《호전》의 반행으로 그 결실을 맺기 시작했다. 그 이듬해인 세조 7년에는 《형전》을 수교讎校하여 반포했다.

> 육전상정관 등이 각기 찬撰한 법전을 올리니, 임금이 후원에 나아가 친히 보고 필삭하였다.[122]

> 명하여 새로 제정한 《경국대전》 《호전》을 반행頒行하고 《원전》과 《속전》 《등록》 안의 호전戶典을 거두도록 하였다.[123]

> 영의정 정창손·형조판서 박원형·지중추원사 이순지가 빈청에 나아가, 좌부승지 김국광과 종친부 전첨 김양경과 더불어 《형전》을 수교讎校하였다.[124]

> 신찬 《경국대전》 《형전》을 반포하기를 명하였다.[125]

《형전》의 반포 이후에도 《경국대전》의 교정 작업이 계속되었다. 임금이 재추宰樞·낭관郎官 각각 1인씩을 나누어 명하여 《육전》을 수교하게 하였다. 이에 따라 이조 참판 강희·호조 좌랑 김유는 《이전》을, 좌부승지 이영은·사헌장령 이극기는 《호전》을, 예문제학 이승소·사온주부 이평

---

121 정호훈, 앞의 논문, 69-70쪽.
122 《세조실록》 4년 윤2월 22일(경진).
123 《세조실록》 6년 7월 17일(신묘).
124 《세조실록》 7년 5월 9일(무신).
125 《세조실록》 7년 7월 15일(계축).

은 《예전》을, 병조판서 김질·성균직강 박숙진은 《병전》을, 지중추원사 양성지·공조좌랑 어세공은 《형전》을, 인순부 윤성임·병조정랑 정흔은 《공전》을 교정하였다.[126] 교정하는 과정 동안 어전에서 치열한 토론이 이루어지기도 했다. 집상전, 보경당 등 장소를 막론하고 《대전》의 의정擬定 작업이 계속되었다.

《경국대전》의 체제가 마무리되는 것은 세조 말년이었다. 세조 11년(1465)에는 그간 해오던 작업이 어느 정도 마무리되었다. 세조는 《경국대전》 전체 편찬을 지휘할 도청都廳을 두고 그 아래로 6전을 분담하여 교수校讎를 책임질 인력을 조직하였으며 방대하고 복잡한 법전 편찬의 체제를 정비하였다. 세조 12년에는 《호전》과 《형전》 외 나머지 《이전》 《예전》 《병전》 《공전》도 그 편찬을 완료하였다. 세조 13년에는 상정소에서 새로 지은 《대전》의 초안을 가지고 종친 및 재상들과 더불어 논박하면서 조목을 획정하는 작업을 지속했다.[127]

> 상정소 당상이 새로 지은 《대전》의 초안을 바치니, 임금이 조목에 따라 논하여 정하였다. 임금이 여러 종친과 재상들에게 명하여 각각 그 소견을 가지고 어전에서 논박 의논하게 하고, 이어서 술자리를 베풀었다.[128]

> 집상전에 나아가 상정소 당상과 승지 등을 불러서 《대전》을 의논하여 정하였다.[129]

> 보경당에 나아가서 하동군 정인지 등과 승지 등을 불러서 시식侍食하게

126 《세조실록》 11년 5월 21일(정묘).
127 정호훈, 앞의 논문, 71쪽.
128 《세조실록》 13년 7월 29일(임진).
129 《세조실록》 13년 9월 9일(신미).

하고, 이어서 정인지 등에게 명하여 밖에 있으면서 새로 지은 《대전》을 의논하여 정하게 하였다.[130]

세조 13년 9월에는 정부 관료 다수로 하여금 《형전》을 수교하게 했는데, 수교 과정에서 잘못된 곳을 찾아내 상고한 관료에게는 포상했다. 대표적 인물이 이극돈이었다.

임금이 명하여 집의 이극돈·군자감정 김순명·선전관 최연명·이의형을 우편으로 삼고, 성균직강 김유·헌납 조간·한성판관 양진손·사인 이길보를 좌편으로 삼아, 새로 지은 《형전》·《호전》의 잘못된 곳을 상고하여 아뢰게 하니, 이극돈 등이 찾아낸 것이 많았는데, 표피豹皮를 각각 1장씩 내려 주었다.[131]

이처럼 《경국대전》은 국왕의 지속적인 관심과 의지가 없었다면 세조대에 그 체제가 성립되기 어려웠을 것이다. 결국 세조 13년(1467)에는 《호전》과 《형전》이 우선 시행되기에 이르렀다.

비현합에 나아가서, 능성군 구치관 등을 불러 새로 지은 《대전》을 의논하다가, 그날 저녁에야 파하였다. 상정소에서 아뢰기를, "지금 새로 편찬한 《대전》 가운데 《호전》·《형전》은 청컨대 먼저 인쇄하여 중외에 반포하여 내년 정월부터 시행하게 하소서." 하니, 임금이 그대로 따랐다.[132]

그러나 《호전》과 《형전》 외의 다른 《대전》의 시행은 세조의 죽음으로

130 《세조실록》 13년 9월 17일(기묘).
131 《세조실록》 13년 12월 21일(계축).
132 《세조실록》 13년 12월 24일(병진).

이루어지지 못했다. 결국 《경국대전》의 편찬 작업은 세조가 죽은 다음 해인 예종 1년(1469) 9월에 마무리되었다. 이때 만들어진 《경국대전》이 이른바 '기축대전'이다. 서거정이 이 《대전》의 서문을 썼고 최항 등은 《경국대전》을 임금에게 올리는 전문箋文을 썼다. 서문에서 서거정은 세조가 《대전》을 편찬하도록 한 의도와 관련하여 다음과 같이 설명한다.

> 공손히 생각건대, 세조께서 임금이 되어 중흥하시니, 공功이 창업과 수성을 겸하였다. 문과 무를 밝히고 정했으며, 예와 악이 갖춰지고 융성했는데도 오히려 선치善治를 게을리하지 않으시고 제도를 넓게 펴셨다. 일찍이 신하들에게 말씀하시기를 "우리 선대왕들의 깊게 인자하시고 후덕함과 넓고도 빼어난 규범이 법조문 곳곳에 배어 있으니, 이것이 《경제육전》의 〈원전〉 〈속전〉과 《등록》이다. 또한 수차례에 걸쳐 내린 교지들이 아름답지 못한 법 아닌 것이 없지만, 신하들이 용렬하고 어리석어 제대로 받들어 행하지 못했다. 이는 진실로 법의 과科와 조條가 너무 많고 앞뒤가 서로 맞지 않아서인데, 이는 하나로 정해지지 않은 까닭이다. 이제 남고 모자람을 짐작하고 서로가 통하도록 갈고 다듬어 자손만대의 성법成法을 만들고자 한다." 하셨다.

위 서문에서 언급된 《경국대전》 편찬의 이유는, 《경제육전》 이래로 지속된 법전 편찬 작업의 결과로 〈원전〉 〈속전〉과 《등록》이 갖추어지게 되었지만, 앞뒤가 서로 맞지 않아 하나로 정해질 필요가 있다는 것이다. 서로 상충되거나 모순되는 조문의 내용을 체계적으로 정리하여 서로 통하고 일관된 법전으로 만들고자 하는 것이 《경국대전》 편찬의 명목상의 이유였다. 그러나 뒤의 3절(《경국대전》에 대한 평가)에서 살펴보는 바와 같이, 《경국대전》 편찬의 또 다른 주요 이유는 세조의 왕권강화책이라고 할 수 있다.

윤국일에 따르면, 조선 초기 지배적 정치세력으로 등장한 관료들은 왕조의 지반을 닦는 사업과 함께 국왕의 전제력에 기초한 강력한 중앙집권적 정치체제를 세우는 힘을 기울였고, 국왕의 전제정치를 실현하는 수단으로 중앙통치기구와 지방통치기구를 기획했다. 그들은 점차 의정부의 권한을 6조에 넘겨 왕권과 대립하는 세력을 견제하고 지방관청을 상설화하여 국왕의 전제력을 강화하는 과정을 통하여 중앙집권력이 미약하던 고려시기와는 달리 중앙집권적 권력기구를 강화하였다. 그리하여 새로 수립된 조선왕조의 중앙집권체제와 국왕의 전제적 권력은 전례 없이 강화되었다. 《경국대전》은 이러한 정치적 변혁을 배경으로 하여 편찬된 것이다.[133]

세조의 노력으로 《경국대전》의 기본체계는 사실상 완성되었다. 서거정의 서문에서는 세조대에 〈형전〉과 〈호전〉은 이미 반포하여 시행하였고 나머지 네 개의 전典은 교정 중에 있었는데, 세조의 갑작스런 죽음으로 마치지 못하였고 "임금(예종)께서 선대왕(세조)의 뜻을 이어받어 마침내 하던 일을 끝내도록 하시어 나라 안에 반포하셨다."고 언급되어 있다. 하지만 《예종실록》의 기사를 보면, 이 당시 아직 본격적으로 시행되지는 않았음을 확인할 수 있다. 최항과 김국광이 《경국대전》을 지어 바친 사건을 다룬 예종 1년 9월 27일 기사에서는, 도승지 권감이 "《대전》은 세조께서 가장 유의하신 일이니, 비록 종묘에 두루 고하지는 못할지라도, 청컨대 영창전에는 고하소서."라고 아뢰었고, 예종은 그대로 따랐다고 기록하고 있다.[134] 11월 16일 기사에서 예종은 예조에 "《경국대전》은 경인년(1470) 정월 초1일부터 준행하라."고 전지하였다.[135] 그런

133 윤국일, 《경제육전과 경국대전》, 신서원, 1998, 197쪽.

134 《예종실록》 1년 9월 27일(정미).

데 그로부터 불과 10여 일 만에 예종은 승하했고, 성종이 즉위하였다. 이로 말미암아 《경국대전》의 시행은 성종대의 과제로 넘어가게 되었다.

주목할 만한 것은, 《경국대전》 서문에서 표방하고 있는 조선문명에 대한 자신감이다. 서거정은 《경국대전》의 6전이 《주관周官》의 6경에서 비롯된 것임을 언급하면서 "그 좋은 법과 아름다운 뜻은 주나라의 관저關雎·인지麟趾로서 문장과 품격이 알맞게 조화하여 찬란히 빛나는데, 누가 우리의 《경국대전》 만듦이 주관周官·주례周禮와 함께 서로 견줄 만하지 않다 하겠는가."라고 주장한다. 그는 《경국대전》이 천지와 사시四時에 맞춰도 어그러짐이 없고 옛것에 고증하여 보아도 틀리지 않는다는 점을 강조하였다. 그리고 뒷세상에 성인이 다시 나타난다 하여도 자신이 있음을 표명하였다. 뿐만 아니라 이후에 성자聖子와 신손神孫이 모두 이 법규를 따름에 그치지 않고 잊지 않는다면, 조선의 문명한 다스림이 주나라의 융성함에 비교하더라도 손색이 없을 것이라고 단언한다. 세조가 비록 계유정난이라는 쿠데타로 왕위를 찬탈하였지만, 《경국대전》이라는 일대지제를 수립함으로써 조선왕조의 왕업을 튼튼히 했다는 점은 평가할 수 있을 것이다.

2. 성종대 《경국대전》의 시행과 교정

《경국대전》은, 성종대에 들어 크게 세 차례의 교정을 거치는 과정에서 약간의 내용 변화가 나타났다. 이미 《대전》의 체계가 잡혀 있었으므로 성종대의 작업은 그다지 힘들지 않았을 것으로 여겨지지만, 많은 시

135 《예종실록》 1년 11월 16일(병신).

간을 소요하며 마무리 작업이 지체되고 있었다. 그것은, 세조 사후에 세조의 개성 넘치는 정치이념과 국정 운영노선이 일반 신료들의 그것과는 많이 달랐던 것을 조정하는 작업이 오랫동안 일어났던 상황과 무관하지 않을 것이다. 이처럼 《경국대전》은 여러 차례의 수정을 거치면서 성종 즉위 후 15년 만에 완성될 수 있었다.[136] 《경국대전》(기축대전)이 비록 성종 즉위년(예종 1년, 1469)에 완성되었다고는 하나, 그것은 '입법'의 완성일 뿐 실생활에 '적용'할 때 어떤 문제점이나 미비점이 있는지는 알 수가 없었다. 이로 말미암아 성종대는 세조(예종)대에 완성된 대전을 반포하여 시행하면서, 그때그때 나타나는 문제점들을 보완하면서 지속적인 교정 작업이 진행되었다. 그리고 그 작업의 결과물을 반영한 새로운 《대전》의 반포와 시행이 이루어졌다. 이하에서는 성종이 《경국대전》의 교정과 시행과정을 통해 세조의 정치이념과 국정 운영노선을 어떻게 자신의 이념과 시대정신에 알맞게 수정하고 구체적 사례와 사안에 맞게 적용하면서 보완해 가는지를 살펴보고자 한다.

성종은 즉위 직후에 교정청과 감교청을 설치했다. 성종 1년(1470) 10월 27일에 최항 등이 《경국대전》을 교정하여 올렸다.[137] 다음 달 8일에 성종은 예조에 "새로 정한 《경국대전》에서 아직 반포하지 못한 조건條件을 오는 신묘년(1471) 정월 초하루부터 준용하도록 하라."고 전지하였다.[138] 이로써 성종 2년 1월부터 《경국대전》은 본격적인 시행에 들어갔다.

《경국대전》이 처음 형벌 집행에 적용된 사례는 7월 25일에 보인다. 이날에 의금부에서는 "백정 연수의 난언亂言한 죄는, 《대전》에 따라서

136 정호훈, 앞의 논문, 73쪽.
137 《성종실록》 1년 10월 27일(신미).
138 《성종실록》 1년 11월 8일(임오).

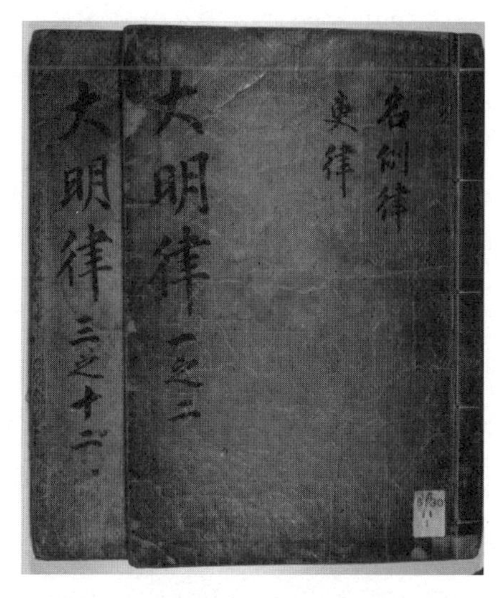

사진 21 《대명률》 출처:《한국민족문화대백과사전》, ⓒ한국학중앙연구원(원자료 소장: 서울대학교 규장각)

참부대시斬不待時에 가산을 적몰하는 데 해당합니다."라고 아뢰었고, 성종은 그대로 따랐다.[139]

이듬해 5월 27일에는 사형수의 사형 집행과 관련하여 《경국대전》의 규정에 따라 《대명률》을 살피고 고찰해서 시행하라고 명한다. 《경국대전》은 형벌의 사용과 관련하여 《대명률》을 준용하도록 규정하고 있었다. 당시 성종이 제도 관찰사에게 내린 글은 다음과 같다.

> 《율해변의》의 '사수복주대보死囚覆奏待報' 주註에 이르기를, '대제사, 치재, 삭망, 상현·하현, 24절기와 밤이 새지 아니한 때, 비가 개지 아니한 때, 십직일,[140] 금도월禁屠月에는 사형을 집행하지 못한다.' 하고, 《경국대전》에 이르

139 《성종실록》 2년 7월 25일(병신).

기를, '무릇 용형用刑은 모두 《대명률》을 사용한다.' 하였으니, 모든 사형수의 사형 집행은 마땅히 《율해변의》에 의거하여 시행해야 되는데, 혹시 관리들이 율문을 살피지 아니하고 《대전》 가운데에 사형수에 대한 거론이 없어서, 문득 금형일에 사형을 집행함이 있을까 염려되니, 금후로는 율문을 살피고 고찰해서 시행하도록 하라.[141]

성종은 《경국대전》에는 사형수에 대한 거론이 없지만, 《대명률》에 의거하여 금형일禁刑日을 지켜야함에도, 관리들이 《경국대전》에 해당규정이 없다는 이유로 《대명률》을 살피지 않고 사형을 집행할까 염려하여 관찰사에게 《대명률》을 살펴 금형일에는 사형을 집행하는 일이 없도록 당부하고 있다. 이처럼 《경국대전》이 시행되는 성종 초기에는 주로 형사 사건들이 많이 등장하고 있다. 특히 성종 초기는 세조시대의 영향으로 관리들의 비리와 부패가 심했고, 부패하고 탐오한 관리를 처벌하는 내용이 많이 보인다. 성종 3년 12월 18일에 사헌부 장령 허적이 장리贓吏 황보신의 아들 황경형을 개차할 것을 청하였고, 성종은 그대로 따랐다.[142] '장리'란 뇌물을 받아먹거나 직권으로 재물을 탐한 관리를 말한다. 《경국대전》에서는 장물贓物이 40관 이상이면 참형에 처하도록 규정했다.

성종 4년 1월 23일에는 서거정 등이 유자문·김맹규를 장안贓案에 기록하고 자손을 금고禁錮할 것을 청하는 기사가 등장한다. 사헌부 대사헌

---

140 십직일十直日은 살인을 금하는 열흘, 곧 매월 1일·8일·14일·15일·18일·23일·24일·28일·29일·30일을 말한다. 이날은 도가의 명진재일明眞齋日로서, 천상의 태일太一이 하강하여 사람의 선악을 살핀다고 한다.

141 《성종실록》 3년 5월 27일(계해).

142 《성종실록》 3년 12월 18일(경진).

서거정이 올린 차자의 내용은 다음과 같다.

숙천부사 유자문과 증산현감 김맹규는 장오죄贓汚罪를 범하였으니, 율문에 의거하여 전형典刑을 명백히 바루어야 합니다. 신등이 듣건대 전일 의금부에서 다만 고신을 수탈하고 영구히 서용하지 않을 것을 계청하였다 합니다. 신등이 상고하건대 《대명률》에는 '감수監守하는 자가 훔친 장물贓物이 40관貫 이상이 되는 자는 참斬하고, 나머지도 모두 자자剌字한다.' 하였고, 《대전》에는 '범장犯贓한 자는 녹안錄案하여 이조·병조·대간에 이첩하고, 자손에게 정부·육조·대간·수령을 제수하지 않는다.' 하였습니다. 또 근일 여러 번 사유赦宥를 내렸으나 장리贓吏가 범한 죄는 다 용서하지 않는 것인데, 이제 유자문·김맹규는 정률正律로 처벌하지 않고 다만 고신을 수탈하고 서용하지 않는 것으로 처벌하였으니, 탐오한 자에게 징계될 것이 없습니다. 청컨대 유자문·김맹규는 율문에 따라 자자하고, 《대전》에 따라 장안贓案에 기록하고 자손을 금고하여, 국법을 바루어 주시면 매우 다행하겠습니다.[143]

서거정은 장오죄를 범한 유자문과 김맹규의 고신을 빼앗고 서용하지 않기로 한 처벌이 가볍다는 점을 지적하면서, 《대명률》을 준용하도록 규정하고 있는 《경국대전》에 따라서 유자문과 김맹규에게 자자(剌字, 얼굴이나 팔뚝에 죄명을 찍어 넣는 벌)할 것과 그 자손이 벼슬에 오르지 못하도록 금고할 것을 청하고 있다. 여기서 언급되고 있는 '장안'이란 장물죄를 범한 관리들의 명단을 적은 장부를 말하며, 장리안贓吏案이라고도 하였다. '장안'에 오르면 자손들은 벼슬길이 막혔다. 하지만 성종은 유자문과 김맹규의 죄가 중하여 사유赦宥를 지났어도 용서하지 않았다는 점을 지적하면서 "만약에 죄를 더 준다면 사유를 베푼 뜻에 어그러

143 《성종실록》 4년 1월 23일(갑인).

질 것이다."라고 대답하였다.

성종 4년 11월 14일에 성종은 "《경국대전》은 오는 갑오년(성종 5년, 1474) 2월 초1일부터 행용行用하라."고 예조에 지시하였다.[144] 성종 5년 1월 2일에 성종은 《경국대전》을 개찬하여 중외에 반포하였다. 이때 《대전》에 기록되지 아니하였던 것을 《속록》이라 하였고 모두 72조였는데, 《대전》과 함께 반포하였다.[145] 이를 이른바 '갑오대전'이라고 하는데, 예종 사망 뒤 성종 5년까지 《경국대전》을 시행하면서 이루어진 교정내용을 반영한 것이었다.

성종 재위 5년이 된 이 시점에서 즉위 초와 마찬가지로 여전히 풍속이 침체되어 있었다. 강도와 절도와 같은 도적사건, 간통이나 강상의 윤리를 범하는 사건들이 많이 실록에 등장한다. 성종은 《대전》에 의거해서 그 사건들을 처리해 가는 모습을 보여 준다. 아래에서 몇 가지 대표적 사례를 언급하고자 한다.

> 사헌부에서 아뢰기를, "양녀(양인 신분의 여자) 충개는 중매에 의하지 않고 학생 정순 등 3인과 간통하였으니, 죄율이 장 80대에 해당하나, 일은 사유赦宥 이전에 있었습니다. 그러나 충개는 가계가 사족인 부녀이니, 《대전》에 따라 자녀안恣女案에 기록하게 하소서. 충개의 삼촌숙인 사예司藝 유진은 제 누이를 돌보지 않아, 추위와 굶주림을 당하여 딸을 데리고 다니며 빌어먹게 하여, 그 딸이 실행失行하게 만들었으니, 장 80대를 속바치는 죄율에 해당합니다. 《대전》에 따라 고신 3등을 수탈하게 하소서." 하니, 그대로 따르되 유진의 죄는 2등을 감하라고 명하였다.[146]

---

144 《성종실록》 4년 11월 14일(신축).
145 《성종실록》 5년 1월 2일(무자).
146 《성종실록》 5년 6월 20일(계유).

사헌부에서 아뢰기를, "유학 정철동이 정처正妻를 소박하고 비첩婢妾을 지나치게 사랑하여 조모祖母의 상복을 입고도 평일과 다름이 없으니, 청컨대 형률에 의거하여 장 1백 대를 집행하고 《대전》에 따라 패상안敗常案에 기록하게 하소서." 하니, 그대로 따랐다.[147]

첫 번째 사건은, 사족의 부인이 여러 명의 남성과 간통죄를 저지르자 《경국대전》의 규정에 따라서 '자녀안'에 기록하였다는 기사이다. 자녀안은 양반가문의 여자로서 품행이 나쁘거나 세 번 이상 시집가서 양반의 체면을 손상시킨 사람의 경력을 적어 두던 문서를 말한다. 이 문서에 올려지면 당사자는 고역을 시키고, 가문의 불명예는 물론, 그 자손의 과거·임관에도 큰 영향을 끼쳤다. 기사에서는 실행한 충개뿐만 아니라, 그녀의 삼촌 유진이 누이와 그 딸을 돌보지 않은 책임을 물어 관직을 삭탈하고 장 80대를 대속하도록 하고 있다. 두 번째 사건은, 벼슬하지 않은 유생 정철동이 본부인을 소박하고 첩을 지나치게 사랑하였고 할머니의 상복을 입고도 첩과 함께 애정 행각을 벌인 것이다. 이 죄목으로 장 1백 대를 집행하고 《대전》에 따라 '패상안'에 기록하고 있다. 패상안은 강상의 윤리에 관한 죄를 범한 사람들의 명단을 적은 장부를 의미한다. 패상안에 오른 사람은, 자녀안에 오른 여자의 자손과 마찬가지로, 과거시험과 관리임용에서 제한을 받게 되었다.

이처럼 풍속을 어지럽히는 죄를 범한 사람들에 대한 처벌과 함께, 품행과 효도가 뛰어난 사람들을 찾아내어 장려하는 조치들도 기사에 자주 등장한다. 대표적으로 성종 6년 4월에 예조에서 한성부로 하여금 효우하고 절의한 사람을 찾아낼 것을 아뢴 기사는 다음과 같다.

---

147 《성종실록》 13년 9월 1일(병신).

예조에서 아뢰기를, "이번에 받은 전교에, '윤대한 사람이 말하기를, "이제 효우하고 절의한 사람들이 여러 도에서 많이 나왔지만, 서울에서는 드뭅니다. 의로운 행동을 하는 사람들이 어찌 외방에서만 나고 서울에는 없겠습니까? 원컨대 서울 안에서도 찾아내어 특별히 포상함으로써 풍속을 닦게 하소서." 하였으니, 의논하여서 아뢰어라.' 하였습니다. 신들이 《경국대전》에 실려 있는 효우하고 절의한 자의 포상에 관하여 상세히 살펴보았더니, 외방은 관찰사가 주군州郡으로 하여금 남김없이 찾아내게 하기 때문에 정표旌表되는 자가 흔히 있지만, 서울은 오부五部의 관리가 모두 찾아내지 못하기 때문에 비록 뛰어나게 의로운 일을 한 사람이 있다 하여도 상을 받지 못하고 묻혀 버립니다. 청컨대 한성부로 하여금 널리 찾아내어 계절마다 그 행실을 기록하여서 보고하게 하고, 《경국대전》에 의거하여 포상하도록 하소서." 하니, 임금이 그대로 따랐다.[148]

이 기사에서 성종이 각 도의 관찰사에게 효우하고 절의가 있는 사람을 찾아서 아뢰도록 지시하였다는 것과 예조에서 한성부로 하여금 서울에서도 효우·절의한 사람을 찾아내 포상할 것을 건의하고 있음을 알 수 있다. 특히 효우하고 절의한 자에 대한 포상이 일회적이고 임시적인 것이 아니라 《경국대전》 규정에 의거하여 전국적으로, 그리고 정기적으로 시행되고 있음을 알 수 있다. 이처럼 성종시대에는 《경국대전》의 규정을 통해서 풍속의 교화를 이루어 가고자 했음을 확인할 수 있다. 조선 초기, 특히 세종대까지만 해도 국왕의 지시가 지방에까지 관철되지 못하는 사례가 많았는데, 성종대에 이르러 《경국대전》에 의거해 지방까지도 법적 통제가 이루어지고 있음을 볼 수 있다. 아래에서 보는 성종 9년 9월의 기사도 그 사례 가운데 하나이다.

---

148 《성종실록》 9년 9월 27일(을유).

사헌부에서 아뢰기를, "대저 향리는 함부로 거두어서 영리를 취하여 백성을 침해하는데, 그것은 모두 양가의 딸이나 관비를 첩으로 삼은 자의 소위입니다. 《대전》의 원악향리조에는 다만 이르기를, '도형徒刑을 범한 자는 영구히 본도本道의 잔역리殘驛吏로 소속시키고, 유형流刑을 범한 자는 타도他道의 잔역리로 영구히 소속시킨다'고 하였을 뿐이고, 양가의 딸이나 관비를 첩으로 삼은 자는 죄를 규탄하는 법이 없기 때문에, 이를 범하는 자가 있으면 혹은 불응위사리중不應爲事理重이나 화간율和奸律로 논하니, 교활한 향리가 두려워하고 꺼리는 바가 없습니다. 청컨대 향리로서 양가의 딸이나 관비를 첩으로 삼은 자는 원악향리가 유형流刑을 범한 예에 따라서 영구히 타도의 잔역리에 소속시켜 그 악함을 징계하소서." 하니, 그대로 따랐다.[149]

위 기사에서 사헌부는 향리가 양가의 딸이나 관비로 첩을 삼으면 《경국대전》에 따라서 처벌할 것을 아뢰었고, 성종은 그에 따르고 있다. 사헌부에서는 특히 《대전》의 '원악향리조'를 원용할 것을 건의하였는데, 원악향리란 일반적으로 악한 일을 하던 지방 관서의 아전을 말한다. 《경국대전》에는 수령을 조종·농락하여 권력을 마음대로 부려 폐단을 일으키는 자, 뇌물을 받고 부역을 불공평하게 하는 자, 양민을 불법으로 끌어다 남몰래 부려먹는 자 등을 원악향리로 규정하고 그들에 대한 처벌규정을 마련하고 있다. 그러나 양가의 딸이나 관비를 첩으로 삼은 자의 죄를 규탄하는 규정이 없었기 때문에, 양민을 불법으로 끌어다 남몰래 부려먹는 자를 처벌하는 《경국대전》의 규정을 준용하여 처리할 것을 건의했던 것이다.

성종은 《경국대전》을 반포하여 실행한 이후에 죄를 범한 자들에 대

149 《성종실록》 9년 9월 27일(을유).

해서 대체적으로 《대전》의 규정에 따라서 엄격하게 처벌하고 있다. 사형의 죄에 해당하면 원칙적으로 규정에 따르지만, 경우에 따라서는 정상을 참작하여 감형할 것을 지시하기도 한다. 반면 왕 자신에 대한 범죄에 대해서는 관대하게 처리하고 있다. 성종 10년 2월에 의금부에서는 고성의 죄수 전 사정司正 강자연이 호종실과 노비를 쟁송하다가 승여(乘輿, 임금)를 범하는 말을 하였으니 《대전》에 따라 참형에 처하고 가산을 적몰할 것을 아뢰었는데, 성종은 사형을 감면하라고 명하였다.[150] 이러한 일련의 사법행정을 보면, 성종의 형벌관은 세종과 유사하다. 성종은 세종과 마찬가지로 형벌에서 엄형주의를 원칙으로 하였지만, 형벌 집행의 착오를 막고 신중을 기하고자 노력하였으며 되도록 죄수를 살릴 수 있는 방법을 모색하였다. 성종 10년 11월에 계절마다 삼성三省의 관원이 석방할 죄수를 조사하는 것을 의논하여 아뢰라고 명한 기사가 대표적이다. 여기서 '삼성'이란 강상의 죄를 범한 사람을 추국하는 세 개의 기관, 곧 의정부·사헌부·의금부를 통틀어 말한다.

경연에 나아갔다. 강하기를 마치자, 사간 이세필이 아뢰기를, "형옥刑獄은 중대한 일인데도 감옥의 법이 《경국대전》에 기재되지 않았으니 적당하지 못합니다." 하였다. 임금이 말하기를, "나는 이 법을 알지 못하고 있는데, 어떠한 것인가?" 하니, 영사 노사신이 아뢰기를, "절계(節季, 계절의 끝)마다 삼성三省의 관원이 전옥서에 모여 앉아 죄수를 조사하여 석방할 만한 사람을 석방하는 것이지마는, 실제는 폐단이 있는 까닭으로 이를 정지시켰던 것입니다." 하였다. 동지사 이승소가 아뢰기를, "신이 일찍이 장령이 되었을 때에 또한 참여했지마는, 한갓 실상이 없는 조문이었을 뿐입니다." 하니, 이세필이

150 《성종실록》 10년 2월 4일(신묘).

아뢰기를, "사람을 위하여 살리기를 구하고 있는데, 어떻게 실상이 없는 조문이라고 말할 수가 있겠습니까?" 하였다. 임금이 말하기를, "절계마다 죄수의 범죄와 구금된 날짜를 기록하여 아뢰도록 한다면, 감옥은 필요가 없을 것이다." 하니, 좌승지 김계창이 아뢰기를, "절계뿐만 아니라 열흘마다 한 차례씩 아뢰도록 해야 할 것입니다." 하였다. 이세필이 아뢰기를, "외방에는 감옥이 있지만 서울은 그렇지 않으니, 서울과 외방에서 법을 다르게 하는 것이 옳겠습니까?" 하니, 임금이 말하기를, "마땅히 이를 의논해야 할 것이다." 하였다.[151]

이처럼 성종은 성종 5년에 반포되어 시행된 《경국대전》에 대해서 지속적으로 논의하면서 미편하거나 불비한 규정들을 보완해 나갔다. 그리고 그 과정에서 필요하면, 북경에 가는 사람으로 하여금 명나라의 율령을 구해 오도록 하였다. 성종 13년 10월에 영사 노사신은 "중국은 조정의 여러 관사官司의 직장職掌이 모두가 맡은 바를 기재하고 있는데, 조선은 《경국대전》에 다만 관사官司의 명칭만 쓰고서 맡은 바는 기재하지 않는 결점이 있음"을 건의하였다. 그는 《경국대전》에 여러 관사의 직장職掌을 기재할 것과 명나라의 율령을 구해 올 것을 청하였고, 성종은 그 건의에 따랐다.[152]

성종 5년에 시행된 《갑오대전》을 수정 보완하는 작업이 성종 15년에 이르러 대략 마무리되었다. 이해 4월 8일에 성종은 "《경국대전》을 감교勘校한 뒤에는 《대명률》의 예에 따라 경솔하게 어지러이 고치지 못하게 하고 고치기를 청하는 자가 있으면 법을 세워서 논죄하는 것이 어떠한가?"라고 승정원에 전교하였고, 승지들은 "상교上教가 윤당합니다."라고

151 《성종실록》 10년 11월 30일(신해).
152 《성종실록》 13년 10월 8일(계유).

답하였다.[153] 성종 즉위 후 15년 동안 지속되어 온 《대전》의 보완 작업을 어느 시점에서는 완료하여 더 이상 그 내용을 경솔하고 어지럽게 고치지 못하도록 해야 '법의 안정성'이 확보될 것이라고 판단한 것이다. 6월 29일에 성종은 다시 《경국대전》의 교정 작업에 대해 아래와 같이 승정원에 전교한다.

> 전일 내가 감교청에서 《경국대전》의 교정을 마친 뒤에 의정부·육조와 재상들이 당부當否를 참고하게 하였으나, 이제 다시 생각하건대, 그 첨가하여 기록한 것은 다 《속전》에서 따온 것이므로 곧 선왕께서 이미 시행하신 법인데, 재상들이 각각 소견을 고집하여 논의가 어지럽게 된다면, 《경국대전》이 어느 때에 정하여지겠는가? 참고하지 않게 하는 것이 어떠한가? 감교청에 묻도록 하라.[154]

교정 작업이 마무리 된 시점에 성종은 의정부·육조와 재상들로 하여금 참고하여 검토하도록 하였는데, 생각을 바꾸어 검토 작업을 마무리할 것을 지시하고 있다. 더 이상 논의를 지속시킨다면 《대전》의 확정이 어려워질 것으로 판단한 것이다. 성종은 승정원 승지들이 주로 참여하고 있는 감교청이 주도하여 《대전》의 내용을 확정하고자 했고, 그래야 자신의 의지가 《대전》에 반영될 수 있다고 생각했던 것으로 보인다. 이듬해인 성종 16년(1485) 1월에 《경국대전》(이른바 《을사대전》)은 최종적인 결속을 보아 반포되었다. 더 이상 교정을 허용하지 않고 만세토록 준용하도록 함으로써 《경국대전》이 실제적으로 완성되었다. 태조의 조선

153 《성종실록》 15년 4월 18일(갑자).
154 《성종실록》 15년 6월 29일(갑신).

건국(1392) 이래로 거의 백 년 동안 지속되어 온 '일대지제'의 편찬 작업이 비로소 결실을 보았다.

앞서 성종 13년 10월에 영사 노사신이 명나라 율령을 구해 올 것을 청했을 때에, "지금 《경국대전》을 감교하는 일은 승지로 하여금 출납하도록 하니, 신은 전하여 아뢰는 사이에 혹시 유망遺亡됨이 있을까 염려"한다고 아뢴 바 있다.[155] 이를 통해서 볼 때, 성종은 《대전》의 최종 완성 시점에서 의정부와 육조 대신들의 폭넓은 참여와 심의보다는, 승정원과 감교청이 주도하는 집중 심의과정을 통해서 마무리하고자 했음을 알 수 있다.

《기축대전》에서 《갑오대전》을 거쳐 《을사대전》을 확정하는 과정은 확정된 조문들 사이의 체계적 모순을 해소하고 조문과 현실의 관행 사이에 존재하는 간극을 줄여서 '법의 타당성'을 확보하려는 것이었다. 《을사대전》이 성립한 이후 성종은 법의 집행력을 확보함으로써 《대전》의 조문이 단지 조문에 그치는 것이 아니라 일상생활에서 적용되고 실행되도록 하는 노력을 보여 준다. 대표적 사례를 제시하면 아래와 같다.

사헌부에 전지하기를, "《경국대전》 천거조에 이르기를, '거주擧主도 아울러 죄준다.' 하였는데, 근년 이래로 장오를 범하거나 강상을 무너뜨린 사람이 있을지라도 천거한 자 중에는 죄받은 자가 없으니, 거듭 밝혀서 거행하도록 하라." 하였다.[156]

각도의 관찰사에게 하서하기를, "환과鰥寡를 돌보고 나이든 처녀에게 자장

155 《성종실록》 13년 10월 8일(계유).
156 《성종실록》 17년 10월 28일(기해).

資裝을 주는 법은 《대전》에 실려 있을 뿐, 받들어 거행하는 실속이 있다는 말을 듣지 못하였으니, 이제부터 더욱 밝혀서 거행하라." 하였다.[157]

첫 번째 기사는 〈이전〉 '천거조'의 내용 가운데 "만약 천거된 사람이 탐장죄貪贓罪, 윤리를 문란시킨 패상죄敗常罪를 범하면 천거한 사람도 함께 죄를 받는다."는 조항이 실제에서는 시행되지 않고 있음을 지적하면서 거행을 촉구하고 있다. 두 번째 기사는 〈예전〉 '혜휼조'에 "관리 집안의 딸로서 30살이 가깝도록 생활이 곤란하여 시집가지 못하는 사람에게는 본 조(예조)에서 그 집안에게 적당히 혼인비용을 보내 준다." "그 집안이 그다지 빈곤하지 않음에도 30살이 넘도록 시집보내지 않고 있을 경우에는 가장을 엄중히 처벌한다."는 조항이 있는데, 실제로 시행되지 않고 있음을 지적하면서 거행을 촉구하고 있다.

《을사대전》 성립 이후 나타나는 기사들 가운데 흥미로운 점은, 태조 이래로 백 년에 걸쳐 완성된 《경국대전》의 내용이 비록 완벽하다고는 할 수 없지만, 창업 직후의 법 규정들과 달리 풍부하고 상세한 내용을 규율하고 있었다는 것이다. 앞서 세종시대는, 세종의 인정仁政에 대한 의지에도 불구하고 법을 집행하는 관리들이 관련 규정의 미비나 책임 회피를 이유로 엄격한 형을 가해서 문제가 되었음을 언급한 바 있다. 그런데 성종시대는, 오히려 《경국대전》과 《속전》의 내용이 방대하고 상세하여 관리들이 해당 법을 몰라 문제가 되는 사례가 등장하고 있다. 예를 들어 성종 21년 2월에 '내금위 등의 휴가'에 대해 의논한 기사에는 다음과 같이 전한다.

157 《성종실록》 20년 7월 4일(경신).

병조에서 아뢰기를, "내금위 등이 어버이 병을 사칭하여 정사呈辭하고 출입을 제 마음대로 하여 시위가 허소하니, 이후로는 다른 군사에게 휴가를 주는 예에 따라 살고 있는 고을의 공첩을 상고해서 휴가를 주어 함부로 거짓된 짓을 하는 것을 막게 하고, 겸사복도 또한 위와 같은 예를 따르게 하는 것이 어떻겠습니까?" 하니, 영돈녕 이상에게 의논하라고 명하였다. 심회·윤필상·노사신·이극배·윤호가 의논하기를, "계목에 따라 시행토록 하는 것이 어떻겠습니까?" 하고, 홍응은 의논하기를, "《대전》의 법이 지극히 자세하니 다만 거행케 할 따름입니다." 하니, 홍응의 의논을 따랐다.[158]

위 기사에서 나오는 '정사'는 사직이나 휴가 등의 원서를 관아에 제출하던 일을 말한다. 이 기사를 통해서 알 수 있는 것은, 병조의 관리나 영돈녕 이상의 대신들이 《경국대전》에 '내금위의 휴가'에 대한 규정이 있다는 것을 모르고 있었다는 사실이다. 그 결과 다른 군사들과 마찬가지로 휴가를 주는 예에 따라서 내금위의 휴가를 시행할 것을 아뢴 것이다. 반면에 홍응은 《경국대전》 편찬에 주도적으로 참여한 인물이어서 관련 규정이 있음을 알고 있었다. 성종 역시 그 규정을 몰랐는데, 홍응의 말을 듣고 그대로 따르고 있다. 앞서 살펴본 두 기사가 《대전》의 규정을 알고 있음에도 실제로 지켜지지 않아 문제가 된 것이라면, 이 기사는 《대전》의 편찬에 참여해 온 대신들조차도 《대전》의 내용이 지극히 상세하여 해당 규정이 있다는 것조차 모르고 있었다는 것을 말해 주고 있다. 성종 24년 6월 2일의 기사 역시 이와 유사한 내용을 담고 있다.

집의 이균이 아뢰기를, "《대전》 외에 조례와 교령이 번잡하여 또 《속록》

158 《성종실록》 21년 2월 2일(갑신).

을 편찬하여 이미 반포하였는데 이제 다시 수교가 있으니, 법이 쇠털같이 많습니다. 만약 부득이 고쳐야 하고 세워야 할 법이 있다면 해당 조는 예조에 보고하고, 예조는 의정부에 보고하여, 상세하게 의논하여서 법을 세우는 것이 어떻겠습니까?" 하니, 하성부원군 정현조가 아뢰기를, "조례와 교령이 번잡하여 아침저녁으로 바뀌므로 백성들이 법을 알지 못해서 따를 바가 적당하지 않으니, 이 말이 옳습니다." 하자, 임금이 말하기를, "지금 반포한 《속록》이 세밀한데 어찌 다시 법을 세울 일이 있겠는가? 만약 고칠 만한 일이 있으면 마땅히 집의가 아뢴 바대로 하라." 하였다.[159]

성종은 《대전》과 함께 반포한 《속록》이 세밀하기 때문에 앞으로 다시 법을 세울 일이 없을 것이라고 말한다. 이처럼 '개국 백년'이 된 성종 24년(1493)의 조선 법률은 상세하고 세밀하게 완비되어 있었다. 그것은 성종이 즉위한 이래로 세조와 예종대에 완성된 《경국대전》을 시행하면서 문제점과 미비점을 검토하고 지속적인 교정 작업을 통해서 이루어 낸 성과였다. 뿐만 아니라 성종은 《경국대전》 규정이 단지 규정으로 그치지 않도록 하기 위해서 그 거행(실행)과 준수를 독려하였고, 규범과 현실의 차이를 줄여 나갔다. 이를 통해 그가 지향하는 교화의 정치와 풍속의 규율을 사회 전반에 걸쳐 이루어 갈 수 있었다. 이것이 《경국대전》의 '실질적 완성'으로 표현할 수 있는 성종시대 법제 정비의 특징이라 할 수 있다.

159 《성종실록》 24년 6월 2일(갑자).

3. 《경국대전》에 대한 평가

1) 통치구조

일반적으로 조선의 왕권에 대한 설명은 국왕권의 전제적 성격이 비교적 약하고 재상을 포함한 신하들의 권력이 상대적으로 강했다고 주장되어 왔다.[160] 하지만 조선조 왕권 운영의 제도적인 기틀이라고 할 수 있는 《경국대전》은 그 기초자인 세조의 전제적인 왕권을 강화하기 위한 것이었으며, 동시에 그러한 강력한 왕권을 상정하고 짜여진 것이었다.

그런데 현실정치에서 세조는 자신의 왕위찬탈에 공헌한 소수의 대신들을 중심으로 정국을 운영하였고, 그 결과 치세 후반으로 갈수록 공신들에게 더욱 많이 의존하게 되었다. 즉 신하들의 영향력을 강력히 규제하면서 전제적인 왕권의 행사를 목표로 삼았던 세조는 제도적으로는 강력한 왕권을 구축했지만, 거듭된 공신 책봉과 그 공신들에게 편중된 정국 운영으로 말미암아 실제의 왕권은 상당히 허약했다.[161] 이하에서는 《경국대전》의 내용과 그 제도적 특징을 살펴보고자 한다.

《경국대전》은 《주례》의 육전체제, 곧 치전·교전·예전·정전·형전·사전

160 이와 관련한 선행 연구로는 와그너(*The Literati Purges*, Harvard University Press, 1974), 이태진(〈조선왕조의 유교정치와 왕권〉, 《東亞史上의 왕권》, 한울, 1993), 팔레(〈조선왕조의 관료적 군주제〉, 《동양 삼국의 왕권과 관료제》, 국학자료원, 1998), 이성무(〈조선시대의 왕권〉, 《조선의 사회와 사상》, 일조각, 1999), 오종록(〈조선시대의 왕〉, 《역사비평》 54, 2001), 오수창(〈국왕과 관료의 역학관계〉, 《조선중기 정치와 정책》, 아카넷, 2003) 등을 들 수 있다.

161 김범, 〈조선 성종대의 왕권과 정국운영〉, 《사총》 61, 2005, 138쪽. 이와 같은 김범의 주장과 유사한 맥락에서 세조의 왕권이 가진 전제적이고 패권적인 성격과 관련한 선행 연구로는 정두희(〈세조대 정치의 반유교적反儒教的인 성격과 대간제도〉, 《조선시대의 대간연구》, 일조각, 1994), 김태영(〈조선초기 세조 왕권의 전제성에 대한 일고찰〉, 《한국사연구》 87, 1995), 최승희(〈세조대 왕위의 취약성과 왕권강화책〉, 《조선초기 정치사연구》, 지식산업사, 2002) 등을 들 수 있다.

에 기초하여 국가의 정치체제를 조성하고 운영하기 위한 법제적 성격을 지닌 예법이다. 《주례》의 육전은 법률과 행정에서 이상적인 모범으로 간주되었고, 고려 말 김지의 《주관육익》이나 정도전의 《조선경국전》 역시 《주례》의 육전체제를 모델로 중국의 역대 제도를 절충하고 조선의 현실에 맞게 조정한 것이다. 《경국대전》은 육전의 명칭이 이전·호전·예전·병전·형전·공전이라는 점에서 《주례》에서 규정한 육전의 명칭과는 차이가 있지만, 그 구성과 운영의 체제는 대동소이하다. 앞서 언급한 바와 같이, 《경국대전》(기축대전)의 서문에 나타난 《대전》의 기본적인 특징은 주관周官과 주례周禮를 모델로 그에 견줄만한 제도를 만들고자 했다는 것이다.

주목할 점은, 국왕의 지위를 강화하려는 세조의 노력에도 불구하고 국정의 총괄자로서 '재상'의 위상과 역할을 강조한 '주례적 체제'의 영향을 발견할 수 있다는 것이다. '정권은 재상에게 있지 않으면 안 된다'고 했던 정도전의 재상 중심의 정치론과 '모든 일이 국왕의 한 몸에 모이는 수고로움'을 자청했던 태종, 그리고 "총재(재상)에게 권력을 위임하면 임금은 죽은 것이다"라고 했던 세조의 국왕중심론이 절충된 결과로 의정부의 권능을 어정쩡한 상태로 설정하면서도 국정의 총괄자로서 위상이 명시되어 있다. 《경국대전》 〈이전〉의 '경관직'에는 "의정부는 백관을 통솔하고, 온갖 정사를 공평히 하며, 음양을 고르게 하고, 나라를 운영해 간다."고 표현되어 있다. 이런 점에서 볼 때, 《경국대전》은 원칙적으로 《주례》 체제의 제도적 완결성에 대한 인식과 국정의 총괄자로서 재상의 역할을 고려한 가운데 만들어진 종합 법전이라고 말할 수 있다.

또한 《경국대전》에는 법제상의 규정과 실제 운영 간의 차이가 있는 조항들이 적지 않다. 《대전》에는 의정부를 "모든 관리를 통솔하고 일반 정사를 처리하며 음양을 고르게 하고 나라를 경영해 나간다."고 그 기능을 밝혀 법제상 최고정무기관으로 규정하였다. 또 〈예전〉 '의첩' 항목에서는 "새로운 법을 제정하고 옛 법을 개정할 경우에는 의정부에서 토의하여 임금에게 보고하고 본 예조에서 사헌부·사간원의 서경署經을 상고하여 문건을 낸다."고 함으로써 법의 제정에서도 의정부의 의결을 받게끔 규정하였다. 그러나 의정부 권한이 기능별로 점차 6조로 넘어가서 세조 이후 의정부의 서사署事가 완전히 폐지되자 의정부는 최고정무기관의 기능을 상실하고 왕의 자문기관에 불과하게 되었다. 《대전》에서 의정부는 최고정무기관으로 규정되어 있지만 실제 운영에서는 그 기능을 수행하지 못하였다. 또한 경연은 왕에게 경서를 강론하는 것이 기본 직능으로 규정되어 있으나, 실제 운영에서는 정치문제·인물평가 등 국가의 중요 문제들이 토의되는 정치의 중심을 이루고 있었다.[162]

《경국대전》의 편찬이 진행되는 과정에서 세조가 언급한 말은 《대전》을 통해서 세조가 의도했던 권력구조가 어떤 것이었는지를 보여 준다. 세조 7년 6월에 세조는 《대전》에 정해진 사형을 할 때에 먼저 의정부에 보고하는 법을 없애도록 하였는데, 의정부에서 불가하다고 말하였다. 이에 세조는 어서御書를 통해서 다음과 같이 말했다고 한다.

> 어찌 백대의 임금이 모두 유충幼沖하며 백대의 정부가 모두 이윤과 주공과 같겠는가? 어찌 육조의 판서들이 모두 정부보다 어질지 못하여 믿을 수가 없는 것이 있겠는가? 어찌 고금천하에 먼저 신하에게 품하는 일이 있는가? 한 사람에게 명을 듣는 의리에 어찌 또한 심히 어긋나지 않겠는가? 만일 논하는 바와 같이 한다면 권력이 장차 옮기는 바를 알지 못할 것이며 전철이 멀지 않을 것이다.[163]

162 윤국일, 《경제육전과 경국대전》, 신서원, 1998, 180-181쪽.

세조는 《주례》가 모델로 하는 재상 중심의 정치체제가 임금이 유충하여 어질지 못하고 정부가 이윤과 주공처럼 어질 것이라는 전제를 기반으로 하고 있다는 것을 비판한다. 동시에 육조의 판서들이 의정부의 대신보다 어질지 못할 것이라는 전제도 거부한다. 따라서 육조의 판서(육경)가 임금이 아니라 의정부에게 먼저 보고하는 것은 바람직하지 않으며, 그것은 권력이 아래로 옮겨지는 폐단을 낳을 것이라고 경고한다. 비록 《주례》를 모델로 통치체제를 정비해 가고 있지만, 권력은 임금에게 집중되어야 하고 아래로 내려가서는 안 된다는 세조의 의지를 읽을 수 있다.

2) 제도화를 통한 왕권의 안정

세조는 집권 과정에서 오는 무리와 집권 이후 정치주도권을 강화해 가는 과정에서 세종대를 통해서 다듬어진 관료체제의 관행을 무시하여 관료들의 반발을 적지 않게 받았다. 이계전 등의 육조직계제 실시에 대한 저항, 세조 2년 사육신의 저항, 세조 3년 이포흠의 저항 등과 많은 유신들의 지방 낙향은 구체적 반발의 표현이었다. 세조는 더욱 공신에게 의존할 수밖에 없었고, 공신들에게 사회경제적인 특권을 부여할 뿐 아니라 그들의 비리까지도 비호할 수밖에 없었다. 그 결과 세조 후반에 이르면 공신의 비리는 심각하였다.[164] 그러나 저항이 심화되면서 세조는 공신들의 한계를 깊이 인식할 수밖에 없었고, 보법保法과 직전법의 시행을 강행하여 부담을 고르게 하였고, 백성에게 수령의 부정행위를 왕에

163 《세조실록》 7년 6월 23일(임진).

164 최이돈, 〈성종대 사림의 훈구정치 비판과 새정치 모색〉, 《한국문화》 제17집, 1996, 119-120쪽.

게 직접 고소하도록 하는 직고直告까지 허용하였다. 이러한 동향은 백성의 저항까지 수습하지 못하면 정권의 유지까지 어렵다는 위기의식의 소산으로 이해된다.[165]

세조의 왕권 유지에 대한 위기감을 잘 보여 주는 또 다른 사례는 그가 국책과제로 추진한 '법제의 편찬 작업'이었다. 법제의 편찬은 기본적으로 태조 이래로 지속된 법령 정비 작업의 일환이며, 서로 충돌하거나 불분명한 법전과 수교집을 정리하는 작업이라고 볼 수 있다. 하지만 '경국대전체제'로 상징되는 통일적이고 영속적인 법전을 만들려는 노력은 세조가 추구하는 왕권의 강화와 이를 뒷받침하는 통일적 법전체제 확립의 의지가 담겨 있다는 점도 간과할 수 없을 것이다. 도현철은 '경국대전체제'의 개념에 대해서 "국왕을 중심으로 정치·경제·군사·사회의 모든 권력을 중앙에 집중시키는 중앙집권적 정치체제"를 지향하는 것이라고 설명한다.[166]

쿠데타와 외압으로 즉위한 세조와 그 동조자들은 그 왕위의 명분과 정통성의 하자를 은폐하기 위하여 또 다른 불법을 자행할 수밖에 없었으며, 그들의 떳떳하지 못한 지위를 지키고자 온갖 수단과 방법을 모색했다. 그들은 서로 결속을 다지고 이탈자와 반대세력을 제거하는 데 모든 노력을 기울였고, 지배체제를 계속 유지하기 위하여 왕권을 강화하는 데 모든 방법을 동원한 결과로 변칙적이고 패도적인 정치가 시행되었다.[167] 이러한 평가는 세조의 왕권이 강력했던 것으로 인식해 온 종래의 견해에 반해, 오히려 그 왕위가 명분과 정통성 및 도덕성에 흠이 있

---

165 최이돈, 〈조선초기 수령고소관행의 형성과정〉, 《한국사연구》 제82집, 1993.

166 도현철, 〈조선의 건국과 유교문화의 확대〉, 《조선 건국과 경국대전체제의 형성》 혜안, 2004, 26-27쪽.

167 최승희, 《조선초기 정치사연구》, 지식산업사, 2002, 271-272쪽.

었기 때문에 취약성을 면할 수 없었음을 밝혀 준다. 그 취약성을 극복하기 위해 재위기간 동안 왕권강화에 부심하였던 세조 자신도 정신적인 압박과 갈등을 느끼면서 변칙적인 정치가 이루어지고 정치사회적으로 불안할 수밖에 없었다.

왕위 찬위에 따른 태생적 한계는 태종도 겪었던 문제였다. 조선 개국의 일등공신은 사실 이방원이었다. 마지막 고려인 정몽주를 선죽교에서 척살하고 새 왕조의 창업을 이룬 것은 이방원이었다. 그런데 창업 이후 태조의 심복인 정도전이 '재상 중심의 정치론'을 내세우며 정치를 주도하였고, 세자 방석을 내세워 후계 구도에서 이방원을 배제하였다. 태종은 그러한 상황에 불만을 품고 쿠데타를 일으켰다. 자신의 정변은, 태조의 몸이 불편한 틈을 타서 간신(정도전 일파)이 요얼妖孼을 끼고 난을 선동하여 종사를 거의 위태롭게 하는 지경을 안정화시킨 것이라고 정당화하였다. 이른바 '사직안정론'이었다.

태종 역시 집권 이후 잠재적 반대파를 색출하며 권력정치를 했다. 하지만 집권 중반 이후에 '유신의 교화'를 선언하면서 쿠데타로 부정했던 본래의 성리학적 정치질서로 복귀하려는 유교적 군주의 모습을 보여주었다.[168] 그는 집권 후반기에 자신을 유교적 군주로 '이미지 메이킹'하고자 노력했다. 그는 본래 자신에게 귀속되어야 했던 왕권을 '회복'한 것이라고 생각했기 때문에, 집권과정에 파괴한 유교적 질서를 스스로 회복할 수 있었다.

반면에 세조의 정변은 어떤 명분으로도 정당화될 수 없는 적나라한 권력욕에 따른 찬탈이었다. 세조 자신뿐만 아니라 그의 지지자들도 그 사실을 알고 있었다. 이로 말미암아 세조는 자신의 치세를 세종시대로

168 박홍규·이세형, 〈태종과 공론정치: '유신의 교화'〉, 《한국정치학회보》 제40집 3호, 2006.

되돌릴 만한 계기를 갖지 못했다. 자신의 정변을 비난하고 단종의 복위를 추진하는 세력을 제거하기에 급급했던 세조는 유교정치에서 점점 더 멀어지는 원심력에 끌려가게 되었다. 그 결과 덕과 인정의 시행을 통한 왕권 강화가 아니라, 법과 패술에 의한 왕권 강화로 귀착되었다. 세조대의 파행적이고 변칙적인 정치행태는 세종대의 왕권이 가지는 한계를 보여 주는 것이라고도 할 수 있다. 즉 세종의 다스림은 임금의 덕성과 의지에 상당 부분 의존하는 측면이 있었다. 제도화가 아직 완비되지 못한 상황이었기 때문이다. 이를 해결하고자 한 것이 바로 법가적이고 패권적인 군주 세조라고 할 수 있다.

그렇다면 세조는 자신이 직면한 문제들, 곧 왕권의 취약성을 야기한 사건과 사고들을 법 제도의 정비를 통해서 해결했다고 말할 수 있을까? 그러나 세조시대 국정 운영의 실태를 살펴보면, 그것이 제도나 법에 따른 것이 아니라 소수의 공신과 권신들을 중심으로 한 인치人治였다고 말할 수 있다. 그 점에서 경국대전체제가 그의 왕권을 강력하게 뒷받침해 주었다고 단언하기는 어렵다. 제도가 갖추어지더라도 제도를 운영하는 사람의 도덕성이 문제된다면 그 제도가 의도한 효과를 거둘 수 없음을 보여 준다.

3) 유교적 법치와 교화

《경국대전》은 국왕의 권한행사에 대한 규정을 가지고 있지 않다. 조선시대 국왕의 행렬을 묘사한 그림 등에서도 왕의 모습은 빠져 있다. 국왕의 권한을 텅 빈 공백으로 처리함으로써 왕의 존재에 대한 신성화와 함께 세속의 신민臣民과 차별화시키려는 정치적 효과를 노린 것이었다. 왜 그렇게 처리한 것일까? 그것은 유교(성리학)에서 상정하는 통치자란 법을 통해서 권력 행사가 제한되어야 하는 존재가 아니기 때문이다. 그런 의미에서 유교는 지배자의 권력을 입법을 통해서 제한하는 근대적 입헌주의와는 근본적으로 다르다고 할 수 있다.[169] 근대 입헌주의는 인간의 본성이 악하다는 점을 전제로 통치자가 권력을 남용하여 행사하지 않도록 제도적 견제를 하는 데 초점을 두고 있다.

그러나 주자학은 인간의 본성이 선하다는 점을 전제로 한다. 수양을 통해서 기질氣質에 의해서 가리워진 선한 본성(인의예지신 등)을 회복한다면 누구나 성인聖人이 될 수 있다고 믿는다. 삼대三代의 성인은 먼저 그 본성을 회복한 사람이며, 이상적인 정치란 성인이 통치자가 되어서 사람들로 하여금 본성을 회복하도록 이끌어 주는 것이다.[170] 인간의 본연지성本然之性은 하늘로부터 부여받은 것('성즉리性卽理')이기에 모든 사람들이 본성을 회복한다면 더 이상 다툼이나 갈등은 사라지게 될 것이다. 이것이 바로 교화의 정치이며 유교가 추구하는 이상적인 다스림의 모습이다. 여기에서 정치공동체의 지도자, 곧 통치자의 기본 역할은 백성을 선으로 이끌어 주는 것이다. 이러한 주자학의 이론체계 속에서는 통치자의 권력행사를 제도와 법으로 규제하여 견제해야 한다는 '입헌주의적 사고'가 싹트기 어렵다.

그렇다면 왕은 《경국대전》의 규정을 초월하거나 어길 수 있는가? 유

---

169 조선의 통치제도를 '유교적 입헌주의'(Confucian Constitutionalism)으로 설명하는 논의는 Hahm(2000)의 논문(Harvard Law School)이 대표적이다. 그는 《경국대전》이 아니라 《국조오례의》가 국왕의 권력행사를 제한한다는 점에서 조선의 헌법이라고 주장한 바 있다(함재학, 〈경국대전이 조선의 헌법인가〉, 《법철학연구》 제7권 2호, 2004). 유교전통에서 입헌주의에 관한 논의는 함재학, 〈유교전통 안에서의 입헌주의 담론〉(《법철학연구》 제9권 2호, 2006)을 참조.

170 주자학의 기본적인 이론체계에 대해서는 와타나베 히로시, 《일본정치사상사》(김선희·박홍규 역, 고려대학교 출판문화원, 2017)의 제6장(이웃 나라의 정통 사상-주자학의 체계)을 참조.

교는 본래 전제적 왕권을 합리화하고 있는 것일까? 그렇지는 않다. 왕은 입법자인 동시에 그 법의 유지와 운영을 책임지는 존재이기 때문에 법 규정을 어길 경우 신하들은 《경국대전》의 규정을 근거로 왕의 준법을 요구하게 된다. 초월적인 국왕의 위상을 부각시키는 것은 오히려 '공정한 최종판결자'로서 국왕의 역할을 기대하고 있는 것이다. 또한 신하와 언론은 '공론'이라는 명분을 통해서 왕이라 하더라도 법과 여론을 따를 것을 요구한다. 공론을 무시하고 신하를 마음대로 죽이는 군주는 폭군으로 규정되어 방벌도 정당화된다.

《경국대전》에서 국왕의 권한행사 방식에 대한 규정이나 왕권을 견제하는 규정이 없다는 것은, '수기치인修己治人'이라는 유교의 기본적인 통치원리를 따르는 군주가 덕으로써 신하와 백성을 교화시켜 나가는 것임을 말해 준다. 물론 백성들이 법을 어길 때 통치자는 법에 따라서 다스린다. 그러나 동시에 인정을 보여서 감형하기도 하고 사안과 상황에 따라서 재량을 행사할 수 있다. 법에 따른 처벌이 목표가 아니라, 백성을 선으로 이끄는 것이 다스림의 목표이기 때문이다.

《경국대전》은 학교를 세워 유교이념을 가르치고 유학적 식견으로 무장한 관료를 선발하여 국가를 운영하려던 조선왕조 건국자들의 이념을 잘 반영한다. 자의적인 절대군주의 출현을 방지하면서도 정치적 혼란을 막을 수 있는, 군권과 신권이 조화된 국가체제를 건설하려던 정도전 등 신유학자들의 이상을 구현하고 있다. 그러나 결과적으로 《경국대전》에 나타난 유교적 예치프로그램은 "위정자가 덕행으로 솔선수범"하고 "차이가 날 경우 예禮로 뒷받침하라"는 공자의 생각과는 동떨어진 방향으로 진행되었다. 즉 예치이념이 교조화되고, '예'보다는 '치'가 중심이 됨에 따라서 《경국대전》에 기반한 조선의 통치제제는 '외유내법外儒內法'의 통치체제로 변질되어 갔다.

박현모는 《경국대전》의 성격과 관련하여 공식적으로는 유가를 천명하면서도 실제로는 법가적 방식에 따라 작동되었던 것으로 보았다. 덕교德敎만으로는 정치를 할 수 없으며 정치를 돕는 기구와 백성을 다스리는 방법으로서 법망法網을 만들지 않으면 안 된다는 국왕과 신료의 인식을 반영한 것이라고 주장한다. 덕과 예의 정치를 지향하면서도 제도와 형벌의 현실적 필요를 인정한 바탕에서 성립되었다는 것이다. 《경국대전》이 유교의 예 이념의 실행과 관련해서 구체적인 상벌조항을 세세하게 규정한 점에서 유가보다는 법가적 성격을 강하게 내포하고 있다. 다시 말하면, 제도와 형벌보다는 덕행과 예로써 백성을 다스리라는 공자의 덕치의 정신이 아닌, 인간의 이기심을 전제한 가운데 상벌을 이용한 한비자 방식으로 국가의 질서를 세우려 했다는 점에서 예禮보다는 치治가 강한 사회가 된 것이다.[171]

그럼에도 불구하고 이 장에서 살펴본 바와 같이, 성종이 즉위한 뒤 《경국대전》에 대한 수정과 보완 작업, 그리고 조문을 둘러싼 끊임없는 재검토 요구가 있었다. 이 사실은 조선이 법가적 왕권주의를 지양하고 유가적 법치와 교화로 나아가기 위해 노력했음을 말해 준다. 성종은 《경국대전》의 규정이 단지 규정으로 그치지 않도록 하기 위해서 그 실행과 준수를 독려하였고 규범과 현실의 차이를 줄여 나갔다. 그가 지향하는 교화의 정치와 풍속의 규율을 이루고자 '처방'한 것이다.

171 박현모, 〈경국대전의 정치학〉, 《한국정치연구》 제12집 제2호, 2003, 106, 122-123쪽.

4장 경제정책: 국가재정의 정비

유교국가 조선은 군주, 신하, 그리고 백성을 인적 구성요소로 하였다. 이들 각각의 구성요소는 임금이 소유하는 왕실의 재산, 관료가 받는 전세田租, 그리고 백성들이 납부하는 세금을 통해서 서로 연결되어 경제활동을 수행한다. 이러한 관점에서 이 장에서는 왕실의 비용과 재정을 관리하는 내수사內需司의 개혁 문제, 관료의 수조권收租權 개혁 문제, 그리고 백성들의 납세와 관련되어 있는 공법貢法의 문제를 중심으로 성종시대 국가재정의 정비를 살펴보고자 한다. 특히 성종이 내수사의 장리長利 문제, 직전법職田法 시행의 어려움, 그리고 공법 시행의 한계 등에 직면하여 어떻게 문제를 진단하고 처방하는지를 중심으로 성종시대 경제정책을 살펴보고자 한다.

1. 내수사의 장리長利

내수사는 조선시대 궁중에서 쓰는 쌀이나 옷감, 잡물과 노비 등에 관한 사무를 맡아보던 관청이다. 세종 5년(1423)에 군주 개인의 사적인 재산을 관리하기 위해 내수소內需所를 설치하였고, 내수지신內需之信이라는 인신을 세종이 내려 주기까지 하였다.[172] 내수소는 세조 12년(1466)에 있었던 대대적인 관제개혁 시기에 국가의 정식 기관이 된다.

내수소를 내수사로 이름을 고쳤다. 전수典需 하나를 두었는데, 품계는 정5

172 《세종실록》 5년 1월 17일(기해).

사진 22 내수사터

품이고 부전수副典需 **하나는 정6품, 전회**典會 **하나는 종7품, 전곡**典穀 **하나는 종8품, 전화**典貨 **하나는 종9품이다.**[173]

내수소는 내수사로 이름을 바꿨고, 모두 5명의 품관을 둔 정5품 기관이었다. 이러한 조치는 왕실의 사유재산 관리 기구를 정식 관원을 둔 국가 기구로 승격시켰다는 것을 의미한다.[174] 내수사는 국가의 공식기구로서 《경국대전》에 다음과 같이 기록되어 있다.

내수사는 내용內用**하는 미포**米布**와 잡물 및 노비를 관장한다. 별좌**別坐**와 별제**別提**는 모두 2명씩이며 전수·부전수는 별좌·별제와 상체하여 제수한다. 서제는 20인이다. 전회 이하와 서제 체아는 4도목이며 사만**仕滿 **514일 가자하고 종6품에 거관한다. 그 가운데 내수사의 일에 근신비암**勤謹備諳**하는 자**

173 《세조실록》 12년 1월 15일(무오).

174 윤인숙, 〈조선전기 내수사內需司 폐지 논쟁과 군주의 위상〉, 《대동문화연구》 84권, 2013, 138쪽.

가운데 3인은 특지가 있으면 잉사仍仕**한다. 체아는 화회**和會**하여 수직한다. 전수 1원과 별좌 2원**(정5품, 종5품), **별제 2원**(정6품, 종6품), **부수사 1원**(종6품), **전회 1원**(종7품), **전곡 1원**(종8품), **전화 2원**(종9품)**이 있다.**[175]

이렇게 내수사는 공식적으로 법제화되었고, 그 기능이 확대되고 세세하게 나뉘어졌다. 내수사는 외관의 정식 관부임에도 국왕에게 직접 계문하는 내관의 형태로 운영되고 있었다. 외관의 공사는 반드시 승정원을 경유하도록 되어 있었는데, 내수사는 이러한 공식적인 절차를 거치지 않는 내관적인 요소를 갖는 기관이었다.[176] 그런데 성종시대에 이르러, 이러한 내수사에서 일반 백성들에게 쌀이나 옷을 빌려주고 많은 이자를 받는 것이 심각한 사회문제로 대두되었다.

성종은 즉위 초부터 내수사의 장리長利, 곧 '곡식을 꾸어 주고 일 년에 꾸어 준 곡식의 절반을 받는 변리'가 야기하는 문제에 대해서 인식하고 있었다. 내수사의 장리는 연 30-50%의 고리대, 사채로서 당시 왕실 사고의 재산을 증식하는 방법으로 널리 행해지고 있었다. 왕실에서 사용하는 미곡은 전국에 산재한 왕실 농장의 수확과 고이율의 고리대를 통해 조달되었다.[177] 이를 관장하는 장리소가 전국에 562개가 산재되었는데, 성종은 이 가운데 325개를 혁파했다.[178] 고리대 행위를 담당하는 기관을 반절 이상 혁파한 것이다.

그런데 성종은 재위 13년(1482)에 혁파했던 내수사의 장리를 다시 부활시킨다. 이후 홍문관, 사간원, 사헌부를 중심으로 이러한 조치에 반대

175 《경국대전》〈衙前〉 京官職 內需司.

176 윤인숙, 앞의 논문, 2013, 139-140쪽.

177 위의 논문, 142쪽.

178 《성종실록》 3년 1월 26일(계해).

하는 간언이 계속되었지만, 성종은 자신의 결정을 고수했다. 《성종실록》에는 내수사의 장리를 혁파할 것인가, 유지할 것인가에 대한 논의가 기록되어 있다. 이 장의 1절에서는 《성종실록》의 이러한 기록들을 검토하면서 내수사 장리에 대한 성종의 판단을 리더십의 관점에서 평가해 보고자 한다.

1) 장리의 철폐

내수사의 고리대 행위는 백성들의 생활 근간을 파괴하여, 심각한 사회문제로 대두되었다. 성종 1년(1470) 10월에 호조에서는 내수사 장리의 폐단에 대해 보고했다. 내수사에서 장리할 때에 담당하는 전수노典守奴의 횡포가 거리낌이 없으며, 장리를 받는 자가 만일 상환을 할 수가 없으면 이웃이나 친족에게 물리어 징수하고 억지로 말과 소 그리고 전답을 팔게 하여 거둔다는 것이었다. 뿐만 아니라 자기의 곡식을 가지고 내수사를 빙자하여 이익을 취하기도 하고 출납하는 장부를 마음대로 가감하므로 백성이 매우 괴로워한다는 것이다. 이러한 폐단을 해소하고자 호조에서는 장리소가 있는 고을의 수령으로 하여금 받은 자의 이름과 곡식의 수량을 명백하게 장부에 기록하고, 출납할 때에는 상세히 고찰을 하며, 만일 함부로 백성을 침노하는 자가 있으면 수금囚禁한 뒤에 보고하여 제서유위율로 논하게 할 것을 건의했다. 또한 내수사의 관리가 전수노와 함께 부화뇌동하여 작폐作弊하는 자는 범죄자로 논하고, 이를 규찰하지 못하는 수령도 죄를 물어 파출할 것을 아뢰었다.[179]

호조의 건의는 당대의 폐단으로 내수사의 장리 행위를 담당하는 전

179 《성종실록》 1년 10월 10일(기축).

수노의 횡포를 신랄하게 지적하고 있다. 당시 내수사의 고리대 행위뿐만 아니라, 내수사의 일을 담당하는 노비들이 내수사를 빙자하여 백성들 재산을 수탈해 민폐를 끼치고 있었다. 호조는 전수노와 내수사 관리의 횡포를 방지하기 위한 몇 가지 조치를 건의하였고 성종은 이러한 호조의 건의를 그대로 따랐다.

성종은 재위 초기부터 내수사의 고리대 행위에 대해 문제의식을 가지고 있었다. 즉위한 지 얼마 되지 않은 시기에 성종은 호조에 전지하여, 장리를 거둘 때 가재家財와 소와 말·전지를 징수하지 말게 하고 어기는 자는 죄로 다스리도록 했다. 또한 세조 13년(1467) 이전에 거두지 못한 장리는 삭감하여 주고 만일 그대로 징수하는 자가 있으면 받은 자를 관에 고발하게 하도록 하였다.[180] 성종은 내수사에서 장리를 거둘 때에 백성들이 생활하는 데 근간이 되는 것들까지는 징수하지 말고 보존하게 하도록 명령하였다. 또한 3년 이상 징수하지 못한 빚에 대해서는 모두 삭감하고 내수사 소속 관리들의 횡포를 막기 위해 명령을 어기는 자들을 처벌할 것임을 밝혔다. 이처럼 성종 초기에 내수사의 고리대 행위는 심각한 사회문제로 부각되고 있었으며 이러한 분위기 속에서 성종은 이듬해에 더욱 강화된 조치를 호조에 명하였다.

> **내수사와 사가私家의 장리는 법령을 준수하지 않고 해마다 이식利息을 불리어 남의 전지와 두축頭畜을 침탈하여 백성들의 유이流移를 초래하고 있다. 금후로는 법에 따라 염산斂散하지 않는 자는 사람에게 진고陳告하는 것을 허락하여 별도로 율을 적용하고 무거운 형벌을 써서 먼 변방으로 내쫓으라.**[181]

180 《성종실록》 1년 9월 1일(병자).

181 《성종실록》 2년 12월 8일(을해).

당시 내수사와 부유한 사가私家의 장리로 말미암아 백성들 토지와 가축이 침탈당하고 결국 유망을 초래하였다. 장리를 통한 고리대는 백성들의 생활을 보호해야 하는 국가 책임의 관점에서도 심각한 문제이지만, 국가에 세금을 내는 양인들의 수를 줄어들게 만들고 국가재정의 악화로 이어진다는 점에서도 문제였다. 성종은 법에 따르지 않는 고리대 행위를 하는 자들을 사람들이 고발하도록 하고, 본래의 율보다 무거운 형벌을 적용할 것을 명령하였다. 또한 이러한 조치에 이어서, 내수사의 장리 담당 기관의 수를 파격적으로 줄이는 조치를 취하였다. 즉 내수사의 장리하는 3백 25소를 혁파하였고 2백 37소만 남겨두었다.[182] 절반 이상을 없앤 것이다. 이러한 조치로 성종은 당대에 유행하고 있던 장리에 대해 사회적 경종을 울리고 그 피해를 줄이고자 했다.

성종은 내수사 자체에 대해서도 문제의식을 가지고 있었던 것 같다. 몇 달 뒤에는 내수사에 소속된 목장들을 국가 소유의 목장에 소속시키도록 하는 명령을 내린다.[183] 정희왕후가 수렴정청을 하는 상태에서, 즉위한 지 3년이 지나 겨우 16세에 불과한 군주가 백성들에게 인정을 베풀었다. 이러한 성종의 조치에 대해서 경연의 자리에서 검토관 성현은 "모든 도의 공선貢膳을 줄이고 내수사의 장리를 덜어 주어 많은 은혜를 하사하셨"음을 칭송하였다.[184] 그런데 이처럼 성종이 내수사의 장리소를 대폭 줄였음에도, 이러한 조치는 백성들의 생활을 근본적으로 개선하기에는 부족한 것이었다. 성현은 이어지는 상소를 통해 당시 백성들의 실태를 다음과 같이 말하고 있다.

182 《성종실록》 3년 1월 26일(계해).
183 《성종실록》 3년 6월 10일(을해).
184 《성종실록》 3년 9월 9일(임인).

> 백성들이 소생하지 못한 것은, 다만 호강한 자들이 함부로 밀린 빚을 징수하기 때문입니다. 백성들이 괴로움을 견디지 못하고 그들이 경작하는 토지를 모두 다 거실巨室에 바치고 있습니다. 백성들은 송곳을 세울 만한 땅도 없는데 거실은 곡식을 쌓은 것이 관부보다 갑절이나 되고, 의창의 곡식은 태반도 거둬들이지 못하여 조금만 흉년을 만나도 형세가 골고루 나눠 주기가 어렵게 됩니다. 또 무지한 백성은 다시 사채를 빌려 써서 해마다 이자가 늘어나서 마침내는 살 곳마저 잃게 됩니다. 힘이 센 자는 도둑이 되고 약한 자는 이산하게 되어, 열 집에서 아홉 집은 비게 되니 진실로 탄식할 일입니다.[185]

성현은 당대의 거실들, 곧 향촌마다 존재하는 재지 지배세력들이 일반 백성들의 논밭을 병합하여, 백성들의 근본적인 삶의 기반이 유지되지 않는 현실을 지적하고 있다. 이러한 현실 속에서 내수사의 장리소를 절반 이상 혁파한 성종의 조치는 부분적인 개선책에 불과한 것이었다. 성현은 이어서 "옛날 한전限田의 법에 따라 백성의 토지 결부結負를 정하여 제한을 지나지 않게 하며, 사채도 또한 몇 석을 정하여 의창의 수를 넘을 수 없게 하고, 만일 전지나 재물을 빼앗는 자가 있으면 강도의 율에 의거해 논단해야 한다."는 의견을 말하고 있다. 토지소유상한제나 사채제한법과 같은 더 근본적인 대책이 없다면, 부유한 거족들이 마음대로 횡포를 부려 가난한 백성들의 생업이 안정될 수 없는 상황이었다. 성종 4년(1473)에 예문관 부제학 이극기는 근본적으로 '내수사를 혁파하자'는 주장을 제기하였다.

185 《성종실록》 3년 9월 9일(임인).

> 곡물을 거두어들이고 나누어 주어 이익을 취하는 것은 곧 일반 백성들 가운데 화식貨殖하는 자들의 일입니다. 되로써 빌려주고 말로써 거두어들이고, 말로써 빌려주고 섬으로써 거두어들이며, 기한에 미치지 못하면 갚는 자가 그 이자를 거의 또한 갑절로 갚아야 하니, 이것은 하나를 빌려주고 열을 취하는 것입니다. 옛날에 대부의 집에서 소와 양을 기르지 아니하고, 심지어 채소밭에서 아욱을 뽑아내고, 베 짜는 부녀자를 없앤 것은 대개 백성들과 더불어 이익을 다투고자 하지 아니하였기 때문입니다. 대부도 오히려 그러하였는데, 하물며 왕자가 한 국가의 부富를 가지는데도 어째서 백성들과 더불어 작은 이익을 다투어야 하겠습니까? 만약에 국가에서 본래 이익을 다툴 마음이 없다고 하더라도, 그 곡물을 거두어들일 때를 당하여 뒤쫓아 묶어 들이고 채찍으로 때리는 것이 일반 사람들의 집에서 하는 것보다 더 심하고, 마소와 재산도 보존할 수 없는 경우가 있게 되니, 그 백성들이 어찌 이익을 다투지 아니하는 줄로 알겠습니까? 신등은 청컨대 내수사를 혁파하여 그 소유를 공유의 관사官司에 붙여서, 왕자는 사사로운 것이 없다는 뜻을 분명하게 밝히소서. 이것이 신등이 바라는 바입니다. 만약 그렇게 하지 못할 때는, 청컨대 곡물을 거두었다가 나누어 주어 이자를 취하는 일이라도 혁파하여서, 국가의 대체를 세우는 것도 또한 폐단을 없애고 백성을 편안하게 하는 한 가지 일일 것입니다.[186]

이극기 등은 내수사의 혁파를 건의하고, 만약 그것이 불가하다면, 차선책으로 내수사의 장리라도 혁파할 것을 요청하고 있다. 이에 대해 성종은 대신들에게 논의할 것을 명하였다. 정인지·정창손·신숙주·최항·홍윤성·조석문·김질·윤자운·성봉조는 "내수사의 장리는 세조조에 혁파하였는데, 지금 또한 혁파하는 것이 가하겠습니다."라고 답하였고, 한명회

186 《성종실록》 4년 7월 30일(기미).

는 "장리의 숫자는 지금 이미 적당히 헤아려 감하였으니 그대로 유지하는 것이 어떠하겠습니까?"라고 주장하였다.[187] 한명회를 제외하고는 정인지를 비롯한 대부분의 신하들은 모두 혁파하는 것을 주장하였다. 이날의 기사는 이러한 대신들의 논의가 어떻게 귀결되었는지는 기록하지 않고 있으며, 내수사의 장리에 대한 기사는 이듬해 윤6월까지 등장하지 않고 있다. 이것으로 미루어 볼 때, 한명회의 주장대로 현상 유지안을 따랐던 것으로 추측된다. 부유한 거족들이 고리대를 통해 일반 백성들의 경제력을 침탈하는 상황은 계속되고 있었다. 이듬해인 성종 5년(1474) 윤6월의 기사에는 대사간 정괄의 상소가 기록되어 있다.

> 근래 대신의 집에서 혹 식화殖貨의 이利를 숭상하여 그것을 편하게 여기고 부끄럽게 생각하지 않으며 자식滋息하는 곳을 주군州郡에 벌려 놓고, 수렴할 즈음에 호강이 악노와 함께 여염을 출입하면서 소민을 침학하고 박탈하여, 억지로 전택을 매매하게 하는 데 이르지만, 감사와 수령도 또한 감히 누구를 어떻게 하지 못합니다. 대신은 날로 부하고 소민은 날로 곤궁하여 오읍烏邑이라고 이를 만하며, 그 재곡財穀은 서울의 사제에 충일하여 밖에 노적까지 하여 자랑하고 빛내는 데 이르고 거기에다 제택과 복식을 다투어 사치하게 하여 반드시 궁궐에 견줄 만하니, 그 염치의 도의를 상실함이 한결같이 여기에 이르렀으므로, 참으로 탄식할 만합니다. 맹자가 이르기를, '거실居室의 사모하는 바를 한 나라가 사모하고 한 나라가 사모하는 것을 천하가 사모한다.' 하였습니다. 지금 대신의 좋아하고 숭상함이 이와 같으니, 곧 한 나라의 사람들이 그들을 따라서 변화되는 것도 또한 그 형세가 그렇게 된 것입니다. 그러나 그 근원은 전하의 한 몸에 있습니다. 지금 내수사에서 장리하는 것을 비록 이전에 헤아려 감하였다 하더라도, 그 폐단이 아직까지

187 《성종실록》 4년 7월 30일(기미).

남아 있습니다. 신등은 듣건대 천자는 부를 천하에 간직하고 제후는 부를 한 나라에 간직하다 하였으니, 어찌 반드시 식화하여 이익을 취하여서 별도로 사사롭게 간직하는 것이겠습니까? 엎드려 원하건대 전하께서는 깊이 생각하소서.[188]

국가는 고리대로 입은 백성들의 피해를 방관하고 있었다. 정괄은 정부 대신들이 고리대를 통해 민간을 수탈하여 부를 축적하고 있는 상황을 지적하고, 임금이 먼저 내수사의 장리 행위를 모두 혁파하여 모범을 보일 것을 요청하고 있다. 그의 언급으로 볼 때, 성종 재위 3년에 장리소를 줄인 조치에서 더 취해진 것은 없었던 것으로 보인다. 그의 글에서 "대신들이 좋아하고 숭상하는 근원이 전하의 한 몸에 있다"는 언급은《맹자》의 첫 장을 염두에 둔 것이다. 맹자가 양혜왕을 만났을 때 양혜왕이 말하기를 "어른께서 천 리를 멀다 않고 오셨는데, 장차 어떻게 우리나라를 이롭게 하시렵니까?"라고 물었다. 이에 맹자는 "왕께서는 하필 '이익'을 말하십니까."라고 반문했다. 그는 왕이 어떻게 내 나라를 이롭게 할까라고 말하면 대부들은 어떻게 내 집안을 이롭게 할까라고 말하며, 사족들과 서민들은 어떻게 내 몸을 이롭게 할까라고 말할 것이니, 이렇게 위아래가 서로에게서 이익을 취하려고 하면 나라가 위태로워질 것이라고 말한 바 있다.[189]

정괄은 근래 대신의 집에서 '식화의 이익'을 숭상하여 그 재물과 곡식이 사제에 가득할 뿐 아니라 밖에 노적까지 하여 자랑하며 저택과 복

188 《성종실록》 5년 윤6월 18일(신축).

189 《孟子》〈梁惠王 上〉"孟子見梁惠王 王曰 叟不遠千里而來 亦將有以利吾國乎 孟子對曰 王何必曰利 亦有仁義而已矣 王曰何以利吾國 大夫曰何以利吾家 士庶人曰何以利吾身 上下交征利而國危矣."

식을 사치하게 하여 궁궐에 견줄 만한 자가 있음을 지적하고 있다. 누구라고는 지목하지 않았으나 아마도 당대의 실권자이며 성종의 장인이었던 한명회를 우회적으로 비판하고 있는 것으로 생각된다. 앞서 다른 모든 대신들이 내수사의 장리를 폐지할 것을 건의했지만, 유독 한명회만은 유지할 것을 건의했다. 뿐만 아니라 그의 졸기에서는 "성격이 번잡한 것을 좋아하고 과대하기를 기뻐하며 재물을 탐하고 색을 즐겨서 전민田民과 보화 등의 뇌물이 잇달았고 집을 널리 점유하고 희첩을 많이 두어 그 호부함이 일시에 떨쳤다."고 기록되어 있다.[190] 그가 내수사의 장리를 유지할 것을 건의한 것도 이러한 그의 행실과 무관하지는 않을 것이다. 하지만 수렴청정을 받고 있던 성종으로서는 자신의 장인이자 정희왕후와 함께 자신을 왕위에 올려 준 그의 권세를 꺾기는 어려웠다. 그가 다른 대신들의 장리 폐지의견에도 한명회의 손을 들어준 것은 그 때문이었다.

대사간 정괄의 상소가 있은 지 3일 뒤에는 대사헌 이서장이 비슷한 내용의 상소를 올렸다.

> 세종조에 재상이 장리하여 부자로써 칭호가 있는 자는 대개 적더니, 지금은 관직이 높고 녹봉이 후한 자가 모두 장리하여 그 부를 더욱 늘려서, 전원이 산야에 두루 있고 축적한 것이 주현州縣과 균등하며 부귀의 힘을 타고 호노豪奴와 한복悍僕을 보내어 서민을 침각하니, 백성이 어찌 가난한 데 이르지 않을 수가 있겠습니까? …… 내수사의 장리는 오래도록 백성의 병폐가 되었는데, 근일에 듣자오니 교지를 내려 거듭 엄격히 금즙禁戢을 하셨다 하나, 그러나 그 폐단은 오히려 제거되지 않았습니다. 왕자의 부는 백성에게

190 《성종실록》 18년 11월 14일(기유)

저장되고 주현에서 축적된 것은 모두 그의 소유인데, 어찌 사사로이 저축하겠습니까? 위에서 좋아하는 자가 있으면 아래에서 이보다 심한 자가 반드시 있는 것입니다. 내수사에서 장리를 하니까 대신도 따라서 이익을 다투는 것은 형세상 그러한 것입니다. 신등은 청컨대 내수사의 장리를 모두 주군州郡의 의창에 소속시키고, 2품 이상의 관직으로 녹봉을 먹는 자는 장리를 쌓아서 백성의 좀이 되지 않게 하고, 그들이 축적하여 소유한 것이 1천 석이 넘는 것은 주군에서 받아들이게 하고 조정에서는 별도로 갚게 하소서.[191]

이서장은 내수사의 장리 문제를 대신들의 고리대 행위와 연관시켜 비판하고 있다. 즉 왕실에서 장리를 하고 있기 때문에 대신들도 그에 따라서 이익을 취하기 위해 혈안이 되어 있다는 것이다. 그는 세종시대의 재상들이 부를 축적하지 않았던 것과 대비시켜, 현재의 상황은 내수사의 장리를 본받아 대신들이 거대한 부를 축적했다고 지적한다. 그리고 대안으로 내수사의 장리를 모두 지방의 의창에 소속시키고 2품 이상의 고위관직자들이 장리를 하지 못하도록 법으로 금지할 것을 건의했다. 이처럼 성종 즉위 초에 훈구로 지칭되었던 대신들은 권력과 부를 함께 축적하였고, 이에 따라 부의 편중은 더욱 심화되고 있었다. 성종은 사간원과 사헌부의 내수사 폐지 건의를 수용하지 않았다. 더 정확하게 말하자면 수용하지 못했다. 그 대신에 농사가 시작되는 달에는 내수사의 장리를 당분간 거두지 말도록 하거나,[192] 내수사의 장리를 갚을 능력이 없는 가난한 백성들을 구제할 수 있도록 호조에 조사하게 하는 등의 추가적인 조치를 취했다.[193] 그러나 이러한 조치는 근본적인 해결이 아

191 《성종실록》 5년 윤6월 21일(갑진).
192 《성종실록》 6년 2월 23일(임인).
193 《성종실록》 8년 8월 18일(갑오).

닌 미봉책으로서 백성들의 고통을 줄이는 데 큰 실효를 거두기는 어려웠다.

성종 9년(1478) 4월에 유생 남효온이 내수사를 폐지할 것을 주장하는 상소를 올렸다. 그는 "우리 조정의 다스리는 도가 멀리 삼대를 따랐는데, 유독 내수사 하나만은 한나라 환제와 당나라 덕종의 고사를 그대로 따르"고 있음을 비판했다. 지난 날에 임금이 장리의 폐단을 알고 사채私債를 줄이시자 온 나라의 백성들이 목을 늘이고 다스려지기를 바라고 있다고 전하면서 여론을 상달했다. 그는 임금이 공명한 도량으로 백성들의 폐해를 고려하여 내수사를 혁파하고 노비는 장례원에 소속시키고 미곡은 호조에 소속시킬 것을 건의했다.[194] 앞서 성종 4년(1473) 7월에 있었던 부제학 이극기 등의 건의는 내수사의 장리를 혁파하기 위한 포석에 가까운 것이었다. 반면 유생 남효온의 주장은 치도의 모델로서 삼

사진 23 호조 의영고 터(광화문 정부종합청사 뒤편)

194 《성종실록》 9년 4월 15일(병오).

대를 언급하며 더욱 급진적으로 내수사의 모든 재산을 공적인 정부 기관에 소속시키고 내수사를 폐지할 것을 촉구하고 있다.

2) 장리의 부활과 입장 변화

성종 13년(1482) 11월에 임금은 대왕대비의 명이라고 말하면서 내수사의 장리를 다시 둘 것을 호조에게 명한다. 물론 그 밖의 다른 이유도 내세운다. 그 하나는 자신의 자손이 매우 많기 때문에 사사로운 저축이 있어야 줄 수 있다는 것이다. 다른 하나는 내수사의 장리가 사채에 견주어 이자가 낮다는 것이다. 즉 사채는 이식(이자)이 50%인데, 장리는 30%이므로 백성에게 취하는 것이 너그럽다는 것이다.[195] 대왕대비의 명령, 많은 자손, 그리고 상대적으로 싼 이자를 이유로 그동안 유지되었던 내수사 장리 억제라는 성종의 정책이 재위 13년에 이르러 변화한 것이다. 이에 대해 어세공 등 호조의 관료들은 전일에 내수사 장리를 파하고 공해전 3천 결을 분할하여 소속시켰는데 "이제 또 장리를 파하면 군수軍需가 넉넉지 못할까 우려되니 이 밖에는 계책이 없습니다."라고 보고하였다.[196] 이어지는 사평은 어세공 등이 군주의 뜻에 영합했다고 말하고 있다.

그러나 어세공의 언급은 어느 정도 현실적인 측면이 있었던 것 같다. 성종 3년 1월에 내수사의 장리소 325개소를 혁파했을 때, 궁중의 비용을 대고 국가 기관의 경비를 충당하기 위하여 각 지방에 설정한 토지였던 공해전을 내수사에 소속시켰던 것이다. 장리소의 대대적인 혁파에는 이와 같은 반대급부가 존재했다. 성종 13년 11월에 이르러 내수사의 재

---

195 《성종실록》 13년 11월 2일(병신).
196 《성종실록》 13년 11월 2일(병신).

정은 한계에 도달한 듯하다. 성종은 이와 같은 논의 뒤에 내수사의 장리를 다시 놓도록 명했다.

하지만 성종의 정책 변경은 이 해가 끝나기까지 약 두 달 동안 신하들의 격렬한 반대에 부딪혔다. 삼사를 중심으로 내수사의 장리를 폐지해야 한다는 논의는 15차례에 걸쳐 이어지고 있다. 장리를 부활하기로 한 지 약 20일이 지난 11월 23일 경연을 통해, 다음과 같이 반대 논의가 시작되었다. 검토관 안윤손이 장리를 부활시킨 이유를 물었다. 성종은 대왕대비가 세종시대에 내수사의 장리를 혁파했다가 다시 세웠던 전례를 언급하면서 회복시키라고 하교했고, 왕의 자녀가 많아서 국고의 재물로써 일일이 나누어 주는 것이 어렵다는 점, 그리고 설사 왕의 자녀는 그만두더라도 세 대비들이 사용하는 비용을 항상 국고에 의뢰하면 대비들에게 미안한 바가 있기에 부득이하게 장리를 다시 세워야 한다고 대답했다.[197] 이에 대해 김흔과 안윤손이 계속해서 이익을 추구하는 내수사의 장리가 옳지 않다고 건의하자, 성종은 신하들의 건의가 옳지만 이러한 조치가 부득이하며 시기와 상황에 따라 적절한 권도가 있다는 대답으로 논의를 마무리했다.[198] 이틀 뒤 경연에서 시독관 이창신이 다시 반대의 의사를 건의하자 성종은 다음과 같이 대답했다.

천자는 사해를 집으로 삼고, 제후는 한 나라를 집으로 삼는데, 한 나라의 창고가 어느 것이 국왕의 소용이 아니겠는가? 내가 이 법을 다시 세운 것은, 어찌 자손의 생활을 위해서 이 재물을 놀린다는 이름을 얻겠는가? 다만 세 대비께서 안심하고 쓸 수 있도록 하기 위해서 설치한 것이다. 세 대비께

197 《성종실록》 13년 11월 23일(정사).
198 《성종실록》 13년 11월 23일(정사).

서 몇 말의 쌀을 쓸 때에도 반드시 하나하나 풍저창과 군자감에서 가져다 쓰겠는가? 또 내가 비록 1천만 석을 올린다고 하더라도 세 대비께서 어찌 즐겨서 마음 편히 받겠는가? 만일 세 대비께서 안심하고 쓰게 하려면 내수사 장리를 다시 설치하지 않을 수 없다. 내수사 노자奴子가 폐단을 일으키는 것을 과죄하는 것은 《대전》에 실려 있다. 수령이 환자곡을 지나치게 거두는 것도 죄를 주는데 내수사 노자가 폐단을 일으키는 것을 엄하게 징계하지 못하겠는가?[199]

성종은 이창신의 주장이 옳다는 것을 인정하고 있다. 그러나 내수사 장리 부활이 세 대비들이 쓰는 비용을 대기 위해 어쩔 수 없는 조치임을 강조하고 있으며, 그 과정에서 일어나는 폐단은 《대전》의 조항들에 따라 징계할 수 있다고 말한다. 성종은 다음 날 이어지는 성건 등의 상소에서도 "이미 내 마음을 다하였는데, 어찌하여 이利를 위한다 하는가?"라고 대답하며, 자손이나 개인적인 이익을 취하기 위해서가 아니라 효를 위해서라고 주장한다.[200]

신하들의 반대 논의가 계속해서 이어지자, 성종은 전일에 폐지한 것은 축적한 것이 많았기 때문이며, 지금 다시 세우는 것은 세 대비를 위하여 마지못한 것이라며 자신의 입장 변화를 설명하였다.[201] 대신을 시켜 세 대비전의 전지를 받아 신하들에게 보여 주기도 하였다.[202] 그럼에도 계속해서 신하들의 반대가 이어지자, 성종은 호조에 장리를 놓지 않고 세 대비전의 비용을 댈 수 있는 방법을 모색한다. 그러나 호조의 논

---

199 《성종실록》 13년 11월 25일(기미).
200 《성종실록》 13년 11월 26일(경신).
201 《성종실록》 13년 11월 29일(계해).
202 《성종실록》 13년 12월 3일(정묘).

의는 국가의 재정을 사용하는 것보다 내수사의 장리를 회복시키는 것이 현실적인 계책이라는 것이었다.[203] 이후에도 내수사 장리 회복에 대한 신료들의 반대가 이어졌다. 성종은 세 대비전의 마음이 편치 않으면 자신의 마음도 편할 수 없으며 장리의 이자를 줄여 폐단이 크지 않을 것이고 만약 흉년을 만나면 충분히 백성을 구제할 수 있을 것이라고 설득했다.[204] 결국 약 한 달 동안의 지속적인 대립이 이어진 12월 16일, 성종은 "내수사 장리가 경상經常의 법이 아니기에 《대전》에 싣지 않았으며 후일 다시 혁파할 수도 있다."고 말하면서 그동안의 논의를 마무리했다.[205]

내수사 장리에 대한 찬반 논의가 일단락된 지 약 두 달 뒤에 성종은 "내가 따로 씀씀이를 채우는 방도로 삼고자 하여 군자軍資를 내수사에 양입量入해서 세 대비의 비용으로 삼고자 하나, 다만 군자가 넉넉지 못할까 걱정이다."라고 말하면서 승정원으로 하여금 영돈녕 이상과 의논할 것을 지시하였다. 이에 정창손·홍응·노사신·이극배·윤호가 "군수軍需는 비용으로 쓸 수가 없습니다."라고 말하면서 다른 계책이 없으니 예전대로 다시 세우는 것이 좋겠다는 의견을 제시하였다.[206] 이후에도 내수사 장리 혁파에 대한 건의는 간헐적으로 이어졌다. 성종은 "내수사의 장리는 이미 대신과 의논하여 시행하였으니 고칠 수 없다."거나[207] 혹은 "혁파하지 않는 이유를 전에 이미 상세하게 유시하였으니 다시 폐지할 수 없다."고 대답하였다.[208] 폐단이 없는 것은 아니지만, 지방 수령들이 법

203 《성종실록》 13년 12월 6일(경오).
204 《성종실록》 13년 12월 11일(을해).
205 《성종실록》 13년 12월 16일(경진).
206 《성종실록》 14년 2월 22일(을유).
207 《성종실록》 16년 3월 26일(정미).

을 준수하여 다스린다면 장리의 폐해는 방지할 수 있다는 주장이었다.

내수사의 장리 문제는 이후 연산군과 중종시대에도 빈번하게 제기되었고, 결국 중종 11년(1516) 6월 2일, 폐지하는 것으로 일단락된다. 그러나 그 뒤로도 궁중 안의 비용이 부족하면 곧 팔도 사찰의 전지田地를 찾아 모아서 내수사에 옮겨 붙이라는 명령이 있었다. 이로 말미암아 해마다 사자를 두루 보내어 거기서 나는 것을 거두어 관창官倉에 날라 들여서 내간內間의 여러 가지 지공支供을 장만하게 하였다. 실록에서 사관은 "이는 장차 여알女謁이 성하고 정령政令이 여러 군데에서 나올 조짐이다."라고 논평했다.[209] 내수사 장리를 폐지한다고 해서 임금이나 왕실의 수요가 없어지지는 않을 터이다. 오히려 내수사를 통해 그 비용을 일원화하는 편이 내수사를 폐지한 뒤에 여러 관청에서 궁실의 필요를 명분으로 이자사업을 하는 것보다는 나을 수도 있다. 사관의 사평은 성종 13년 내수사 장리의 회복 조치가 부득이했다는 성종, 그리고 호조의 관료들을 비롯한 대신들의 결정이 최선은 아니지만 차선의 정책결정이었을 수도 있다는 점을 말해 준다.

분명 조선은 주자학을 국시로 삼고 삼대의 정치를 표방하고 있었다. 군주가 백성들과 더불어 이익을 다투는 것은 옳지 않고, 왕실이 이자사업을 하면 그를 본받아 대신들도 이익을 탐내기 마련이다. 따라서 내수사 장리에 대한 혁파 주장은 공명정대한 논의였고 재위 초반 성종은 부분적으로나마 혁파 조치를 단행했다. 그러나 현실 문제는 그렇게 간단하지 않았다. 내수사, 대신, 지방의 거족들에 의해 양민들의 경제적 기반이 수탈되는 현실 속에서도, 성종은 '세 대비의 수요'를 명분으로 자

208 《성종실록》 18년 12월 27일(임진).
209 《중종실록》 11년 6월 2일(임자).

신이 취했던 조치를 거둬야만 했다. 그것은 그가 재위 전반기까지는 대비들과 대신들의 반대라는 장애로 말미암아 자신이 의도와 이상에 따른 개혁을 끝까지 추진해 가기는 한계가 있었음을 말해 준다. '내수사 장리의 혁파' 문제는 성종의 국가경영에서 그의 진단과 처방이 주변의 반대로 끝까지 실행되지 못한 대표적 사례라고 할 수 있다.

2. 관수관급제의 시행과 직전법의 폐지 논의

고려 말기 공양왕 때의 과전법 개혁은 조선왕조 건국의 경제적 기반이 되었다. 권문세족의 토지를 몰수하여 국유화하고 관료들에게 수조권을 재분배함으로써 조선왕조는 관료 국가의 틀을 정비할 수 있었다. 세조 12년(1466)에는 과전법을 폐지하고 현직 관료들에게만 지급하는 직전법을 실시하였다. 이러한 직전법은 토지를 지급받은 관료가 경작자로부터 직접 조세를 징수하게 했으나, 성종시대에는 정부가 경작자로부터 직접 받아서 전주田主에게 지급하는 이른바 관수관급제로 바뀌었다.

직전職田이란 1466년(세조 12)에 현직 관리만을 대상으로 분급한 수조지의 명칭을 말한다. 그 이전에는 과전科田이라 하여 현직 관리뿐만 아니라 산관(직책이 없는 벼슬)에게도 수조지를 분급하였지만, 점차 과전에 충당할 토지가 부족해짐에 따라 과전을 폐지하고 현직 관리만을 대상으로 하는 직전을 설치한 것이다. 과전의 부족은 여러 가지 원인에서 비롯되었다. 그 주요 원인으로는, 과전이 산관에게도 분급되었다는 점 외에도, 과전을 받은 자가 사망했을 경우에 그 처가 수절하면 수신전이라는 명목으로 망부亡夫의 과전을 전부(자식을 두고 수절할 때) 또는 절반(자식 없이 수절할 때)을 이어받을 수 있고, 부모가 모두 사망하면 어린 자식은 휼양전이라는 명목으로 망부의 과전을 전부 이어받을 수 있었기 때문이었다.

과전은 원래 본인에 한하는 것을 원칙으로 삼았지만, 실제로는 이와 같이 처나 자식에게 전수됨으로써 일단 분급된 과전은 국가로 환수되기가 아주 어려웠다. 더구나 수신전·휼양전은 관리의 처가 재가再嫁하거나 자식이 성정成丁·혼가婚嫁한 뒤에도 몰래 수조하는 등 불법으로 점유되는 사례가 많았다. 또한 공신전과 같이 개인에게 분급되는 수조지인 사전私田은 경기도 안의 토지만으로 운영한다는 '사전경기'의 원칙 아래 새로운 공신전을 과전에 우선하여 분급함으로써 과전에 충당할 토지는 더욱 줄어들었다. 그 결과 새로 임용되는 관리는 과전을 전혀 받지 못하거나 일부만 받게 되어 그들의 불만이 증가하고 신구 관리들 사이에 대립과 갈등이 심화되었다. 과전의 분급과 환수에서 나타난 이러한 폐단과 모순이 직전을 설치한 직접적인 배경이었다.

세조 12년에 직전법이 실시됨으로써 현직 관리만이 직전이라는 명목의 수조지를 받았으며 산관은 제외되었다. 뿐만 아니라 과전법에서 17과科에 속하여 10결씩 받던 정·잡권무正雜權務와, 18과에 속하여 5결씩 받던 영동정令同正·학생學生도 분급대상에서 제외되었으며, 수신전·휼양전의 명목이 폐지되고 그 토지는 모두 몰수되어 직전으로 전환되었다.[210] 그리고 각 관품官品에 대한 직전의 분급액도 과전에 견주어 크게 축소되었다. 직전법은 일차적으로 과전의 부족문제를 해결하고자 실시된 것이지만, 직전법에서 분급대상과 분급액이 줄어들었다. 직전법이 시행되자 대부분의 현직 관리들은 규정된 액수의 수조지를 받을 수 있었다. 그러나 관리들의 수조권 행사에 따른 폐단 때문에 직전법은 제정된

210 《세조실록》 12년 8월 25일(갑자).

지 4년 만에 큰 변화를 겪게 되었다. 그것은 전조田租 및 볏짚의 남징濫徵이었다. 규정을 벗어난 수조권의 행사는 이미 과전법이 실시되던 단계에서부터 나타난 현상이지만, 직전이 관리의 재직기간에 한정됨으로써 수조지에 대한 관리들의 남징은 더욱 심화되었다. 이러한 폐단을 방지하기 위해 국가에서는 수조율과 볏짚의 징수량을 규정해 두었으며, 전주田主인 관리들의 직접적인 답험 손실을 금지하는 대신에 수령의 책임 아래 이루어지도록 하였다. 그럼에도 남징현상이 계속되자 1469년(예종 1)에는 전부佃夫가 남징하는 관리를 사헌부에 고소할 수 있도록 하였다. 이때 국가는 관리가 수취해 간 모든 것을 몰수할 뿐만 아니라 거기에 불응할 경우 직전까지 몰수하는 강경한 조처를 취하기도 하였다.[211]

그러나 관리가 직접 수조하는 한, 자의적인 남징의 문제는 근본적으로 해결될 수 없었다. 이로 말미암아 다시 과전으로 돌아가는 것이 어떨까 하는 의견이 제시되기도 했다. 결국 수렴청정하던 정희왕후가 나서서 직전의 폐단에 대하여 언급하였고, 한명회 등이 처음으로 "직전의 세稅는 관官에서 거두어 관에서 주면 이런 폐단이 없을 것"이라고 건의했다.[212] 이에 정희왕후는 "특히 그 주인이 지나치게 거둘 뿐 아니라 바치기를 독촉하는 노복들이 징색徵索하기를 만단萬端으로 하여 백성들이 심히 고통스럽게 여긴다."고 지적하면서 "원상으로 하여금 의논하여 고치게 하고자 하는데 어떠한가?"라고 의견을 제시했다. 이에 도승지 이극증 등이 동의하면서 다음과 같이 대답하였다.

> **이전에는 과전은 아비가 죽고 자식이 받은 것은 휼양전이라 칭하고, 남편**

---

211 《예종실록》 1년 2월 13일(무술).

212 《성종실록》 1년 4월 20일(무진).

이 죽고 아내가 전해 받은 것은 수신전이라 칭하여 대대로 그 조세를 거두었습니다. 지금은 고쳐 직전으로 만들었기 때문에 그 세를 거두는 자가 혹 지나치게 받아 원망을 사는 자가 있으니, 만일 관官으로 하여금 거두어서 주게 하면 백성이 수납하는 괴로움을 면하고 지나치게 거두는 폐단도 없어질 것입니다.[213]

이로써 성종 1년에 국가가 직전의 전조를 직접 거두어들여 나누어 주는 관수관급이 실시되었다. 전부가 직전의 조租, 곧 쌀이나 콩을 관청에 납부하면 국가는 녹봉을 지급할 때 관원에게 나누어 주게 된 것이다. 납부 방법은 전부가 직접 경창에 납부하고 전주는 창고에서 세를 받는 방식이었다. 납부 기한은 매년 춘분 또는 3월 10일까지였고, 만약 그 춘분 안에 수납하지 않은 자는 그 전지田地를 공유로 소속시키도록 하고 수령은 양곡을 수납하는 기한을 어긴 율로써 논죄하였다.[214] 그런데 본래 《대전속록》에 따르면, 직전세를 전주가 스스로 거두면 그 기한이 춘분까지이고 경창에 상납하면 3월 10일까지로 되어 있어서 불편한 점이 있었다. 성종 12년 10월 이후부터는 3월 10일을 기한으로 하고 기한이 넘도록 받아가지 않으면 지급하지 않도록 하였다.[215]

여기서 주목할 점은 남징의 문제를 야기하는 직전법을 폐지하고 과전을 회복해야 한다고 주장하는 자들의 논리이다. 그들은 단지 남징의 폐혜만을 지적한 것이 아니었다. '교화'의 측면에서 직전법의 문제를 제기했다. 홍문관 부제학 이극기가 대표적인 사례인데, 그의 주장은 다음과 같다.

---

213 《성종실록》 1년 4월 21일(기사).

214 《성종실록》 3년 2월 4일(신미).

215 《성종실록》 12년 10월 24일(을축).

과전은 한 가지 일일뿐이나 두 가지로 좋은 점을 겸하고 있으니, 대개 벼슬을 하는 자가 살아서 봉양을 받으면 과전이 되고, 죽어서 그것이 처자에게 미치면 수신전·휼양전이 됩니다. 이것은 남의 신하가 된 자로 하여금 충성을 권장하고 남의 자식이 된 자에게 효도를 권장하며, 남의 아내가 된 자에게 절개를 권장하는 것이니, 그 관계되는 것이 어찌 크지 아니하겠습니까? 비단 국가의 세록으로써 선비를 기르는 후한 뜻일 뿐만 아니라, 백성들을 교화하고 풍속을 이루는 방도에 있어서도 또한 작은 보탬이 되는 것이 아닙니다. 지난번에 국가에서 과전을 혁파하여 직전으로 삼았는데, 이것도 또한 선비를 권장하는 좋은 법이기는 하나, 그러나 신등이 생각하건대, 이것은 사람이 살았을 때는 특별히 후하지만, 사람이 죽었을 때는 박한 것이요, 녹祿을 중重하게 하여 선비를 기르는 도리는 얻었다고 하나, 백성들을 교화하여 풍속을 이루는 근본은 잃었다고 하겠습니다. 대저 선비 가운데 재산이 많은 자는 자신이 비록 죽더라도 그 처자가 또한 어찌 갑자기 헐벗고 굶주리는 지경에 이르겠습니까마는, 만약 항산恒産이 없는 자라면 자신이 살아 있을 때도 또한 스스로 생활하지 못하는데, 어느 겨를에 자신이 죽은 다음의 계책을 세우겠습니까? 이리하여 처자들은 돌아갈 데가 없어서 헐벗고 굶주리며 곤고하게 되니, 최질衰絰에서 벗어나지도 아니하여 이미 일반 백성과 더불어 나란히 생활하게 됩니다. 대저 어느 누가 옛날에 관대冠帶를 착용하였던 진신縉紳의 아내이고 자식인 줄 알겠습니까? 이리하여 과부는 능히 그 절개를 지키지 못하고 고아는 능히 그 효도를 다하지 못하니 어찌 탄식할 일이 아니겠습니까?…그렇다면 직전은 과연 옛날 것보다 이롭겠습니까? 비록 옛날 것보다 이로운 것이 열 배가 아니되면 오히려 불가하다고 하는데, 더군다나 옛날 것에 만만 배나 미치지 못하지 않습니까? 엎드려 바라건대, 직전을 혁파하여 과전으로 삼으시어, 수신전으로 삼으시고 휼양전으로 삼으시면, 충성과 신의를 지키도록 선비들을 권장하는 도리를 잃지 않게 될 것이고 고아와 과부들도 또한 봉양을 받을 수 있을 것입니다.[216]

이극기에 따르면, 과전은 수신전과 휼양전의 명목으로 아내와 자식에게 세습되기 때문에 과부의 절개와 자식의 효도를 장려하는 풍속 교화의 효과가 있다. 반면에 직전은 항산恒産이 없는 관리가 죽으면 그 처자들이 헐벗고 굶주릴 뿐만 아니라 과부로 하여금 절개를 지키지 못하게 하고 고아로 하여금 효도를 다하지 못하게 한다는 것이다. 요컨대 그는 선비와 백성들로 하여금 신의와 충성을 지키도록 권장하기 위해서는 직전을 폐지하고 과전을 회복해야 한다고 말했다. 정희왕후가 수렴청정을 하던 성종 4년의 건의였고 성종의 입장에서는 대비와 대신(한명회)의 뜻을 따를 수밖에 없었기 때문에, 이극기의 주장에 대해서 별다른 반응을 보이지 않았다. 하지만 만약 이 건의가 성종이 친정하던 시기에, 특히 그가 풍속의 교화를 이루어가기 위해 '승출의 법'을 시행했던 성종 16년을 전후로 제기되었다면 성종은 다르게 대응하지 않았을까 하는 생각이 든다. 하지만 이극기는 그즈음에 중풍에 걸려서 말을 못하고 손과 발이 마비되었고, 임금이 약을 내려 치료해 주는 상황이었다.[217]

성종 초년에 직전법을 폐하고 과전법으로 돌아가자고 주장한 것이 이극기만은 아니었다. 성종 8년 1월에도 대사간 최한정 등이 간언하여 과전을 다시 시행할 것을 상소한 바 있다. 그 상소문에는 과전이야말로 조종께서 염치를 기르고 절의를 두텁게 한 좋은 법규였음을 지적하고, "세종께서 지키셨으니 이제 전하께서 다시 시행하신다면 세조께서 한때 시행하시던 제도에 어그러지더라도 어찌 조종께서 시행하시던 만세토록 바꾸지 않을 법에 맞지 않겠습니까?"라고 주장하였다. 조종과 세종의 권위에 의지하여, 세조가 시행한 직전법을 바꾸어야 한다고 건의한 것이

---

216 《성종실록》 4년 7월 30일(기미).

217 《성종실록》 16년 11월 30일(정축).

다. 하지만 성종은 "직전은 선왕께서 이미 짐작하여 하신 것이므로 가볍게 고칠 수 없다."고 사간원에 전교하였다.[218] 친정을 선포한 지 1년밖에 안 되는 시점에서, 세조 때 이루어진 대표적인 법제 가운데 하나인 직전법을 바꾸기는 어려웠을 것이다. 이 당시 성종이 교화를 명분으로 삼아 직전을 개혁하고 과전을 회복하고 싶었다 하더라도, 정희왕후가 살아 있기 때문에 세조대 이루어진 일을 갑자기 바꿀 수는 없었다.

사헌부 집의 김승경이 종친이 번성하여 직전이 부족하다는 점을 거론하며 사사寺社의 전지를 빼앗아 직전에 충당할 것을 건의했을 때에도, 성종은 "내가 부처를 좋아함이 아니라 조종조에서 하시던 일을 갑자기 혁파할 수가 없다."고 대답하였다.[219] 또한 성종 9년 8월에 좌부승지 김승경이 공신전과 직전을 관에서 거두게 하였는데 사사전寺社田만은 중들로 하여금 스스로 거두기를 허락하여 방자하고 횡포하게 되었음을 비판하고 사사전도 관에서 거둘 것을 청하였지만 들어주지 않았다.[220] 친정 선포시 내세웠던 말은 효치孝治, 곧 자신의 정치적 부모인 세조와 정희왕후에 대한 효도를 치세의 근본으로 삼아서 세조대에 이루어진 전장제도를 따르겠다는 것이었다는 점을 고려하면, 성종이 처한 입장과 그 선택을 이해할 수 있을 것이다.

직전법을 시행하는 데 전조田租의 남징뿐만 아니라 고초, 곧 볏짚의 남징도 큰 문제였다. 전부가 전주인 관리에게 직접 납부하는 양은 원래 토지 10부負당 1속束으로 규정되었다. 그러나 시간이 지나면서 점차 볏짚을 곡물로 환산하여 납부하였는데, 비록 일정하지는 않았지만 예종대

---

218 《성종실록》 8년 1월 13일(임자).

219 《성종실록》 8년 7월 2일(정묘).

220 《성종실록》 9년 8월 29일(무오).

에는 고초가가 1속당 쌀 1두, 곧 직전 1결당 쌀 10두 정도까지 되었다. 이것은 전조와 비슷한 양으로서, 경작자인 농민에게 큰 부담을 주어 그들의 생활을 압박하는 주요한 원인이 되었다. 이에 성종 6년에는 평시서平市署의 시가를 상고하여, 고초 1속에 쌀 2승升으로 고초가를 공정公定하고, 만일 함부로 거두는 자가 있으면 사헌부로 하여금 엄하게 규찰하도록 했다.[221] 또한 성종 9년에는 고초도 녹봉과 마찬가지로 관수관급하도록 했다.[222] 이러한 변화는 생산자인 농민의 생활을 안정시키려는 정부의 의도가 작용한 결과였다. 성종 초기에 조정은 수조지와 그 수조지의 경작자인 농민에 대한 전주(관리)들의 지배력을 약화시키고자 하였다. 그것은 반대로 생각하면, 세조대까지 수조권자인 관리들의 농민에 대한 지배와 전횡이 강했음을 말해 주는 것이다.

성종 중엽부터는 흉년이 들어 국가재정이 궁핍해지면서 종자를 확보하고 재정을 보충한다는 명분으로 직전세의 일부 또는 전부를 군자軍資나 국용國用에 전용하는 사례가 몇 차례 있었다. 때로는 1년, 때로는 몇 년 동안 간헐적·지속적으로 실시되었다. 성종 14년에는 흉년과 3월에 승하한 정희왕후의 장례 및 중국 사신의 두 차례 방문 등으로 나라 재정이 크게 어려워졌다. 경창에 있는 곡식이 대략 60여 만석 정도였다고 한다. 이로 말미암아 직전을 줄이고 공신에게 지급한 토지에 대해서도 세를 거두고 종친과 공신의 수종인에게 지급하는 녹祿을 폐지해야 한다는 의견이 나왔다.[223] 결국 성종 15년 5월에 성종은 호조에 전교하여 "공신전·별사전의 세稅는 반을 거두고 직전의 세는 전부 거두고 공신

221 《성종실록》 6년 1월 4일(갑인).

222 《성종실록》 9년 7월 20일(기묘).

223 《성종실록》 14년 12월 19일(무인).

및 종친·의빈의 수종인과 체아遞兒는 영구히 혁파하게 하라."고 지시하였다.[224] 다만 사찰의 토지에도 세금을 징수해야 된다는 주상에 대해서는 선왕이 내린 것이므로 경솔하게 혁파할 수 없다는 입장이었다.[225]

중국의 경우 일반적으로 부과하는 세금 이외에도 소금과 차의 전매를 통한 별도의 수입이 있었으나, 조선에서는 토지에 부과하는 세금 외에 별다른 세금이 없어서 국용國用이 항상 부족하였다. 여기에 해마다 흉년을 만나서 매년 고정적으로 사용해야 하는 것과 군수軍需가 바닥날 지경에 이르렀다. 이에 성종은 영돈녕 이상 및 의정부·육조·대간 등을 모두 불러서 조세 개정에 대한 가부를 토론하는 장을 열었다. 이때 의정부에서는 공신전은 절반으로 줄여서 군수에 충당하고 직전은 모두 줄일 것을 건의하였고, 논의에 참여한 영돈녕 이상 및 육조와 대간의 관리들 모두가 옳다고 동의하였다.[226] 성종 역시 직전을 줄여서 국가의 재정을 확충해야 한다고 생각했다. 하지만 직전 자체를 폐지하자는 신하들의 주장에 대해서는 "조종의 옛 법이라 경솔히 변경할 수 없다."고 고집하면서 끝내 따르지 않았다.[227]

성종 이후 16세기에는 직전의 경제적 의미도 미미해졌다. 경기도 내 직전의 전체 면적이 수천 결에 지나지 않을 정도로 분급면적과 분급액이 축소되었으며, 연분年分도 거의 하하년下下年으로 고정되어 직전으로부터의 수입도 적었다. 반면에 관리들은 많은 토지를 소유하여 점차 그들의 주된 경제기반으로 확보하였다. 이런 상황에서 16세기 중엽 명종 연간에는 거듭되는 흉년과 왜구 및 여진족의 침략에 따른 재정 악화로

224 《성종실록》 15년 5월 2일(무자).
225 《성종실록》 15년 5월 13일(기해), 6월 13일(무진).
226 《성종실록》 16년 10월 8일(을유).
227 《성종실록》 23년 1월 21일(임진).

직전세의 분급이 장기간 중단되어 직전이 유명무실해졌으며, 그 뒤로도 재정이 호전되지 못한 채 임진왜란을 겪자 직전은 완전히 폐지되었다. 비록 공식적인 폐지 조처는 없었지만 16세기 후반에 직전이 사실상 소멸됨으로써 수조권에 입각한 토지지배관계는 사라지고, 소유권에 바탕을 둔 토지지배관계가 전개되었다.

3. 공법貢法의 전국적 시행

앞서 2절에서 살펴본 바와 같이, 조선 초의 전세제도는 과전법이었다. 이 과전법에서 조租는 공전과 사전을 막론하고 10분의 1조인 30두였고, 관원이 풍년과 흉년에 따라 수확의 손실을 실제 답험하여 조를 거두는 손실답험법이었다. 그런데 답험법은 관리들이 매년 들에 나가 풍흉의 정도를 실제로 측정하여 파악하는 것이기 때문에 납세자인 농민과 세무공무원이 직접 대면하게 되었고 그 과정에서 부정과 뇌물이 만연하여 백성의 고통을 가중시켰다. 뿐만 아니라 중간관리자의 횡령 등으로 세금도 제대로 걷히지 않아 국가재정의 공백을 야기하고 있었다. 세종대 논의되기 시작한 공법貢法은 이러한 손실답험의 폐단을 지양하며, 농업 생산력의 발전에 상응하고, 객관적 기준에 의거하는 전세제도로의 개혁을 꾀한 것이다.

세종 초부터 공법 논의가 일어나고, 세종 12년(1430)에는 위로는 고관부터 아래로는 농민까지 전국적으로 17만 인에게 그 시행 여부를 설문조사한 바 있었다. 세종 18년(1436)에는 공법상정소를 설치했고 세종 26년에 비로소 공법 실시를 위한 최종안을 채택하였다. 당시 채택된 공법의 중요 내용은, 전적田積이 종래의 3등전에서 전분6등법으로 마련되었다는 것과 세액이 20분의 1세稅인 최고 20두 최하 4두로 연분9등법에 따른 정액세로 개정되었다는 것이다. 이처럼 세종 26년에 시행된 공법은 당초에 의도했던 정액세제가 아니라, 토지의 비옥도와 그해의 농사 형편을 다 함께 고려하는 내용이었다. 즉 토지가 비옥한가 메마른가에 따라 6개 등급으로 나누고, 다시 그해의 농사의 풍흉에 따라 9개의 등급으로 나누어 세율을 조정하여 1결당 20두에서 4두까지 차등 있게 내도록 했다.[228]

농사짓지 못하고 묵힌 땅에 대해서는 세금을 면제하되, 땅을 놀리지 않고 매년 농사지을 수 있는 토지인 정전正田에 대해서는 인정하지 않았다. 재해를 입은 토지에 대한 세금 감면은 10결 이상일 때만 허용해 주도록 하였다. 이러한 내용의 세법안이 《경국대전》 〈호전〉의 수세조收稅條에 실렸다. 이와 같이 오랜 논의과정을 거쳐 확정된 새로운 토지세법은 토지를 측량하여 그 땅이 기름진가 메마른가에 따라 여섯 등급으로 나누는 작업, 곧 양전量田이 이루어진 다음에야 실시할 수 있었다. 세종 32년(1450)에는 전라도에 실시하였고, 세조 7년(1461)에 경기도, 그 이듬해에 충청도, 다음 해에 경상도에 시행하였다. 토지가 메말라서 한 해 농사를 지은 다음에는 일정한 기간 동안 놀려야 하는 땅이 많은 북부지역은 지역민의 반대가 심하여 개간사업을 벌여 농업생산력의 발전을 이룬 뒤에야 실시할 수 있었다. 그리하여 새로운 세법이 확정된 지 30년 가까운 세월이 흐른 성종 2년(1471)에 황해도, 성종 6년(1475)에

---

228 충청도 청안현(지금의 괴산군 청안면)을 표본으로 골라 이 세법을 적용하여 토지생산력과 토지등급 구분을 위한 기준을 정하였다. 세종 26년 11월에 전제상정소에서 최종적으로 토지를 기름진가 메마른가에 따라 여섯 등급으로 나누고(전분6등법), 다시 그해의 농사 형편에 따라 아홉 등급으로 나누어 세액에 차등을 두어 거두는 것(연분9등제)을 골자로 한 세법을 완성하였다.

사진 24 세종의 공법 개혁 당시, 전국적인 풍흉의 정도를 산정하기 위한 표준지로 선정된 충청도 청안현(현재 괴산군 청안면) 청용리 들판

강원도, 성종 17년(1486)에 평안도에 실시하였고, 성종 20년(1489)에는 함경도에 시행하였다.

이 절에서는 성종시대에 비로소 전국적으로 시행된 공법과 관련한 실록의 기록을 통해서 공법에 관한 성종의 생각을 살펴보고자 한다. 특히 공법의 창안자였던 세종이 당초 생각했던 것과 공법의 완성자였던 성종이 공법을 시행하면서 생각했던 것과 견주어 보고자 한다. 이를 통해서 성종이 국가재정 확보와 농민의 세금부담 경감이라는 당초 취지를 달성하기 위해서 어떤 노력을 했는지, 그리고 그 과정에서 나타난 문제들에 대해 어떻게 처방하고 있는지를 검토한다.

1) 성종시대 시행된 공법의 문제점

성종 2년 4월 전제상정소에서 공법의 시행상황을 보고하는 상소를 올렸다. 그에 따르면 경기도와 하삼도(충청·전라·경상도)는 이미 양전量田하여 공법으로 수세收稅하는데 강원도·황해도·영안도·평안도 등은 60여 년 동안 개량改量하지 못하고 단지 손실답험법으로써만 수세하니, 한 나라의 수세하는 법이 남북 간에 다를 뿐만 아니라 세금이 들어오는 것의 많고 적음도 같지 아니하며, 이로 말미암아 경계가 바르지 아니하고 차역差役도 고르지 못하여 매우 불편하다는 것이었다. 전제상정소는 경기도와 하삼도 이외의 다른 도에서도 모두 토지를 측량할 것을 아뢰었고, 성종은 그대로 따랐다.[229]

아직 공법이 시행되지 않은 4개도 가운데 황해도는, 비교적 땅이 넓고 백성은 적어서 전답을 경작하는 자가 해마다 장소를 바꾸어 가며 경작하여 지력을 늘렸고 이주민도 들어와 살고 있었다. 의리상 세금을 낮추거나 면제해 주어야 함에도, 진전陳田과 간전墾田을 분별하지 않고 한결같이 세금을 거두어서 백성의 고생이 심했다.[230] 또한 강원도·영안도·평안도에선 공법이 시행되지 않아서 손실을 측정하기 위해 경차관을 보내어 답험해야 하는데, 역로가 번거로울 뿐 아니라 음식 등을 대접하여 받들어야 하는 지공支供의 폐단이 있었다. 이에 따라 호조에서는 경차관을 보내지 말고 각각 그 도의 도사都事로 하여금 그 일을 전담하게 할 것을 건의하기도 했다.[231] 해마다 각도의 관찰사가 도내 각 고을의 곡식이 잘된 곳과 재상災傷으로 잘못된 곳을 보고하면, 조정에서 조관으로

229 《성종실록》 2년 4월 29일(신미).
230 《성종실록》 2년 11월 14일(임자).
231 《성종실록》 3년 7월 13일(무신).

경차관을 임명하고 각도에 파견하여 현황을 답험하였다. 이때 파견된 경차관을 손실경차관이라 하였다.

이처럼 공법이 아직 전국적으로 시행되지 않은 이유는, 공법 시행의 전제조건이라고 할 수 있는 양전이 이루어지지 않았기 때문이었다. 그런데 이와 같은 이유 외에도 호조에서는 또 다른 이유를 제시하고 있었다. 즉 관리가 조처할 줄 몰라서 시행하지 못한 것이라는 점이다. 성종 5년 1월에 호조에서 진전陳田의 면세·연분 등제의 절목·경작지의 증대 등의 일에 관해 올린 상소에서는 세종시대에 창립한 공법의 절목이 자세히 갖추어져 있는데도 관리가 조처할 줄 몰라서 봉행하지 못하고 있다고 지적했다. 또 근년 이래로 여러 도의 연분등제가 맞지 않는 것은 공법이 미진한 것이 아니라 봉행하는 자가 능하지 못하기 때문이라고 말하고 있다. 당시 호조에서 모든 진전의 면세 및 연분 등제의 절목과 법규를 고찰하고 시의를 참작하여 올린 조목에는 공법 시행의 문제점과 관련하여 더 구체적으로 언급되어 있다.[232]

예를 들어 연분9등제의 경우 십분十分을 비율로 삼아 9등분되어 있는데, 곡식이 아주 잘된 것을 의미하는 전실(全實, 십분실)을 상상上上으로 하고 구분실을 상중으로 하고 팔분실을 상하로 하여, 이렇게 차등 있게 감해서 일분실을 하하로 했다. 그리고 재상전災傷田과 천반포락전(川反浦落田, 냇물이 다른 길로 터져 흘러서 논밭이 떨어져 나간 전지), 복사전覆沙田이나 질병으로 사망한 자의 밭은 모두 면세하게 되어 있었다. 이처럼 전일의 답험법에 견주면 절목이 더욱 상세할 뿐만 아니라 백성이 받는 혜택이 많았는데도, 수령이 친히 살피지 아니하고 감고監考에게 위임하고, 감고는 감사나 호조에서 등제를 높일 것을 예측하고 아래 등급으

232 《성종실록》 5년 1월 25일(신해).

로 시행하며 감사도 또한 두루 살피지 않았다. 연분이 맞지 아니한 것은 바로 이러한 이유 때문이었다. 그 결과 세금이 고르지 못하여 부자는 더욱 부유해지고 가난한 자는 더욱 가난해지고 국가재정의 손실과 공사公私간에 폐해가 많았다. 이러한 문제를 해결하기 위해서 호조에서는 각도 여러 고을의 수령들로 하여금 친히 풍흉을 살피게 하도록 요청하였고, 성종은 그대로 따른다.

호조의 상소문에서는 실제 풍흉의 정도와 중앙에 보고되는 등급(등제)이 차이 나는 현상, 곧 실제의 작황보다 아래 등급으로 매겨져서 국가의 세입이 줄고 백성도 피해를 받게 되는 폐단을 막기 위한 방책이 언급되어 있다. 여기서 실제의 작황보다 아래 등급으로 매겨져서 납세액이 줄고 그 결과 국가의 세입이 줄어드는 폐해가 나타나는 것은 이해된다. 그런데 납부해야 할 세금이 줄어드는 상황에서 백성이 피해를 받게 된다는 말은 선뜻 이해되지 않는다. 이와 관련하여서는 세종시대 공법 논의를 촉발시켰던 손실답험법의 폐단을 상기할 필요가 있다. 즉 손실답험법 아래에서 지방 수령이나 공무원이 실제 작황보다 아래 등급으로 기록하여 납세액을 줄여 주는 대가로 백성들은 매년 공무원들에게 "소 잡고 닭 잡는" 등의 접대와 뇌물을 제공해야 했다. 처음에는 그 액수가 작았지만 시간이 지날수록 커져서 백성들 고통이 심했다. 이 기사를 통해서 공법이 시행되고 있었던 성종시대에도 풍흉의 정도에 관한 등급을 매기는 과정에서 이러한 폐단이 있었음을 추정할 수 있다.

호조에서는 마을 수령들이 친히 풍흉을 검사할 때 장부를 비치하고 푯말을 세우게 하여, 감사·도사都事로 하여금 길을 나누어 친히 살펴서 사실대로 아뢰게 하고, 경차관을 보내어 규적糾摘하게 하며, 어긴 것이 있으면 성종 2년의 수교受敎에 따라 시행할 것을 건의했다. 또한 강원도·평안도·영안도 등은 아직 공법을 시행하지 않았는데, 전례에 따라

손실경차관을 보내지 말고 수령으로 하여금 친히 살피게 하고 도사로 하여금 다시 살피게 하며 감사도 순행할 때에 친히 살펴서 사실대로 아뢰도록 할 것을 건의하였다.[233] 호조에서 제시한 대책의 요지는, 각 고을 수령이 풍흉을 검사하는 것으로부터 시작해서 중앙에 보고하기까지 과정을《대전》의 규정에 따라서 시행하고 체계적으로 살피고 보고하며 중앙정부가 그 보고에 대해서 지속적으로 모니터링을 하는 것이었다. 즉 공법을 시행하고 있는 지역에서는 고을 수령이 친히 풍흉을 검사하고 각 도의 감사와 도사가 그것을 살펴서 호조에 보고하고, 중앙에서 경차관을 파견하여 그 보고에 대하여 규찰하는 방식으로 조세의 납부가 이루어진다. 반면에 공법을 시행하고 있지 않은 지역에서는 고을 수령이 친히 풍흉을 검사하고, 각 도의 도사가 다시 살피고 검사가 순행할 때 다시 살펴서 중앙에 보고하는 방식으로 조세의 납부가 이루어진다. 공법 시행 지역과 달리, 중앙정부에서 경차관을 파견하여 검토하는 작업이 생략되어 있다.

성종시대 공법시행에서 나타나는 또 다른 문제점은 연분법에 따른 토지 등급의 부당성이었다. 앞서 언급한 것처럼, 연분법은 그해 농사의 '풍흉에 따라' 해마다 토지를 아홉 등급으로 나누던 법이다. 연분법은 공법이 처음 실시된 세종 28년(1446)부터 시행되어 왔는데, '토질에 따라' 등급을 매기는 전분법과 함께 공법의 양대 축이라고 할 수 있다. 그런데 전분법과 달리 연분법은 시행에 근본적인 문제점이 있었다. 즉 한 고을이나 면面 전체의 풍흉에 따라 등급을 정할 경우, 그 지역/면에 있는 토지의 기름짐과 메마름이 서로 다를 수 있다는 점이다. 성종 5년 9월에 사헌부 장령 이경동은 좋은 땅을 기준하여 상등으로 잡으면 백성

233 《성종실록》 5년 7월 14일(정묘).

들이 그 폐해를 받고 메마른 땅을 기준하여 하등으로 잡으면 나라에 손해가 된다는 것을 언급하면서, 연분법이 아니라 '땅의 좋고 나쁨에 따라' 등급을 나눌 것을 건의하였다. 당시 경연에 함께 참여하고 있던 영사 신숙주도 그 건의에 동의하면서 다음과 같이 말한다.

> 가령 녹양 들판과 살곶이 들판을 면으로 친다면, 녹양은 땅이 메말라서 곡식이 잘 안 되고 살곶이는 땅이 비옥하여 곡식이 매우 잘되는데, 만약 녹양과 살곶이를 동일한 등급으로 매기면 녹양의 백성들이 원망이 없겠습니까? 신이 듣건대 전주부윤 윤효손이 경내의 연분이 적중하지 못함을 걱정하여, 사면의 지도를 벽에 걸어놓고 보며, 또 아침저녁으로 논밭 사이를 나들면서 좋고 나쁜 땅을 나누어 등급을 매기려고 한다고 하니, 청컨대 윤효손에게 글을 내려서 우선 전주 경내에 시험하게 함이 좋겠습니다. 의논하는 자는 반드시 말하기를, '이렇게 하면 공법이 무너질 것이다.'고 할 것입니다마는, 신의 생각으로는 이와 같이 한 뒤에야 공법을 영구히 시행할 수 있습니다. 만약 공법에 구애되어 매양 면을 기준삼아 등급을 나누고자 하면 고집불통으로 한갓 백성의 원망만 더할 것입니다.[234]

성종은 신숙주의 건의를 받아들여서 윤효손에게 유시하여 전분田分에 따라 등급을 매기는 제도를 시험할 것을 지시하였다. 그렇게 되면 공법의 한 축인 연분법이 무너져서 공법을 시행할 수 없을 것이라는 비판에 대해서, 신숙주는 이것이 오히려 공법을 영구히 완성하는 것임을 강조하고 만약 세종대의 공법에 구애되어 '면面을 기준 삼아' 등급을 매기면 백성들의 불편과 원망이 클 것이라고 설명한다.

234 《성종실록》 5년 9월 12일(갑자).

성종 6년 4월에 전주부윤 윤효손이 올린 보고에 의거하여, 연분에서 고원등제庫員等第의 타당하고 타당하지 못함을 의정부와 육조 관원들이 함께 의논하였다. 토속어로 전지田地가 있는 곳을 고庫라고 하는데, 하나의 면 안에도 땅의 기름지고 척박함이 다르므로 그 지품地品에 따라 등급을 매기는 것을 고원등제라고 한다. 이에 관한 논의에서 신숙주·노사신·김교·한치례 등은 연분을 다시 그 지품地品에 따라 등급을 매기는 고원등제가 좋다고 주장하였다. 반면에 한명회·김질·조석문·윤필상·이극배·이승소·이숭원·윤계겸 등은 면등제법面等第法을 따르는 것은 세종대왕께서 헤아려 결정한 것이므로 가볍게 고칠 수 없다고 주장했다. 특히 만약 고원등제를 따르면 수세액은 조금 많아지겠지만, 그것은 결국 답험손실과 같은 것이어서 선왕이 면등제법을 창제한 뜻과 다르다는 점을 지적했다.[235] 여기서 성종은 한명회 등의 의견에 따라서 세종시대와 마찬가지로 면등제법을 유지하도록 하였다. 당시 성종은 아직 수렴청정을 받고 있는 상황이었고 세종–세조 이래로 지속되어 온 공법을 쉽게 바꾸기는 어려웠다는 점을 고려해서 한명회의 의견에 따른 것으로 보인다.

'고원등제'를 시행하여 공법을 보완하고자 하는 시도가 중단된 이후, 호조에서는 아직 공법이 시행되고 있지 않은 강원도와 평안도·영안도에 대한 공법 시행을 건의하였다. 당시 강원도는 양전이 시행되고 있었고, 평안도와 영안도에서는 손실경차관을 없애고 수령이 답험하여 장부를 비치하고 도사都事는 부정을 적발하며 감사도 순행을 통해 살피고 있는 상황이었다. 성종은 호조의 건의에 따라 삼도에서 공법을 시행하도록 지시하였다.[236] 그러나 평안도와 영안도, 곧 양계兩界지역에서 공법을 시

235 《성종실록》 6년 4월 23일(신축).
236 《성종실록》 6년 8월 19일(을미).

행하는 것에는 어려움이 따랐다. 성종 8년 11월 12일에 대사헌 이계손은 다음과 같이 건의하였다.

> 양계의 전지田地는 경계가 정해지지 아니하여, 호강한 자들의 전지는 천백(阡陌, 밭의 가로 이랑과 세로 이랑)을 연달았는데도 조세를 바치지 아니하는데, 빈궁한 자들은 단지 척촌尺寸의 작은 땅을 차지하고도 조세를 징납하는 것은 다른 사람의 배가 됩니다. 국가에서 양전하여 조세를 정하고자 하였는데, 백성들의 원망으로 말미암아 또 이를 중지하였습니다. 신의 뜻으로서는 강역을 바로잡지 아니할 수가 없다고 생각합니다. 원컨대 공법을 정하여서 그 세금 거두는 것을 너그러이 한다면 백성들에게 세금을 거두는 것이 골라질 것입니다.[237]

위 기사에서는 성종 6년 8월에 양계지역에서 공법을 시행하라는 지시가 있었음에도 백성들 원망이 심해서 결국 중지되었음을 말해 주고 있다. 다시 양계지역에 공법을 시행할 것을 건의한 이계손에 대해 성종은 "백성들 원망 때문에 공법을 시행할 수가 없다."라고 대답하였다. 당초 세종대에도 양계지역 주민들은 대다수가 공법시행에 반대한 바 있다. 그 이유는 공법이 매년 풍흉에 상관없이 일정한 세액을 바치도록 하는 세제였기 때문이다. 양계지역은 토지가 척박하여 농사가 잘 안 되는 지역이었는데, 일정한 세액을 바치는 것이 백성들에게 부담이 되었던 것이다. 비록 세종대에 공법을 보완하여 풍흉의 정도와 토지의 등급에 따라서 세액을 차등하여 부과하도록 하였지만, 양계지역 주민들의 반대와 원망은 여전했음을 알 수 있다. 더욱이 토지 경계가 명확히 정

237 《성종실록》 8년 11월 12일(을해).

해지지가 않아서 호강한 자들의 횡포가 심했고 이 때문에 빈궁한 백성들의 부담과 원망이 컸다.

성종 9년 6월에는 도승지 손순효가 평안도·영안도 양전의 어려움을 언급했다. 평안도는 토지가 메마르고 백성들이 가난한 자가 많아서 양전을 하면 백성이 거듭 괴로워할 것이며, 영안도는 호패법이 생긴 뒤로 집집마다 남는 장정이 없어서 백성들이 모두 원망하며 울분을 터뜨릴 것이며, 세조 13년에 이시애가 그러한 점을 이용하여 난을 일으켰던 것이라고 말하였다. 이에 성종은 "과연 경의 말과 같다면 비록 양전하지 않아도 무방하다."라고 대답했다.[238] 평안도는 양전사업이 이루어지고 농사가 잘되었던 성종 18년에 이르러서야 공법이 시행되었다.[239]

강원도에서도, 토지가 척박하고 산들이 많고 백성은 적어서 공법 시행에 적합하지 않다는 주장이 지속적으로 제기되었다. 그때마다 세종은 대신들에게 공법의 시행 여부를 문의하였고, 일단 양전을 하고 공법을 시험해 보는 것이 좋다는 의견이 채택된 상황이었다. 성종 9년 6월에 평안도와 영안도(함경도)에서 양전을 시행하기 어렵다는 결론에 도달한 성종은 강원도에 대해서도 공법의 시행상황을 묻기 위해서 당시 관찰사로 가 있던 이극기에게 글을 내렸다.

사람들 말이, '본 도는 토지가 척박하여 백성들이 살기가 어려우므로, 공법 시행은 백성에게 매우 좋지 못할 것이다.'라는데, 다만 한 나라의 세금을 거두는 법이 여러 도가 각각 다르니, 어찌 대체에 다 맞을 수야 있겠는가? 그러나 사람들 말이 그러하니, 법에만 구애되어서 그 폐단을 구제하지 않을

238 《성종실록》 9년 6월 1일(신묘).
239 《성종실록》 18년 9월 7일(계묘).

수는 없다. 그러니 경은 이 뜻을 다 알아서 좋고 나쁨을 문의하고, 또 전후하여 증감한 호구의 수를 조사하여 아뢰라.[240]

성종은 한 나라 안에서 세금을 거두는 법이 각 도마다 다른 상황을 바로잡기 위해서 공법을 시행해야 한다는 당위성과 토지가 척박하여 공법 시행이 어려운 도의 사정을 고려하지 않고 법에만 구애되어 백성들 어려움을 방치해서는 안 된다는 현실 사이에서 고민하고 있었다. 결국 현지 사정을 가장 잘 아는 관찰사로 하여금 강원도에서 공법 시행의 상황과 장단점을 파악하여 조사할 것을 지시하고 있다. 이와 마찬가지로 제주도는, 사석沙石에 흙이 쌓여서 토맥土脈이 부허浮虛하여 해마다 풍년과 흉년이 많이 다르므로 공법을 시행할 수 없다는 제주목사 이윤종의 건의를 받아들여 양전을 시행하지 말 것을 지시하였다.[241]

이처럼 공법 시행의 어려움을 겪고 있었던 강원도·평안도·영안도·제주도뿐만 아니라, 공법을 시행하고 있던 지역도 극심한 흉년이 있는 해에는 잠정적으로 공법의 시행을 중지하고 답험법을 시행하기도 하였다. 예컨대 성종 12년 같이 흉년이 든 상황에서, 공법에 의거하여 각 면을 단위로 등급을 정할 때 수령들이 자세히 살피지 않으면 원한을 품는 백성이 반드시 많을 것이라는 의견이 제시되었다. 결국 그해에 한하여 권도로써 답험을 행하되, 다만 답험 과정에서 간사한 아전들이 간계를 부려서 높고 낮은 것이 사실대로 이루어지지 않을 것을 염려하여 해당 관찰사로 하여금 엄히 금하는 법을 세우도록 하고 있다.[242]

---

240 《성종실록》 9년 6월 1일(신묘).
241 《성종실록》 24년 10월 6일(정묘).
242 《성종실록》 12년 8월 13일(을묘).

성종 16년에는 흉년이 들어서 국가 창고의 저장이 거의 바닥났고, 구황이 어려운 상황이어서 재정수입을 늘리기 위한 여러 의견이 제시되었다. 그 가운데 지사 이파는 공법의 등급을 올려서 세금을 더 무겁게 거두는 방안을 제시하였다.

> 옛날에 하후씨는 50묘畝에서 5묘를 세금으로 바치는 공법을 썼고, 은나라에서는 70묘에서 7묘를 세금으로 바치는 조법助法을 썼으니, 실지로는 모두 10분의 1을 세금으로 바치는 것이었으며, 이보다 많이 바치게 하면 걸桀과 같고 적으면 맥貊과 같습니다. 우리나라 백성에게 세금을 거두는 제도는 20분의 1인데, 지금의 감사와 수령은 백성만을 위하고 나라는 위하지 아니하여 연분등제 때에 비록 풍년이 들었다 하더라도 모두 하등으로 등급을 매기니, 국용이 넉넉하지 못한 것은 이 때문입니다. 세종조에 감사가 등제하여 계문하면 육조에서 1등을 더할 것을 의논하였고, 의정부에서 또 1등을 더할 것을 의논하였는데, 청컨대 다시 이 법을 시행하면 국용이 넉넉해질 것입니다.[243]

이파는, 조선의 세금제도가 공법의 시행 모델인 하우씨의 10분의 1보다 낮은 20분의 1이며, 감사와 수령이 연분등제 때 백성을 위한다는 명목으로 실제보다 하등으로 등급을 매겨 국용이 넉넉하지 못하다는 점을 지적했다. 이 때문에 세종조에서도 감사가 등제한 것을 육조와 의정부에서 1등을 올리자는 의견이 제기되었음을 언급한다. 그의 주장에 대해서 시강관 이창신은 우리나라의 지세地勢가 균일하지 않아서 똑같은 한 평이라도 기름지고 척박한 것이 달라서 세금이 다르지만, 곡식이 무성한 곳은 대체로 20분의 1을 취하고 있다는 점에는 동의하였다. 그러나

243 《성종실록》 16년 9월 16일(갑자).

지난번에 호조에서 연분등제를 더할 것을 청하였을 때, 임금이 '백성이 족하면 임금으로서 누가 더불어 부족하겠는가?'라고 말하며 거부하였다는 점을 상기시키면서, 이제 와서 등제를 높여 백성을 병들게 할 수는 없다고 주장하였다. 임금의 말을 빌려서 이파의 주장을 비판한 것이다.

하지만 흉년 피해가 심해지면서 허소해진 국가재정을 채우고 백성들을 구제하기 위해서 세금을 더 거두어야 한다는 주장이 계속 제기되었고 관련 논의가 이어졌다. 결국 성종은 '등제를 높여 세금을 늘릴 수 없다'는 당초의 입장을 바꿔서 "마지못해서이고 후하게 거두고자 하는 것은 아니다."라는 명분을 내세워 이 해에 한하여 세금을 더 거두도록 지시하였다. 대간에서는 세금을 더하는 것이 마땅하지 않다고 반대하였고, 성종은 다음과 같이 답하였다.

> 세금을 더한다는 명목이 비록 아름답지는 않으나 나라의 계책을 위해서는 어쩔 수 없는 것이다. 대신들이 세금을 더하자고 건의한 것이 어찌 백성들의 먹을 것을 생각하지 않음이겠는가? 진실로 나라에 이롭게 하려고 백성에게 침탈하는 것은 아니다. 근래에 창름이 일제히 비었고 내년의 농사도 알 수 없으니, 설사 올해 같은 흉년이 든다면 국가에서 무슨 저축으로 주린 백성을 진구賑救하겠는가? 백성들은 항심恒心이 없어서 한 사람이 늘 두어 사람의 식량을 겸하고 있으며, 술과 안주로 허비하여 버리고 뒷날의 계수計數를 돌아보지 않으니, 관官에서 거둬들여 진대賑貸하여 준다면 거의 먹는 것이 절약됨이 있을 것이다.[244]

성종은 근래 창고가 모두 비었고 내년 농사가 어떻게 될지 알 수 없

244 《성종실록》 16년 11월 8일(을묘).

으며 굶주린 백성을 구휼하기 위한 '나라의 계책'으로 어쩔 수 없이 세금을 더하기로 했음을 거듭 밝히고 있다. 그 역시 '세금을 더한다'는 비판이 부담스러웠다. 더구나 자신이 했던 말을 바꾸면서 증세를 단행해야 했기에 더욱 곤란한 입장이었다. 그럼에도 그런 결정을 한 것을 어떻게 이해해야 할까?

성종은 앞 절에서 본 바와 같이 성종 13년에 내수사 장리를 회복시킨 바 있다. 성종 14년에는 흉년과 정희왕후 장례 및 중국 사신의 두 차례 방문 등으로 나라 재정이 크게 어려워졌다. 직전을 줄이고 공신에게 지급한 토지에 대해서도 세를 거두고 종친과 공신의 수종인에게 지급하는 녹을 폐하자는 논의가 있었다. 성종 15년에 공신전과 별사전의 세는 반을 거두고 직전의 세는 전부 거두고 공신 및 종친·의빈의 반당과 체아를 혁파하였다. 성종 16년의 증세는 이처럼 성종 12년 이후 지속된 경제적 위기와 재정의 어려움을 극복하기 위한 불가피한 선택이었다고 평가할 수 있을 것이다.

2) 성종대 공법 시행에 대한 평가

성종 17년 8월에 경기도 관찰사 성건이 연분을 면으로 등급을 매겨 수세할 것을 건의하였다. 편의상 이를 '연분면등제'라고 정의할 수 있다. 성건은 만약 전례대로 면에 따라 등급을 매기면 한 면 안에서 손상된 것과 결실된 것이 매우 다르므로 공사가 모두 병病이 될 것이라고 보았다. 또한 한 면의 화곡禾穀이 하하를 맞았어도 그 가운데에는 혹 하상인 것이 있고 하상을 맞았어도 그 가운데에는 또한 하하인 것이 있으니, 이것으로 분간하여 등급을 매기면 국가에나 백성에게나 다 편익이 있을 것이라고 주장했다. 그러나 한 면 안에서 다시 등급을 달리하여 매긴다면 그것은 '땅 조각에 따라서 등급'을 매기는 것이며, 이렇게 한다면 수령이 낱낱이 몸소 살피지 못하고 위관委官과 서원書員에게 맡기게 되어 사람들에게서 뇌물을 받고 뜻대로 사정私情을 써서 손상과 결실을 매기는 것이 고르지 않을 것이라는 비판이 우세하였다.[245] 즉 '연분면등제'는 손실답험법으로 돌아가는 것과 마찬가지이며, 그 폐단은 앞서 이미 '연분에 있어서 고원등제'와 관련하여 논의된 바 있다. 성종은 그때와 마찬가지로 성건의 건의를 받아들이지 않았다. 이때 사평에는 "당초 세종조에 답험하는 법은 사정을 써서 알맞게 하지 않을 것이 걱정되므로 공법을 마련하여 시행하였고 여러 조정에서 수성守成한 정사政事이므로 지켜서 어기지 말아야 마땅한데, 성건이 땅 조각에 따라 등급을 매기기를 바랐으니, 땅 조각에 따라 등급을 매기는 것은 곧 답험하는 법을 다시 시행하는 것임을 아주 모르는 것"이라고 비판하였다.

성건의 주장처럼 '연분면등제'를 시행하면 세수가 늘어나는 효과를 기대할 수 있기 때문에, 최근 몇 년 동안 계속된 재정위기로 어려움을 겪었던 성종의 입장에서는 솔깃한 측면이 있었다. 그래서인지 성종은 성건이 재차 '연분면등제'를 건의했을 때 대신들의 반대의견에도, "우선 한 고을에 시험하도록 하는 것이 가하다."고 명하였다.[246] 성종 19년에는 '고원등제'나 '연분면등제'의 또 다른 변형으로 '연분을 자字로 나누어 등급을 매기는 방안'에 대한 논의가 제기된다. 여기서 말하는 '자'는 토지면적의 단위 5경頃의 면적을 말하며, 실록에서는 이를 '자등제'라고 부르고 있다. '자등제'에 대한 신하들의 대체적인 의견은 '고원등제'나 '연분면등제'와 유사했다. 즉 자字로 나누어 등급을 매기는 것은 봉행하

---

245 《성종실록》 17년 8월 4일(병자).

246 《성종실록》 17년 8월 18일(경인).

는 자가 만약에 지극히 공정하게만 한다면 풍흉의 등급을 잃지 않을 것이므로 행할 만한 것이나, 한 수령이 어찌 한 고을의 허다한 전묘田畝와 실상을 살필 수 있겠는가 하는 것이었다. 수령이 친히 모두 살필 수 없어서 여러 아전에게 위임할 것이고, 그러면 그 폐단은 예전의 답험과 다를 것이 없다는 것이었다. 하지만 이때에도 성종은 가을을 기다려서 다시 아뢸 것을 지시했다.[247] 그리고 가을에는 다시 '자등제'를 시험하도록 하고 있다.[248]

그로부터 2년이 지난 성종 21년 8월에 강원도·전라도·경상도에서 자등제를 실시하는 방안이 다시 논의된다. 강원감사가 평해·울진 두 고을은 수재로 입은 손상으로 곡식이 여물지 않아서 자등제로 수세하기를 청하였고, 전라도와 경상도 역시 수십 고을에 대해서 자등제로 수세하기를 청하였기 때문이다. 성종은 면등제가 조종성헌이라는 점을 인정한다. 그러나 한 면 안에서도 풍흉이 고르지 않은데, 만약 풍년 든 곳을 따르면 실업失業한 백성에 해롭고, 흉년든 곳을 따르면 국용의 소용에 손해가 되니, 자등제를 행하는 것이 옳을 것 같다고 언급하면서 모든 재상들이 예궐하여 그것을 의논하게 하라고 지시한다.[249] 그동안 시험해 보고 미루어 왔던 결론을 이날 내리려는 뜻을 보인 것이다. 재상들 의견은 대체로 일치했다. 즉 '면등제의 법'을 시행할 때 연분이 고르지 않아서 일률적으로 심정審定하는 것은 온당하지 못한 측면이 있지만, 공법은 《대전》에 실려 있고 만세토록 준행하여야 할 것이므로 한때의 소견이나 한 두 고을의 폐해로 경솔하게 개정할 수 없다는 것이었다. 결국

247 《성종실록》 19년 2월 21일(을묘).
248 《성종실록》 19년 7월 29일(경인).
249 《성종실록》 21년 8월 27일(정미).

성종은 재상들의 의견에 따라서 다음과 같이 호조에 전교하였다.

> 자등제는 한 번 그 단서를 열면 뒤에 따라서 계청하는 자를 다 따르기가 어렵다. 또 답험하는 사람이 어찌 모두 공정하겠느냐? 혹 손을 실이라 하고 혹은 실을 손이라 하여 그 폐단이 없지 않으니, 그 《대전》의 면등제에 의거하라.[250]

국가를 경영하는 최고책임자인 군주의 입장에서는 면등제로 세금이 탈루되고 군수軍需에 손해가 된다는 점에서 자등제를 시행할 유혹이 강했던 것이 사실이다. 하지만 성종은 자등제를 시행할 경우 답험의 폐단으로 오히려 백성들에게 해로울 수 있다는 점, 그리고 면등제가 《대전》에 실린 성헌이라는 점이라는 것을 이유로 세종의 공법인 면등제를 지키는 것으로 최종 결정하였다. 이처럼 큰 틀에서 공법을 유지하고, 만약 흉년이나 경제적인 위기로 국가재정에 어려움이 생길 때에는, 앞서 살펴본 바와 같이, 한시적이고 예외적인 조치로 답험을 시행하거나 연분의 등급을 올리는 방식으로 대처했다. 그런 점에서 볼 때, 성종은 공법 문제에서 조종성헌이라는 경상經常의 법과 현실적 어려움과 필요에 따른 권도權道를 적절히 조화시켰다고 평가할 수 있을 것이다.

250 《성종실록》 21년 8월 27일(정미).

5장 불교정책: 도승법 논쟁

실록에서는 성종에 대해서 유학을 숭상하여 이단(불교)을 물리친 성왕聖王으로 묘사하고 있다. 그가 승하했을 때 실록은 그의 치세에 대해서 다음과 같이 적고 있다.

임금은 총명연단하시고, 관인공검하셨으며 천성이 효우하시었다. 학문을 좋아해서 게을리하지 아니하여 경사經史에 널리 통하였고, 사예射藝와 서화에도 지극히 정묘하시었다. 대신을 존경하고 대간을 예우하셨고, 명기名器를 중하게 여겨 아끼셨으며, 형벌을 명확하고 신중하게 하시었다. 유술儒術을 숭상하여 이단異端을 물리치셨고, 백성을 사랑하여 절의를 포장褒奬하셨고, 대국을 정성으로 섬기셨으며, 신의로써 교린하시었다. 그리고 힘써 다스리기를 도모하여 처음부터 끝까지 삼가기를 한결같이 하였다. 문무를 아울러 쓰고 내외를 함께 다스리니, 남북이 빈복賓服하고, 사경이 안도하여 백성들이 생업을 편안히 여긴 지 26년이 되었다. 성덕聖德과 지치至治는 비록 삼대의 성왕이라도 더할 수 없었다.[251]

성종은 집권 초기부터 성현의 학문을 강명講明하는 장으로서 경연을 이전 시기보다 훨씬 강화시키고 빈번히 개설하였다. 이러한 경연 자리에서 불교와 관련된 기사에 미치게 되면, 경연관들은 성종에게 언제나 인군으로서 불교나 이단에 대하여 지녀야 할 올바른 자세를 거듭 거론하고 강조하였다.[252] 재위 초기부터 경연을 통해 정치적 식견을 갖추어 갔던 성종 역시 불교가 이단이며 자신이 결코 불교를 신봉하지는 않는

251 《성종실록》 25년 12월 24일(기묘).

252 한우근, 《조선시대사상사연구논고》, 한국학술정보, 2001, 275쪽.

다는 것을 강조했다. 그러나 그는 사사寺社의 영건과 사경寫經의 중지, 제반불사의 설행 중지, 사사전寺社田의 혁파 등 신료들의 불교 관련 건의에 대해서는 조종조 이래로 해 오던 일을 갑자기 혁파할 수 없다는 주장을 고수하고 있었다.[253]

성종 자신이 어려서부터 학습한 유교이념을 지니고 있었으며 불교를 숭신하지 않는 태도를 일관되게 보여 주었다. 그럼에도 불사佛事를 쉽게 폐지하지 못한 이유는, 호불好佛의 군주였던 세조 이래로 지속되어 온 불사를 '세조의 정치적 아들'로 자처하고 있는 입장에서 폐지하기는 어려웠기 때문이었다. 뿐만 아니라 성종 즉위 이후 대왕대비 정희왕후의 수렴청정을 받으면서 그 뜻에 따라야 했기 때문에, 대비의 호불과 불사를 견제하기는 어려웠을 것이다. 비록 정희왕후가 수렴청정 이후 현실정치에 관여하지는 않았지만, 세조와 함께 불교를 숭신했던 그녀의 존재감 자체가 주는 영향력 때문에 왕실에서는 불사를 지속하고 있었다. 세 대비의 뜻에 거슬러서 불사를 금지하는 것은 성종으로서는 생각하기 어려운 일이었다. 그만큼 불사문제에 대해서는 왕실 내부로부터 가해지는 '압력'을 성종이 쉽게 극복하기 어려웠다.

성종 14년(1483)에 정희왕후가 죽고 성종 17년에는 불교를 숭상했던 종친의 최고 어른인 효령대군이 죽었다. 하지만 예종비 안순왕후와 어머니 인수대비가 살아 있는 상황에서 성종은 두 대비의 뜻을 따르지 않을 수 없었다. 그러한 압력이 성종 말년까지 지속했음을 보여 주는 대표적인 사례가 성종 23년(1492)에 있었던 도첩度牒의 시행 중지를 둘러싼 논쟁이다. 그 논쟁이 한창 진행 중이었을 때, 성종은 "옛날 정희왕후

253 《성종실록》 5년 7월 12일(을축), 9년 7월 17일(병자), 7월 18일(정축), 11월 30일(정해), 19년 6월 26일(무오) 등.

께서는 내가 선왕의 법을 고치지 않을까 의심하여 항상 나에게 말씀하셨는데, 그 말씀이 아직도 귀에 쟁쟁하게 남아 있으므로 내가 차마 갑자기 고치지 못하는 것"이라고 고백한 바 있다.[254] 도첩제의 시행을 중지하는 것은 정희왕후와 선왕인 세조의 법을 고치는 것이었고, 성종의 통치이념 가운데 하나인 효치孝治에 정면으로 반하는 것이기에 쉽게 단행하기 어려운 사안이었다.

이러한 성종시대 불교정책에 대한 논쟁을 이해하기 위해서는, 이와 유사한 논쟁이 이미 세종시대에도 있었음을 상기해 볼 필요가 있다. 세종 역시 '해동요순'이라고 불리울 정도로 유교를 통치이념으로 하여 그 이념을 실천하고자 헌신하였고 불교 혁파와 관련하여 적지 않은 성과를 내기도 하였다. 그런데 세종 17년부터 흥천사의 사리각을 수리하는 문제로 신하들과 논쟁을 시작하였고, 사리각을 수리한 뒤 흥천사에서 경찬회와 안거회를 베푸는 일을 둘러싸고 격렬한 대립을 하기도 하였다. 뿐만 아니라 세종 30년에는 궁궐 안에 불당을 설치하고자 하여 신하들과 극한 대립으로 치닫기도 하였다. 당시에 세종이 선왕인 태종에 대한 효를 내세우면서 '조종을 위해서 불사를 한다'고 주장하였지만, 사실 태종은 불사를 좋아하지 않았고 자신이 죽으면 능 주변에 불당을 짓지 말도록 유훈을 남겼다. 세종의 주장은 선왕의 유훈에 어긋나는 것이었다.

성종에게 가해진 왕실 내부로부터의 압력에 비교해 볼 때, 세종에게 불사를 강요하는 외압 같은 것은 거의 없는 상황이었다. 오직 세종만이 '조종을 위한다'는 효를 내세워 사리각 수리와 경찬회 및 내불당의 설치를 강행했다. 그 결과 스스로 "내가 독부가 되었구나."라고 한탄하는 처지에 빠지기도 하였다. 세종이 승하했을 때 실록에서는 그의 치세를 평

254 《성종실록》 23년 2월 18일(기미).

가하면서 "늘그막에 비록 불사佛事로써 혹 말하는 사람이 있으나 한번도 향을 올리거나 부처에게 절한 적은 없고 처음부터 끝까지 올바르게만 하였다."고 말하고 있다.[255] 비록 세종이 '부처에게 절한 적은 없었다'고 변명하고는 있지만, 그의 말년에 불사로 논란이 있었던 것이 세종의 치세에 흠이 되었음을 완곡하게 언급하고 있는 것이다.

세종과 달리, 성종은 세조시대 불교 숭신의 유산을 물려받았고 정희왕후를 비롯한 세 대비의 압력에 직면해 있었다. 따라서 그에게는 오히려 불사를 행하는 것이 자연스러운 상황이었다. 비록 성리학(유학)에 대한 성종의 신념이 아무리 강렬하다고 하더라도, 자신을 국왕의 자리에 세워 주고 왕권을 유지시켜 주었던 대비들에 대한 은혜를 생각할 때, 불사를 금지하거나 폐하는 것은 배은망덕한 일이 될 수 있기 때문이다. 세종의 경우, 질문은 그가 '왜 불사를 하고자 했는가'에 초점을 맞추는 것이 타당하다. 반면 성종의 경우, 질문은 그가 직면한 압력에도 불구하고 '왜 불사(도승법)를 중지(폐지)하고자 했는가'에 초점이 놓여야 한다.

이하에서는 성종 23년(1492)을 전후로 하여 《경국대전》에 실려 있는 도승법에 대한 시행 중지를 둘러싼 논쟁을 살펴보고자 한다. 이 논쟁은 불교정책을 둘러싼 성종의 고민을 이해하고 그의 리더십을 평가하는 데 좋은 자료가 될 수 있다.

1. 도첩제의 시행 중지

성종 22년에 두만강 부근의 여진족(올적합)을 토벌하기 위한 북정北

255 《세종실록》 32년 2월 17일(임진).

征이 있었다. 이해 10월 14일에 선발된 정병 4천 명을 포함하여 도합 2만 4천 명의 군사를 9개 부대로 나누어 온성에 집결시켰고, 두만강에 부교浮橋 3개소를 가설하여 15일에 도강하였다. 북정군은 회유한 올적합의 군사 61명과 조선군 50명으로 선발대를 삼아, 17일에 올적합의 본거지인 울지동에 이르렀으며 8명과 조우하여 1명을 생포하고 3명을 사살하는 전과를 올렸다. 23일에는 본대가 도착했으나 남녀 1명을 사살하는 전과밖에 올리지 못했다. 조선군이 도착했을 때 올적합은 이미 도주하여 더 이상 접전할 수 없었기 때문이다. 결국 24일에 군사를 돌이켜 적의 소굴에서 20여 리 떨어진 곳에 진을 쳤고, 11월 2일에 강을 건너 돌아올 것을 결정하였다. 당시 북정 도원수의 종사관이었던 이수언의 보고에 따르면, 북정군이 참획斬獲한 적은 9명에 지나지 않았다. 성종은 북정 도원수 허종에게 글을 내려서 "이번 거사에 참획은 비록 적다 할지라도 공을 논하지 않을 수 없다."고 말하면서 정벌에 종사하여 길잡이를 한 성저야인(알타리)의 공도 함께 논하여 등급을 매겨서 보고할 것을 명하였다.[256]

성종은 북정 부원수 이계동을 인견한 자리에서 "마침 적이 다 달아나 숨어 버려 크게 이기지는 못하였으나, 군사를 완전히 하여 돌아왔으니, 내가 매우 기쁘다."고 말하면서 그의 노고를 치하했다. 또한 "크게 이기지는 못하였더라도 적은 위세를 두려워하여 떨 것이다."라고 언급했다. 이에 이계동은 "신이 올량합의 말을 들으니, 처음에는 올적합들이 말하기를, '올량합 다섯 사람이 우리 한 사람을 당하지 못하고, 조선의 열 사람이 우리 한 사람을 당하지 못하니 만약 조선이 들어와 침범한다면 곧 거세한 말과 사람을 스스로 몰아다가 우리의 농사일을 도와주는 것

256 《성종실록》 22년 11월 10일(임오).

이 될 것이다.' 하기에, 신들이 그 말을 듣고 이를 갈고 속을 썩혔는데, 저 적들이 한 번 패한 뒤로는 다시 나타나지 않으니 어찌 위세를 두려워하지 않겠습니까?"라고 대답하였다.[257] 북정은 11월에 사실상 마무리되었고, 성종은 북정 부원수 이계동 및 모든 장수와 군관들에게 잔치를 내려 주었다.[258]

그다음 날 경연에서 사헌부 헌납 정탁은 도첩度牒이 없는 중에게 역을 정하고 도첩이 있는 중이라도 정전의 수량을 높여 징수할 것 등을 청하였다.

도첩이 없는 중은 거의 다 무뢰한 무리인지라, 비록 색출해 모아서 역役을 정한다 하더라도 즉시 도망해 흩어지며, 간혹 부강한 자가 뇌물을 받고 은닉해 주는 수도 있어, 군액軍額의 감축됨이 실로 이에 연유하기도 합니다. 또 도승(度僧, 도첩을 받은 중)의 정전丁錢으로 다만 정포正布 30필만을 납부하고 있어 그 수량이 너무 가벼워서 사람마다 쉽게 마련할 수 있으니, 청컨대 그 수량을 더하여 갑절로 무겁게 한다면, 중이 되는 자가 드물 것입니다. 그리고 선을 닦아 인생을 이롭게 하는 것이 곧 승가僧家의 일인지라, 교량橋梁과 원우院宇의 보수에 모두 중의 무리를 부리게 되면, 인민들의 폐단도 제거하려니와, 중의 무리도 이를 괴로워하여 귀속歸俗하는 자가 반드시 많을 것입니다.[259]

위 상소에서 언급되고 있는 '도첩'이란 나라에서 중에게 발급하던 일종의 신분증명서를 말한다. 조선 초기의 대표적인 억불정책이라고 할

257 《성종실록》 22년 11월 16일(무자).
258 《성종실록》 22년 12월 6일(기축).
259 《성종실록》 22년 12월 7일(경인).

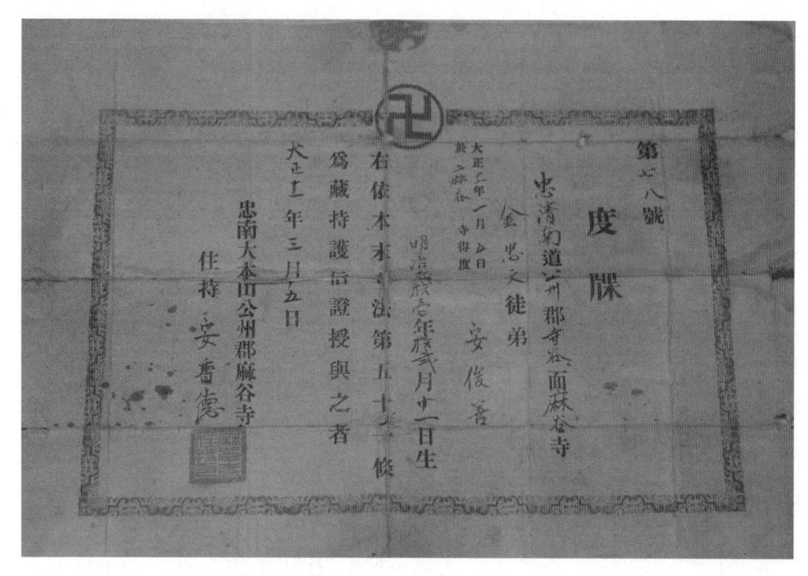

第七八號
度牒
忠清南道公州郡寺谷面麻谷寺
金忠文徒弟 安俊善
大正二年一月五日 於麻谷寺得度
明治拾六年貳月廿一日生
右依本末寺法第五十七條
爲藏持護信證授與之者
大正二年三月五日
忠南大本山公州郡麻谷寺
住持 安香德

사진 25 도첩 승적원부

수 있다. 이 제도는 장정壯丁이 함부로 중이 되는 것을 막았으므로, 나라의 군정軍丁과 인적 자원이 충실해졌다. 그런데 성종시대에 도첩을 발급받지 않고 중이 되는 일이 잦아졌다. 또한 부강한 자가 뇌물을 받고 중을 숨겨 주는 경우가 있어서 군액이 부족하게 되었음을 정탁은 지적하고 있다. 상소에서 그가 언급하고 있는 '정전'이란 중이 도첩을 받을 때 나라에 바치던 돈을 말한다. 명목상으로는 군포軍布를 면제받기 때문에 거두는 것으로 대개 정포正布 30필에 해당하는 값을 받았는데, 그 수량이 가벼우니 두 배로 올리면 군액을 충당할 수 있고 중이 되려는 자도 줄어들 것임을 말하고 있다.

하지만 성종은, 중들에게 역을 정하게 하는 것은 이미 모든 도에 유시하였으며, "교량과 원우를 보수하는 데 어찌 다 중을 부린단 말인가."라는 말로 거절하였다. 만약 사람을 보내어 절에 올라가서 수색해 내어서 중을 부린다면 《대전》의 법도는 무너질 것이라고 비판하였다. 다만 모든 도의 관찰사에게 글을 내려서, "평민의 무뢰한 자들이 군역을 계획적으로 피하려고, 남자를 많이 두게 되면 반드시 두셋 아들로 하여금 중이 되게 하여 군액이 날로 감소"되고 있는 점을 지적하면서, "지금부터 법을 어기고 중이 된 자의 아비도 한결같이 모두 죄를 받게 될 것"이라고 경고하였다.

위의 논의는 북정이 끝난 지 얼마 안 된 시점부터, 군액이 부족하게 된 것을 이유로 《대전》에 규정된 도승법에 대한 논의가 시작되었음을 보여 준다. 《경국대전》〈예전〉에는 다음과 같이 도승度僧에 관한 규정이 명시되어 있다.

> 중이 된 자는 3개월 안에 선종 또는 교종에 신고하여 불경을 외우는 시험을 본다. 이를 예조에 보고하면 왕에게 계문하여 정전(丁錢, 군역값)을 거두고 도첩을 발급한다.[260]

세조에 이어 국왕으로 즉위한 예종은 위와 같은 법조항을 강화한 금승절목禁僧節目을 제정하여 도첩의 발급 요건을 더욱 강화하였다.[261] 그러나 성종 1년 3월에 원상들과 승정원의 논의에 따라서 본래 《경국대전》의 규정대로 《심경》《금강경》《살달타》를 시험 보게 하고, 납부해야 하는 정포를 30필로 정하여 여러 도에 유시하였다.[262] 하지만 그 이후 수년 동안에 걸쳐서 경연 자리에서나 상소와 계청을 통해 승려 수를 제한하여 추쇄·환속시키거나 모두 없애자는 논의들이 제기되었다. 이러한

260 《경국대전》〈예전〉 度僧條: "爲僧者 三朔內 告禪宗或敎宗 試誦經 報本曹 啓聞 收丁錢 給度牒."

261 《예종실록》 1년 10월 27일(정축).

262 《성종실록》 1년 3월 5일(갑신).

신료들의 논의들에 대해서 성종은 다만 《경국대전》에 실려 있는 도승법을 따를 것을 명하였다. 성종의 의견은 "선왕의 《대전》을 가볍게 고칠 수는 없다."는 것이었다.[263] 성종의 불교에 대한 이러한 입장은 재위 23년 도승법 폐지를 둘러싼 논쟁에도 지속되었다. 세조시대의 불교 비호가 《대전》으로 법제화되었고, 이로 말미암아 성종의 불교 혁파에 걸림돌이 되었던 것이다. 그럼에도 성종은 자신이 할 수 있는 한도 안에서는 척불을 추진해 가고 있었다.

성종 23년 1월 6일, 경연을 마친 뒤에 사헌부 집의 이예견이 군액을 늘리기 위해 가짜 중을 색출하여 환속시킬 것을 청하면서 다음과 같이 아뢰었다.

> 우리 동방에 세 나라가 솥발처럼 삼분三分하여 대립하고 있을 때에도 군액軍額이 오히려 넉넉하였는데, 지금 도리어 적은 것은 오로지 중의 무리가 많은 데에서 연유하는 것입니다. 국가에 비록 도승의 법이 있으나, 간혹 죽은 자의 도첩을 몰래 훔쳐서 그 이름을 사칭하곤 합니다. 신이 생각하기에는 모든 도의 감사로 하여금 어떤 중이든 다 색출하고 그 이름을 모두 다 기록하여 이를 예조에 이문移文하게 하고, (예조에서) 그 도첩을 고찰하여 진위를 징험하고, 만약 허위로 이를 조작한 자가 있다면 일체 환속하게 하는 것이 옳을 듯합니다.

이예견의 요청에 대해서 성종은 모든 도의 감사로 하여금 어떤 중이든 다 색출하여 그 이름을 기록하게 한다면 도리어 소요사태가 발생할 것이라는 점을 지적했다. 다만 "수령이 마음을 써서 추쇄하여 도첩이

---

263 《성종실록》 22년 12월 8일(경술).

없는 자로 하여금 돌아갈 곳이 없게 한다면, 중이 되는 자가 자연히 많지 않게 될 것"이라고 대답했다. 도첩이 없는 자를 추쇄하여 정역定役하는 것은 수령에게 달려 있으며, 별도로 다른 조항을 세울 필요는 없다는 생각이었다.[264]

하지만 며칠 뒤에 다시 경연 자리에서 이예견은 "도첩에 따라서 그 간위奸僞를 고험考險하게 되면 중의 무리가 거의 없어질 것"이라고 말하면서 중들의 도첩을 고준考準할 것을 청하였다. 이 자리에는 앞서 정포를 늘릴 것을 주장했던 헌납 정탁도 있었다. 그는 평민만이 아니라 공사천민과 군사들까지도 많이 도망하여 중이 되기 때문에 군액이 감축되고 있음을 지적하면서, 앞으로 중이 되려는 자들로 하여금 자신이 살고 있는 고을 수령이 발급한 공문을 받아 가지고 정포正布 50필을 납입한 연후에 도첩을 받을 수 있게 하면 중이 되는 자가 자연히 적어질 것이라고 건의하였다. 하지만 성종은 이때에도 "사찰을 다 헐어 버리고 중은 추쇄하여 노역에 배정하는 것이 옳을 것이나, 중도 또한 백성이니 소요하게 해서는 안 될 것"이라고 말하면서 도첩의 진위 여부를 고찰하는 것이나 정포를 증액하는 것에 대해 반대하였다. 성종은 "군주가 된 도리는 백성을 편하게 하도록 힘쓰는 데 달려 있을 뿐"이라고 말하였다. '중도 또한 나의 백성'이라고 말하고 '군주의 도리는 백성을 편안하게 하는 것'이라고 말한 대목은 불교 혁파를 주장한 신하(대간)들의 논리에 반대하면서 세종이 사용했던 어법과 유사하다. 이날 논의에서 성종은, 중들을 조사하여 색출하는 것은 각 도의 감사와 지방 수령에게 달려 있으며, "법을 세워 놓으면 폐단이 생기는 것은 예나 지금의 공통된 근심이니 다시 새 법을 세울 수는 없다."는 점을 재확인했다.[265]

---

264 《성종실록》 23년 1월 6일(정축).

1월 19일에는 경연 자리에서 사헌부 장령 이거가 중을 시험해 뽑고 도첩을 주는 법이 비록 행해진 지 이미 오래되었다 하더라도 지금 개혁하지 않을 수 없다고 말하였고, 대사간 윤민은 "시험하여 선발할 때 예조의 관원을 나누어 보내어서 시험을 감독하는 것도 옳지 않습니다."라고 말하며 도승의 법에 대한 개혁을 요청하였다. 하지만 성종은 다음과 같이 말하며 거절하였다.

> 중을 뽑고 중에게 도첩을 주는 것이 비록 정도正道는 아니나, 조종조로부터 시행한 지 이미 오래되었으므로 하루아침에 갑자기 고칠 수는 없는 것이다. 더욱이 내가 불도를 숭상하지 않기 때문에 비록 이 법을 고치지 않더라도 중의 무리는 저절로 없어질 것이다.[266]

성종 역시 중을 뽑고 도첩을 주는 것이 정도가 아니라는 점을 인정하고, 자신이 불도를 숭상하지 않음을 강조하고 있다. 다만 조종을 이유로 개혁을 거절하고 있다. 이 말을 통해서 성종 말년에도 여전히 그에게 가해진 '외압'이 적지 않음을 알 수 있다. 성종에게 '도승의 법'은 단지 《대전》으로 법제화되어 있기 때문에 고치가 어려운 것은 아닐 것이다. 임금의 입장에서 얼마든지 '시세에 따른 변통'의 논리를 내세워서 고칠 수도 있을 것이다. 이날에 홍문관 직제학 김응기가 올린 상소에도 "어찌 다 조종조의 법이라 하여 고치지 못하겠습니까? 마땅히 지킬 것은 지키고 변통할 것은 변통하는 것이 성현의 시중時中하는 요체"라고 지적하고 있다. 그럼에도 성종이 그렇게 하지 않는, 더 정확히 말해서

265 《성종실록》 23년 1월 12일(계미).
266 《성종실록》 23년 1월 19일(경인).

그렇게 못하는 이유는 세조와 정희왕후에 대한 효孝, 그리고 살아 있는 두 대비의 존재 때문일 것이다. 차마 신하들에게 직접적으로 말을 할 수는 없지만, "조종조로부터 시행한 지 이미 오래"되었다는 말 속에는 그의 심정과 고민이 담겨 있다.

김응기는 당시 도승의 법에 대한 변통이나 경장이 필요한 이유에 대해서 다음과 같이 주장하고 있다.

> 그윽이 듣건대, 근래에 금전을 바치고 도승이 되려는 자가 전일의 갑절이나 된다고 하니, 이는 백성들 거의가 비로소 정역征役의 괴로움을 알고, 차라리 파산하고 중이 될지언정 병졸되는 것은 원치 않고 있기 때문입니다. 이와 같은데도 그 길을 막으며 그 근원을 막을 줄 모른다면, 후일의 피해는 이루 말할 수 없을 것입니다. …… 고치는 것은 효孝에 손損됨이 없어도 따르는 것은 의義에 해害됨이 있을 것이니, 의에 해되는 바가 있으면 효도 완전함을 얻지 못할 것입니다.[267]

도승의 법을 "고치는 것은 효孝에 손損됨이 없고 따르는 것은 의義에 해害됨이 있을 것"이라는 김응기의 비판은 성종의 폐부를 찌를 만큼 날카로운 것이었다. 이러한 성종의 난처한 입장을 잘 헤아려 출구를 열어 준 것은 노사신이었다. 그는 다음과 같이 말하며 성종을 대신하여 변론하였다.

> 중들에게 도첩을 주는 법은 역대에 다 있었습니다. 만약 이 법이 없다면 사람마다 임의로 중이 된다 해도 막을 길이 없을 것입니다. 법을 세운 본의

267 《성종실록》 23년 1월 19일(경인).

를 살펴본다면 이는 중이 되는 길을 금하고 없애려는 것이지 사람을 인도하여 중이 되게 하고 이단의 교를 숭상하게 하려는 것은 아닙니다. 만약에 후위後魏의 태무제太武帝나 당唐나라 무종武宗과 같이 천하의 사문沙門을 다 죽이고 천하의 사찰을 다 철거한다면, 이 법이 있을 필요가 없을 것입니다. 그런데 그렇지 않다면 조종의 옛 법을 가볍게 고칠 수는 없습니다.[268]

노사신은 '도승의 법'이 사람들로 하여금 중이 되는 길을 금하고 없애려는 취지에서 만들어진 것이라고 주장한다. 일종의 '발상의 전환'이라고 할 수 있다. 성종은 노사신의 의논을 따르면서, 궁지를 모면했다.

그러나 오래되지 않아 더 이상 도승의 법을 시행하기 어려운 상황에 직면하게 되었다. 성종 23년 1월 29일에 서북면 도원수 이극균이, 건주위의 야인이 조선의 변방 마을인 벽동군에 침입하여 백성들의 빈집을 불살랐고 조선군과 교전하였다는 것을 알려 왔기 때문이다. 소식을 보고받은 뒤, 성종은 "건주 야인이 우리와 원한을 맺고 항상 보복하려고 하더니, 이제 군사를 일으켜서 성城을 포위했었는데, 만약 강한 병정으로 그 한 모퉁이를 공격하였더라면 저들이 반드시 북방으로 달아났을 것"임을 말하면서 반격하지 못한 것을 아쉬워하였다. 조선은 성종 10년에 명의 요청에 따라서 압록강 부근의 건주위에 대한 토벌작전을 수행한 바 있었는데, 그 뒤 건주위가 조선에 대한 보복을 시도해 왔다. 마침 성종 22년 10월 두만강 부근의 올적합에 대한 정벌 이후에 조선의 방비가 약해진 틈을 노려서 23년 1월 25일 벽동군에 침입해 왔던 것이다. 성종은 이극균에게 "적이 왔을 때 섬멸하지 못하고 마필馬匹로 하여금 돌아갈 수 있게 한다면 나라에 수치를 끼칠 뿐 아니라 오랑캐들에게 우

268 《성종실록》 23년 1월 19일(경인).

리를 모만侮慢하는 마음을 낳게 할 것"이라고 언급하면서, 야인들이 다시 침입해 올 것을 대비하여 병장기와 무기를 예리하게 정비하여 기다릴 것을 지시했다.[269]

다음 날 경연 자리에서 대사헌 김여석과 헌납 정탁이 도승법을 혁파하기를 청하였다. 이에 임금이 좌우에 의견을 물었다. 영사 홍응은 중의 무리들의 폐단을 지적하면서 도승법은 선왕의 법이기 때문에 고치지 않는 것이지만 그 경중을 참작해서 고치는 것이 옳을 것이라고 대답하였다. 성종은 이에 다음과 같이 말하였다.

> 대간의 말이 옳다. 비록 선왕의 법이라 하더라도 진실로 좋은 법이 아니면 무엇이 고치기 어렵겠는가? 그러나 은밀히 숨어서 종노릇하는 자도 또한 많으니, 만약 추쇄하게 한다면 그 폐단이 필시 사찰을 비워 버리게 하는 데 이르러 돌아갈 곳이 없게 할 것이므로, 장차 궁한 나머지 도둑이 될 것이다. 근자에 듣건대 외방에서 중들을 철저히 조사하므로 서울로 많이 몰려온다고 하는데, 중도 또한 우리 백성이니 소요하게 하는 것이 옳겠는가? 다만 양계兩界에 변고가 있어서 종군從軍하기를 꺼려 많이 도망해 중이 된다고 하니, 과연 대간의 말과 같다면 금지하지 않을 수 없다.[270]

여기서 성종은 이제까지 취한 태도와 달리 선왕의 법이라도 좋은 법이 아니면 고칠 수 있음을 주장한다. 특히 북방에 변고가 있는 상황에서 종군하기를 꺼려 도망해 중이 되려는 사람이 많다는 점을 지적하면서 도승법에 대해서도 변경할 수 있음을 시사하고 있다. 도승법이 선왕의 법이기 때문에 갑자기 고치지는 못하겠지만, 좋은 법이 아니라면 고

269 《성종실록》 23년 1월 29일(경자).

270 《성종실록》 23년 1월 30일(신축).

칠 수도 있으며, 군역을 피하기 위해서 중이 되고자 하는 것은 금해야 한다는 것이었다. 얼마 뒤에 평안도 절도사 오순이 건주 야인 1천여 기騎가 벽단碧團을 침입하여 조선군과 교전했다는 보고를 올렸다. 성종은 건주 야인이 "하루 사이에 벽동을 포위하고 또 벽단에서 싸웠단 말인가?"라고 물으면서 놀라움을 표시했다. 승정원에서는 건주 야인이 침입한 날짜와 시각이 같다는 점에서 군사를 나누어 침입하였을 것이라고 아뢰었다. 성종은 사태가 심상치 않다고 판단하였다.

대사헌 김여석은 도승을 허가하는 법이 있기 때문에 양민 가운데 중이 되고자 하는 자가 많음을 언급하면서, 도승법 폐기를 강력하게 건의하였다. 특히 건주 야인의 침입으로 변방이 편치 못하여 한가한 백성을 모아 군사의 보인保人으로 정해 주고 있는 상황에서, 부모 된 자들이 그 자제로 하여금 갑옷 입고 병기를 들고 사지死地로 향하는 것을 꺼려하여, 정전丁錢을 내어 도첩을 받기를 원하는 자가 전일보다 갑절이나 늘어나고 있음을 고발하였다.[271] 김여석의 상소문에는 옛사람의 말을 인용하여 '정치란 무엇인가?'에 대한 조언을 담고 있었다. 그는 "정치란 세속을 고침으로 말미암는 것(政由俗革)"으로 또는 "때에 따라 맞도록 제정하는 일(因時制宜)"로 표현하고 있다. 승려의 존재가 군국軍國에 유익함이 없음을 알면서도 도승의 법을 고치지 않는 임금의 태도를 비판하면서 굳세고 올바른 결단을 촉구하는 그의 상소는 성종으로서도 더 이상 거절하기 힘든 것이었다.

다음 날에도 서북면 도원수 이극균이 건주 야인이 벽동에 침입하여 접전을 벌였다는 사실을 알려 오고, 영안북도 절도사 성준은 올적합 군사 1천여 명이 회령·종성·온성 등의 여러 진에 침입하여 작년 10월 조

271 《성종실록》 23년 1월 30일(신축).

선의 올적합 토벌 때 길잡이 역할을 했던 성저 야인(알타리)을 공격하여 원한을 갚고자 한다고 보고하였다.[272] 두만강 지역의 올적합이 알타리를 공격하면서 조선의 변경을 침입할 가능성이 또다시 제기되었고, 평안도 지역의 건주 야인이 침입해 교전을 벌이고 있는 상황에 직면하여 조선은 엄중한 방어태세를 갖추지 않을 수 없었다. 이를 위해서 예조에서는 '중(僧)을 금제禁制하는 절목'을 올렸다. 그 내용은 다음과 같다.

1. 중이 되려면 맨 먼저 본관(本官, 제가 살고 있는 고을의 수령)에게 부역이 없다는 공문을 받아 본조에 바치면, 비로소 도첩 주는 것을 허락할 것.
1. 이미 재능을 시험하여 뽑은 중은 본조에서 거듭 경문經文을 강講하게 하되, 만약 외지 못하면 죄주도록 하고, 시험을 감독했던 중도 아울러 논죄할 것.
1. 시험하여 뽑을 때 간혹 대신 강하는 폐단이 있을 것이니, 본관의 공문에 아울러 형모形貌도 기록할 것.
1. 소재지의 관리가 도첩이 없는 중을 마음을 써서 가려내지 않는 자는 그 마을의 색장(色掌, 지방의 고을에서 잡다한 일을 맡은 향리)과 함께 과죄科罪하게 할 것.

성종은 예조에서 올린 절목이 "중이 되는 것을 금하는 것이 아니고 중을 검거하는 일"이라고 반대하였지만, "지금 바야흐로 서북지역에 사변이 있는데도 군액이 날로 줄어들기 때문에 우선 도첩 발급을 정지"할 것을 지시하였다.[273] 이 조치는 중이 되는 것 자체를 금지하는 것은 아

272 《성종실록》 23년 2월 1일(임인).

니었다. 도첩 발급을 일시 중지하여 북정으로 말미암아 부족해진 군액을 확보하고 북방 야인의 침입에 따른 위기에 대비하기 위함이었다.

2. 대비의 개입으로 다시 시행된 도첩제

도첩의 발급을 중지한 이후에도 도첩제 시행을 폐지하자는 의견은 계속 올라왔다. 그러나 성종은 "옛날 정희왕후께서는 내가 선왕의 법을 고치지 않을까 의심하여 항상 나에게 말씀하셨는데, 그 말씀이 아직도 귀에 쟁쟁하게 남아 있으므로 내가 차마 갑자기 고치지 못하는 것"이라고 말하면서 들어주지 않았다.[274] 또한 도승을 중지한 이후에도 군역을 피하고자 중이 되려는 자가 많아 사간원에서는 추쇄하여 검거할 것을 청하기도 했지만, 성종은 그로 말미암아 소요가 일어날 것을 우려하여 다만 도첩이 없는 대처승은 사람들이 잡아서 고발하는 것을 허락하였다.[275] 그러던 중에, 성종은 갑자기 영돈녕 이상과 의정부·대간·홍문관 관원을 불러서 대비(인수대비와 인혜대비)의 언문을 한 장 내려서 승지로 하여금 번역하여 보이고, 그 언문에 대한 신하들의 의견을 물었다.[276]

> **우리들은 부귀를 편히 누리면서 국가의 공사**公事**에 참여하지 못하나, 다만 (백성이) 중이 되는 것을 금하는 법이 크게 엄중하여, 중이 모두 도망해 흩어지고 조종의 원당**願堂**을 수호할 수 없어 도적이 두렵기 때문에 말을 하지**

273 《성종실록》 23년 2월 3일(갑진).
274 《성종실록》 23년 2월 18일(기미).
275 《성종실록》 23년 9월 23일(신묘).
276 《성종실록》 23년 11월 21일(무자).

않을 수 없습니다. 대저 선왕의 뜻을 잘 이어 받드는 것이 바로 제왕의 아름다운 덕인데, 별다른 큰 폐단도 없으면서 선왕의 원하는 뜻을 무너뜨리는 것이 옳겠습니까? 무릇 새로운 법을 행하는 데에는 반드시 기한을 세워서 알지 못함이 없게 한 뒤에 행할 것입니다. 불법佛法을 행한 것은 오늘날부터 시작된 것이 아니니 한·당 이후로 유교와 불교가 아울러 행하였고 도승의 법이 또 《대전》에 실렸는데, 하루아침에 갑자기 개혁하니 비록 법에 따라 머리를 깎은 자일지라도 또한 으레 도첩 없이 역役을 피하는 자로 여겨 당차當差하고, 사주寺主·사승師僧·유나維那에게 아울러 역을 정하니, 이는 백성을 속이는 것입니다. 역대 제왕이 어찌 불교를 배척하려고 하지 아니하였겠습니까? 그러나 이제까지 근절시키지 아니하였으니, 이는 반드시 인심의 요동을 중히 여겨 각각 그 삶을 편히 하도록 한 것입니다. 우리나라가 비록 작을지라도 병혁兵革이 견고하고 날카로워서 족히 천하의 군사를 대적할 만한데, 이제 쥐와 개 같은 좀도둑의 작은 무리를 위해서 조종의 구원久遠한 법을 무너뜨림이 옳겠습니까? …… 일체 《대전》에 따라 각각 그 직업에 안정하도록 하며, 법을 어기는 자는 《대전》에 따라 시행하여 뭇사람의 마음을 안정시키고, 절을 수호하여 선왕·선후의 수륙재 시식 때에 정결하게 음식을 갖추어 공판하도록 한 것과 같이 하면 매우 다행이겠습니다.[277]

두 대비의 글은 도승의 법을 중지한 이후의 폐단을 언급하면서 다시 《대전》에 있는 대로 시행할 것을 촉구하고 있다. 대비들의 글을 본 윤필상·이극배·노사신·윤호·정문형 등 대신들은 "모후의 전교가 이와 같으시니, 대비의 뜻을 힘써 받드는 것이 어떠하겠습니까?"라는 의견을 제출하였다. 반면에 안침·유호인·강겸·권유·남세주·권오복·김감·이과·이관과 같은 젊은 대간 및 홍문관 관원들은 "대비께서 비록 명을 내리셨

277 《성종실록》 23년 11월 21일(무자).

다 할지라도 전하께서는 마땅히 대의로써 조용히 간하여 그만두게 하여야지 궁궐의 내언內言을 조정에 널리 보이는 것은 마땅치 못하며, 대비께서도 조정의 정사를 저지하는 것은 마땅치 못합니다."라고 대답하였다. 이에 성종은 두 대비가 먼저 중을 금하는 법에 대해서 물었기 때문에 상세하게 아뢰면서 도승의 법을 중지시키는 것을 간하였다는 점을 강조했다. 덧붙여서 "두 대비전의 뜻을 거스르는 것은 중한 것이고 법을 고치는 것은 가벼운 일"이기 때문에 9개월 전에 중지하였던 도승의 법을 다시 회복하고자 한다고 말하였다.

이후 대간과 홍문관을 중심으로 신하들의 반대가 이어지지만 성종이 대비의 뜻을 따를 수밖에 없다는 의견을 거듭 밝히면서 승정원에 다음과 같이 지시한다.

> 승도가 번성하는 것을 내가 몹시 싫어하고 또 말하는 자가 있었기 때문에 법을 세워 금하였는데, 이제 대비께서 유시를 내림이 간절하고 지극하며 대신도 이르기를, '대비의 뜻을 힘써 따르라.'고 하니, 내가 생각하건대 이 일은 국가의 대계에 관계되는 것이 아니므로 내가 대비의 뜻을 거스를 수 없다. 이것을 대간과 홍문관에 말하라.[278]

유학의 이념에 따라 교화를 이루어 가는 데 불교(불사)의 혁파는 필수불가결한 과제였다. 하지만 그 과제를 수행하는 성종에게 가장 큰 장애는 선왕(세조)의 법과 대비들의 반대였다. 이로 말미암아 자신의 의지를 관철하기 어려웠고, 성종시대의 불교정책은 일시 후퇴하게 된다. 그러나 성종이 정희왕후의 유훈에도 불구하고 도승의 법을 중지시켰다는

278 《성종실록》 23년 11월 22일(기축).

것, 그래서 두 대비가 이런 전지를 내려 그 시행을 촉구하고 있다는 것 자체가 성종이 자신에게 부여된 시대적 사명을 완수하기 위해 노력했음을 보여 주는 증거라고 할 수 있다.

주목할 것은, 성종이 주요 신하들이 모인 자리에서 두 대비의 언문을 공개함으로써 도승법 중지의 철회 여부를 공론화하였다는 점이다. 만약 성종이 진심으로 철회를 생각하고 있었다면, 도승법을 중지하기 이전에 그랬던 것처럼, 이번에도 언문 전지를 받은 순간 '대비의 뜻'임을 내세워서, 그리고 '조종의 법이라 쉽게 바꿀 수 없다'는 말을 언급하며 도승법 중지를 철회할 수도 있었을 것이다. 더욱이 성종 23년 2월 당시의 위기와 달리, 11월 시점에서는 야인의 침입 가능성이 사라져 북방이 평안을 되찾은 상태였다. 따라서 '사정 변경'을 명분으로 내세울 수도 있었다. 하지만 성종은 대비의 전지를 공개하였고, 그에 따라 도승법 중지와 폐지를 요구하는 대간과 홍문간의 상소가 재개되었다. 성종은 대비의 언문을 한 차례 더 대간과 홍문관에게 보이도록 했다. 결국 "그대들의 말이 비록 옳으나 자지(慈旨, 대비의 뜻)에 '이 법은 민심을 소동하게 한다'고 하시며 그 말뜻의 간절하고 지극함이 이와 같은데 내가 어찌 감히 다시 아뢰겠는가?"라고 말하며 《대전》의 법을 시행하여 도첩이 없는 중만 금하도록 지시하였다.[279] 성종은 대비와 언관 사이에 끼어서 '언관의 말은 옳지만 대비의 뜻을 따르지 않을 수 없음'을 변명해야 하는 난처한 처지에 빠지게 되었다. 대비의 글을 공개한 것이 오히려 대간들에게는 좋은 공격의 빌미가 된 상황이었다. 여기서 성종은 왜 굳이 대비의 언문을 공개하였을까 하는 의문이 든다.

이러한 의문에 대해서 선행 연구에서는 성종이 언문을 공개하면서

279 《성종실록》 23년 11월 25일(임진).

대비의 뜻을 따라야 한다고 말한 것이 그의 진심이라기보다는 일종의 '정치가의 수사'였다고 지적한다. 즉 일부러 대비전의 언문 조치를 주목하게 만들어 신하들에게 직접 두 대비를 면대하게 하면서, 대비전의 불교행사를 경고하고 정책에 대한 개입을 금지시키고자 한 '정치적 쇼'였다는 것이다.[280] 하지만 성종이 대비의 언문을 공개함으로써 신료들이 직접 두 대비의 궁에 가서 면대하게 되었다.[281] 그 과정에서 대비의 의견을 따르지 말 것을 청하는 일부 대신들은 점차 고립되었고, 결국 예전대로 시행하는 것으로 귀결되었다.

엄밀히 말해서 성종이 대비의 언문을 대신과 대간·홍문관에게 보였을 때, 그 결과가 어떻게 귀착되리라고 예상하기는 어려웠다. 그리고 도승법 시행 중지라는 자신의 조치에 대해 대비가 개입하는 것에 반발하여 대비전의 불교행사를 경고하고자 의도적으로 대간들을 부추기며 정치적 쇼를 벌였다고 보기에는, 즉위 이래로 '효치'를 국정이념으로 내세워 왔던 성종의 태도와는 사뭇 다른 모습이라고 여겨진다. 비록 군액감소와 북방의 위기라는 상황 때문에 도승법을 일시 중지하게 되었지만, 정희왕후나 두 대비에 대한 성종의 효는 진심이었다고 생각된다. 필자가 보기에 성종이 언문을 공개한 이유는, 9개월 만에 '본의 아니게' 대비의 뜻에 따라 도승법 중지를 철회해야 하는 정책 변경에 대해서 신하들을 설득하기 위해서는 대비의 뜻을 분명히 전달할 필요가 있었기 때문이었다. 공개적인 설명을 통한 정책 변경으로 자신에게 집중될 대간의 비판을 조금이나마 완화하고자 했던 것이라고 생각한다.

성종이 증언하듯이 "법을 세웠다가 고치고 고쳤다가 다시 세우는 것

---

280 송재혁, 〈정치가 성종의 불교정책〉, 《한국동양정치사상사연구》 15(1), 2016, 96-99쪽.
281 《성종실록》 23년 12월 2일(무술).

이 옳지 못하기" 때문에 자신도 대비에게 힘써 아뢰었지만 윤허를 얻지 못하였다. 그리고 "대비께서 정사에 간여하고자 하시면 어찌 다만 이 일뿐이겠는가?"라는 말을 통해서 볼 때, 성종을 지지해 주었던 두 대비가 처음이자 마지막으로 불사문제에 대해서 자신들의 의견을 밝힌 것에 대해서 성종이 반발하여 공개한 것은 아닐 것이다.[282] 성종은 진심으로 두 대비의 의견을 존중하였고, 신하들에게 "아들이 부모의 말을 어기는 것이 옳겠는가? 반드시 이기기를 기약하여 그 뜻을 상하게 하면 아마도 옳지 못할 듯하다."고 말하고 있다.[283] 성종이 신하들의 반대에 편승하여 대비의 뜻을 꺾기 위해서 공개한 것이라고 보기는 어렵다는 점을 말

사진 26 대비들의 거처가 있었던 창경궁의 경춘전. 이곳을 중심으로 도승법 시행 중지와 재개를 둘러싼 논쟁이 진행되었다.

282 《성종실록》 23년 11월 28일(을미).

283 《성종실록》 23년 11월 29일(병신).

해 준다. 다만 언문을 공개할 때 생각했던 것과 달리, '법을 세운 지 얼마 되지 않아 고치는 것은 적당하지 않다.'는 이유로 많은 이들이 다투어 논하기를 그만두지 않아서 조정이 안정되지 않았다. 그는 "당초에 어찌 이처럼 극도에 이를 것을 알았겠는가?"라는 말로 자신의 심정을 표현하였다.[284]

12월 2일에 영사 허종과 우참찬 유지가 창경궁에 나아가 대비를 만나 뵙고, 중이 되는 것을 금하는 영令을 해체하는 것은 옳지 못하다고 하여, 많은 사람이 다투어 조정이 매우 불안함을 아뢰었다. 이에 대해 두 대비가 언문으로 써서 보인 글 가운데는 다음과 같은 말이 들어 있다.

> 주상이 간관을 대우하여 용서하고 온화한 말로 어린아이를 달래듯이 하기 때문에 대간이 일마다 번거롭게 계달한다. 그러나 간하여 다투는 일 또한 경중이 있는데, 일이 만약 가벼우면 마땅히 임금의 뜻을 따라서 시행한 연후에야 상하가 화목해질 것이다. 그런데 지금 경중을 헤아리지 아니하고서 기어이 청하여 허락을 얻으려고 기약하니, 그렇다면 임금의 권세가 어디에 있겠는가? 정사가 대간에게 매어 있으면 예로부터 잘못된 것이라고 하였는데, 만약 임금을 사랑하는 것으로 마음을 삼으면 마땅히 깊이 생각하여 이처럼 극도에 이르지는 않을 것이다.

두 대비의 생각으로는 임금을 통해서 언문으로 보여 주면 받아들여질 것이라 여겼는데, 임금이 간관에게 권위를 보이지 못하고 온화한 말로 어린아이 달래듯이 하기 때문에 대간이 기어이 청하여 그 뜻을 관철하고자 함을 비판하고 있다. 허종과 유지가 물러나와 대비의 말을 전하

284 《성종실록》 23년 12월 5일(신축).

자 성종은 "경 등은 일찍이 나를 아뢰지 아니하였다고 하더니, 이제 알 수 있을 것이다."라고 하였다.[285] 이는 성종이 대비를 설득하지 않은 것이 아니라 못한 것이라는 점, 그리고 성종이 대비의 뜻을 꺾기 위해 언문전지를 공개하고 이 문제를 주목하게 한 것은 아니라는 점을 말해 주고 있다. 하지만 대비가 대간에 휘둘리는 임금을 비판하며 "임금의 권세가 어디에 있는가."라고 언급한 이상, 성종은 더 이상 이 문제와 관련하여 대비의 언문을 핑계 삼아 회피할 수 없었고 '자신의 손으로' 이 문제를 처리해야만 했다.

3. 다시 중지된 도첩제

성종 23년 12월 5일에 성종은 승정원에 "요즈음 자지慈旨에 따라서 부득이 금승법禁僧法을 고치도록 명하였는데 이 때문에 조정이 안정되지 아니하니 당초에 어찌 이처럼 극도에 이를 것을 알았겠는가."라고 말했다. 그러면서 "이제 다시 그 법령을 세우고자 하니 영돈녕 이상과 의정부로 하여금 절목을 상의하여 아뢰"도록 전교하였다. 두 대비의 전지를 공개하면서 '도승의 법'의 중지를 철회했지만, 신료들과 유생의 반대가 극심해지고 조정이 혼란하자 '결자해지'의 마음으로 자신이 책임지고 법령을 다시 세우고자 하는 강한 의지를 보여 준 것이다. 이에 사헌부에서는 도승의 법을 세운 본래의 뜻을 참고하여 그 미진한 절목을 갖추어 다음과 같이 아뢰었다.

285 《성종실록》 23년 12월 2일(무술).

1. 법을 어기고 중이 된 자는 각 마을의 색장色掌과 유나승維那僧이 나타나는 대로 고발하여 따라서 곧 역役을 정하되, 만약 숨기고 고하지 아니하는 자가 있으면 그 유나승은 도첩이 있고 없음을 따지지 않고 일체 모두 역을 정하고, 색장은 제서유위율(임금의 명을 어긴 죄)로 논하게 한다.
1. 요즈음 비록 도승을 허락하지 않는다 하더라도 간사하고 남을 속이는 무리들이 역을 피하는 것을 이롭게 여겨 자제로 하여금 머리를 깎게 하는 경우가 많으니, 이 뒤로 가장家長은 '제서유위율'로 논하며 그 인보隣保도 아울러 죄에 저촉되게 한다.
1. 몰래 머리를 깎는 사람이 있으면 그 사승師僧은 도첩 유무를 물론하고 죄를 과하여 역을 정하게 한다.
1. 관리가 절에 가서 추쇄하지 못하기 때문에 절에 많이 숨어 있으니, 이 뒤로는 그 절을 주관하는 중은 도첩의 유무를 묻지 말고 충군充軍하게 한다.
1. 법을 어기고 중이 된 자는 비록 잡아서 역을 정한다 하더라도 곧 도망해 피할 것이니, 허접許接한 절의 중은 도첩의 유무를 묻지 말고 충군하고 허접한 가장 및 인보는 '제서유위율'로 논하게 한다.

사헌부에서 아뢴 조목에 대해서 의논하도록 하였는데, 대신들은 2조부터 4조까지의 조를 고치고 새로이 "도첩이 없는 중을 검거할 때에 도첩이 있는 자를 아울러 구집拘執하는 자는 역시 '제서유위율'로 논하게 한다."는 조를 보충하였다. 성종은, 대신들이 의논해 고친 것이 이전의 법과 다름이 없다는 이유를 들어 새로이 의논한 것은 모두 삭제하고 새로 세운 조목만 남겨 두도록 함으로써, 중이 되는 것을 금하는 금승절목이 시행되었다.[286] 다시 말하면 사헌부가 아뢰었던 위의 5가지 절목을 그대로 유지하고 대신들이 새로 세운 한 조목을 추가하여 금승절목을 확정하였다. 이로써 결국 두 대비가 언문으로 전지하기 이전의 법을 다시 회복하였다.

앞서 살펴본 4장(경제정책)에서는 성종이 재위 3년에 혁파했던 내수사의 장리長利를 재위 13년에 다시 부활시킨 사건을 다룬 바 있다. 당시 성종은 내수사 장리의 부활과 관련하여 대왕대비(정희왕후)의 명령, 많은 자손, 사채에 견주어 상대적으로 싼 이자 등을 이유로 내세웠다.[287] 그리고 여기에는 내수사의 장리를 혁파한 성종 3년 이후에 비록 공해전 3천 결을 내수사에 붙여서 조세를 거두어 왕실 경비를 충당해 왔지만, 성종 13년에 이르러 내수사 재정이 한계에 도달했던 점도 내수사 장리의 부활에 한 요인이 되었음을 지적한 바 있다. 성종이 "전일에 (장리를) 폐지한 것은 축적한 것이 많았기 때문이며, 지금 다시 세우는 것은 세 대비의 수용需用을 위하여 부득이한 것이다."라고 말한 것은 그러한 상황을 보여 준다.[288]

성종 13년 11월에 내수사의 장리를 부활시킨 것과 성종 23년 11월에 도첩제를 다시 시행한 것은 대비의 뜻을 따른 것이라는 공통점이 있다. 그런데 내수사 장리를 부활시킨 것과는 달리, 도첩제 부활은 이루어지지 못하고 성종 23년 12월에 결국 중지되었다. 이런 차이가 발생한 이유는 무엇일까? 생각하건대 내수사 장리는 '세 대비의 수용'을 충당하기 위한 측면이 강한 반면, 도첩제의 시행은 대비들의 신앙심을 존중하기 위한 측면이 강한 사안이었다. 비록 장리의 부활로 생긴 부작용과 피해

286 《성종실록》 23년 12월 7일(계묘).
287 《성종실록》 13년 11월 2일(병신).
288 《성종실록》 13년 11월 29일(계해).

가 발생할 수도 있지만, 세 대비의 생활비용을 지원하지 않을 수 없는 것이었다. 하지만 대비의 불교적 신앙은 조선왕조가 표방하는 유교적 이념뿐만 아니라, 성종 자신의 개인적 신념과도 맞지 않는 것이었다. 더욱이 도첩제의 시행으로 국왕의 권위 자체가 흔들리는 상황이 되었다. 그리고 정희왕후가 생존해 있던 성종 13년과 달리, 두 대비만 생존해 있는 성종 23년에는 성종이 대비의 뜻을 거슬러서 국왕으로서 리더십을 발휘해서 스스로 결정할 수도 있는, 아니 그래야만 하는 상황이었다. 도첩제의 시행 중지는 그 점을 보여 준 사례였다.

성종이 친정을 선포하면서 내린 교서의 핵심내용은 "효치孝治를 나타내어 백성의 풍속을 후厚하게 한다."는 것이었다. 선왕인 세조에 대한 효를 다하고, 백성의 풍속을 교화시켜 나가겠다는 것이다. 그러나 효치와 교화는 때로는 서로 모순될 수 있는 목표였다. 탐오한 관료에 대한 교화는 자칫 세조대의 정치와 유산을 부정하는 결과를 초래할 수도 있기 때문이다. 특히 세조대에 성행했던 불사와 관련하여서는, 효치와 교화가 정면충돌할 수밖에 없는 상황이었다. 성종대의 도승법을 둘러싼 논쟁은 그 점을 극명하게 보여 주고 있다. 주목할 점은 성종이 양자택일의 상황에서 결국 교화를 선택했다는 사실이다. 그것은 단지 북정에 따른 군액의 부족이라는 현실적인 측면이나 도첩제의 시행으로 국왕의 권위가 흔들리는 위험 때문만은 아니었다. 자신이 즉위 이래로 표방해 온 바와 같이, '백성의 풍속을 후하게' 하기 위해서는 도첩제가 야기하는 폐단을 끊어야 한다는 결단의 산물이었다. 비록 '효치'에 어긋나는 일이라고 할지라도, 백성의 풍속을 바로잡기 위해서는 반드시 필요한 '처방'이었다.

이제까지 제2부에서는 성종의 정치비전과 그 형성과정 및 시대상황에 대한 문제인식과 진단 등을 살펴보았고, 제3부에서는 그러한 인식과 진단에 입각해서 어떤 정책적 처방을 내리는지에 관하여 살펴보았다. 구체적으로 왕실운영과 인사정책, 법제의 정비와 경제정책, 그리고 불교정책 등을 중심으로 유교적 교화의 과정에서 나타나는 여러 문제들과 한계를 극복하기 위해 국왕으로서 고민하며 결단하는 모습들을 조명해 보았다.

이제 제4부에서는 성종이 리더십을 발휘하여 내린 정책적 처방을 지속적으로 추진해 가기 위해서, 어떻게 정치적 환경을 조성하고 지지를 이끌어 내고 있는가를 살펴보고자 한다. 먼저 성종시대 이후 홍문관이 언관으로 등장하면서 세조시대 이래로 침체되어 왔던 언론이 활성화되는 것에 주목한다. 필자는 이것이 교화정책의 효율적인 수행을 위한 정치지형의 조성과정이라고 판단한다. 다음으로 성종이 언관의 활성화를 통해 이루어진 공론정치를 바탕으로 중재적 리더십과 포용적 리더십을 발휘하여 교화정책에 대한 격렬하고 비판적인 지지를 이끌어 내고 있음을 검토한다. 이를 통해 성종시대 이루어진 '교화의 정치'의 진면목에 한걸음 더 다가설 수 있으리라 판단한다.

제4부 지지의 동원

1장 공론정치: 언론의 활성화

1. 유교 이념의 힘

성종대 언론 활성화의 요인과 관련해서는, 성종 중기 이후 김종직이 경직京職에 복귀하고 그의 문인들 또한 중앙정계로 진출이 활발해져 사림 세력이 대간직에 두루 포진하게 되면서부터라는 견해가 있다. 성종의 지원에 힘입어 역량을 강화시켜 온 홍문관이 성종 19년을 계기로 언관화를 통해 언론삼사체제를 갖추며 이전과는 질적으로 다른 언론 행사가 가능하게 되었다고 보는 견해, 그리고 성종 7년 친정이 시작되면서 훈구대신들을 견제하고 왕권을 강화하고자 국왕이 언론을 우용하는 것을 계기로 점차 활성화되었다고 보는 견해도 있다.[1] 대체로 이러한 주장들은 성종대의 언론 발달을 대간 및 홍문관에 대한 국왕의 지원과 그 연장선상에서 사림파와 같은 새로운 정치세력의 등장을 근본적인 요인으로 파악하고 있다. 그리고 이 관점에서는 수렴청정과 원상제가 시행되던 친정 이전에는 언관이 활성화되지 않은 것으로 간주하고 있다.

하지만 송웅섭의 연구에 따르면, 친정 이전의 언론 역시 그동안 생각했던 것보다는 훨씬 더 활발하게 진행되고 있었을 뿐만 아니라, 활성화된 시기의 언론 형태와도 아주 유사한 측면이 있다. 오히려 이 시기에

1 이병휴, 〈사림세력의 진출과 사화〉, 《한국사》 28, 1996; 최이돈, 《조선중기 사림정치구조 연구》, 일조각, 1994; 남지대, 〈조선 성종대의 대간 언론〉, 《한국사론》 12, 1985.

나타나고 있던 언론의 양상들이 점점 더 관행으로 굳어지면서 더 활성화된 것처럼 느껴질 만큼, 친정 이전의 언론은 이전시기와는 매우 다른 양상을 보이고 있었다. 즉 기존의 인식과는 달리 성종 전반기의 언론활동은 비록 수렴청정과 원상제가 시행되고 있었음에도, 위축되어 있기는커녕 이전의 어느 시대와 비교해서도 확연하게 달라진 양상을 보이고 있었으며, 성종 중후기와도 그다지 확연한 차이가 없다는 것이다.[2]

그렇다면 이처럼 성종 즉위 초에 활발한 언론활동이 가능할 수 있었던 배경은 무엇일까? 그 배경 가운데 하나는 성종대에 활발한 언론활동이 가능했던 언론환경 또는 정치환경이 마련되었다는 점이다. 이것은 대간이 추구하는 이념과 가치에 입각한 언론을 현실정치의 무대에서까지 그대로 드러낼 수 있느냐와 관련되어 있으며, 언론(언관)의 역할과 중요성에 대한 국왕의 인식 여부 또는 언론환경에 대한 지배층의 태도와 연결된 문제이다. 성종의 경우, 수렴청정기에 경연을 통해서 유학 이념을 학습해 가면서 자연스럽게 유교적 공론정치의 중요성을 깨닫고 있었다. 그 시기에 성종이 역대 어느 임금보다 더 경연에 적극적으로 참여하고 신하들과 강론과 토론을 하면서 군주에게 필요한 정치적 소양을 쌓아가고 있었다는 것이 그 사실을 말해 준다.

언론환경에 대한 지배층의 태도와 관련하여, 송웅섭은 국왕을 정점으로 하는 수직적 위계질서가 이완되면서 국왕과 측근인사들의 관료 일반에 대한 통제력이 약화되었다는 점을 지적한다.[3] 성종은 세자를 거치지 않았고 정희왕후의 선택으로 즉위한 어린 군주였기 때문에, 세조와 같

---

2 송웅섭, 〈조선 성종대 전반 언론의 동향과 언론 관행의 형성〉, 《한국문화》 50, 2010, 31-32쪽.

3 송웅섭, 앞의 논문, 2010, 42쪽.

은 정도의 자의적인 권력 행사는 고사하고, 수렴청정과 원상제의 보호 아래서 국왕으로서 자질을 키워 나가야 했다. 이러한 국왕의 위상 변화는 군주의 측근세력으로 활동하던 원상들과 재상 그룹의 위상 역시 저하시키는 결과를 초래하였다. 게다가 신숙주·최항 등과 같은 핵심 공신들의 사망으로 공신권력의 구심점이 상실되고 공신 그룹 전체의 응집력 역시 약화되는 실정이었다. 이 같이 변화된 정치환경은 성종으로 하여금 새로운 '친위세력'을 확보해야 하는 과제를 안겨 주었다는 것이다.

송웅섭은 성종이 홍문관원들에 대한 지원을 통해 친위세력을 확보하고자 하였으나 결과적으로 성공하지 못했다고 지적한다. 그 이유는, 홍문관이 국왕의 지원 아래 조정의 대소사에 시비분별을 전담하는 위상을 갖게 되었지만, 홍문관원들은 국왕의 가신으로서 정체성을 갖기보다는 도학과 공론에 더 우월한 가치를 부여하는 입장을 중시함으로써, 결과적으로 왕권을 약화시키는 방향으로 나가고 있었기 때문이라고 한다. 이로 말미암아 국왕과 측근 재상들 간의 공고한 연합 속에서 일반 신료들과 언론을 통제하던 조선초 이래의 권력관계가 더 이상 유지되기 어려웠고, 그 과정에서 언론은 그동안의 압박으로부터 벗어나 활발한 활동을 위한 여건을 마련해 갈 수 있었다는 것이다.

성종대 언론이 활성화된 배경과 관련하여 주목할 또 다른 점은, 세조대 폐지되거나 축소되었던 여러 가지 제도들, 특히 청요직임淸要職任들의 활동과 관련한 직제들이 성종의 즉위와 함께 복구되거나 신설되고 있었다는 사실이다. 성종 초반에 복구된 제도들을 구체적으로 나열해 보면 다음과 같다. 경연의 재개, 야대의 신설과 같은 경연 관련 제도의 부활, 예문관 직제의 변경, 예문록의 작성, 예문관원의 구임과 차자승진에 대한 보장, 사가독서제의 부활 등과 같은 집현전 관련 직제의 복구, 사간원 인원의 증원, 서경법의 복구, 언관들의 차자 사용 등이다. 이들은 언

사진 27 경복궁 집현전. 지금의 수정전.

론 활성화에 기초가 되는 제도들이다. 특히 경연제의 복구를 통해서 간관들의 경연 입참이 제도적으로 보장되어 국정 현안에 대한 논의에 접하게 되고 하정下情을 상달할 수 있는 루트가 확보되었다는 점, 예문관 직제의 변화를 통해 부활한 옛 집현전 제도는 인재 양성이라는 목적 이외에도 집현전이 언관화되고 정치 현안에 깊숙이 개입했던 세종대 후반의 양상이 다시 재개될 가능성을 내포하고 있었다. 게다가 예문록(후에 홍문록)이라는 본관本館의 입장이 반영된 독자적인 인선人選 방식을 확보하게 되었다는 점에서 폐지 이전의 집현전보다도 한 단계 진일보한 것이었고, 이는 예문관원들의 정치적 영향력이 더 확대될 것을 예고하는 것이었다.[4]

요약하면, 친정 이전에 언론활동이 활성화될 수 있었던 요인은 그것을 가능케 하는 언론환경 또는 정치환경이 마련되었다는 점이다. 특히 나이 어린 성종이 왕위에 오름으로써 언론에 대한 전반적인 통제력이 그 이전(세조시대)에 견주어 약화되었기 때문이라고 할 수 있다. 수렴청정기간 동안 국정을 주도하였던 원상들과 재상들 역시 핵심적 공신들의 사망으로 구심력과 응집력이 점차 약화되었고 이로 말미암아 언론에 대한 통제력을 발휘하지 못했다. 이러한 상황을 타개하고자 성종은 새로운 친위세력을 확보해야 했고 이를 위해서 청요직임들의 활동과 관련한 직제를 복구하거나 신설했다. 그러나 언관의 속성상 그들은 국왕을 지지하는 친위세력으로 활동하기보다는 오히려 도학의 이념을 내세우며 국왕과 구신들에 대한 비판세력으로 활동했다. 성종 초기 청요직의 개편은 집권층에서 볼 때 일종의 '의도하지 않은 결과'를 가져왔다는 설명이다.

여기서 다시 의문을 제기해 볼 수 있다. 성종과 그 측근세력은 청요직의 복구와 신설이 왕권을 확장시키기보다는 오히려 약화시킬 수도 있다는 점을 몰랐을까? 이와 관련하여 필자는 성종이 그 점을 인지하고 있었다고 판단한다. 성종은 세종을 자신의 롤모델로 삼고 있었다. 세종시대는 집현전과 경연을 중심으로 언관이 활성화되고 공론정치가 이루어졌다. 특히 집현전의 위상과 기능이 커졌고 정책지원 기능을 넘어서 세종 말년에는 정치적 비판기능도 담당했고 왕(권)에 대한 당돌한 비판도 망설이지 않았다. 세조(수양대군)의 쿠데타에 대한 비판과 단종복위사건을 주도한 것도 그들이었다. 세조가 집현전을 폐지한 것은 그것이 왕권의 유지나 강화에 도움이 되지 않는다고 판단했기 때문이었을 것이다. 성종이 이러한 전대의 사실을 모를 리 없었다. 그럼에도 그가 공론

---

4 송웅섭, 앞의 논문, 2010, 33-34쪽.

활성화와 집현전의 부활을 선택한 이유는 무엇일까?

두 가지 이유를 생각해 볼 수 있다. 하나는 '이념의 힘'이다. 즉위 이후 7년 동안 동안 성종은 성리학의 이념적 세례를 받았다. 긴 시간이라고 할 수는 없지만, 결코 짧다고도 할 수 없는 수련의 시간이었다. 성종은 이 시기에 역대 어느 왕보다 더 열심히 경연에 참여하였고 열정적으로 성리학적 지식을 빨아들였다. 그 결과 성종은 자신이 처한 시대의 실상을 바라볼 수 있는 안목을 형성할 수 있었다. 지식을 배우면 배울수록 현실과의 간극이 큼을 느꼈다. 성종은 친정 초기에 언관들조차 대신들과 결탁하고 탐오함에 물들어 본연의 기능을 상실했음을 비판하고 변화를 촉구했다. 언관이 크게 일신하여 본연의 기능을 회복하는 것이 종국에는 자신에 대한 비판의 칼로 돌아올 수 있음을 인식하고도 내린 결정이었다. 이러한 그의 판단을 설명하기 위해서는 그가 즉위한 이후 경연을 통해서 지속적으로 학습했던 성리학 이념의 힘을 고려하지 않을 수 없을 것이다.

정두희 역시, 성종대 대간의 활동이 활발하였던 것은 이 시대에 와서 유교적인 이념이 현실정치에서 적극 반영되어야 한다는 인식이 확대되었기 때문이라고 주장한 바 있다. 물론 그 이전의 대간들이, 대간제도의 설치목적이 유교적인 이상정치를 구현하는 데 있다는 것을 몰랐을 리가 없다. 그러나 그들은 당시의 정치적인 현실 속에서 자신들의 이념적인 이상을 조화시키는 것으로 만족했다. 반면에 성종대의 대간은 그들의 활동을 제약하는 현실정치의 구도에 과감하게 도전했다. 유교적 통치이념의 발달과 이러한 이념을 반드시 구현해야 한다고 믿는 사람들의 발언권이 확대된 것이다.[5]

5 정두희, 《조선시대의 대간연구》, 일조각, 1994, 160-161쪽.

둘째는 '지지의 동원'이다. 성종은 친정 당시에 "민풍을 후하게" 만들기 위해서 교화의 정치를 이루어 갈 것을 선포했다. 그런데 교화는 국왕 혼자서 이룰 수 있는 과제가 아니었다. 임금이 먼저 스스로 모범을 보이는 것만으로는 충분하지 않았다. 더구나 사풍의 쇠락함과 관리들의 탐오함은 극심했다. 교화의 과제를 함께 수행할 우군友軍도 없었다. 이로 말미암아 성종은 새로운 인물의 등용을 추진했고 언관의 기능을 활성화하고자 했다. 그러나 그것은 단지 친위세력의 확보를 목표로 하는 것은 아니었다. 활발한 언론 활동으로 이루어지는 공론정치를 통해서 교화정책을 널리 알리고 강력하게 추진하며 폭넓은 지지와 참여를 이끌어 내기 위한 것이었다. 언론의 활성화와 집현전의 부활, 곧 홍문관의 언관화는 친위세력의 확보라는 차원을 넘어서 교화정책의 전파와 지지층의 확산을 위한 의도적인 선택이었다고 판단된다. 여기서 필자가 말하는 '지지의 동원'은 친위세력의 확보보다 더 넓은 개념이다. 즉 단지 자신의 정책에 무비판적으로 지지하고 추종하는 측근세력의 양성에 그치는 것이 아니라, 임금의 정책이나 조치에 대한 공개적 반대를 표명할 수 있고 때로는 임금에 대해서조차 비판할 수 있는 세력도 포함한다. 이런 점에서 볼 때, 언관이 공론정치의 틀 속에서 국왕과 대신을 공격하는 것과 교화를 위한 지지의 동원은 서로 모순하지 않는다.

뿐만 아니라 세종의 경우에서 보는 바와 같이, 공론정치 안에서 임금과 신하가 정책 토론을 하고 비판하는 것이 왕권을 약화시키기보다는 오히려 왕권의 정당성을 높여 준다. 더욱이 언관이 국왕과 대신을 비판하는 것 자체가 성종이 표방하는 교화에 대한 적극적인 지지의 표출이라고 볼 수 있다. 뒤의 2장과 3장에서 살펴보는 바와 같이, 홍문관을 포함하는 언관이 국왕과 대신을 비판한 것은 교화정책 자체에 대한 반대가 아니라, 교화의 이념에 부응하고 따라가지 못하는 대신들에 대한 비판이고 그러한 대신들을 포용하고자 하는 성종의 조치에 대한 반대였다. 대신들 역시 성종이 내세우는 교화의 명분에 반대하는 것은 아니었고, 다만 교화의 정치가 초래할 수 있는 위험성을 우려했던 것이다.

성종 전반기의 활발한 언론활동과 관련하여 주목해야 할 또 다른 한 가지는 후대에 '대체臺體' 또는 '대례臺例'라고 불리는 언론 관행의 토대가 되는 언론 행태들의 정착이다. 집정자가 누구이든, 또 누가 언관에 임명되든지, 정치 상황에 크게 구애받지 않으며 안정적으로 언론 행사를 가능하게 하는 장치로서 언론 관행이 정착되고 있었다. 그리고 그렇게 형성된 언론 관행들은 다시 언론 활동을 강화하는 근거이자 수단으로 활용되었다. 이러한 관점에서 이 시기에 나타나고 있던 언론 관행들의 구체적 사례를 다섯 가지로 분류할 수 있다. 즉 언관들의 결속력 강화, 풍문 탄핵의 정착, 경연을 통한 언론 지원체제의 정착, 사신논평을 통한 언론의 지원 및 압박, 예문관의 언론 행사 등이다.[6]

이 장에서는 이러한 사례들 가운데 특히 예문관·홍문관의 언론권 행사를 중심으로 성종시대 언론 활성화의 계기와 양상을 살펴보겠다. 이를 바탕으로 다음의 2장, 3장에서는 성종집권 후반기의 교화논쟁을 살펴보면서 성종이 활성화된 언관의 비판과 도전 속에서 어떤 논리와 리더십으로 지지를 동원하고 교화를 수행해 갔는가를 검토하고자 한다.

2. 예문관의 위상 변화

본래 예문관은 조선시대에 임금의 말이나 명령을 대신하여 짓는 것

6 송웅섭, 앞의 논문, 2010, 37-53쪽.

을 담당하기 위해 설치한 관서를 말한다. 조선왕조가 개창되면서 고려 말의 제도를 따라 예문춘추관을 두어 교명敎命과 국사國史 등의 일을 관장하게 하였는데, 1401년(태종 1년)에 예문관과 춘추관으로 분리·독립되었다. 세조는 고론高論과 간쟁을 잘함으로써 왕권 강화의 걸림돌로 위협을 주던 집현전과 그 출신을 꺼려 사육신 사건을 계기로 1456년(세조 2년)에 집현전을 혁파했다. 집현전에서 수행하던 인재양성과 학술적인 기능을 예문관에서 일부 대행하였고, 집현전에 소장된 서적은 예문관에서 관장하도록 하였다. 그 결과 집현전이 수행하던 중요한 직무는 폐기되었고, '인재의 양성'과 '문운文運의 진흥'을 위한 사명도 끝나고 말았다. 그러나 인재양성과 학문진흥은 어느 시대를 막론하고 소홀히 할 수 없는 과제였으므로, 이를 수행할 새로운 기관이 요청되었고 그 기능을 예문관이 맡게 되었다.[7]

집현전 혁파 뒤에 가져온 문풍의 쇠퇴와 인재의 점감漸減은 장래의 정치에 큰 위협이 아닐 수 없었다. 이와 같은 문제를 해결하고자 세조가 채택한 것이 예문관에 겸관(직)을 두는 제도였다. 이 제도는 문신들이 직무에 얽매여서 학문에 전념하는 자가 적으므로 3품 이하 문신들 가운데 연소하고 총민한 자 15명을 뽑아 예문관직을 겸하게 하여 이들로 하여금 예문관에서 학문을 닦게 하자는 것이었다. 세종이 집현전의 관원을 육성·권장하던 방법과 같다. 다른 점은 전임관이 아니고 겸관으로 대신했다는 것이다.[8] 이처럼 실직實職이 아닌 겸직이었다는 점에서 전문성을 기르는 데 한계가 있었다.

성종은 어린 나이로 왕위에 올랐기 때문에 경연의 강화가 불가피했

7 최승희, 《조선초기 언론사연구》, 지식산업사, 2004, 229-230쪽.
8 위의 책, 232-233쪽.

다. 게다가 선택된 군주라는 입장에 있었기 때문에, 세조나 예종처럼 경연에 대한 반감을 노골적으로 드러내기 어려웠다. 경연에 성실하게 임하는 것이 자신에 대한 선택이 올바른 결정이었음을 증명하는 측면이 있었기 때문에, 성종대의 경연은 애초부터 활성화될 소지가 있었다. 예문관의 점진적인 기능 확대를 통해 집현전의 직제들이 복구되어 홍문관이라는 새로운 관서로 부활한 것은, 세종대 집현전을 통해 인재를 양성하고 그들이 국정의 중추로 성장해 갔던 상황이 성종 초반부터 재개되고 있음을 의미한다. 때문에 향후 국정 운영에서 홍문관의 비중 확대와 그에 따른 문한文翰 기능 담당 인사들의 역할 증대는 자연스럽게 이루어지게 되었다.[9]

앞서 제2부의 2장에서 언급한 바와 같이, 성종시대의 경연은 그 이전부터 있었던 조강과 주강뿐만 아니라, 석강과 야대까지 실시되었다. 성종은 조선 역대 제왕 가운데 가장 왕성한 학구열을 보여 주었다. 성종이 즉위하여 경연에 나아가려 할 때, 신숙주가 경연을 행하는 방법에 대한 사목을 계진하였고[10] 이에 따라서 성종 원년 2월에 경연이 시작되었다. 이와 함께 경연관직이 신설되었고 예문관에서 해당 업무를 담당하게 되었다. 이 과정에서 예문관은 옛 집현전 직제에 따라 15명의 전임관원을 증직하였다. 즉 1470년(성종 1년)에 예문관에는 이전 집현전 직제에서의 부제학(정3품 당상관)에서 부수찬(종6품)에 이르는 관직이 더 설치된 것이다.[11] 이로써 예문관은 과거 집현전과 예문관의 복합적인 기관으로 변하였다. 또한 예문록 작성을 통해 우수한 인재를 확보하려

9 송웅섭, 〈성종의 즉위와 국정운영 방식의 변화〉, 《사학지》 49, 2014 229-232쪽.

10 《성종실록》 즉위년 12월 9일(무오).

11 《성종실록》 1년 4월 26일(갑술).

는 노력 속에서 예문관원의 구임久任이 이루어졌다. 성종 5년 4월에 대사헌 이예가 세종 때 집현전의 예를 따라서 예문관원이 다른 관官으로 전직하는 것을 허락하지 말고 유능한 학자를 양성할 것을 건의하였다.[12] 성종은 그에 따라서 특별한 경우를 제외하고 예문관원은 다른 관으로 전직하는 것을 불허하였다.[13] 이와 함께 사가독서가 다시 시행되었다.[14] 세종시대에 시행되었다가 집현전의 혁파와 함께 없어진 사가독서 제도가 성종 7년에 다시 시행되었다는 것은 언관의 부활이나 언론의 활성화에 의미 있는 일이었다. 하지만 예문관원의 질적인 수준에서 볼 때, 아직 옛 집현전과는 견줄 수 없었고, 자격이나 적성이 맞지 않는 자들도 끼어 있어서 종종 예문관원의 자질이 문제되기도 했다.[15]

성종 9년(1478) 1월에 새로 등과한 젊은 관료들로 하여금 학술적 기관에 근무할 기회를 넓혀 주기 위하여 옛 집현전 직제에 따라서 예문관에 참하관을 병설하기로 결정하였다.[16] 2월에는 예문관에 박사(1명), 저자(1명), 정자(2명) 등에 이르는 참하관을 설치하였다.[17] 과거 집현전의 박사(정7품)에서 정자(正字, 정9품)에 이르는 관직까지 가설되어 예문관은 집현전과 예문관의 완전한 복합체가 된 것이다.

이처럼 예문관 안에 집현전과 본래 예문관의 직제가 병합되자, 봉교·대교·검열 등 종래의 예문관 참하관 8명에게 독립된 기관을 설치해 줄 필요가 있다는 의견이 제시되었다. 수차례의 논의 끝에 예문관 부제학

12 《성종실록》 5년 4월 8일(임술).

13 《성종실록》 6년 10월 12일(무자)

14 《성종실록》 7년 6월 4일(을해).

15 《성종실록》 6년 10월 12일(무자), 6년 11월 1일(병오).

16 《성종실록》 9년 1월 30일(계사).

17 《성종실록》 9년 2월 28일(신유).

이하의 각원各員은 홍문관을 별도로 설치하여 실직으로 옮겨 임명하고, 종래의 예문관 참하관인 봉교 이하의 8명은 그대로 예문관에 남게 되었다.[18] 즉 예문관에 중첩 설치되었던 구 집현전 직제는 홍문관으로 이관되고 예문관은 임금의 말이나 명령을 대신하여 짓는 것을 담당하는 종래의 예문관으로 돌아간 것이다. 이로써 집현전은 사육신 사건을 계기로 세조 2년(1456)에 폐지된 지 22년 만에 홍문관의 이름으로 부활하게 되었다. 홍문관은 본래 세조 9년에 장서기관으로 설치되었는데, 성종 9년에 이르러 예문관으로부터 옛 집현전의 직제와 기능을 넘겨받음으로써 명실상부한 집현전의 후신으로 성립되었다.[19]

성종 친정 이전의 예문관의 직접적인 언론활동은 주로 간쟁·시정·인사에 대한 이의 제기·척불斥佛 등과 관련된 내용이었다. 이 가운데 간쟁은 주로 덕종 추존·행행行幸의 정지·사관입시·영선營繕의 정지 등과 관련된 사안이었고, 시정은 흥학·상벌·사채·의례·시무조의 진술 등과 관련된 내용이었다.[20] 특히 예문관에서 간쟁한 언론 가운데 '예문관의 언관화'와 관련하여 주목되는 사례는 성종 3년과 6년의 예문록 선발 문제이다. 여기서 이 문제에 대한 실록의 기록을 검토하고자 한다.

1) 성종 3년의 예문록 작성

예문록은 예문관의 벼슬아치를 뽑을 때, 대제학 이하 여러 사람들이 각각 그 후보자의 성명 아래 권점(둥근 점)을 찍어 그 점수의 많고 적음에 따라 뽑는 일, 또는 그 후보자 성명을 적은 기록을 말한다. 성종 3

18 《성종실록》 9년 3월 19일(신사).

19 최승희, 《조선초기 언론사연구》, 앞의 책, 246쪽.

20 위의 책, 515-523쪽.

년 9월 24일에 의정부와 모든 관館의 당상 및 육조의 참판 이상이 모여 예문록을 만드는 데 감내할 만한 자로서 윤효손 등 30인을 의논해서 뽑아 아뢰었다. 그런데 다음 날 예문관 부제학 유권 등이 전날 예문록 30인을 뽑은 것이 부정하다고 비판했다. 즉 육조의 참판 이상이 각자 아는 바대로 권점을 찍어서 점수가 많은 자를 취하였는데, 원상 등이 정精하지 못한 것을 알면서도 물의物議가 그와 같다고 여겨서 개정하지 않고 있다고 지적한 것이다.

유권 등은 세종조에는 경연관에 궐원이 있을 때 한두 사람을 선택하여 보충했다는 점을 언급하면서, "지금 수찬에 궐원이 있는 것은 청컨대 한 사람만을 가려서 쓰도록 하고 뒤에 다시 선택"할 것을 임금에게 건의하였다. 하지만 성종은 점수가 많은 자를 취하였기 때문에 정하지 못하다고 걱정할 필요는 없으며, 많은 사람을 선택해 놓았다가 궐원을 기다리는 것도 옳다고 말하면서 그 건의를 받아들이지 않았다.[21] 다음 날에도 유권 등이 예문록을 개정할 것을 청하였으나 임금이 듣지 않았다.[22] 그다음 날에 있었던 경연에서 유권은 다시 "먼젓번에 예문록을 40여 인을 뽑았고, 이번에 또 30인을 뽑아서 무릇 70여 명이 되니, 어찌 능히 뽑힌 대로 다 합당하겠습니까?"라고 말하면서 예문관원은 한 번 더 선발해서라도 정精하게 해야 함을 주장했다. 하지만 성종의 주장은 미리 많이 뽑아 놓았다가 "써 보고 그 부재不才한 것을 알게 되면 이를 버리는 것이 무엇이 어렵겠느냐?"는 것이었다.

사헌부 집의 임사홍은, 당태종의 경우 큰 천하를 가지고서도 다만 영주 18학사만을 뽑았는데, 우리나라에서는 문신은 수백 명인데 뽑힌 이

21 《성종실록》 3년 9월 25일(무오).
22 《성종실록》 3년 9월 26일(기미).

들이 70여 인에 이르렀으니 "어찌 정하다고 할 수 있겠습니까?"라고 아뢰었다. 그는 조선의 예문관은 중국의 한림원과 같은 것으로 좌우에 시종하여 임금의 덕을 보양하는 것이므로 그 책임이 중요함을 강조했다.[23] 그의 건의에도 성종은 요임금이 곤鯀을 채용하여 시험해 보고서 버렸던 고사를 언급하며 거절하였다. 다음 날 경연에서 전한 홍귀달은 이 문제를 다시 거론했다. 그 요지는 다른 관리라면 써보고 불가한 것을 안 뒤에 물리칠 수 있지만 예문관의 직책은 함부로 기용할 것이 아니며, 써보고서 물리치는 것보다는 처음에 정택精擇하는 것이 좋다는 것이었다. 하지만 영의정 신숙주는 다음과 같이 말하였다.

> 예문관에서 예문록의 간택이 정精하지 못하다 하여 여러 번 개정하기를 청했습니다마는, 신의 뜻으로는 만약 한 사람의 이름을 지목하여 같이 이를 의논한다고 하면, 의논하는 자가 공론으로 가부를 말하기가 어려웠을 것이라 여겨집니다. 그러므로 모든 문신들의 성명을 써 놓고, 각각 이름 밑에다 권점을 찍어 점수가 많은 자를 취하되, 3권 이상에 한하여 모두 수록하였다가 궐원이 있을 때를 당하면, 이조에서 인품의 높고 낮음에 따라 채용한다면 가할 것입니다. 또 많이 선택한 것은 뽑힌 자가 모두 스스로 장차 이 직책을 맡을 것이라고 여겨 분려하지 않을 수 없을 것입니다 …… 이제 경연관에는 이미 정원이 있지마는, 그 장차 경연관이 될 자가 아무리 많다고 한들 무엇이 해롭겠습니까? …… 또 경연관이 국가에서 사람을 채용하는 일에 논박하는 것은 합당한 것이 아닙니다.[24]

신숙주는 예문록의 간택이 정精해야 함을 인정하면서도, 3권 이상을

23 《성종실록》 3년 9월 27일(경신).

24 《성종실록》 3년 9월 28일(신유).

받은 자를 예문록에 수록하여 장차 예문관의 직책을 맡을 때를 대비하여 분발하도록 격려해야 함을 주장하였다. 그의 말 가운데 주목할 점은 마지막에 언급한 "경연관이 국가에서 사람을 채용하는 일에 논박하는 것은 합당한 것이 아닙니다."라는 대목이다. 그의 말을 통해서 이때까지만 해도 경연을 담당하는 예문관이 국가에서 인재를 채용하는 일에 논박하거나 개입해서는 안 된다는 인식이 존재하고 있음을 보여 주고 있다. 성종은 신숙주의 말에 따랐고, 유권의 등의 요청을 거절하였다.

2) 성종 6년 예문관의 자천제화自薦制化

성종 6년 6월 21일에 영의정 신숙주가 죽었다. 그리고 그로부터 4개월 뒤인 10월에 예문관 관원을 제수하는 일과 관련하여 다시 논의가 있었다. 이때 예문록의 문제를 재차 제기한 것은 임사홍이었다. 그는, 예문관원의 제수를 처음에는 엄격히 하였고 비록 그 사람을 다 얻지 못하였다 하더라도 모두 물망이 있는 까닭으로 공박하는 의논이 없었는데, 성종 3년에 3권 이상을 받은 자를 모두 예문록에 수록하게 함으로써 아들과 친인척 등을 청탁으로 넣은 사례가 많으며, 이조에서 제수할 때 신중하게 택하지 않음으로써 나이 많고 학문이 없는 자가 예문관에 끼게 되는 경우가 있음을 언급했다. 또한 본래 학문이 없는 사람이라면 오래 그 임무에 있더라도 진취하는 이치가 있을 수 없음을 주장하며 신숙주의 지론을 우회적으로 비판했다. 이에 성종은 그런 사례가 누구인지를 물었다. 임사홍은 최한정이 나이 50이 지나고 본래 학문이 없다는 것과 그 외에도 교리·수찬 가운데도 그러한 사례가 많다고 지적했다. 아울러 세종조 집현전에는 박사·저작著作·정자正字의 직을 두어서 연소하고 배울 만한 자를 택하여 보직시켜 차례로 천전遷轉하여 직제학·부제학에 이르게 하였고 대간의 직임을 띠어 나가고 다른 관직을 제수하지 않은 까닭으로 인재가 배출되었음을 언급하면서 예문관도 나이 많고 학문이 없는 자를 가리어 다른 관직에 임용할 것을 건의하였다. 이에 성종은 다음과 같이 말하였다.

> 그대의 말이 옳다. 만약 원상으로 하여금 선택하게 하면 어찌 다 알 수 있겠는가? 또 혹 한곳에 있는 것을 싫어하고 청하여 나가는 자가 있을까 두렵다. 서로 아는 것은 동료만 같은 것이 없으니, 예문관으로 하여금 의논하여 아뢰게 하라.[25]

성종은 원상이 재주 있는 연소자들을 아는 데 한계가 있음을 지적하고 앞으로는 예문록 선발에 예문관 동료들이 서로 의논하여 결정하고 보고하도록 지시했다. 이제까지 재상을 중심으로 예문록을 선발한 것을 변경하여, 예문관원들이 협의하여 선발할 것을 명한 것이다. 예문관원이 언관의 성격을 띠고 있다는 점을 고려하면, '언관의 자천제'를 처음으로 지시한 것이다. 이러한 예문록 인선 방식의 개선 명령은 결국 홍문관의 선발 방식으로 굳어지게 되었고, 이는 향후 홍문관이 언론 삼사의 중심축으로 부상하여 위상을 강화할 수 있는 토대가 되었다.

이처럼 친정 이전에 예문관의 언론은 그 횟수가 많지는 않지만, 성리학적인 통치이념 및 국가 의례와 관계된 현안에서는 시비를 분변하는 담당자로 자임하며 적극적으로 자신들의 의견을 피력하고 있었다. 또한 예문록의 선발 방식 및 사관史官 임명과 같은, 자신들의 인선 문제와 관련해서도 적극적인 이의 제기를 통해 자천제적 전통을 고수하려 노력했

25 《성종실록》 6년 10월 12일(무자).

다. 그 결과 예문관원들이 중심이 된 예문록의 작성이라는 중요한 성과를 거두었다. 게다가 내수사 혁파나 훈구재상들의 특혜에 대해서도 시정을 요구하는 등, 그 내용상으로도 이미 또 다른 언론기관으로서 모습을 드러내고 있었다. 그리고 이는 향후 언론 삼사의 한 기관으로 성장한 홍문관에서 보여 주던 전형적인 모습이었다.[26]

3. 홍문관의 언관화

기존의 홍문관 관련 연구에서는 주로 훈구대신들을 견제하려는 성종의 정치적 의도나 김종직을 위시한 사림의 진출과 연관 지워 홍문관을 설명하려는 측면이 있다. 그러나 문한 기능을 담당할 유능한 인재의 확보라는 현실적인 요구가 정부 안에서 지속적으로 제기되었다. 세조의 집현전 혁파를 쉽게 뒤집기 어려운 상황에서 예문관의 기능 확대를 통해 타협점을 찾다가, 결국 성종 9년에 이르러 홍문관이라는 이름으로 집현전이 부활된 것이다. 정부 내에서 집현전과 같은 역할을 하는 홍문관의 필요성에 대한 인식이 홍문관 부활의 가장 중요한 요인이었으며, 그러한 필요성을 제기한 사람들은 바로 신숙주·정창손·홍유손 등과 같은 원상 또는 훈구재상들이었다.[27]

앞서 언급한 바와 같이, 세조 9년에 처음 나타난 홍문관은 서장書欌 기관이었다. 성종 9년에 홍문관이 예문관으로부터 분리되어 옛 집현전 기능을 회복한 이후, 홍문관은 점차 언관 3사의 하나로서 기능을 담당

26 송웅섭, 앞의 논문, 2010, 52-53쪽.
27 송웅섭, 앞의 논문, 2014, 233쪽.

사진 28 창덕궁의 홍문관(옥당)

하기 시작했다. 그런데 성종 16년에 반포·시행된 《경국대전》(을사대전)에 따르면, 본래 홍문관이 담당하는 공식적 역할은 ① 궁궐 안의 경적을 관리하고〔掌內府經籍〕 ② 문한을 다스리고〔治文翰〕 ③ 왕의 고문에 대비하는 것〔備顧問〕이었다. 즉 홍문관에서 관장하는 일에는 사헌부나 사간원와 같이 언론에 관계되는 규정은 없다. 그렇다면 홍문관은 어떤 근거로 본연의 기능을 넘어서서 언관의 기능을 담당한 것인가?

최승희는 홍문관의 직장 가운데 경연관을 겸하고 왕의 고문에 응하는 기능이 집현전의 기능과 일치하는 것이고, 이것이 왕에 대한 언론의 기회를 가질 수 있는 것이었음을 지적한다. 즉 홍문관원은 경연관으로서 경연에 입시하여 경사經史를 강講했을 뿐 아니라 국정에 관한 언론을 할 기회를 얻게 되었고, 경연 밖에서도 대간처럼 계啓·차자·상소를 통하여 언론을 하고 있었다. 이처럼 홍문관의 직무가 왕의 고문에 응하고

경연을 겸하게 되었던 것이 홍문관이 언관으로 발전하게 한 바탕이었다는 것이다.[28]

경연의 재개는 대간의 입장에서는 언로를 더 확대시킬 수 있는 기회였다. 무엇보다도 이전 시대와는 달리 조강에 사헌부와 사간원 관리가 각각 1인씩 참여하게 되는 기회를 부여받았다. 이는 세종대에 대간의 입참이 금해지고 있었던 것은 말할 것도 없고, 단종대에 간관 1인이 참여할 수 있었던 것과 비교하더라도 훨씬 더 고무적인 형태였다. 더구나 조강에 참여하는 인사들은 의정부·육조·승정원·예문관(홍문관)·대간 등 정부 안의 핵심 부서를 대표하는 신료들이었다. 이들은 강의가 끝나면 으레 정치 현안에 대해 논의하였던 만큼, 경연은 일종의 상설 연석회의

사진 29 사간원 터(경복궁 건춘문 앞)

28 최승희, 앞의 책, 2004, 249-254쪽.

의 성격마저 지니게 되었다.[29]

이처럼 홍문관 자체의 기능에 유래하는 요인 이외에도, 홍문관의 언관화를 촉발시켰던 또 다른 요인이 존재한다. 그것은 사헌부와 사간원과 같은 기존의 언론기관, 곧 대간이 언론을 하다가 죄를 받아 좌천되거나 파직되는 경우에 대간의 언론을 우용하고 언로를 넓힐 것을 청할 수 있는 제3의 언론기관이 필요했다는 점이다.[30] 예를 들어 성종 10년 8월에 대사헌 박숙진 등이 폐비윤씨와 관련된 말을 하여 왕의 뜻을 거슬

사진 30 사헌부 터(광화문 세종로 공원 앞)

29 권연웅, 〈조선 성종조의 경연〉, 《한국문화의 제문제》, 시사영어사, 1981.
30 최승희, 앞의 책, 2004, 255쪽.

렀다. 이로 말미암아 의금부에 하옥되어 추국을 받게 되었을 때, 홍문관 직제학 최경지 등이 상소를 올려 박숙진 등을 석방하고 언론을 넓힐 것을 청하였다.[31] 성종 24년 8월에 대간은 윤은로와 이창신의 서용에 강력히 반대하다가 왕의 뜻을 거슬렀다. 이로 말미암아 대사간 성현은 경상도 감사로, 사간 정석견은 김해 부사로 발령되었다. 이때 홍문관 부제학 김심 등은 "언로가 한번 막히면 그 폐단이 또한 작지 아니할까 합니다."라고 말하며 불가하다고 아뢰기도 했다.[32]

이처럼 경연 강의를 전담하던 홍문관 관원들은 경연 석상에서 대간의 입장을 지지해 주는 외각 지원부대의 역할을 담당함으로써 언론은 그만큼 견실해질 수 있었다. 게다가 간관들이 조강에만 참석할 수 있었던 것과는 달리, 경연관들은 조강-야대에 이르기까지 모든 수업에 참석하고 있었다. 또한 친정 이후로는 실질적으로 이들이 경연을 주도하는 상황이었던 만큼, 경연관들의 대간에 대한 지원은 언론 행사에서 적지 않은 도움이 되었다. 유교 이념의 원칙을 확인하는 자리라는 경연 그 자체의 속성으로 말미암아, 대간은 자신들이 발의한 안건의 정당성을 천명하며 군주의 납간納諫을 한층 더 강하게 요구할 수 있었다. 홍문관원들 역시 왕도정치의 구호 아래 언관들에 대한 제재를 반대하며 언로의 확대를 주장하였다. 성종의 즉위와 함께 시행된 경연을 통해 '언론' 그 자체가 보호받을 수 있는 지원체제가 구축됨으로써 대간들은 점차 정치적 상황에 크게 구애받지 않으며 언론 행사의 범위를 확대시켜 나갈 수 있었다.[33]

---

31 《성종실록》 10년 8월 17일(경자).

32 《성종실록》 24년 8월 1일(계해).

33 송웅섭, 앞의 논문, 2010, 45쪽.

홍문관의 언관화를 가속화시켰던 또 다른 요인이 있다. 대간은 언론 이외에도 규찰·서경·추국·결송·호종·경연의 입시 등 업무가 너무 많았다. 그 때문에 대간들이 국가적 사무 모두에 걸친 문제들을 세세하게 전문적인 깊이를 가지고 언론하기를 바라기는 어려웠다. 특히 조선은 유교정치를 내세웠으므로 유교의례에 관한 것, 학문과 학술에 관한 것, 불교 배척에 관한 것 등은 대간의 언론만으로는 만족할 만한 내용을 기대하기 어려웠다. 반면 홍문관은 집현전의 후신으로서 유학 소양이 높은 관료들이 모인 학술적인 기관이었으므로, 유교의례와 학술 및 불교 배척과 관련된 언론은 대간의 그것보다 전문적이고 권위 있는 언론이 될 수 있었다. 홍문관의 언론인 상소·차자·계啓 가운데 척불과 의례와 관련한 내용이 가장 많았던 것은 언론의 전문화와 무관하지 않다.[34] 예를 들어 성종 14년 11월에 정희왕후의 상제喪制와 관련하여 상복을 3년으로 하는 것은 불가하다고 한 홍문관 전한 김흔의 상소는 의례에 밝은 학자적 관료라야 가능한 것이었다.[35]

성종 9년 3월에 홍문관이 성립된 이후의 언론활동은 일차적으로 경연에서 이루어졌다. 그 내용 역시 국정현안에 대한 폭넓은 의견 개진을 통해서 헤아릴 수 없이 많은 사안을 두루 다루었다. 따라서 경연에서 제기된 발언들을 대상으로 그 내용을 분석하기는 어렵고, 그와는 별개로 홍문관(원)이 올린 상소·차자·계 등의 내용을 통해 언론활동을 살펴볼 수 있다. 이러한 관점에서 홍문관의 언론활동을 내용을 크게 5가지, 곧 간쟁·탄핵·시무시정·인사 이의·척불로 분류하여 검토할 수 있다.[36]

34 최승희, 앞의 책, 2004, 256쪽.

35 《성종실록》 14년 11월 2일(신묘).

36 최승희, 앞의 책, 2004, 265-268쪽.

'간쟁'에 해당하는 언론 가운데 가장 많은 것은 대간의 언론을 우용하고 언론을 열어 줄 것을 청하는 것이었다. '탄핵' 언론에 해당하는 3건은 모두 임사홍에 대한 것이었다. '시정' 관계 언론은 주로 내수사의 장리를 다시 설치하는 것에 대한 반대, 북정에 대한 반대, 그리고 정희왕후의 상제에 대한 상소였다. '인사 이의'는 3건이 있는데, 월산대군 부인의 아우였던 박원종을 승지로 임명하는 것에 대한 것과 의관醫官 송흠·김흥수와 환시宦侍 엄용선·문중선 등을 숭록대부의 품계(1품)에 오르게 한 것을 반대하는 것이었다. '척불' 관계 언론의 중심이 된 것은 승려가 되는 길을 억제하는 것과 사사전세寺社田稅의 관수官收를 위한 것이었다.[37]

최승희의 연구에 따르면, 홍문관 언론의 중심이 된 것은 간쟁 언론, 시무와 시정에 관한 언론, 척불 언론 등이었다. 탄핵 언론과 인사에 대한 이의異議는 대간의 언론 영역이므로 홍문관에서는 거의 하지 않았다고 한다. 또한 홍문관의 언론은 대간에 견주면 그 빈도는 낮은 편이었지만 전문성을 띠고 있었으며, 당시 국정에 큰 영향력을 끼친 것으로 확인된다.[38] 이 책의 제2부에서 다룬 바 있는 교화의 문제와 정치개혁의 시발점이 되었던 성종 9년의 현석규 탄핵사건은 홍문관 부제학 유진과 예문관 응교 표연말 등의 상서로 시작하고 있으며, 주요한 사건의 고비고비마다 홍문관(원)의 언론이 정국의 분수령으로 작용하고 있다. 성종 16년 승출의 법을 통한 개혁과 성종 17년 이후의 임사홍을 둘러싼 서용 논쟁 역시 홍문관이 그 중심에 서 있었다.

성종은 홍문관의 언관화를 통해서 활발한 언론 활동을 기대했고, 공

37 최승희, 앞의 책, 2004, 268-274쪽.
38 최승희, 앞의 책, 2004, 276쪽.

론정치를 통해서 자신의 국정목표인 교화정책을 널리 알리고 폭넓은 지지와 참여를 이끌어 내고자 했다. 즉 국왕의 입장에서 볼 때, 홍문관의 언관화는 친위세력의 확보라는 차원을 넘어서 교화정책의 전파와 지지층 확산을 위한 의도적인 선택이었다. 성종시대에 홍문관을 포함하는 언론 삼사는 단지 임금의 정책에 무비판적으로 추종하고 따라 주는 측근세력이 아니라, 임금의 정책이나 조치에 대한 공개적 반대를 표명할 수 있고 때로는 임금에 대해서조차 비판할 수 있는 언론 본연의 기능을 담당하였다. 언관이 공론정치의 틀 속에서 국왕과 대신을 비판하는 것과 동시에 교화를 위한 든든한 지지 세력의 역할을 한 것이다. 다음에서 살펴볼 2장과 3장에서는 더 구체적으로 그 활동을 확인해 볼 수 있다.

2장 중재적 리더십: 개전론*

1. '승출의 법' 그 이후

성종 17년 3월 5일에 성종은 형조에 전지하여 국가와 강상을 범하거나 강도한 자를 제외하고는 모두 용서하라고 지시한다. 그 이유로 "사람의 일이 아래에서 잘못되어 하늘의 꾸중이 위에서 응하매, 근년 이래로 가뭄의 재해가 잇달아 백성이 편히 살지 못하더니, 또 이달 초나흗날에 벼락이 공릉의 정자각 서영西楹을 쳤다."는 점을 들었다. 그는 "재변이 일어나는 것이 이 지경에 이르니, 벌벌 떨며 위구危懼하여 깊은 못이나 얇은 얼음에 다가선 듯이 어찌할 바를 모르겠다."는 입장을 표명했다.[39] 다음 날 의정부에 신민臣民의 억울함을 아뢰게 하여 하늘을 공경하는 뜻에 부응하라고 말하고, 이조에는 임사홍·박효원·김언신 등 112명의 직첩을 돌려주도록 하였다. 이에 사간원은 그들의 죄가 무거워서 직첩을 돌려주어서는 안 된다고 했지만, 성종은 들어주지 않았다.[40] 이를 계기로 성종 9년에 서로 붕비가 되어 조정을 어지럽게 하고 소인이라는 죄목으로 처벌을 받은 임사홍 무리가 앞으로도 조정을 어지럽힐 수 있다는 논의가 이루어진다.

임사홍 등의 직첩을 돌려주는 것과 관련하여 지속되는 언론의 반대에 대해서 성종이 내세우는 주요한 논리는 "죄받은 지 이미 오래되었거니와, 천도天道도 10년이면 변하는데, 임사홍인들 어찌 스스로 새로워지는 마음이 없겠는가?"하는 것이었다. 이른바 개전론改悛論을 내세운 것이다. 그리고 개전론에 대한 대간의 반대논리는 임사홍 등이 "붕비가 되어 서로 부르고 화답하여 조정을 어지럽혔으니, 이는 곧 요임금 때의 사흉四凶[41]이요 송나라 때의 오귀五鬼[42]"인데 "직첩을 도로 준다면 악한 짓을 한 자가 무엇에 징계되겠습니까?"라는 것이었다.[43] 소인의 무리들이 서로 붕비가 되어서 조정을 어지럽히고 종사에 죄를 지었는데, 이들에게 직첩을 돌려준다면 간당奸黨을 징계하는 뜻이 없어질 것이며, 소인은 끝내 허물을 뉘우치고 개전할 리가 없으니 간당을 징계함으로써 미

---

* 이 장은 〈성종의 중재적 리더십과 태평의 정치: 소인논쟁을 중심으로〉(《대동문화연구》 제74집, 2011)를 수정한 것임.

39 《성종실록》 17년 3월 5일(경술).

40 《성종실록》 17년 3월 6일(신해).

41 요堯임금 시대의 네 사람의 악인惡人으로 공공共工·환두驩兜·삼묘三苗·곤鯀을 말한다.

42 송宋나라의 간신姦臣인 왕흠약王欽若·정위丁謂·임특林特·진팽년陳彭年·유승규柳承珪를 말한다.

43 《성종실록》 17년 3월 11일(병진).

래의 경계로 삼아야 한다는 것이었다. 이른바 경계론警戒論이다. 성종과 대간의 견해 차이는 분명했다. 성종은 비록 소인이라고 하더라도 죄를 받아서 허물을 뉘우치는 교화가 가능하다고 보았고, 대간은 소인은 끝내 교화되지 않을 것이라고 보았다.[44]

임사홍 무리에 대한 대간의 경계심은 성종의 입장 표명에도 불구하고 해소되지 않았다. 비록 성종이 겉으로는 개전론을 내세우고는 있지만, 그 이면에는 임사홍과 왕실과의 관계에 대한 고려가 깔려 있다는 의심 때문이었다. 대간은 임사홍의 아버지가 공신이고 아들이 부마이며 그 자신도 종실과 혼인을 맺어 여러 가지로 인연이 있다는 점에서 볼 때 "뜻밖의 많은 것을 바라서 성명聖明의 정치를 흔들지 어찌 알겠습니까?"라고 비판했다.[45] 대간은 순舜이 사흉을 제거한 일을 본받고 송나라에서 소인을 쓴 일을 경계하여 간사한 자를 징계할 것을 건의하였다. 하지만 성종은 "그 아비가 공신이고 그 아들도 공주에게 장가들었으므로 직첩만을 돌려줄 뿐"이라고 답하였다.[46]

대간은 다시 '열 군자를 진용進用하는 것이 한 소인을 물리치는 것만 못하다.'는 논리를 내세우면서, 소인은 내침을 받았다가 다시 진용되면 마음을 고치지 않고 국가에 환란을 만드는 자가 많다고 하였다. 그러나 성종은 임사홍의 일은 소인을 나아가게 하고 군자를 물러가게 하는 것이 아니라고 하였다.[47] 비록 신하들이 소인을 써서 나라를 그르치게 될 것을 염려하고 있지만, 성종은 자신이 이미 그 점을 잘 알고 있으며 충분히 짐작하고 헤아려서 처리한 것이므로 염려할 것이 없음을 강조했

44 《성종실록》 17년 3월 12일(정사), 14일(기미)
45 《성종실록》 17년 3월 15일(경신).
46 《성종실록》 17년 3월 16일(신유).
47 《성종실록》 17년 3월 18일(계해).

다.[48] 대간에서는 임사홍의 직첩을 돌려주는 것이 대비大妃 때문이 아닌가라는 의혹도 제기하였는데, 성종은 자신이 대신과 의논하여 준 것이라는 점을 분명히 하면서 들어주지 않았다.[49]

주자가 언급한 바와 같이, '군자를 나아오게 하고 소인을 물리치는 것'이 교화를 이루어가는 요체였다. 그러나 현실적으로 소인이나 공신을 물리치는 것이 쉽지 않았다. 비록 소인이라 하더라도 일벌백계하는 것보다는 다시 기회를 줌으로써 스스로 변화될 수 있는 가능성을 열어 두어야 하는 상황에 직면하였던 것이다. 그렇다면 성종이 내세운 개전론의 논리대로 그동안 임사홍은 과연 교화되었을까?

성종 19년 9월에 대사헌 성준은 임희재가 충청도 향시에 합격하였는데, 그의 나이가 겨우 약관이고 학문에 통달하지 못하였으므로 나라 사람이 떠들며 매우 분하게 여기고 있다고 아뢰었다. 보고의 내용 가운데는 '그 도에 사는 자나 현재 벼슬에 있는 조사朝士가 아니면 향시에 나아가는 것을 허가하지 않는다.'는 《육전》의 규정이 있는데 임희재 등 3인은 재상의 아들로서 서울에 살고 있다는 점, 그의 부형父兄이 시험관과 교통하여 제 아들을 보내어 법을 어기고 들어가 응시하게 하였다는 점을 지적하였다. 성준은 그들을 다시 시험 보게 하고 그 부형과 시험관을 국문할 것을 청하였다.[50] 대간의 논계가 지속되자 성종은 결국 진사시와 생원시, 문과의 향시와 한성시를 내년 봄에 다시 시행하라고 지시했다.

임희재는 바로 임사홍의 아들이었는데, 며칠 뒤 임사홍은 상소하여

48 《성종실록》 17년 3월 19일(갑자).
49 《성종실록》 17년 3월 22일(정묘).
50 《성종실록》 19년 9월 23일(계미).

자신의 아들과 관련하여 자신에게 부과된 혐의에 대해 해명하며 다음과 같이 말했다.

> 무술년에서 지금까지 11년이니 천도 또한 이미 변하였을 것인데, 신이 감히 스스로 근신하지 않고 무슨 악을 하겠습니까? 신과 동시에 죄를 받은 박효원·김언신은 이미 죽고 신만이 아직도 살아 있으나, 성조聖朝에 털끝만한 보탬도 없이 도리어 애매한 비방을 불러 일으켜서 문을 닫고 홀로 앉아 원통한 마음을 품어 탄식하는 것을 누가 다시 알겠습니까? …… 신은 이미 세상 사람의 버림을 받아 곤궁한 처지에 놓임이 심하고, 신의 아비는 늙고 병들었으며, 친척이나 벗의 후원으로 상부相扶할 만한 것도 없으니, 그 사람이 함부로 입을 놀려 욕하는 것이 종만도 못한 것도 또한 마땅합니다. '간교하다.'는 말에 이르러서는, 인자로서 차마 들을 수 없는 것이니, 어찌 약한 자의 고기는 먹을 만하고, 축축한 땅은 말뚝 박기에 쉽다는 것이 아니겠습니까? 신은 참으로 가슴이 아픕니다. 노경에 이른 아비가 신의 아들의 연고로 남에게 욕을 당하니, 이를 생각하면 통곡함을 깨닫지 못합니다. 오로지 성감聖鑑으로 불쌍히 여기시어 살피소서.[51]

임사홍의 해명에는 성종 9년의 사건으로 그동안 근신하고 지낸 자신의 처지에 대한 술회와 함께 임희재사건으로 또다시 비방을 받고 있는 것에 대한 원통함과 탄식하는 마음, 그리고 힘없는 자신을 물어뜯는 대간에 대한 원한이 담겨 있다. 그 뒤 임사홍의 아들 임광재가 다시 상소했다. 그는 성종 9년에 그의 아비인 임사홍이 "붕당을 교결하여 조정을 탁란하였다"는 것에 대해서 문제를 제기하면서, 그 아버지의 죄에 대해서 다시 대신을 불러서 조율할 것을 건의했다.[52] 이는 성종 9년의 사건

---

51 《성종실록》 19년 10월 2일(임진).

에 대한 근본적인 부정이었다. 성종은 "임사홍이 죄를 얻었을 때에 임광재의 나이 겨우 10여 세이니, 어찌 그 일의 시말을 알아서 능히 그 시비를 분변하겠는가?"라고 하면서, 자신이 이러한 뜻을 그에게 유시하자 그 또한 자신의 잘못을 알았다고 말했다.[53] 임광재의 상소가, 사실은 임사홍이 아들을 시켜서 자신의 입장을 변론하기 위하여 올린 것이며, 임사홍이 자신에게 부과된 혐의를 인정하거나 과거의 잘못을 뉘우치고 있지 않다는 것을 말해 준다.

임사홍에 관한 논의는 보름 뒤에 다시 재연된다. 그 계기는 성종의 어머니 인수대비가 오랫동안 몸이 편찮아서 궐 밖 임원준의 집으로 옮겨서 치료를 받아 왔는데, 이때에 이르러 비로소 몸이 회복된 것을 기뻐하면서 대비를 시약侍藥해 온 임원준에게 한 자급을 더하고 그 적장자를 서용하도록 지시한 것이었다.[54] 이로 말미암아 임원준의 장자인 임사홍이 절충장군부호군이라는 군직을 제수받고 서용되면서 또다시 격렬한 논란이 야기되었다. 대간의 비판논리는 분명했다. 임사홍은 이미 붕당과 교결하여 조정 정사를 탁란케 한 소인이니 만약 그를 다시 기용하게 되면 나라를 그르칠 것이라는 것, 그리고 지난번에 임사홍의 직첩을 돌려줄 때 다시 기용하지 아니하겠다고 했던 전교를 상기시키면서 임금의 신의를 거론했다. 성종의 입장도 단호했다. 그는 대비를 위한 효와 임원준의 공, 그리고 그 공에 기인한 사정의 변경과 공신의 적장자를 서용했던 관례를 내세웠다.[55]

주목할 것은, 소인을 쓰면 나라를 그르치게 될 것이라는 대간의 비판

52 《성종실록》 19년 10월 19일(기유).

53 《성종실록》 19년 10월 20일(경술).

54 《성종실록》 19년 11월 15일(갑술).

55 《성종실록》 19년 11월 16일(을해), 25일(갑신).

이 이어지는 가운데 성종이 “임사홍이 비록 소인이라고 하더라도 그대들과 같은 정대한 인사가 그것을 규정糾正하면 어찌 나라를 그르치는데 이르겠는가?”라고 하면서 임사홍과 대간 사이를 중재하고자 했다는 점이다.[56] 성종은 임사홍에 대한 비판이 계속 제기되자, 관례대로 그를 녹용錄用하고 다만 권한이 없는 행직行職에 서용함으로써 그가 권력을 얻어 나라를 그르칠 것이라는 비판을 무마시키고자 하였다.[57]

그러나 대간의 의심과 반대는 쉽게 가라앉지 않았고, 더 극단적인 언설을 동원하여 임사홍 서용을 비판했다. 대사헌 이칙과 대사간 안호 등은 촛불을 밝히고 무리를 지어 임금 앞으로 나아가서 “오늘날 임사홍의 나아가고 물러감에는 종사宗社와 생령生靈의 위태롭고 망하는 것이 달렸습니다.”라고 하면서 성종을 윽박질렀다. 이에 성종은 “오늘 만약 임사홍을 기용하면 내일 나라가 망하겠는가?”라고 반문했다. 이 자리에서 이칙은 왕위의 정통성 문제까지 거론하는데, “전하께서는 방지旁支로서 들어와 대통을 이어받으셨으니, 이는 사람이 한 것이 아닙니다.”라고 하면서 마땅히 종사와 백성을 위해서 큰 계책을 삼아야 할 것이라고 하였다. 본래 왕위를 계승할 만한 적장자가 아니었던 성종의 입장에서 볼 때 그의 발언은 자칫 왕권의 정통성을 부정하는 것으로 해석될 수도 있는 위험한 수준이었다.[58]

다음 날 대간의 칼날은 다시 대신들을 겨누었다. 대간이 합사해서 “국사를 의논하는 대신이 모두 임사홍의 간사함을 알면서도 ‘신은 자세히 알지 못합니다.’라고 하였으니, ‘사슴을 가리켜 말이라고 하는 것’과

56 《성종실록》 19년 11월 26일(을유).
57 《성종실록》 19년 11월 29일(무자).
58 《성종실록》 19년 11월 30일(기축).

무엇이 다르겠습니까?"라고 주장하고 국문할 것을 청하였다. 알려진 바와 같이, '지록위마'는 진나라 환관 조고가 이세황제에게 사슴을 바치며 말이라고 하자 황제가 좌우에게 물으니 모두 조고의 권력을 두려워하여 말이라고 한 고사에서 유래하여 윗사람을 농락하며 권세를 마음대로 부리는 것을 의미한다. 이에 성종은 "현재의 삼정승과 찬성은 모두 조고인가."라고 반문하였다. 전날에 대간에서 방지가 들어와 대통을 이었다는 말에 대해서도 깊은 유감을 표명하였다. 또한 임사홍을 씀으로써 군자가 물러나고 소인이 나오며 나랏일이 곧 그릇된다면 그 말이 가하지만, 다만 대비를 시약한 임원준의 공을 생각해서 군직을 서용한 것인데 어떻게 나라를 그르치겠는가라고 반박했다.

성종의 비판으로 수세에 몰린 대사헌 이칙은 다음과 같이 변론하였다.

> '방지가 들어와서 대통을 잇는다'는 말은, 신의 생각으로는 제왕이 서로 계승함에 만약 아버지가 아들에게 전하면 비록 착하고 밝지 못할지라도 오히려 대통을 이을 수 있으나 만약 종사와 생령을 위하여 어진이를 골라서 준다면 대성인이 아니면 감히 감당할 수 없습니다. 이는 멀리 옛일을 끌어서 말할 것도 없이 우리 세종께서 대업을 이어받은 것은 전하와 서로 같습니다. 세종께서는 우리나라의 요·순이십니다. 신은 전하께서 반드시 세종을 앞지르고 요·순과 가지런하게 되기를 기대하였는데, 뜻밖에 전하께서 감히 소인을 써서 나라를 그르치는 계제가 되게 하시니, 신이 참으로 마음이 아파서 감히 아뢴 것입니다. 또 군자와 소인 사이는 저울로 달 수도 없고 거울로 비추어 볼 수도 없으며 단지 공사公私에 있을 뿐입니다.[59]

방지와 대통을 언급한 것은, 임금이 적임자가 아니라는 뜻이 아니라,

59 《성종실록》 19년 12월 1일(경인).

방지로써 대통을 이어서 대업을 이루어 요순으로 칭송받는 세종과 같이 성종도 그렇게 되기를 바랐기 때문이라는 것이다. 대간이 대신들에 대해서 '지록위마'라고 표현한 것에 대해서도 이칙은 대신들이 조고가 된다고 말한 것이 아니라, 다만 임금을 격동시키기 위해서였다고 해명했다. 여기서 이칙이 세종과 같은 요순의 치세를 이루는 데 군자와 소인을 구별해야 한다는 점과 이를 위해서는 겉으로 잘 드러나지는 않지만 그 내면에서 공公을 추구하는가, 사私를 추구하는가를 잘 살펴야 함을 언급하고 있다는 점에 주목할 필요가 있다. 성종시대와 마찬가지로 세종시대에도 백성들과 선비들의 풍속의 교화에 대한 문제가 제기되었고, 세종도 교화를 위한 방안을 고민했다. 그러나 세종시대 사풍의 교화는 관료들 내면에서 선악의 문제를 심도 있게 논하는 단계로까지 나아가지는 못했다.

조선이 창업한 초기에는 나라가 안정되지 않아 재주만으로 뽑던 관교官敎의 제도를 사용하여, 태조대에는 4품 이상의 당상관을 임명할 때 대간의 서경署經을 거치지 않고 바로 벼슬을 주었다.[60] 즉 태조 1년 10월에 관리의 임명장에 대한 규정을 정하였는데, 1품에서 4품까지는 왕의 교지를 내리는 것을 '관교'라 하고, 5품에서 9품까지는 문하부에서 교지를 받아 직첩을 주는 것을 '교첩'이라 하였다. '관교의 법'은 1품에서 4품까지의 고위관원을 임명함에, 대간의 서경을 거쳐서 임명하는 '고신告身의 법'과는 달리, 서경을 거치지 않고 임금이 직접 임명할 수 있도록 한 법이다.

정종대에 그 폐단을 고치고 고신의 법을 회복하여 재주와 행실을 겸비토록 하여 선비의 기풍을 권면하도록 하였다.[61] 그러나 태종대에 이르

60 《태조실록》 1년 10월 25일(계유).

러 고신의 법은 폐지되고 관교의 법이 회복되었다. 태종이 인사권을 자신의 뜻대로 행사하여 권한이 아래로 내려가는 것을 차단하고자 했기 때문이다.[62] 당시 사간원에서는 고신의 법을 변경하지 말도록 상소하였으나, 태종은 고신의 법은 옛 역사에 없는 것이며 관교의 법은 태조 때의 아름다운 법이니 고칠 수 없다면서 들어주지 않았다.[63]

세종대에 대사헌 신개 등을 비롯한 대신들은 태종 때 폐지된 고신의 법을 회복할 것을 주장하면서, 4품 이상의 관원을 임명할 때 임금의 관교에 따르는 것이 아니라, 대간의 서경을 거쳐서 임명할 것을 요구하였다. 신개 등은 "가장 좋은 정치는 교화를 세우는 것이고, 그다음은 정치를 밝히는 것"이라고 말하면서 정政의 차원을 넘어서는 교敎의 정치를 주장하였다. 사대부의 선행과 악행에 대한 권선징악과 함께 심술의 은미함과 조행操行의 비밀까지 살피는 '심성의 정치'로 나아갈 것을 건의했던 것이다.[64] 그러나 세종은 관교의 법이 조종의 성헌이라는 이유로 이 건의를 받아들이지 않았고, 고신의 법은 회복되지 않았다. 세종시대의 교화논쟁은 군자와 소인을 구분하여 그 내면의 선악을 문제 삼는 심성의 정치까지 나아가지는 못했다. 세종 이후 성종대에 반포된 《경국대전》 〈이전〉에서는 고신과 관련하여 "관직을 받는 사람의 임명장은 5품 이하이면 사헌부와 사간원의 승인수표를 확인한 다음에야 내준다."고 규정되어 있다. 고려조에는 1품부터 9품까지 모든 관리들을 대간에서 서경하였으나 조선조에 와서는 5품 이하의 관리만 서경하였다.

이칙의 변론이 있은 뒤에 성종은 대간이 의정부 대신을 조고에게 비

---

61 《정종실록》 2년 1월 24일(기축).

62 《태종실록》 13년 10월 22일(무진).

63 《태종실록》 13년 11월 4일(경진).

64 《세종실록》 14년 8월 2일(무자).

유하였으니 자신은 이세황제가 된다고 말하면서, 이세의 때는 나라가 위급하고 망할 때인데 어떻게 받아들여야 하는지에 대해서 대신들의 의견을 묻는다. 대신들은 대간의 말이 지나쳤지만, 말이 격절하지 않으면 임금의 마음을 움직일 수 없었기 때문이라면서 모두 너그럽게 용서하여 미담으로 삼을 것을 건의하였다. 성종은 이를 받아들이면서 자신을 걸·주에 비유하는 것은 가하지만, 대신을 모두 조고라고 하면 후세에 이들을 모두 그른 사람이라고 할 것을 염려하였다는 점을 언급하면서 특별히 너그럽게 용서하도록 지시했다.[65] 대간에서는 임사홍이 소인이라는 것은 임금도 아는 바인데 자신들이 용렬하여 임금의 마음을 돌이키지 못하였다는 점과 이로 말미암아 어진 이를 올려 쓰는 길을 방해하고 뭇 사람의 비방을 불러일으켰다는 점을 지적하면서 사직할 것을 청하였다. 영의정 윤필상 등도 대간이 대신들을 지록위마라는 말로써 꾸짖은 일로 사직을 청하였다. 한동안 계속된 대간과 대신, 그리고 홍문관의 사직 요청은 성종이 이들에 대해 모두 너그럽게 용서하고 직무에 나가도록 하면서 마무리되었다.[66]

임사홍 서용을 둘러싼 논쟁에서 성종과 대간은 치열하게 서로를 설득하고자 노력했다. 대간은 소인이 장차 초래할 수 있는 위험성을 강조하며 경계로 삼을 것, 그리고 사직의 안위와 조종의 영을 생각하여 나라를 그르치는 화禍의 기초를 마련하지 않을 것을 내세우면서 설득했다. 반면 성종은 임사홍에게 개전改悛의 기회를 주어 스스로 교화되도록 하는 것이 더 바람직하다는 점과 대비에 대한 효와 임원준의 공, 그리고 비록 소인이라 하더라도 권세가 주어지지 않는다면 나라를 그르치는 일

65 《성종실록》 19년 12월 2일(신묘).

66 《성종실록》 19년 12월 3일(임진), 4일(계사), 5일(갑오).

은 불가능하다는 점을 내세우며 대간을 설득했다. 여기에 대신들이 성종의 주장에 동조하면서 대신들에 대한 대간의 공격으로 논의가 번져갔다. 그러나 논쟁의 본질은 임사홍 서용에 대한 대간의 비판에 대해서 성종이 대신의 입장을 변호하면서 대신과 대간 사이에서 중재자의 역할을 한 것이었다.

임사홍과는 달리 유자광은 공신이라는 이유로 일찍부터 직첩을 돌려받고 공직에 복귀했다. 성종은, 임사홍과 마찬가지로 유자광이 소인임을 내세우며 서용해서는 안 된다는 대간의 반대에도 '공은 죄를 덮는다.'는 논리와 선왕대의 공신맹약을 내세우면서 반대를 물리쳤다. 성종은 그를 나라의 음악을 총괄하는 장악원제조로 임명하였는데, 대간은 반대했다. 그러나 성종은 "사람이 한 번 죄를 범하였다고 하여 만약 다시 서용하지 아니하면, 이는 허물을 고쳐서 마음을 새롭게 하는 길을 막는 것이다."라며 들어주지 않았다.[67]

성종은 개전론을 내세우면서 비록 소인이라고 하더라도 완전히 버리지는 않고 때를 기다려 서용했다. 그리고 임사홍의 무리들을 요임금 때의 사흉에 비유하면서 경계로 삼을 것을 주장했던 대간의 논리에 대해서는 "비록 이상적으로 다스려진 세대라 하더라도 매우 악한 자와 재물을 탐하여 사람을 죽이는 자가 일찍이 아주 없지 아니하였다."[68]고 말하였다. 교화를 지향해 가지만 현실에서는 소인이 있을 수밖에 없다는 인식, 그들을 처벌하고 폐기시키는 것보다는 덕으로 감화시켜서 스스로 변화되도록 유도하는 처방을 택하고 있었음을 보여 준다.

---

67 《성종실록》 21년 1월 12일(을축).
68 《성종실록》 20년 6월 16일(계묘).

2. 중재적 리더십

이제까지 살펴본 바와 같이 대간에서는 소인의 무리들을 서용한다면 간당을 징계하는 뜻이 없어질 것이며, 소인은 교화되지 않음을 내세워 이들을 징계함으로써 미래의 경계로 삼아 사풍을 변화시킬 것을 주장하였다. 그러나 성종은 개전의 가능성을 말하면서 소인이라도 뉘우치면 다시 서용함으로써 교화시켜 가야 한다고 설득하였다. 이 지점에서 출척과 경계를 통해서 교화를 추구하고자 하는 대간의 입장과 감화와 개전을 통해서 교화를 추구하고자 하는 성종의 입장이 충돌하게 된 것이다. 성종은 대간이 대신을 소인으로 몰아서 공격하는 것에 대해서 개전론을 내세우면서 대신의 입장을 방어하고 변호하면서 다른 대신들로 공격이 확대되는 것을 막았다. 개전론은 대간과 대신의 대립을 조정하기 위한 중재적 설득의 논리였다. 감화론을 내세우면서 대신과 대간 사이를 중재한 것이다.

성종시대 대간의 활동 가운데 눈에 띄는 점은 탄핵활동이 차지하는 비중이 매우 높았다는 사실이다. 그런 점에서 본다면 성종시대의 대간은 왕의 눈과 귀로서 관리들의 비행을 잘 감찰하고자 했음을 알 수 있다. 그러나 대간의 탄핵이 왕에 의하여 거의 대부분 거부되었다는 점을 고려한다면 그것이 무엇을 의미하는 것인가에 대한 해명이 필요할 것이다. 먼저 생각해 볼 수 있는 것은, 왕이 탄핵당하기를 원하지 않는 인물이 탄핵을 당했거나, 또는 그 탄핵의 사유가 왕으로서는 납득하기 어려웠기 때문에 그러한 결과가 빚어진 것이라고 추측할 수 있다. 다른 한편으로, 대간의 탄핵이 그처럼 대부분 거부되었다면, 국왕과 대간의 한 관리를 평가하는 기준 자체가 서로 달랐다는 것을 뜻한다. 또 그처럼 상충된 관리평가 기준을 가졌으면서도 왕이 자신의 견해로 대간을 설득

사진 31 임사홍의 묘

시킬 수가 없었기 때문에 대간은 끊임없이 자신들이 목표로 하는 인물을 탄핵하는 데 열중하였던 것이다.[69]

성종은 임사홍과 같은 소인이 있을지라도 정대한 대간들이 그를 견제한다면 정치를 그르치지는 못할 것이라면서 대신과 대간을 중재하고자 했다. 대간의 공격과 대신의 방어가 논쟁의 구도를 이루는 가운데, 성종은 양자 사이의 중재자 역할을 하면서 정치적 안정을 추구하는 모습을 보여 주었다. '공'보다는 사욕을 추구하는 대신과 이들을 비판하며 '공'을 실현시키고자 하는 대간 사이에서 둘의 대립을 중재함으로써 정치적 안정을 유지하고자 했다.

강광식은, 군왕이 경합관계에 있는 복수의 지배세력들 사이에서 조정자 또는 중재자로서 지배연합 결성을 주도하는 대표적 사례로 훈척세력

69 정두희, 《조선시대의 대간연구》, 일조각, 1994, 64-65쪽.

의 견제를 위한 성종의 사림등용책을 지적한다.[70] 그러나 이 글에서는 중재자로서 성종의 역할이 대립관계에 있는 세력들 간의 조정이라는 측면보다는, 정치가 내면의 교화와 정치적 안정을 어떻게 양립시킬 것인가에 초점을 맞추었다.

하지만 더 장기적인 시각에서 볼 때, 성종이 임사홍과 유자광을 비호함으로써 결과적으로는 정치적 안정을 해쳤다고 평가할 수도 있을 것이다. 연산군시대에 일어난 두 차례 사화는 바로 이들에 의해서 일어났기 때문이다. 1차사화인 무오사화(1498)는 유자광이 성종대에부터 개인적인 원한관계를 가지고 있었던 김종직 일파에게 보복하고자 김종직이 지은 '조의제문'을 그의 제자 김일손이 사초에 삽입한 것을 문제 삼아 고발함으로써 일어났다. 2차사화인 갑자사화(1504)는 임사홍이 폐비윤씨에 대한 복수의 뜻을 가지고 있었던 연산군을 부추김으로써 있어났다. 참고로, 연산군이 임사홍의 고변을 통해서 어머니 윤씨의 죽음에 관한 전말을 알게 됨으로써 갑자사화가 일어난 것이라고 보는 견해와 다른 해석이 있다. 즉 연산군은 즉위 직후 성종의 묘지문에 나타난 폐비윤씨 아버지의 윤기견의 이름을 확인하는 과정에서 생모 윤씨가 죄를 입어 폐위된 사실을 알게 되었으며, 폐비 묘의 관리 상태를 알아보는 과정에서 폐비 사사의 전말을 파악하게 되었다고 한다.[71]

만약 성종 당시에 대간의 비판대로 이들을 다시 서용하지 않고 영구히 폐함으로써 후대에 경계를 삼도록 하였다면, 연산군시대의 사화는 일어나지 않았을 수도 있었고 조선왕조 초기의 태평과 안정은 더 오래 지속되고 사풍의 교화는 더 큰 성과를 보였을지도 모른다. 율곡은 "연

70 강광식, 《유교 정치사상의 한국적 변용》, 백산서당, 2009, 174~175쪽.

71 한희숙, 〈조선전기 이세좌의 생애와 갑자사화〉, 《조선시대사학보》 50, 2009, 56쪽.

산군시대에 임사홍이 불측不測한 마음을 품고 사림들을 해치기 시작하여서 그 남은 기습氣習이 대단하여 기묘년(중종 14년, 1519)에 잔인하게 짓밟았으나 한 오리 기식氣息이 아직 남았던 것을 을사년(명종 즉위년, 1545)에 베고 끊어 버렸다."고 비판했다. 그리고 그 뒤로부터는 "선을 행하는 사람은 서로 두려워하고 악을 행하는 사람은 서로 권하여, 만약에 선비가 두각頭角이 조금 다르고 논의가 약간 다르면 부형父兄의 책망을 받게 되고 이웃과 마을에서 배척당하게 됨"을 한탄한 바 있다.[72]

그러나 사화의 원인을 임사홍과 유자광이라는 두 인물의 개인적 요인으로만 설명하기는 어려울 것이다. 무엇보다도 거기에는 연산군이라는 군주의 개인적 성향과 복수심리, 그리고 당시 군주·대신·대간 사이의 정치적인 역학관계 등이 고려되어야 하기 때문이다. 김범은 갑자사

사진 32 유자광의 묘

72 《栗谷集》〈東湖問答〉'論當今之時勢.' "燕山之世 任士洪懷不測之心 始戕士林 餘氣猶盛 而殘傷于己卯 尙有緜緜之息 而斬絕于乙巳 自是厥從爲善者相戒 爲惡者相勸 若有一士頭角稍異 論議稍正 則得責於父兄 見擯於鄕."

화의 원인과 관련하여서 당시 정치세력의 협력·대립관계에서 대신과 삼사三司가 서로 가까워지고 국왕은 점차 고립되는 구도로 재편되었다는 점을 지적하면서, 연산군이 삼사는 물론 대신까지도 능상凌上의 풍조에 젖어 있다는 판단을 내려서 국왕에 대한 능상의 척결과 폐모 사건에 대한 소급처벌의 명분을 내세워 진행한 것이라고 주장한다.[73]

하지만 필자는 연산군시대에 사화를 일으킨 소인 임사홍과 유자광 등이 이미 성종시대에서부터 크고 작은 문제를 일으키고 있었음에도, 성종시대의 태평과 안정은 지속되고 있었다는 사실에 주목할 필요가 있다고 생각한다. 성종이 "이상적으로 다스려진 세대라 하더라도 매우 악한 자와 재물을 탐하여 사람을 죽이는 자가 일찍이 아주 없지 아니하였다."라고 말하고 있는 바와 같이, 비록 정치적 안정을 해칠 수 있는 소인이 존재한다고 하더라도 때로는 이들을 질책하며 징계하기도 하고 때로는 이들에 대한 탄핵과 비판을 중재하고 개전의 기회를 제공함으로써 대신과 대간 사이를 중재할 수 있는 군주의 역할이 존재한다면 정치적 평화는 유지될 수 있다는 점을 보여 주었다는 것이다. 이 점에서 볼 때 성종시대의 태평과 그 이후에 전개된 연산군·중종대에 걸친 사화 시대의 근본적인 차이점은, 군자와 소인을 분별하고 소인을 탄핵하는 예리한 비판자인 대간이 존재하는가의 여부가 아니라, 대신과 대간의 대립을 중재할 수 있는 군주의 역할이 존재하는가에서 찾아야 할 것이다.

유교는 인의仁義를 추구한다. 그리고 인과 의는 모두 공公에 해당된다. 그런데 인은 마음의 덕이자 사랑의 원리라고 할 수 있고, 의는 마음의 제재요 일의 마땅함이라는 점에서 정의의 원리라고 할 수 있다.[74]

---

73 김범, 《사화와 반정의 시대: 성종·연산군·중종과 그 신하들》, 역사비평사, 2007, 139-144쪽.

따라서 인의라는 말 속에는 그 출발에서부터 사랑과 정의라는 서로 상충하는 원리들 사이의 긴장관계를 내포하고 있다. 그렇다면 인에 입각해서 허물을 덮어 주고 개전의 기회를 주는 것과 의에 입각해서 심판하고 처벌하여 경계로 삼는 것, 어느 것이 더 바람직한 것이라고 할 수 있을까? 성종은 형정보다는 감화에 초점을 맞추어 교화를 추진하였다. 그것은 공자가 말한 바와 같이 형벌보다는 예와 덕을 통한 감화가 사람을 선善으로 이끌어 가는 데 더 우선적으로 고려되어야 하기 때문이었다. 성종시대의 소인논쟁은 개전과 경계, 감화와 형정, 인과 의라는 서로 대립하는 원리들 사이에서 성종이 중재자로서 대신과 대간의 갈등을 조정하는 가운데 일어나는 치열한 고민을 보여 주었다. 한 개인의 교화뿐만 아니라, 공공의 선을 이루기 위해서 인을 따라야 하는지 아니면 의를 실현하는 것이 바람직한지의 문제는 끊임없이 분별과 지혜를 요구하면서 오늘날에도 우리를 고민하게 하는 문제이기도 하다.

3장 포용적 리더십: 교화의 원칙과 현실*

성종시대 교화의 정치는 한편으로는 세조시대 훈신들의 부패와 전행에 대한 반성이기도 하지만, 다른 한편으로는 정치투쟁의 초점이 권력투쟁과 제도화의 문제를 넘어서 정치가의 심성 차원으로 이동해 감을 의미한다. 특히 관료들의 심술心術은 선악을 둘러싼 논쟁과 사풍의 교화

74 《孟子集註》〈梁惠王 上〉"仁者 心之德 愛之理 義者 心之制 事之宜也."

에서 핵심을 이루고 있었다. 그런데 개인의 내면성에 초점을 맞춘 교화 논쟁이 활발하게 이루어졌다는 것은 정치의 발전이면서도 동시에 위험성을 내포하는 것이었다. 따라서 교화가 추구하는 '내면성의 정치'는 회피할 수 없지만, 어떻게 이를 잘 관리하고 정치적 파국을 막을 수 있는가가 중요한 과제가 되었다. 왜냐하면 인간의 내면은 알기가 어려운 것인데, 단지 심성이나 내면이 선하지 못하다는 이유로 교화를 내세우면서 처벌한다면 누구도 그러한 심판으로부터 자유로울 수 없으며, 끊임없는 정치적 분쟁과 혼란을 야기할 수 있기 때문이다.

성종 16년 이후에도 지속된 교화에 관한 논의는 성종 21년에 북방 야인의 침입과 이에 따른 북정(성종 22년)으로 한동안 중단되었다가 성종 24년부터 다시 전개된다. 이 장에서는 성종의 집권 말년에 있었던 교화와 심술에 관한 논쟁을 중심으로 살펴보고자 한다.

1. 고알과 주심

성종 24년 3월 28일에 도총관 임광재·이철견 등 도총부 당상관('총관')들은 사후伺候(병조와 도총부의 당상·낭청 등이 거느리던 수종인)에게 가포價布를 받고 놓아 보냈다는 승지 정성근의 고발에 대한 혐의를 부인하면서 정성근과 함께 변정할 것을 요구하였다.[75] 이 사건의 핵심은, 도총부에서 퇴역하는 정병正兵에게서 역가役價를 거두어들인 일이 있는지였다. 그런데 이때 임광재 등은 정성근이 선상選上에게 역가를 거두어

* 이 장은 〈성종과 포황(包荒)의 정치: 심술(心術)논쟁을 중심으로〉(《한국정치연구》 제21집 제1호., 2012)를 수정한 것임.

75 《성종실록》 24년 3월 28일(계사).

들인 일이 있으며 수령에게 요전상(澆奠床, 산소에 차려 놓는 제물)을 청한 일과 뇌물을 받고 술(酒)을 받은 일이 있다고 고발했다. 여기서 '선상'이란 각 지방 관아에서 중앙 관청이 필요로 하는 노비·악공·의녀·무녀·무동 등을 뽑아서 서울로 보내던 일 또는 그때의 선상된 노비를 말한다. 성종은 승정원과 사헌부로 하여금 이 일을 분간하여 아뢰도록 지시하는데, 이후 이 사건은 대신들 사이에서 서로 고알(告訐, 피해자가 아닌 사람이 남의 잘못을 관官에 알림)하는 풍속에 관한 문제로 비화된다.

사헌부장령 이승건은, 임광재를 비롯한 총관들이 정성근의 일을 아뢴 것은 정성근이 고발한 일에 대해서 죄가 없음을 변명하기 위한 것이지만, 이를 넘어서 고발한 자의 일을 공박할 수 없는데도 총관들이 정성근의 음사陰私를 배척하며 다투는 것은 조정의 아름다운 일이 아니라고 지적했다. 또한 서로 미루면서 정직하게 아뢰지 아니하였다는 점에서 대신의 체통을 잃은 것이라고 비판하였다. 그러나 성종은 만약 정성근이 요전상을 청했다가 얻지 못하고 도리어 도총부당상이 청렴하지 못한 것으로 아뢰었다면 중상中傷을 한 소인이며, 임광재의 말이 옳다고 하는 것은 아니지만 정성근의 말을 믿을 수가 없어서 추핵하여 허실을 밝히지 않을 수 없다고 하였다. 성종은, 정성근의 말이 언로에 관계된다고 하는 것은 그를 도와주고 두둔하는 것이라고 질책하고 사헌부로 하여금 정성근을 추국하도록 명하였다.[76] 결국 이 사건은 정성근의 직첩을 거두고 그를 외방에 부처하는 것으로 마무리된다.[77]

그러나 그 뒤로도 대사헌 이세좌는 대신들이 다투어 서로 고알하는 풍속을 비판하면서 총관들이 정성근의 음사를 들추어낸 것은 사체事體

76 《성종실록》 24년 4월 7일(신축), 8일(임인).
77 《성종실록》 24년 4월 25일(기미).

에 관계되므로 국문하지 않을 수 없다고 건의하였다. 허종 역시 이는 조정의 아름다운 일이 아니며 선비들이 서로 사양하는 기풍이 없음을 비판했다. 하지만 성종은 도총관들의 행위가 다른 사람의 음사를 들추어내는 것이 아니며, 임광재는 서계書啓하였으니 국문할 만한 일이 없다고 하였다. 반면에 정성근에 대해서는 대신에게 실상이 없는 일을 말하고 바른 대로 아뢰지 아니하였다고 지적하였다. 성종이 대간의 비판에도 정성근만을 처벌하고 도총관들에 대한 추국을 허락하지 않은 것은, 대사헌 이세좌가 도총관을 추국해야 하는 논거로 들었던 이유 때문이었다. 이세좌는 "조정에 변색(變色, 놀라거나 화가 나서 얼굴빛이 달라짐)한 말이 있으면, 아래로 쟁투하는 근심이 있게 되고, 서로 고알하여 보복을 도모하게 될 것"이라고 주장했다. 그는 고알하고 보복하는 일이 "소인에게서도 오히려 매우 옳지 못한데, 하물며 대신으로서 차마 할 바이겠습니까?"라면서 총관들에 대한 추국을 촉구했다. 하지만 바로 그 이유 때문에, 성종은 만약 그들을 추국한다면 그들 사이에서 서로 고알하고 반목하는 일이 재연될 것을 우려하였기 때문에 허락하지 않은 것이다.

그럼에도 사헌부와 사간원에서는 지속적으로 이利를 앞세우고 의義를 뒤로 하며 사사로움을 도모하여 공도公道를 폐하는 총관들을 비판하면서, 이들을 다스려서 조정의 기강을 바로잡을 것을 아뢰었다. 대사간 이덕숭 등은 다음과 같이 상소하였다.

저 임광재 등이 무함하고 보복한 정상을 전하께서 이미 환히 아신 것입니다. …… 무릇 군자와 소인의 갈림은 본심을 지키는 것이 어떠하냐에 달려 있습니다. 인례충신仁禮忠信한 것은 군자이고 서로 참소하고 서로 겨루는 것은 소인인데, 임광재 등이 보복하고 무함한 일을 보면 대체에 어그러졌을 뿐더러 그 마음 쓰는 것이 서로 참소하고 서로 겨루는 무리와 다를 것이 없

> 습니다. 이제 전하께서 버려두고 묻지 않으시는 것은, 대신을 형장으로 추국할 수 없으니 대신을 대우하는 체모가 워낙 그러하여야 하겠으나, 그 잘못이 이미 드러난 것은 형장을 번거롭게 하지 않아도 절로 다른 법이 있으니, 엎드려 바라건대 전하께서 특별히 뒷 폐단을 염려하여 대의로 결단하고 용서 없이 죄주어 뭇사람의 희망을 시원하게 하소서.[78]

성종은 대간의 추국 요구에 대해서 총관들이 대체를 잃었다는 점은 인정하면서도, 그들은 자신들의 혐의를 변명하고자 한 것뿐이고 정성근을 미워하여 드러나지 않은 일에 대해 원한을 갚고자 한 것이 아니라고 보았다. 그런데 이덕숭은 이 사건의 본질이 군자와 소인을 구별하는 요체인 '본심을 지키는 것'이라고 지적하면서, 서로 무함하고 보복하면서 마음 쓰는 것이 어그러져 있는 '소인'을 대의에 따라 처벌해야 한다는 논의로 전환시키고 있다.

대간은 총관들의 일이 풍속에 관계가 있으며, 요전澆奠과 주미酒味의 일은 오로지 보복을 위한 것이기에 용서할 수 없다고 말하였다. 성종은 "어찌 이 때문에 재상의 뜻을 알아내어 죄다 죄를 다스리게 할 수 있겠는가?"라고 하면서, 만약 신하가 임금을 업신여겼으면 그 '마음을 문책'〔誅心〕하는 것이 옳겠지만 총관들이 정성근의 일을 말하였다고 해서 죄줄 수는 없다고 답하였다.[79] 그러나 대간에서는, 총관들이 겉으로는 임금에게 변명하는 체하면서 고알하고 속으로는 보복하려 하여, 사람들이 그 간사한 것을 헤아리지 못하게 하는 것은 교화에 방해가 됨을 지적하였다. 그리고 비록 사람의 마음을 분별하고 문책하는 일이 어렵다고는

---

78 《성종실록》 24년 5월 1일(갑자).

79 《성종실록》 24년 5월 4일(정묘).

하더라도, 성명聖明한 군자가 그 마음의 저울추와 먹줄을 정확히 하여 다룬다면 능히 분별할 수 있음을 주장했다.

성종은 총관들을 모두 부른 뒤에, 대간들이 총관들 가운데 정성근의 일에 대해서 아뢰려 한 자도 있고 말린 자도 있었다고 하였는데 그것이 누구인지, 또한 대간에서 "총관들이 상의하여 아뢰었다."고 하였는데 누가 먼저 의논을 내었는지 각각 글로 써서 아뢰도록 하였다.[80] 그러나 사헌부에서 올린 추안推案을 본 성종은 이 안이 사헌부에서 정성근을 감싸고 대신을 죄주려 하는 것이라고 규정하였다. 나아가 사헌부에 대한 국문의 필요성을 언급하였다. 성종은 "아무리 법사法司라도 어찌 정외情外의 묵은 혐의가 있다는 따위의 말을 대신에게 씌울 수 있겠는가?"라고 하면서 대간에 대한 불만을 표시하였다. 이에 영의정 윤필상은 사헌부가 "묵은 혐의가 있다."는 말을 한 것은 과당한 말이지만, 예전부터 공함公緘은 다 과정過情한 말로 억압하였으니 너그러이 용서해야 한다고 말하였다. 여기서 '공함'이란 당상관이나 부녀자를 사헌부에서 심문할 때 서면으로 취조하던 일을 말한다. 우의정 허종은 총관들이 모두 임금의 외척에 관계되어 있어서 사헌부를 국문한다면 외척을 감싼다는 논의가 있을 것이라고 하였다. 성종은 대신들의 말에 따라서 더 이상 이 일에 대해서 묻지 않겠다고 하였다.[81]

이 사건은 본래 대신들 사이에서 고알과 보복의 문제였다. 그런데 대간이 승지 정성근을 감싸고 대신을 죄주려 한다는 것으로 논의가 전개되어 결국 사헌부가 모두 환차(還差, 문제가 된 관리의 직을 바꾸어서 다른 직에 임명)되는 것으로 마무리되었다. 그러나 사헌부의 관원이 환차

80 《성종실록》 24년 5월 4일(정묘), 6일(기사).

81 《성종실록》 24년 5월 28일(신묘).

된 날에 대사간 이덕숭이 임금에게 아뢴 말 가운데 이 사건의 본질이 드러나 있다. 그는 "임광재·이철견 등은 마음 쓰는 것이 간사하여 남을 무함하려고 꾀하고 천총天聰을 기망하였으니, 이는 참으로 참소하는 간사한 무리"라고 하면서 "묘당(廟堂, 의정부)의 귀척貴戚인 대신으로서 심술이 바르지 않은 것이 이에 이르렀으니, 이를 징계하지 않으면 하늘의 견책에 답하는 것이 아닙니다."라고 하였다.[82] 이덕숭은 화기를 손상하여 재앙을 부른 이들의 파면과 함께 사헌부의 관원을 모두 환차한 이유에 대한 설명을 요구하였다. 성종은 다음과 같이 말하였다.

> 하늘과 사람 사이의 일은 말하기 쉽지 않다. 이제 간원에서 논한 것을 보건대 득실의 조짐을 다 일에 붙여서 보려는 것인가? 그대들이 대신의 형적도 없는 일을 가지고 후세에서 의심을 둘 만한 죄를 만드니, 이것 또한 하늘이 그르게 여기지 않겠는가? 간원이 말한 것은 고집스럽고 융통성이 없어 더불어 조화의 미묘함을 말할 만하지 못하다 하겠다. 또 헌부는 총관의 일을 말하였다 하여 환차한 것이 아니다. 내가 그들의 잘못을 말한 것을 협의하여 스스로 사직을 청한 것인데, 거절하기 어렵게 되었으므로, 마지못하여 들어주었을 따름이다.

내면의 심술을 논하고 사욕을 추구하는 '마음을 책망하는 것'이 교화가 추구하는 가치이지만, 그것은 형적이 쉽게 드러나지 않는 일이다. 여기에서 의심을 두어 죄를 만들기보다는 조화의 미묘함, 곧 융통성과 사려를 발휘해야 한다는 성종의 뜻을 읽을 수 있다. 성종은 이덕숭이 주장한 바와 같이 "대신이 마음을 쓰는 데 있어서 사정邪正은 치도治道에

---

82 《성종실록》 24년 윤5월 1일(갑오).

관계"된다는 것을 부인하는 것은 아니지만, 그 마음 씀의 '사정'과 '본심을 지키는 일'의 득실에 대해서 모두 죄를 묻기는 어렵다는 점을 고백하고 있다.[83] 이후에도 대간에서는 대신들이 반목하여 고알하는 풍습을 비판하고, 총관들을 심술이 바르지 못한 간사한 소인이라고 규정했다. 또한 붕당을 만들어 나쁜 짓을 같이하고 서로 감싸며 실정을 숨겨 임금을 속이는 불충하고 불경한 죄를 지은 이들을 형적이 없다는 이유로 용서할 수 없음을 주장했다. 국문하고 처벌하여 사풍을 바르게 하고 나라의 기강을 세울 것을 지속적으로 상소하는 대간에 대해서 성종은 자신의 조치가 중도를 잡아서 결단한 것이며, 정상이 밝혀지지 않았고 여러 의논을 수합하여 처리하였기에 죄줄 수 없다면서 논의를 종결시켰다.[84]

2. 낮에는 탄핵하고 밤에는 사죄하고

도총관들의 고알 풍속과 심술에 관한 논쟁이 끝난 다음 달에 사헌부 지평 남율은, 윤은로가 이전에 이조참판을 맡았을 때 방납防納한 일이 발각되어 파직되었는데, 다시 한성부좌윤에 제수되었음을 비판하면서 바꾸어 임명할 것을 임금에게 아뢰었다. 성종은 "사람에게 한 가지 실수한 바가 있다고 해서 종신토록 쓰지 않음이 옳겠는가?"라고 말하면서, 윤은로는 이조에서 의망하여 제수한 것이니 척리戚里라고 하여 서용하지 않는 것은 옳지 않다고 답하였다. 대간이 십년 전 방납의 일을 끄집어내어서 윤은로의 한성부좌윤 임명에 반대한 것에 대한 성종의 방어

83 《성종실록》 24년 윤5월 1일(갑오).
84 《성종실록》 24년 윤5월 13일(병오), 16일(기유).

논리는 "사람이 요순이 아닌 바에야 누가 허물이 없을 수 있겠는가?"라는 것이었다.[85] 대간에서는 윤은로가 본래 이익을 도모하는 사람이므로 허물을 고칠 수 없다고 주장하였다. 성종은 비록 그가 한 때의 실수로 후추를 수령에게 주고 서간을 보낸 일로 방납의 오명을 받고 있지만, 당시 뇌물로 받은 물건은 없었고 허물이 있었더라도 잘 고치면 착한 사람이 될 수 있다는 점에서 지난날의 일로써 그를 추론할 수 없다고 대답했다.[86]

대간에서는 이창신을 종부시에 임명한 것에 대해서도 반대하였다. 이창신은 과거에 이윤의 집 재물을 다툰 일로 죄를 얻은 적이 있었고, 이로 말미암아 그가 지제교에 임명되었을 때에 대간이 논박하여 개정된 바 있었다. 대간에서는 지제교도 불가한데 하물며 종부시는 종친의 규거糾擧를 맡는 자리라는 점에서, 더욱 불가하다고 주장하였다. 《경국대전》에서는 지제교를 사헌부와 사간원과 같은 대성臺省이나 또는 이조와 병조와 같은 정조政曹로 논하고 있다. 그러나 성종은 이창신은 본래 강개한 자인데 부인의 잘못으로 그르친 것뿐이라면서 들어주지 않았다.[87]

그런데 이 사건은 이창신의 아들인 이과의 상소로 새로운 국면을 맞는다. 이과는 자신의 아버지가 종부시정이 되자 근거 없는 말로써 임금의 뜻을 움직이려고 하는 이가 있다는 점을 지적하면서, "이창신이 일찍이 홍문관에 있으면서 한재로 수상 윤필상을 아울러 논박하였는데, 바로 그날 저녁에 그 집에 가서 아첨하여 '책망을 면하였다.'고 하였으니 참혹합니다."라고 말한 대간을 비판하였다.[88] 임금 앞에서는 대신을 논

85 《성종실록》 24년 6월 28일(경인).
86 《성종실록》 24년 7월 3일(을미).
87 《성종실록》 24년 7월 4일(병신).
88 《성종실록》 24년 7월 8일(경자).

박하고, 뒤에서는 그 대신을 찾아가 아첨하는 것은 간사한 소인의 행위라는 점에서 성종은 매우 심각한 문제로 받아들였다. 실록은 이를 '양핵음사'라고 표현하는데, 낮(陽)에는 임금 앞에서 탄핵하고 밤(陰)에는 탄핵한 사람을 사적으로 찾아가서 사죄하고 아첨함을 말한다.

다음 날 성종은 영의정 윤필상에게 이 일에 대해서 물었는데, 윤필상은 다음과 같이 증언하였다.

> 이 일은 해가 오래되어 월일은 기억할 수 없습니다. 그때 이창신의 삼촌숙 조지주가 신의 집에 와서 말하기를, "이창신이 이르기를, '영의정을 논계한 일은 내가 주창한 것이 아니고, 또 면대할 때에도 별로 해롭게 한 말은 없었으니, 행여 서로 만나 보거든 이 뜻을 알리소서.'라고 했습니다."라고 하였습니다. 그러나 이창신이 결코 신의 집에 오지는 아니하였습니다. …… 이덕숭과 더불어 이 일을 말한 절차는 신이 기억할 수 없습니다만, 단지 아마도 이덕숭이 조지주의 말을 듣고서 잘못 말한 것인 듯합니다.

윤필상은 이창신이 자신에 대해서 논계한 뒤 바로 집에 찾아온 것이 아니라 그의 삼촌숙인 조지주가 찾아왔고, 이창신이 임금 앞에서 윤필상을 책망한 뒤에 그를 찾아갔다는 대사간 이덕숭의 말은 조지주의 말을 오해한 것이라고 해명하였다. 성종은 이덕숭을 불러서 그가 들은 말에 대해서 물었는데, 그는 을사년(성종 16년)에 윤필상이 자신에게 '이창신의 말'을 들려주었는데, 다만 그때 윤필상이 다른 사람이 한 말을 가지고 말한 것인지 아니면 이창신이 직접 찾아와서 말한 것을 가지고 말한 것인지는 세월이 오래되어서 기억하지 못한다고 대답하였다.[89] 윤

89 《성종실록》 24년 7월 9일(신축).

필상과 이덕숭의 증언을 통해서 볼 때, 이창신이 윤필상을 논박하고 바로 그날 그에게 찾아가서 말하였다는 것은 분명치 않았다. 이창신은 당시 자신이 '윤필상을 논박하고서 윤필상에게 누설하였다.'는 말이 떠들썩하게 퍼져 있었는데, 자신도 그 말을 듣고서 몹시 미워하였으나 어떤 사람이 한 말인지는 확실히 알지 못한다고 대답하였다.

이창신은 자신에게 부여된 혐의를 부인하면서 그 근거로서 세 가지 이유를 제시하였다. 첫째, 당시 홍문관의 여러 관원들이 같이 의논하여 상소하였는데 자신만이 홀로 원망과 노여움을 면하기를 꾀하여 조지주로 하여금 영의정에게 원망과 노여움을 풀기를 빌도록 할 이치는 없다는 점, 둘째, 설사 자신이 비록 조지주로 하여금 곧 가서 말하게 하여 꾸지람을 면하기를 구하였다 하더라도 영의정이 그것을 어찌 신청信聽할 것이겠는가 하는 점, 셋째, 만일 자신이 권귀權貴에게 아첨하는 마음이 있었으면 어찌하여 반드시 일을 당하여 꺼리지 않고 모두 말하면서 그 노여움을 범하였겠는가 하는 것이다. 그는 조지주가 자신 때문에 영의정에게 미움받을 것을 두려워하여 사사로이 가서 위로해 풀게 한 것인지도 모른다고 하면서, 조지주의 말은 그가 이미 죽어서 분별할 수 없으니 자신의 마음속 진실과 거짓을 아무도 알아 줄 수 없음을 괴롭게 여기며 번민함을 호소하였다.

대신들 역시, 조지주의 사람됨이 때와 형편에 따라 둘러대며 일을 처리하는 것이 많고 말을 잘하는 자이기 때문에, 이창신을 옹호하려고 그가 말하지 아니한 것을 가지고 윤필상에게 말하여 이해하기를 요구하는 것은 있을 수 있는 일이지만, 이창신이 이를 하였다고 결정적으로 말할 수는 없다고 지적하였다. 그들은 이 말이 나온 것을 대간도 확실히 지적하지 못하여 의심스러움이 많다는 점을 들면서, 이처럼 분간하기 어려운 일은 폐기하는 것이 좋겠다는 의견이었다. 이에 성종은, 이창신이 윤필상에게 가서 말하였다는 것은 그럴 이치가 만무하며, 조지주의 심술을 보건대 조카를 옹호하려고 스스로 가서 이해하기를 애걸한 이치도 있으니, 이창신을 그대로 종부시정에 임명하도록 하였다.[90]

그러나 대간은 방납의 죄를 범한 윤은로의 탐욕스럽고 비루함과 함께 이창신의 아첨을 사풍을 더럽히는 일로 지목하였다. 특히 이창신이 대신에게 아첨하는 소인임에도 임금이 그를 강개한 신하로 여기고 있는 것을 비판하면서 그의 간사함을 밝히고 분별할 것을 요구했다. 이창신이 성품이 간사하고 '아첨하며 말을 잘하는 형상'을 지닌 소인이며, '세상을 속이고 이름을 도둑질하는' 자라고 주장했다.[91] 대사헌 허침과 대사간 허계 등은, 윤은로를 한성부좌윤으로 임명하는 것은 '친친親親의 도'에 어긋난 것이라고 하였다. 또한 "이창신은 말이 넉넉한 자질이 있는데 학문으로써 말을 꾸미고 사치하게 하여 입은 주공·공자이고 말은 요순"이라고 지적했다. 나라를 위태롭게 하는 영인佞人, 곧 재주 있고 간사한 사람을 멀리해야 한다는 공자의 말을 생각하여 공의에 따라 결단할 것을 청하였다. 그러나 의정부와 대신들은 윤은로와 이창신의 일이 세월이 이미 오래되어 뉘우치는 마음이 생겼을 것이기에 종신토록 허물로 삼을 수는 없으며, 그 죄를 범한 것이 매우 명백하지 못하고 애매한 것이라고 의논하였다. 성종 역시 대신의 뜻에 따라 대간의 요구를 물리쳤다.[92]

윤은로의 '방납' 사건과 이창신의 '양핵음사' 사건을 둘러싼 논쟁에서 성종과 대신들은 사람으로서 누구나 허물이 있지만 이를 고치면 선행이

90 《성종실록》 24년 7월 10일(임인).

91 《성종실록》 24년 7월 23일(을묘).

92 《성종실록》 24년 8월 22일(갑신).

될 수 있다는 점에서 한 가지 일의 잘못으로 소인이라고 지목할 수는 없다는 입장이었다.[93] 특히 성종은 군자는 비록 중국에서 구하여도 많이 얻지 못할 것이라는 점을 지적하면서, 윤은로 등을 소인이라고 해서 폐기하는 것은 불가하다고 주장하였다. 이에 반해 대간은 사람의 심술의 미묘함은 반드시 동료들이 자세히 아는 것이므로 그 상태를 바른대로 말하고 대간의 공론을 살핀다면 알 수 있다는 의견이었다.[94] 대간의 논리가 심술의 미묘함을 살피면서 마음을 문책하는 '주심론'에 입각한 것이라면, 성종의 논리는 '개전론', 곧 사람이 죄를 입은 뒤에 혹시 허물을 고치는 이치가 있는데, 만약 추론하여 끝내 서용할 수 없다면 아래로 온전한 사람이 없을 것이라는 것이었다. 대사헌 허침은 만약 대간의 말을 들으면 사풍이 바로잡힐 것이라고 하여 교화의 당위성을 주장하기도 하였지만, 성종은 비록 사풍은 바로잡힌다고 하더라도 억울함은 풀 수 없다는 이유로 반대하였다.[95] 사풍의 교화가 필요하긴 하지만, 억울한 희생을 낳지 않고 개전의 기회를 부여함으로써 이루어 가야 한다는 신중한 태도를 보여 준다.

3. 확전과 휴전

성종 24년 10월 19일에 큰비가 내리고 천둥과 번개가 치는 재변이 일어나자 성종은 하늘의 견책에 보답하고자 하는 뜻을 보이면서 당시의

93 《성종실록》 24년 9월 1일(임진).

94 《성종실록》 24년 9월 2일(계사).

95 《성종실록》 24년 10월 5일(병인).

폐단을 진술하여 아뢰도록 구언의 교지를 의정부에 내렸다. 이 교지에 응하여 23일에 대사헌 허침 등은 상소를 올렸다. 곧 천인상관론에 입각하여 임광재·이철견의 일과 윤은로·이창신의 일에 임금이 공론을 따르지 않고 사사로이 은혜를 베풀어 이들을 기용하였던 것이 천변의 원인이 되었음을 주장한다.

이 상소에서는 영의정 윤필상은 간교하고 아첨하여 그를 비방하는 의논이 쌓이는데도 오랫동안 어진 이를 등용하는 길을 방해하고 있으며, 좌찬성 이철견은 배우지 아니하여 학술이 없고 본래 조행이 없으면서 녹만 먹고 자리만 차지하여 중망衆望에 맞지 않는다고 비판하였다. 뿐만 아니라 공조참판 한건은 부랑하고 야비하며, 좌부승지 윤숙은 부박하고 경조하며, 우부승지 노공유는 재주가 용렬하고 지식이 어두운데 은총의 세력을 인연하여 외람되게 승지에 있으며, 관찰사 윤탄은 교만하고 망령된 자질로써 승류承流의 임명을 받았고, 절도사 원중거는 용렬한 자질로써 곤외閫外의 일을 전제하게 하였음을 비판하고 있다. 이는 재이를 계기로 하여 사풍의 교화를 목표로 하는 대간의 탄핵이 다른 대신들에게까지 확대되고 있음을 보여 준다. 상소의 말미에는 다음과 같이 언급한다.

> 안팎이 서로 가다듬으며 성화聖化를 힘써 도와서 중화中和·위육位育의 공을 이루게 하면, 춥고 더운 것이 때를 맞추고 비와 볕 나는 것이 시기에 순응하며, 재앙이 변하여 상서로움이 되고 화禍를 돌이켜서 복이 되게 할 것이니, 태평한 정치의 계제가 되는 것이 장차 오늘날에 있지 아니하겠습니까?[96]

96 《성종실록》 24년 10월 23일(갑신).

사헌부는 천변을 전화위복의 계기로 삼아 교화에 더욱 매진하여 태평의 정치로 나아갈 것을 강조한다. 그러나 이는 교화를 명분으로 대신과 대간 사이의 전쟁이 확대됨을 의미하며, 오히려 정치적 안정을 저해할 위험성도 있었다. 성종은 일단 이 상소에 대해서 임광재와 이철견 등은 비록 죄가 있다고 하더라도 용서할 수 없는 것은 아니고, 윤은로와 이창신의 일은 다시 밝힐 것이 없으며, 정승들의 일은 여러 의논을 채택하여 처리하겠다고 답하였다.

사헌부와 사간원에서는 재변의 원인은 소인이 권세를 마음대로 부림에서 말미암은 것이라고 지적하면서 대신들에 대한 탄핵을 그치지 않았다. 국가의 안위와 민생의 편안함과 근심, 풍속이 더러워지고 일어나는 것이 모두 재상에 달려 있다는 점과 '어질지 못함을 보고서 능히 버리지 못하는 것은 옳지 못하다.'는 옛사람의 말을 들어서 사사로운 뜻을 버리고 공의에 따라서 물리칠 것을 요구하였다.[97] 특히 영의정 윤필상에 대해서는 간사하고 아첨하며 탐욕스럽고 용렬한 자질로서 적합하지 않은 곳에 있으니, '짐을 질 사람이 수레를 탄다.'는 꾸짖음[98]과 '짝을 찾는 여우가 돌다리에 있다.'는 비난[99]이 날마다 모이고 달마다 쌓여 있다는 등의 극렬한 표현을 동원한 비판이 이어졌다.[100]

윤필상을 '간사한 귀신'이며 '뜻에 영합하여 비위를 맞춘다.'고 극언하

---

97 《성종실록》 24년 10월 26일(정해), 27일(무자).

98 《역경易經》 〈해괘解卦〉에 "짐을 져야 할 사람이 수레를 탔다."〔負且乘〕는 말을 인용한 것으로, 소인이면서 군자가 있어야 할 높은 지위를 훔쳐서 차지하면 화禍를 불러들인다는 내용이다.

99 《시경詩經》 〈위풍衛風〉의 유호有狐편에 "짝을 찾는 여우가 저 기수의 돌다리에 있다."〔有狐綏綏 在彼淇梁〕는 것을 인용하여 요사스런 여우가 돌다리에 있는 것처럼 소인이 높은 지위를 차지하고 있음을 비난한 것이다.

100 《성종실록》 24년 10월 28일(기축).

면서 그와 함께 이철견·윤숙·윤은로·윤탄·원중거 등과 같은 무리를 물리쳐서 교화를 널리 펼 것을 주장하는 대사간 허계 등의 상소에 대해서 성종은 "그대들의 말이 과연 모두 하늘의 뜻에 합하겠는가?"라고 말하고, 대간의 말만 들어주면 "천변이 또한 이로 말미암아 일어날 것을 어찌 알겠는가?"라고 반문하였다. 그러나 결국에는 윤필상이 사직서를 올려서 "어찌 한 소인을 아껴서 대덕大德에 누累를 끼치려 하십니까?"라고 아뢰자 그의 뜻을 따라서 사직을 허락하였다.[101] 대간에서 윤필상을 소인으로 지목하여 탄핵한 배경에는, 그동안 임광재·이철견 사건이나 윤은로·이창신 사건에서 그가 영의정으로서 대신들을 비호하면서 보여준 소극적인 태도로 말미암아 탄핵이 성공하지 못한 데에 따른 보복적인 측면이 내재해 있었다.

윤필상이 사직한 뒤 이철견도 사직의 글을 올렸다. 성종은 "대신이 굳게 사양하는데 들어주지 아니하면 이는 그 허물을 더하게 할 뿐이다."라는 말로 받아들이면서, 대간에게는 이들을 교체하는 것은 대간의 말을 따른 것이 아니라 사직 요구를 들어주지 않으면 스스로 편안하게 여기지 않을 것이기 때문에 따랐을 뿐이라고 전교하였다.[102] 성종은 대간의 탄핵에 따른 윤필상과 이철견의 사임이 다른 대신들로 확대되는 것을 우려하여 이를 미리 차단하기 위해 자신의 뜻을 분명히 하고자 했던 것이다. 이후에도 대간에서는 윤은로·윤숙·윤탄·원중거 등도 교체할 것을 요구하였다. 좌의정 노사신·우의정 허종·좌참찬 유지 등 대신들은 "재주와 덕이 윤필상 등에게 미치지 못하면서 재직하는 것이 미안합니다."라고 사직을 청하였는데, 성종은 이를 받아들이지 않았다. 이러한 와중

101 《성종실록》 24년 10월 29일(경인).

102 《성종실록》 24년 10월 29일(경인).

에 경연에서 영사 허종은 다음과 같이 아뢰었다.

> 재상과 대간은 마땅히 서로 더불어 옳고 그름을 도와야 할 것입니다. 그러므로 대신에게 죄가 있다면 반드시 지적하여 어떤 죄가 있다고 말하고 죄 주어야 옳을 것이니, 근자의 홍귀달·박숭질·정숭조의 일과 같은 것이 바로 그러한 것입니다. 그러나 만약 평소에 이름 붙일 만한 죄가 없는데도 모여서 예사스럽지 않은 글자로 이름 붙이기를, '누구는 간사스럽고 아첨하며, 누구는 음험하고 교활하다.'고 하여 후세에 전한다면, 어찌 폐단이 없겠습니까? 개국 이래로 이런 일은 있지 않았으니, 우리 세종 재위 30년 동안 군자니 소인이니 하고 지목하는 말을 듣지 못하였습니다.

허종은 재상과 대간이 서로 더불어 옳고 그름을 도와야 한다는 논리를 내세우면서, 그동안 있었던 대신과 대간 사이에 간교한 책략을 써서 남을 모함하는 폐단을 그칠 것을 촉구하고 있다. 만약 분명하게 죄가 있다면 어떤 죄가 있다고 말하고 죄를 주는 것은 가하지만, 단지 '간사스럽고 아첨하고 음험하고 교활하다.'는 것으로 탄핵하여 군자니 소인이니 지목하는 것은 조선왕조의 창업 이후 이제까지 없었던 일이며 바람직하지도 않다는 주장이다.[103] 특히 세종의 재위 30년 동안에는 군자소인논쟁이 없었다는 그의 언급은 세종시대와 구분되는 성종시대의 특징을 잘 말해 준다.

성종은 허종의 말에 깊은 공감을 표시하면서, "만약 재상의 한때의 일을 가지고 간사하고 음험하여 교활하다는 이름을 더한다면 이것이 어찌 옳은 일이겠는가?"라고 지적하였다. 성종과 허종 역시 교화를 추구

103 《성종실록》 24년 11월 3일(갑오).

하는 정치가 불가피하게 심술의 선악을 문제 삼으면서 그 마음의 정사正邪를 논할 수밖에 없음을 모르는 것은 아니었다. 또한 이러한 정치가 종종 군자와 소인을 구별하는 논쟁으로 비화되어 새로운 정치현상으로 나타나고 있다는 사실도 알고 있다. 그러나 교화의 정치가 대신과 대간 사이에 반목을 조장하고 간교한 책략을 써서 서로 모함하는 풍속을 이루고 있다는 것을 경계하면서, 대간과 대신의 휴전과 화해를 촉구하고 있는 것이다. 허종은 성종의 말을 받아서 '재상과 대간은 화동해야 한다.'는 자신의 견해를 밝히면서 다음과 같이 말한다.

> 무릇 대간은 논계할 것이 있으면 반드시 대중臺中에서 서로 가부를 의논한 뒤에 말하여야 하는데, 지금은 스스로 서로 두려워하고 꺼리기 때문에 서로 의논할 수가 없어 어떤 사람에게 한 가지 과실이 있으면 곧 종신토록 허물이 되는 것이라고 생각하여 배척합니다. 그러나 지금 세상에서 어찌 모두 다 성현만을 얻어 쓸 수 있겠습니까? 사람에게는 각자 장점도 있고 단점도 있으니 인군은 마땅히 그 단점을 버리고 장점을 취하여 각기 그 기량에 맞게 할 뿐입니다. …… 지금 윤필상과 이철견을 지목하여 무상한 소인이라고 하니, 후세에서 반드시 이와 같은 사람을 어찌 썼을까 하고 생각할 것입니다. 그러니 어찌 아름다운 일이 되겠습니까? 대간과 재상은 마땅히 마음과 덕을 같이 하여 대체를 보존하는 데 힘써야 옳을 것입니다.

허종의 '화동론'은 누구에게나 과실이 있을 수 있지만 그것이 종신의 허물이 되어 배척되는 데 이르러서는 안 되며, 단점을 버리고 장점을 취하여 서용해야 한다고 주장하는 점에서 성종의 '개전론'과 상통한다. 개전론의 토대 위에서 대신과 대간이 마음과 덕을 같이하여 정치의 안정을 유지해야 한다는 것이다. 이것은 맹목적으로 부화附和하는 것이 아니라, 이견이나 이의를 조화시키는 것이다. 공자가 "군자는 화和하고 동同하지 않으며, 소인은 동同하고 화和하지 않는다."[104]라고 말할 때 '화'란 거슬리고 비틀어진 마음이 없는 것이며 '동'은 부화뇌동하는 것이다. 군자는 의리를 숭상하기 때문에 '동'하지 않음이 있고 소인은 이익을 숭상하기 때문에 '화'할 수 없는 것이다.[105]

그러나 대간들의 견해는 달랐다. 당시 경연에 참석했던 정언 유승조는 "소인이 없다면 말할 필요가 없겠지만, 만약 있다면 어찌 뒷날의 폐단을 헤아려 말하지 않을 수 있겠습니까?"라고 하였고, 지평 강형은 "대간은 물론物論을 거두어 논계하는 것"인데 "어찌 그 사이에 사사로운 뜻이 있겠습니까?"라고 하면서 허종을 비판했다. 대간은 임금의 눈과 귀이기 때문에 간사하고 교묘한 말로 아첨하거나 배우지 못하여 학술이 없는 자가 묘당에 있다면 임금이 알 수 있도록 논계해야 하며, 임금이 그르다고 하면 대간은 옳다고 하고 임금이 옳다고 하면 대간은 그르다고 하여 임금과 더불어 시비를 다투는 것이 대간의 직임이니, 옳지 못한 일에 대해서 화동한다면 뒷날의 폐단이 있을 것이라고 주장했다. 대간의 직분에 충실하겠다는 입장이었다.

대간의 주장에 대해서 허종은 '마음과 덕을 같이 하자'는 자신의 주장이 옳지 못한 일을 하자는 것은 아니며, 다만 한 가지 일을 가지고 간사하고 아첨하며 음험하고 교활하다고 한다면 대체에 바람직하지 않다는 의견을 개진했다. 아울러 대간이 매번 재상과 화동하지 못한 것을 볼 때 뒷날의 폐단이 있을까 두렵고 걱정스럽다고 언급했다. 허종의 주

---

104 《論語》〈子路篇〉"子曰 君子 和而不同 小人 同而不和."

105 《論語集註》〈子路篇〉"和者 無乖戾之心 同者 有阿比之意 尹氏曰 君子 尙義 故有不同 小人 尙利 安得而和."

장은, 이듬해에 성종이 죽고 연산군이 즉위하면서 대간이 대신과 화동하지 못한 상태에서 최초의 사화가 발생하였다는 점에 비추어 볼 때 '선견지명'이 있는 것이었다. 성종 역시, 허종의 뜻이 대간으로 하여금 대신의 일을 말하지 못하도록 한 것이 아니라 정치의 대체를 말한 것이며, 오히려 대신들이 대간의 공박으로 인해서 말하지 못하게 되는 폐단이 있다는 점을 지적하였다. 그리고 인물의 진퇴는 인군의 짐작에 달려 있음을 강조하면서 앞으로는 대간의 말이라고 해서 모두 들어줄 수는 없다고 하였다.[106]

4. 두 마리의 호랑이가 서로 싸우다

한동안 휴전 상태를 보였던 사풍을 둘러싼 논쟁은 성종 25년 4월에 임금의 장인 윤호를 우의정에 임명하면서부터 다시 시작된다. 당시 실록에서는 윤호에 대하여 "사람됨이 중심에 주장하는 바가 없이 이리저리 왔다 갔다 하고 우스갯소리를 잘하니, 본래 청의淸議에 용납되지 못하였다."고 논하였다.[107] 사신史臣은 윤호가 "매양 조정에서 크게 의논할 때에 반드시 말하기를, '아뢴 바에 의하여 시행하소서.'라고 하였으므로, 당시의 사람들이 그를 일컬어 말하기를, '아뢴 바에 의하는 재상'이라고 하였다."고 평가했다.

대간에서는 윤호가 어질지 못하며 여러 사람의 의논도 모두 합당치 않다고 여기고 있음을 지적하면서 개정할 것을 청하였다. 대간은, 솥의

106 《성종실록》 24년 11월 3일(갑오).
107 《성종실록》 25년 4월 19일(정축).

세 다리에 비유되는 삼공三公은 나라의 정간楨幹이므로 조정에서 모범이 될 만한 사람을 가려서 임용해야 하며, 단지 왕비의 지친至親이라 하여 재주도 없고 착한 점도 없는 자에게 우의정 직임을 맡길 수는 없다는 이유를 제시했다. 그러나 성종은 그가 우스갯소리를 잘한다고는 일컬어지지만, 전일에 영의정을 의망擬望하는 데 참여하였고 문신이며 다른 불초한 허물은 없다는 점을 강조했다.[108]

윤호의 우의정 임명과 관련한 주요한 쟁점은 중요한 직위에 있는 사람을 쓸 때에 어떻게 인물의 현부와 선악을 분별하여 서용할 것인가 하는 점이었다. 성종은 인물의 진퇴는 대간의 말에 따라 가볍게 바꿀 수 없으며, 만약 큰 허물이 있다면 바꾸어야 하겠지만 그렇지 않다면 인물을 쓸 초기에 현부나 선악을 논하기보다는 맡겨본 뒤에 허물이 있을 때 바꾸어도 문제가 없다는 입장이었다. 반면에 대간은 처음에 사람을 고르지 않았다가 잘못한 일이 있은 뒤에 바꾼다면 제때에 구제할 수가 없다고 하면서 '과실이 있은 다음에야 고친다.'는 성종의 논리를 비판하였다. 더불어서 공의公議를 얻으면 인망人望을 얻게 되고 인망을 얻으면 인심人心이 기뻐하면서 복종하여 태평시대를 기약할 수가 있으니 반드시 공의에 따라서 고르도록 요구하였다.[109]

성종은 "지금 현부의 관원들도 또한 반드시 다 문장과 재능을 가진 것도 아니다."라고 말하면서 대간을 견제하고, "만약 불초한 정상이 없는데다가 또 허물이 없다면 좋은 것이다."라고 하여 인물의 진퇴에 관한 자신의 원칙을 대간에게 재차 확인시킨다.[110] 임금의 지적에 대해서

108 《성종실록》 25년 4월 22일(경진).
109 《성종실록》 25년 4월 23일(신사).
110 《성종실록》 25년 4월 28일(병술).

대간은 문장을 꾸미는 조그마한 재주를 가지고 재주라고 생각하는 것은 아니며, 밝게 살피고 굳게 결단하며 고금의 사리에 통달하여 능히 건의하고 아뢰는 것이 재주라고 할 수 있는데, 윤호는 이에 능하지 못하다고 지적하였다. 또한 비록 자신들도 재주가 없다는 것을 알지만 "만약 스스로 재주가 있은 다음에 남의 재주가 없는 것을 말한다면 조정 위에서 능히 몇 사람이나 있겠습니까?"라고 반론하였다. 남을 비난하기에 앞서 자신을 먼저 돌아볼 것을 요구했던 임금의 견제에 대해서, 대간은 자신들의 입장을 방어하면서도 조정대신들 역시 재주가 없다는 점을 제기했다. 이에 성종은 대간이 재주가 없으면서도 자리만을 채우고 있다는 것은 아니며 다만 "일반적으로 말한 것이다."라고 답하였다.[111]

성종은 자신이 사사로움으로 윤호를 임명하는 것이 아니라고 주장했다. 비록 그가 문장과 재능이 없다고는 하지만 문장과 재능보다는 심술의 선·불선이 더 중요하며, 비록 그가 말을 더듬거리기는 하지만 정승이라고 반드시 말을 잘해야 하는 것은 아니라는 논리를 들어 윤호를 변론하였다.[112] 그러나 대간에서는 윤호가 말을 잘할 수 없는 까닭은 바로 그가 재능과 덕행이 없어서 마음속에 주장하는 바가 없기 때문이며, 변론의 문제는 단지 말을 잘하는가 못하는가 하는 것뿐만 아니라 재능과 덕행 그리고 사람의 됨됨이와 밀접하게 연결되는 문제임을 내세웠다.[113]

대간은 조종조의 대신들이 모두 명망과 절개로써 자신의 인격을 소중히 여겨 행동을 신중하게 하였으며 한번 거동하는 데에도 반드시 대체를 보존하여 은총을 탐하여 구차스럽거나 모람되지 않았으므로, 사대

111 《성종실록》 25년 4월 29일(정해).
112 《성종실록》 25년 5월 1일(무자).
113 《성종실록》 25년 5월 2일(기축).

부가 교화되어 모두 연마하여 진작시키고 깨끗하게 하여 지조와 절개를 서로 높이고 풍속이 순수하고 아름다워졌다는 점을 지적했다. 또한 고식적인 사랑을 베풀어서 윤호로 하여금 죄악을 이루게 하고, 대간이 과감하게 말하는 기개를 꺾어서 구차스럽고 모람된 풍습을 트게 하고, 명망과 절개의 근원을 없어지게 한 것이 임금의 과실이라고 비판하였다. 하지만 성종은, 윤호가 특별한 결점이 없음에도 사람을 기용하는 데 대간이 번번이 '이 사람도 불가하고 저 사람도 불가하다.'고 한다는 것을 지적하면서, 대간의 말을 듣고 진퇴를 결정한다면 이는 "권력이 대간에게 있는 것"이라고 비판했다. 한편으로는 대신을 변호하면서, 다른 한편으로 대간의 탄핵을 견제하고자 했던 것이다.[114]

그러나 대간 역시 조금도 물러서지 않았다. 대간에서는 세 가지 주장을 내세우면서 임금을 더욱 압박하였다. 첫째, 부랑하고 절개가 없고 교만하고 근신하지 않는다는 것이 윤호의 하자라는 것이다. 둘째, "권력이 대간에게 있다."는 임금의 비판에 대해서, 임금이 대간에게 위임하고 그의 말을 듣고서 채택하여 쓰는 것이므로 이것은 바로 임금의 권력이며 대간의 권력은 아니라는 것이다. 그리고 '맡겼으면 의심하지 말고 의심스럽거든 맡기지 말라.'는 옛말을 인용하면서 대간을 의심하는 것은 옳지 않다고 반박하였다. 셋째, 착한 것을 속여서 악하다고 하며 충성스러운 것을 속여서 간사하다고 하며 공정한 것을 배반하고 사사로움을 행하는 자가 있으면 그를 주벌하고 쫓아내어야 한다는 것이다. 사풍의 교화를 위해서는 반드시 선과 악, 충성과 간사함, 공의와 사사로움을 분별해서 심판해야 한다는 것이었다. 이러한 논리를 내세우면서 만약 대간이 옳다고 여기면 윤호를 교체하고, 대간이 그르다고 하면 실언한 죄를

114 《성종실록》 25년 5월 4일(신묘).

받아야 할 것이며, "양편이 둘 다 온전할 수는 없는 것"이라고 '협박'에 가까운 주장을 내밀었다. 이에 성종은 다음과 같이 말하였다.

> 대간이 일을 말하였다가 유윤兪允을 받지 못하면 번번이 분한 마음을 품고서 그 직을 해임하도록 바라는데, 이것은 매우 아름답지 못한 풍습이다. 내가 즉위한 처음에는 이런 일이 없었으니, 이는 실로 내가 훌륭하지 못해서 이루어진 것이다. 모르긴 하겠지만 옛날에도 이러한 풍습이 있었는가? 이러한 풍습은 자라나게 할 수 없다.…대간의 말이라도 들어줄 만하면 들어주고, 들어줄 수 없는 것이면 들어주지 않는 것이니, 말하는 사람도 스스로 그만두는 것이 마땅하다. 지금은 두 마리의 호랑이가 서로 싸우는 것과 같으니, 참으로 아름다운 풍습이 아니다.[115]

즉위 이래로 성종은 사풍의 교화를 자신의 치세에 핵심적 정치과제로 표명하면서 대신과 대간들과 더불어 교화를 위한 수많은 토론과 설득의 과정을 거치면서 정치를 이끌어 왔다. 그러나 치세 말년에는 대신과 대간이 서로 싸우는 아름답지 못한 풍습으로 귀결되고 있었다. 그것은 인간 내면의 선악을 문제로 삼는 교화의 정치가 현실에서 어떤 위험성을 가지고 있는가를 보여 준다.

물론 성종 말년의 대신과 대간의 다툼이 반드시 교화의 정치 때문이라고 단정할 수는 없다. 성종 22년에 있었던 북정으로 당시 조정과 민심이 혼란했던 상황이고, 북정에 따른 군액의 부족을 메우기 위해서 《경국대전》에 실려 있는 도승의 법을 중단하는 문제를 둘러싸고 임금·두 대비·대신·대간 사이에 첨예한 논쟁과 대립이 있었다. 그 결과 도첩

115 《성종실록》 25년 5월 5일(임진).

제가 중단되었다가 다시 회복되기도 했다. 필자는 이러한 요인들이 사풍의 교화와 결합되면서 더 첨예한 갈등을 야기했다고 판단한다.

성종 25년 10월에 천변이 일어나고 성종은 그 원인이 자신의 부덕함으로 말미암은 것이라고 주장하였지만, 대간의 끈질긴 공격과 설득으로 결국 윤호의 사임의사를 수리하는 형태로 그를 우의정 자리에서 물리친다.[116]

5. 포용과 교화

주자는 군자를 '천리의 공'을 추구하는 자로, 소인을 '인욕의 사'를 추구하는 자로 규정하면서 군자와 소인의 분별을 강조하였다.[117] 옛날부터 지금까지 흥망성쇠는 다만 군자를 나아가게 하고 소인을 물리치며, 사람을 아끼는 것에 불과하다고 말했다.[118] 그러나 동시에 다스리는 도는 반드시 거친 것을 감싸 주는 아량이 있어야 하며, 그래야 정치가 관대하고도 자세해지며 일의 이치에 어긋나는 것은 곧 고치게 되어 사람들은 안정하게 된다고 한다. 만약에 널리 감싸 주는 도량은 없고 사납게 성내는 마음만을 가지고 있다면 깊고 먼 생각은 없이 사납게 어지럽히기만 할 걱정이 있게 되고, 깊은 폐단은 없어지기도 전에 가까운 환난이 생겨나게 될 것이라고 한다.[119] 또한 소인배로 어그러진 자가 많은

116 《성종실록》 25년 10월 20일(을해).

117 《孟子集註》〈滕文公 上〉"天理人欲 不容並立 虎之言此 恐爲仁之害於富也 孟子引之 恐爲富之害於仁也 君子小人 每相反而已矣."

118 《朱子語類》卷13 "因論人好習古今治亂典故等學曰 亦何必苦苦於此用心 古今治亂 不過進君子退小人 愛人利物之類 今人都看巧去了."

데 다 버리고 사귀지 않는다고 하면 천하가 모두 군자를 적으로 보게 될 것이고, 이렇게 되면 큰 의리를 잃고 재난을 야기시킬 것이다. 따라서 반드시 너그럽게 이해하여 악인을 바라봐야 재앙이 없을 것이며, 옛날의 성왕이 간흉奸凶을 선량한 사람으로 변화시키고 원수를 신민臣民으로 전환시킬 수 있는 까닭은 악인을 버리지 않았기 때문이라고 했다.[120]

이러한 언술들 속에는 군자를 나아오게 하고 소인을 물리치는 것이 교화의 요체이지만, 소인을 포용하여 너그럽게 받아들여야 한다는 일견 모순되는 주장이 공존한다. 그 모순은 대신들을 포용하고자 하는 성종과 인물의 현부와 내면의 선악을 논하면서 소인을 물리치고자 하는 대간이 사풍의 교화문제를 두고 대립해 온 논쟁에서도 보인다. 이 문제는 이론적인 설명이나 논리적인 설득만으로는 해결하기 어려운 현실적인 딜레마를 내포하고 있다. 따라서 구체적인 상황 속에서 군주와 신하들 사이의 노력과 역할이 중요하다. 그렇다면 성종은 왜 여전히 사욕에 머물러 있는 대신들을 포용하고자 한 것일까?

우선 심술논쟁의 성격이 고알이나 보복과 같은 음사陰私를 다룬다는 측면에서 그 형적이 쉽게 드러나지 않는 상황에서 마음을 문책하는 일이었다는 점이다. 대간이 비판하는 대신들은 누구나 인정할 수 있는 죄나 허물을 지니고 있기 때문이라기보다는 심술이 음험하고 간사하다는 혐의가 있거나, 또는 특별한 재주나 덕행이 없지만 그렇다고 해서 이렇다 할 허물이나 과실도 없는 상황에서 논의가 이루어지고 있었다. 이처

119 《近思錄》〈治體類〉"泰之九二日 …… 治之之道 必有包含荒穢之量 則其施爲寬裕詳密 弊革事理 而人安之 若無含宏之度 有忿疾之心 則無深遠之慮 有暴擾之患 深弊未去 而近患己生矣 故在包荒也."

120 《近思錄》〈政事類〉"小人乖異者至衆 若棄絕之 不幾盡天下以仇君子乎 如此則失含宏之義 致凶咎之道也 又安能化不善而使之合乎 故必見惡人 則无咎也 古之聖王 所以能化奸凶爲善良 革仇敵爲臣民者 由弗絕也."

럼 누구라도 그 내면을 문제 삼는다면 책잡힐 수 있는 사안이라는 점에서 탄핵보다는 포용의 문제가 중요한 사안이었다. 모든 인물의 선악과 현부를 다 알고서 등용할 수 없는 이상, 그리고 한 점의 허물도 없이 재주와 덕을 겸비한 인물을 얻기도 지극히 어려운 이상, 먼저 자신이 잘 알고 있는 자를 등용하고 작은 허물을 용서해 주는 것이 필요하다는 것이 성종의 견해였다.

성종은 심술이 바르지 못하며 용렬하다고 지목된 인물들에 대해서 "사람이 요순이 아니면 누가 허물이 없겠는가?"라고 하면서 가능한 한 그들을 포용하고자 하였다. 이로 말미암아 임금의 허물과 현명하지 못함을 비판하는 대간에 대해서는 자신의 과실을 인정하면서 "비방하는 자가 있는 것은 곧 나의 어질지 못함"이라고 말하였다.[121] 주자가 지적한 바와 같이, 군자를 보존하고 소인을 물리치는 것이 교화를 이루어 가는 데 최선의 방책이다. 그리고 이를 위해서는 군자의 말과 소인의 말을 잘 분별하는 지언知言이 요구된다. 그러나 군자와 소인을 분별하기가 어렵고, 오히려 소인의 탄핵으로 군자가 형벌을 받을 수도 있는 것이라면, 설사 소인이 보존되는 일이 있어도 군자를 해치지 않는 것이 차선이 될 것이다. 성종은 군자와 소인을 분별할 필요성은 인정하면서도, 소인에게 개전의 기회를 부여하고 스스로 교화되도록 포용하고자 했다. 그것은 "비록 사풍은 바로잡힌다 하더라도 억울함은 풀 수 없다."는 그의 말에서 알 수 있는 바와 같이, 비록 소인이 보존되는 일이 있다 하더라도 군자가 억울한 피해를 입고 물리쳐져서는 안 된다는 원칙을 보여 주는 것이었다.

대간은 직무에 충실했다고 말할 수 있다. 군주의 '눈과 귀'라고 할 수

121 《성종실록》 25년 8월 26일(임오).

있는 대간은 군주와 대신의 과오와 허물을 지적하는 것을 임무로 삼고, 군주와 더불어 시비를 다투는 것을 직임으로 하고 있기 때문이다. 그럼에도 성종은 "털을 헤쳐 가며 그 속에 있는 흠집을 찾는 것", 곧 사소한 과실까지 드러내며 허물로 삼는 대간의 지나친 풍속에 대해서 거부감을 가지고 있었다.[122] 성종은 죽기 몇일 전에도 "대간이 재상을 일일이 비방하는 것은 몹시 아름다운 일이 못 된다."는 것을 언급하면서, "지금 대간의 풍습을 보건대 대신에게 없는 허물을 주어모아 일체 모두 품평하는 데 힘쓰니, 나 또한 유감스럽게 여기고, 이 풍습을 없애려고 하였으나 아직 하지 못하였다."면서 솔직한 심정을 토로했다.[123]

대간이 내세운 교화의 명분과 논리에 견주면 성종의 포용논리는 설득력이 떨어지는 것처럼 보였다. 대신들의 음사를 들추어내고 허물을 주워 모아 탄핵하면서 심술까지 논하는 상황에서 성종은 "누가 허물이 없겠는가?"라는 논리를 내세우며 조정의 모든 신하가 배척당할 것을 우려하였고, 대신의 허물을 자신의 어질지 못한 탓으로 돌리며 물러서는 태도를 보였다. 성종은 사풍을 바로잡아야 한다는 교화의 원칙을 부인하지 않으면서도 대신을 어렵게 만들지 않았고, 대간과 다투기보다는 자신의 허물을 인정하면서 물러서는 덕을 보임으로써 대신과 대간 사이의 격렬한 대립을 완화하였다. 이것이 교화를 향한 치열한 논쟁이 이루어지던 성종시대에 정치적 안정과 지치를 가능케 하는 요인이 되었다. 성종이 홍薨하던 날 실록은 그의 치세를 다음과 같이 기록하였다.

임금은 총명영단聰明英斷하시고 관인공검寬仁恭儉하셨으며 천성이 효우孝友

122 《성종실록》 25년 7월 25일(신해).
123 《성종실록》 25년 12월 15일(경오).

하시었다 …… 대신을 존경하고 대간을 예우하셨고 명기名器를 중하게 여겨 아끼셨으며 형벌을 명확하고 신중하게 하시었다. …… 성덕聖德과 지치至治는 비록 삼대三代의 성왕聖王이라도 더할 수 없었다.[124]

성종시대는 《경국대전》의 반포로 국정 운영의 틀이 제도로 완성되고 안정화되어 가던 태평의 시기였으며, 왕조 초기의 창업과정에서 배제된 온건파 사대부들이 새롭게 정치무대에 등장하면서 잠재적으로 갈등요인을 내재하고 있었던 시기라고 이해되어 왔다. 그러나 성종시대의 정치적 긴장과 대립을 훈구와 사림의 세력 대립으로 보거나, 국왕·대신·대간 사이의 정치적 정립구도를 통한 견제와 균형의 측면에서 이 시기의 정치를 설명하고자 하는 연구들은 그러한 구도 속에서 활동하는 행위자들이 지녔던 '이념'이 무엇이었는지는 드러나지 않았다. 이 글에서는 당시의 정치가들이 어떤 생각을 하고 있었으며 무엇을 지향하고 있었는가를 파악하고자 국왕과 대간·대신 사이에 전개된 정치적 담론을 살펴보았다. 이를 통해서 제도가 완성된 이후 유교이념의 내면화가 핵심 정치과제로 등장하였고, 정치가들의 내면을 둘러싼 교화논쟁이 상호설득과 인정(recognition)을 위한 투쟁의 양상을 띠며 이루어지고 있음을 알 수 있었다.

임금과 신하에게는 각각 지켜야 할 도리가 있으며, 임금의 도는 인자함(仁)을 위주로 한다.[125] 성종은 임금의 도를 지키면서 청탁淸濁을 모두 받아들이고 거친 것을 너그러이 감싸 주는 아량을 지니고서 '포용적 리더십'을 발휘하였다. 언론을 존중하고 대간을 예우하고 그들이 표방하는

124 《성종실록》 25년 12월 24일(기묘).

125 《朱子語類》〈卷6〉"君有君之道 臣有臣之道 德便是箇行道底 故爲君主於仁 爲臣主於敬."

교화의 명분을 인정하였지만, 동시에 대신을 존경하여 그들의 지위와 권위를 지켜 주기 위해 노력했다. 교화의 최전선에서 싸우는 전위부대(vanguard)였던 대간의 비판을 겸허하게 수용하였지만, 대신을 내치기보다는 끌어안고 함께 교화의 정치로 나가고자 했다. 대신을 교화되어야 할 대상으로 바라보기보다는 함께 교화의 정치를 이끌어 갈 동업자이자 우군友軍으로 인식했던 것이다.

성종시대와 그 이후에 전개된 사화의 시대의 차이점은 선악과 정사를 분별하는 예리한 비판자의 역할이 존재하는가에 있지는 않다. 성종시대의 대간이 연산군이나 중종시대의 대간과 본질적으로 달랐다고 보기는 어렵기 때문이다. 그보다는 대신들을 탄핵하며 군자와 소인을 분별하고자 하는 대간에 대해서 양자를 중재하며 대신의 허물과 대간의 비판을 포용할 수 있는 군주의 리더십이 존재하고 있는가 하는 점이 본질적 차이라고 할 수 있다. 성종은 그 역할을 해냈지만, 연산군과 중종은 그 역할을 하지 못했다. 성종은 대간들의 비판과 공격에도 불구하고 교화의 원칙을 견지하면서 대신과 대간을 포용하였다. 그것은 현실정치에서 실현가능한 '잘 다스려진 정치'[至治]란 무엇이고 그 구체적인 실천이라고 할 수 있는 교화를 어떻게 이루어갈 것인가에 대한 고민과 성찰의 결과라고 할 수 있을 것이다.

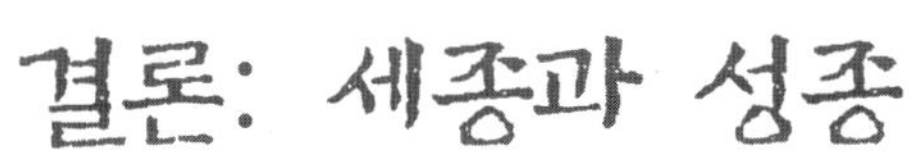

결론: 세종과 성종

여기에서는 이제까지 논의한 내용을 바탕으로 성종의 국가경영을 평가하고자 한다. 이를 위해서 평가의 준거가 될 수 있는 모델이 있어야 하는데, 필자는 세종을 그 모델로 삼고자 한다. 그 이유는 일차적으로 성종 자신이 세종을 '롤 모델'로 생각했다는 점이고, 또 다른 이유는 조선 전기를 대표하는 군주이자 조선의 국가경영을 가장 잘 보여 주는 임금이기 때문이다. 이제까지 한국정치사상사 연구에서 조선시대 군주들의 리더십에 대한 연구가 활발하게 이루어지지 못했다. 그나마 조선시대를 대표하는 군주인 세종에 대한 연구가 역사학을 비롯한 인문학 분야에서 꾸준히 이루어져 왔다. 최근에는 정치학계에서 세종의 리더십에 대한 연구도 활발히 진행되어 왔다.[1] 세종리더십과 조선 후기 군주들(예컨대 정조)의 리더십에 대한 비교연구도 시도되었다. 결론에서는 그러한 연구의 일환으로, 이제까지 시도되지 않았던 세종과 성종에 대한 본격적인 리더십 비교연구를 위한 시론을 제시하고자 한다. 여기에서 세종과 성종의 리더십을 총체적으로 보여 주기에는 한계가 있지만, 세종과 비교를 통해서 성종의 리더십을 부각시킨다는 측면에서는 이제까지 시도되지 않았던 도전이라는 점에서 의미가 있을 것으로 판단한다.

---

* 이 장은 〈수성에서 교화로: 세종과 성종의 리더십 비교〉(《한국동양정치사상사연구》 제18권 1호, 2019)를 수정한 것임.

1 대표적으로 정윤재 외, 《세종의 국가경영》(지식산업사, 2006); 박현모, 《세종의 수성守成 리더십》(삼성경제연구소, 2006); 정윤재 외, 《세종리더십의 형성과 전개》(지식산업사, 2009); 박현모, 《세종처럼》(미다스북스, 2013); 정윤재 외, 《세종리더십의 핵심가치》(한국학중앙연구원출판부, 2014); 박현모, 《세종이라면》(미다스북스, 2014) 등이 있다.

비교를 위해서는 비교의 지표 또는 주제가 필요하다. 이 책에서는 특히 시대와 비전, 인사정책, 불교에 대한 입장, 언론의 활성화와 공론정치, 리더십 승계문제 등을 중심으로 비교하고 평가하고자 한다. 성종의 국가경영리더십을 이해하고 평가하기 위해 필요한 수준에서만 세종의 국가경영에 대해서 언급하고 비교를 진행하겠다. 성종의 국가경영에 관한 내용은 제2부(문제인식과 진단), 제3부(정책처방), 그리고 제4부(지지의 동원)에서 다룬 내용을 간략하게 요약하여 서술한다. 이 역시 세종과의 비교를 위해 필요한 만큼만 언급하고자 한다.[2]

잠정적으로 이 글에서는 리더십의 개념과 관련하여 번즈(J. Burns)의 정의를 사용하고자 한다. 번즈는 리더십을 "지도자들이 지도자들과 추종자들 모두의 가치와 동기–욕구와 필요, 열망과 기대–를 반영한 일정한 목표들을 위해 추종자들의 행동을 유도하는 것"이라고 정의한 바 있다.[3] 그는 적나라한 권력행사(naked power)와 달리, 리더십은 추종자들의 필요 및 목표와 분리될 수 없음을 지적하며, "지도자–추종자 관계의 본질은 공동의 또는 최소한 일치된 목적을 추구하는 과정에서 서로 다른 수준의 동기와 권력 잠재력 및 기술을 가진 사람들 사이에서 이루어지는 상호작용"이라고 보았다. 조선 초기의 군주들 가운데, 세종과 성종은 권력자보다는 지도자(리더)라는 용어를 통해서 그들의 정치행위를 이해하는 것이 더 적절한 군주의 유형이라고 필자는 생각한다.[4]

2 결론에서 다룰 성종의 국가경영 관련 서술에서는 실록의 기사 표시나 출전 등을 가급적 생략하고자 한다. 본문(제2부에서 4부까지)에서 더 상세하게 기사와 출전을 표시해 놓았기에 필요하면 해당 대목을 참고하면 좋을 것이다.

3 제임스 M. 번즈, 한국리더십연구회 역, 《리더십 강의》, 생각의 나무, 2000, 53쪽.

4 번즈는 리더십이 지도자와 추종자 사이에서 상호적으로 수용된 목적을 현실화시키기 위해서 행해지지만, 적나라한 권력의 경우에는 서로 동일한 목적을 추구하는 것과 같은 상호연대가 존재하지 않는다는 점을 강조한다. 지도자들은 어떤 특정 동기들을 일깨워

1. 시대와 비전의 차이

세종시대는 창업에서 수성으로 전환해 가는 시기였고, 예악과 형정을 통해서 국가의 기틀을 바로 세우는 시대였다. 창업기의 어수선한 혼란과 정변을 극복하고 조선왕조의 기본 법령과 정책이 바로잡히고 제도화가 추진된 시기였다. 반면 성종시대는 제도화〔政〕에서 교화〔敎〕로 전환하는 시기였다. 세종과 세조 이후로 지속된 제도화의 성과가 《경국대전》의 반포와 시행으로 마무리되었고, 민풍과 사풍의 교화 문제가 정치의 최우선 과제로 제기되었다. 특히 세조의 쿠데타와 세조시대의 부패한 패권정치가 야기한 사회적 기강의 해이와 풍속의 타락, 그리고 도덕의 실추를 회복하고 사람들의 마음을 바로잡아야 하는 시대였다.

세종이 세운 정치 비전은 수성守成의 정치였다. 태조가 창업하고 태종이 계승한 새 왕조 건설의 대업을 '어진 정치〔仁政〕'로 안착시키겠다는 것이 그의 다짐이었다. 그가 보기에 조선왕조는 창업의 단계를 지나 수성의 단계로 진입하지 않으면 안 되었다. 건국한 지 반세기가 지난 시점에서 조선왕조를 한 차원 높은 단계에 올려놓아야만 왕조의 앞날이 안존安存하게 될 것이고 생각했다. 그에 따르면 수성하는 임금은 대체로 사냥놀이나 성색聲色을 좋아하지 않으면, 반드시 큰 것을 좋아하고 공功을 세우기를 즐겨하는 폐단이 있는데, 이것은 조상의 왕위를 계승하는 임금이 마땅히 경계해야 할 일이었다. 다시 말해서 수성의 군주는 너무 큰일을 일으켜 왕조의 안존과 민심의 안정을 방해해서도 안 되고, 그 반대로 현상 유지에 만족해서도 안 되었다. 창업의 정신을 지켜가는〔守〕

북돋워 주고 다른 동기들은 무시도 하지만 추종자들의 동기를 제거하지는 않는 반면, 권력 행사자들은 사람을 사물로 다루고 사물을 통제한다고 지적한다(위의 책, 52쪽).

동시에 새로운 변화에 적응해 가야 한다는[成] 것이 세종의 생각이었다.[5]

세종은 경복궁 근정전에서 백관들로부터 하례를 받으며 즉위했다. 그가 직접 작성한 즉위교서에는 그 시대를 표현하는 정치비전이 담겨 있다.

> 태조께서 나라를 창업하시고, 부왕 전하 태종께서 큰 사업을 이어받으셨고, 다시 내가 그것을 이어받게 되었다. 일체의 제도는 모두 태조와 부왕 태종께서 이루어 놓으신 법도를 따라갈 것이다. 그리고 이 거룩한 의례에 부쳐서 너그러이 사면하는 영을 선포하노라 …… 아, 나는 왕위를 바로잡고 그 처음을 삼가서, 종사의 소중함을 받들어 어짊을 베풀어 정치를 일으키고자 한다[施仁發政].[6]

위의 교서에서 세종은 세 가지를 언급하고 있다. 첫째, 일체의 제도를 태조와 태종이 이루어 놓은 법도를 따라 갈 것이라고 말함으로써 정권이 바뀔 때마다 생기는 급격한 변화나 정치보복이 없을 것임을 말하고 있다. 둘째, 태조나 태종시대에 지은 죄로 처벌받은 사람들에 대한 사면령을 선포하며 정치적 화합을 도모한다. 셋째, 《맹자》에 나오는 '발정시인'이라는 말을 바꾸어서 '시인발정', 곧 "어짊을 베풀어 정치를 일으켜 세우겠다."고 말하고 있다. 이는 세종이 처음 정치를 시작하는 자세를 상징한다. 백성의 편에 서서 그들에게 필요한 것이 무엇인지를 듣고[施仁], 그 이후에 법령과 제도를 만든다[發政]는 것이었다. 백성들에게 덕을 베푸는 것으로 정치를 시작해야 백성들이 자발적으로 동참하게 되고, 그로 말미암아 제도와 정치가 제대로 방향 잡을 수 있다는 말이다.[7]

5 박현모, 〈세종과 정조의 리더십 스타일 비교〉, 《오늘의 동양사상》 제17호, 2007, 146쪽.
6 《세종실록》 즉위년 8월 11일(무자).
7 박현모, 《세종처럼》, 미다스북스, 2013, 97-98쪽.

세종의 치세 32년을 살펴보면 세종은 실제로 즉위교서에서 언급한 핵심 키워드인 '인정'을 베푸는 정치를 했음을 확인할 수 있다. 태조의 시대를 혁명과 창업으로, 태종의 시대를 정변과 왕권강화로 요약한다면, 세종의 치세는 수성과 인정으로 요약될 수 있을 것이다. 세종 4년에 부왕인 태종이 죽고 본격적으로 친정親政을 시작한 시점이 세종 5년이었는데, 이때 세종은 즉위교서에서 언급한 인정을 더 구체화시키기 위해 교서를 반포한다.

> 백성은 나라의 근본이니, 근본이 튼튼해야만 나라가 평안하게 된다. 내가 덕이 없는 사람으로서 외람되이 백성들의 임금이 되었으니, 오직 이 백성을 기르고 보살피는 방법만이 마음속에 간절하다 …… 원통하고 억울한 처지를 면하게 하여, 시골마을에서 근심하고 탄식하는 소리가 영구히 끊어져서 각기 즐거이 생업에 종사하게 할 것이다.[8]

여기서 "백성이 나라의 근본이니 근본이 튼튼해야만 나라가 평안하게 된다."는 말은 《서경》에 근거하는 유교정치의 오랜 격언이다. 세종은 이 구절에 근거하여 자신의 정치적 비전을 제시한다. 구체적으로 말하면 백성들에게 원통함이 없는 나라, 각자의 일터에서 즐겁게 생업에 종사하는 나라를 만드는 것이 그의 목표였다. 이것은 허울이나 겉치레 말로만 표명된 것은 아니었고, 일회적인 언급에 그친 것도 아니었다. 그는 재위 26년에도 지방 수령들에게 당부하는 형식으로 내린 교서에서 '민유방본'과 '생생지락'의 정치비전을 끝까지 완수해 갈 것임을 언급하였다.

---

8 《세종실록》 5년 7월 3일(신사).

나라는 백성을 근본으로 삼고, 백성은 먹을 것을 하늘로 삼는다. 농사짓는 일은 의식의 근원으로서 왕의 정치에서 우선적으로 힘써야 할 것이다. 오직 그 일만은 백성을 살리는 소명에 관계된다. 이 때문에 천하 사람들이 지극한 노고를 마다하지 않고 왕을 섬기는 것이다. 위에 있는 사람이 성심으로 지도하고 이끌지 않는다면, 어떻게 백성들이 부지런히 농사에 힘써 종사하여 생생지락生生之樂을 완수하게 할 수 있겠는가?[9]

세종은 백성들이 각기 즐거이 생업에 종사하는 '생생지락'을 목표로 하여 "시대는 평화하고 해마다 풍년이 들어" 백성들과 함께 태평시대의 즐거움을 누려야 함을 강조했고, 그 사명을 위해 신명을 바쳤다. 반면에 성종이 즉위할 당시에 대사헌 이극돈이 올린 상소에는 그 시대 상황에 대해서 "선비의 풍습이 예스럽지 못하고 영리를 추구하는 일에 치우쳐서 효제孝悌와 충신忠信의 행실이 없"음을 지적하고 있었다. 이듬해에 대사헌 한치형이 올린 시의時宜 17조에 대한 상소에서도 사습士習과 민속民俗의 문제를 거론하였다. 그때 성종은 다음과 같이 예조에 지시하였다.

백성의 풍습과 선비의 습속은 위에 있는 사람이 높이 장려하고 격려하여야 하니, 중외로 하여금 충신·열부·효자·순손을 찾아다니며 계문하여 정별(旌別, 착한 사람과 악한 사람을 구별함)하게 하고, 또 제도 관찰사로 하여금 《소학》·《삼강행실》 등을 널리 간행하여 백성들로 하여금 강습하게 하라.

이와 같이 성종은 즉위 초년에 직면한 시급한 과제가 세조대 이후 무너져 내린 풍속을 교화하는 데 있음을 말해 준다. 성종이 7년 동안에

9 《세종실록》 26년 윤7월 25일(임인).

걸친 수렴청정을 마치고 그의 친부인 덕종을 부묘한 뒤 친정을 선포하며 내린 교서에서도 "효치孝治를 나타내고 백성의 풍속을 후하게" 만들고자 함을 선언하고 있다.

친정을 선포한 이후에도 교화의 필요성이 지속적으로 제기되었다. 특히 사풍을 교화하는 데 두 가지의 과제이자 장애가 놓여 있었다. 첫째는 세조대의 권신으로서 여전히 막강한 영향력을 행사하는 대신들과 연줄을 형성하여 이익을 도모하는 소인을 교화하는 문제였다. 친정 초기의 정치상황은 세조대의 정치를 주도했던 훈구대신들이 원상으로서 국정을 운영했다고 볼 수 있다. 비록 성종이 친정을 선포한 뒤 대간의 건의를 받아들여서 원상제를 폐지했지만, 그 뒤에도 사적으로 세력과 권세에 빌붙는 문제는 그치지 않았다. 이에 따라 성종은 각 도의 관찰사에게 글을 내려서 공적인 책임과 직무를 다할 것이며, 세력 있고 요직에 있는 자들과 결탁하여 당파를 이루려는 자는 용서하지 않을 것이며 형정으로 징계할 것을 선언하였다.

또 다른 과제는 대신들의 탐오함이었다. 성종 8년 6월에 있었던 한 경연 자리에서 성담년은, 근자에 선비는 탐오한 뜻을 품고 사람들은 화복禍福의 설에 현혹되고, 사대부의 뜻이 낮아져서 염치를 차리는 것을 졸렬하다 말하고 이익을 추구하고 있으며, 뜻을 도탑게 하여 현혹되지 않고 염정廉正을 스스로 지키는 자가 드물다는 점을 지적하였다. 풍속의 비루함을 바로잡기 위해서는 법을 쓰는 데 사사로움이 없게 하여 비록 친하고 귀한 자라도 범한 것이 있으면 용서하지 않아야 한다는 주장이 제기되었다. 그러나 교화는 '천백 년을 쌓아도 넉넉하지 못하나, 하루에 무너뜨려도 남음이 있다.'는 옛말처럼, 풍속이 비루한 것은 하루아침에 다스릴 수 있는 것이 아니기 때문에 오직 위에 있는 사람이 몸소 모범을 보여서 이끄는 것에 달려 있을 뿐이라는 의견도 있었다.

공자는 백성을 선善으로 이끌어 가는 데 법이나 형벌로 하는 방식과 덕이나 예로써 하는 방식이 있음을 언급하면서, 전자보다 후자에 따르는 것이 바람직하다고 말하였다.[10] 그는 전자에 대해서 백성들을 정政으로 이끈다는 표현을 사용하였다. 여기서 주희는 '정'이 법제와 금령을 의미한다고 보았다. 그는 공자와 마찬가지로 형과 정이 덕과 예와 함께 백성을 선으로 옮겨가게 하는 교화의 두 가지 수단임을 말하면서, 형과 정은 죄로부터 멀어지게 할 뿐 온전히 선으로 나아가게 하는 것은 아니기 때문에 더 근본적 수단으로 덕과 예를 강조했다. 그래서 "몸소 행하여 솔선수범하면 백성이 진실로 보고 감동하여 흥기하는 바가 있을 것"이라고 주장했다.[11] 이처럼 유교에서 교화를 이루어 가는 데 제도(법제와 금령)와 형벌에 의하는 것과 '덕과 예'를 통해서 감화시켜 가는 것을 제시하였다. 법도와 금령으로써 밖[外]을 제어하는 것을 정政이라 하고, 도덕과 제례로써 마음을 바로잡는 것을 교敎라고 한다.[12]

유교에서 교화[敎]는 법령[政]과 함께 백성을 다스는 두 개의 수레바퀴이다. 성리학을 이념으로 하는 사회에서는 정치의 본질 또는 목표가 눈에 보이는 외면적인 제도나 법령을 바꾸는 것에 그치는 것이 아니라, 그것을 넘어서 내면의 변화를 통해 정치공동체에 속한 모두가 성인이 되는 것에 있다. 이런 관점에서 볼 때, 성리학은 정치성을 넘어선 종교성을 가지고 있는 것이며, 세종시대가 통치 질서와 제도를 건설하는 시대였다면 성종시대는 제도화를 넘어서 내면의 변화를 추구했던 시대였다. 여기서 필자가 말하는 종교성이란 인간 내면의 문제를 다룬다는 것

10 《論語》〈爲政〉"子日 道之以政 齊之以刑 民免而無恥 道之以德 齊之以禮 有恥且格."

11 《論語集註》〈爲政〉"言躬行以率之 則民固有所觀感而興起矣."

12 《孟子集註》〈盡心 上〉"政 謂法度禁令 所以制其外也 敎 謂道德齊禮 所以格其心也."

을 의미하며, 내세의 문제를 다루는 것을 의미하지는 않는다. 유교는 내세를 인정하지 않는다. 반면에 오늘날 정치는 인간 내면의 문제를 다루지 않는다. 이 점에서 교화를 지향하는 유교의 정치와 구별된다.

세종시대가 통치 질서와 제도를 건설하는 시대였다면, 성종시대는 제도화를 넘어서 유교적 가치의 내면화를 추구했던 시대였다. 이러한 시대와 비전의 차이는 세종과 성종의 독서 경향에서도 차이를 보여 준다. 여기서 세종과 성종의 독서에 대해서 살펴봄으로써 두 군주가 처했던 시대정신의 차이를 살펴본다.

세종은 잠저潛邸에 있을 때부터 학문을 좋아하였고 게을리 하지 않아, 가벼운 병이 들었을 때에도 책읽기를 그치지 않았다. 실록에 따르면, 태종이 환관을 시켜서 서책을 감추었는데도 남아 있던 《구소수간》을 다 읽었다고 한다. 또 식사 때에나 밤중에도 책읽기를 멈추지 않았고, 스스로 "내가 궁중에 있으면서 손을 거두고 한가롭게 앉아 있을 때는 없다."고 말하였다. 그 결과 경적經籍에 널리 통하였고, 역대의 사대문적事大文籍까지 보지 않은 책이 없었다. 또한 주자소鑄字所로 하여금 한어漢語를 번역한 여러 서책을 인쇄하게 하였는데, 명나라 사신과 만날 때를 염두에 두고 한어의 역서譯書까지 학습하였다. 미리 그 말을 알면 그 대답할 말을 빨리 생각하여 준비할 수 있기 때문이라는 이유에서였다.[13]

세종은 즉위년 10월 7일에 처음으로 경연을 열었는데, 그때 채택된 교재가 《대학연의》였다. 12일의 경연에서는 이지강이 《대학연의》를 진강하고 "임금의 학문은 마음을 바르게 하는 것이 근본이 되옵나니, 마음을 바른 연후에야 백관이 바르게 되고, 백관이 바른 연후에야 만민이 바르게 되옵는데, 마음을 바르게 하는 요지는 오로지 이 책에 있사옵니

13 《세종실록》 5년 12월 23일(경오).

다."라고 아뢰었다. 세종 역시 이에 공감하면서 "경서를 글귀로만 풀이하는 것은 학문에 도움이 없으니, 반드시 마음의 공부가 있어야만 유익할 것이다."라고 말하였다.[14] 이처럼 조선 전기 제왕학의 교본으로 군주가 경사經史를 익히고 마음을 수련하는 책이 바로 《대학연의》였다.

하지만 세종이 경연에서 《대학연의》에만 집중한 것은 아니었고, 마음공부에만 열중한 것도 아니었다. 선행 연구에 따르면, 세종의 독서 경향은 크게 두 가지라고 할 수 있다. 첫째로 경학과 사학을 묶는 통합적 공부를 한 점이다. 즉 사서삼경으로 대표되는 경전공부와 《좌전》《사기》《한서》《강목》《송감》 등의 역사서적을 골고루 읽었다. 둘째로 세종은 조선 후기에 강조되는 순정성리학의 범주를 넘어 풍수지리학 등 잡학이라 불리는 지식도 국가경영에 필요하다면 사용하려 했다는 점이다. 당시 사람들이 도읍을 정할 때나 조상의 산소를 잡을 때 실제로 풍수서적을 참고하였는데, 그 책의 내용이 정말로 맞는지 연구하고자 했다.[15]

경전은 옳고 그름이라는 시시비비의 기준을 잡는 것을 중시하는 반면에, 역사서는 사실의 객관적인 서술을 중시한다. 공자는 《춘추》라는 역사서를 쓰면서 도척을 나쁜 사람으로, 백이·숙제를 좋은 사람으로 평가했다. 이후 《춘추》는 유교경전의 하나로 확고하게 자리 잡으면서 시시비비를 판단하는 하나의 기준이 되었고, 역사 서술에서 시비를 논하는 평가가 중시되어 왔다. 그런데 이처럼 옳고 그름을 가르쳐 주는 경전을 배우지 않고 사실만을 객관적으로 다루는 역사책만 보면 사람들이 판단의 기준이 없기 때문에 문제가 있다는 것이 조선시대 유학자들의 인식이었다. 세종시대에 윤회는 "경학이 우선이고 사학은 그다음이 되는

14 《세종실록》 즉위년 10월 12일(무자).

15 박현모, 《세종처럼》, 미다스북스, 2012, 233쪽.

것이니, 오로지 사학만을 닦아서는 안 됩니다."라고 말하였다. 이에 대해 세종은 다음과 같이 대답하였다.

> 내가 경연에서 《좌전》《사기》《한서》《강목》《송감》에 기록된 옛 일을 물으니, 다 모른다고 말하였다. 만약 한 사람에게 읽게 한다면 고루 볼 수 없을 것이 분명하다. 지금의 선비들은 말로는 경학을 한다고 하나, 이치를 궁극히 밝히고 마음을 바르게〔窮理正心〕 한 인사가 있다는 것을 아직 듣지 못하였다.[16]

세종은 독서를 통해 이치를 밝히고 마음을 바르게 하는 공부가 필요함을 부정하지 않는다. 오히려 당시의 선비들이 경학을 공부한다고 하면서도 '이치를 밝히고 마음을 바르게' 하지 못하고 있음을 비판한다. 그러면서 세종은 역사를 두루 읽어야 함을 강조하고 있다. 그는 '궁리정심'을 목표로 하는 성리학의 텍스트를 읽는 데 반드시 주자의 설에 얽매일 필요는 없다고 말하였다. 조선 후기라면 자칫 '사문난적'으로 몰릴 수도 있는 발언인데, 세종 19년 10월에 있었던 한 경연의 기사는 다음과 같다.

> 강독하다가 주문공이 옛말의 잘못을 바로잡은 대목에 이르러 말하기를, "문공은 진실로 후세 사람으로서는 논의할 대상이 아니다. 그러나 잘못을 바로잡은 말에도 혹 의심스러운 곳이 있다. 그리고 그 자신이 한 말도 또한 의심스러운 곳이 있다. 주자의 문인으로서 스승의 말을 취하지 않은 자가 있었던 것이니, 비록 주자의 말이라도 또한 다 믿을 수는 없을 듯하였다." 하니,

16 《세종실록》 7년 11월 29일(갑자).

승지 권채가 대답하기를, "요씨饒氏도 가끔 이론異論을 세웠습니다." 하였다. 임금이 말하기를, "이들은 모두 주자의 학설을 충실하게 지키기를 원한 자들이다." 하였다.[17]

세종은 주자가 교정하고 해석한 여러 텍스트 가운데 잘못한 곳이나 의심스러운 곳이 있다는 점을 지적한다. "주자의 말이라도 다 믿을 수는 없을 듯하다."는 그의 말을 통해서 당시 성리학이 교조화되지 않고 비교적 자유로운 이해가 가능했음을 알 수 있다. 그것을 '학문적 미성숙'이라고 말하기는 어렵다. 오히려 성리학에 대한 세종의 학문적 깊이를 보여 주면서 주자학과 다른 논의가 제시될 수도 있는 상황이었음을 말해 주는 것이다. 세종은 즉위 이전부터 호학의 태도로 많은 독서를 해왔고, 즉위 이후에도 경연을 통해 자신의 지식세계를 끊임없이 확장해 갔다. 뿐만 아니라 재위 기간 동안 오랜 내외적 시련을 극복하며 생긴 내공과 깊은 학식으로 신하들과 끈질기게 논쟁하며 자신의 지적리더십을 확립했다.

반면에 성종의 젊은 시절은 이렇다 할 것이 없었다. 그는 열세 살 어린 나이에 왕위에 올라 수렴청정을 받아야 하는 국왕이었다. 적어도 그때부터 자신이 직접 권력을 행사하게 되는 스무 살 무렵까지는 수렴청정뿐만 아니라 신하들에게서 학문까지 배워야 하는 입장이었다.[18] 이처럼 세종과는 다른 출발점에서 시작한 성종은 25년 동안 성리학을 바탕으로 도학정치를 실현시키기 위해 학문에 심혈을 기울였다. 잡직雜職의 전문성을 향상시키고자 각 분야별로 습독관제도를 두고 관련 분야의 책

---

17 《세종실록》 19년 10월 23일(기묘).

18 이한우, 《성종, 조선의 태평을 누리다》, 해냄, 2006, 337-338쪽.

을 집중적으로 토론하게 했으며, 문신들에게는 독서당을 마련하여 특별 휴가를 주어 독서를 권장하고, 그들을 자주 불러 읽었던 분야를 시험하기도 하여 성적이 좋으면 상을 주고 좋지 않은 자는 이직시키면서 독서를 권장하였다. 내관들까지 실력 향상을 위해 경연관들에게 특별히 강독을 부탁하는 열의를 보였다. 왕 자신도 선비들 못지않게 선왕들이 실시해 온 전례에 따라 경연관들과 하루에 조강, 주강, 석강, 야대 등 4회씩 열심히 독서와 토론을 병행하였다.[19]

성종은 즉위 초년에 경서經書와 사서史書를 읽었다. 경연관들은 이들 교재를 통해 군왕의 학문적 기초 형성에 초점을 두었고, 성종 역시 현실정치의 적용을 통한 국정 운영의 문제보다는 교재 내용을 이해하는 데 비중을 두었다. 재위 중반인 성종 8년부터 18년까지는 주로 국정현실에 필요한 실제적 학문에 관심을 둔 시기였다. 이 시기에 사서四書와 삼경三經에 대한 복습이 이루어지고, 다양한 역사서의 진강을 통해 치인治人의 원리와 활용법을 연구하였다. 중기의 경연은 사서와 삼경의 복습을 통한 학문적 성숙과 이에 대한 현실국정의 반영 여부에 관심이 집중되었다. 또 여러 역사서를 통해 선왕들의 흥망성쇠의 자취를 알고, 이를 실제 치인의 원리로 발전시키는 계기를 형성케 한 시기였다. 성종 말기라고 할 수 있는 재위 19년부터 25년까지는 성리학 서적 중심의 도덕적 성숙과 실천을 강조하였으며, 《사기》의 진강을 통해 역사적 비판과 그 적용 문제에 관심을 두었다. 텍스트에 대한 이해보다는 현실문제에 대한 토론에 비중을 둔 시기였다.

세종이 즉위 뒤 첫 경연에서 읽은 책이 《대학연의》였는데, 성종이 경연에서 처음 읽은 책은 신숙주가 추천한 《논어》였다. 세종은 22살에 즉

---

19 김중권, 〈조선조 경연에서 성종의 독서력 고찰〉, 《서지학연구》 제32집, 2005, 539쪽.

위하기 전까지, 곧 충녕대군 시절에 이미 다양한 책을 읽었고 당대 최고의 석학이었던 변계량에게 인정받을 정도로 학문적 수준을 갖추고 있었다. 반면에 13세에 즉위한 성종은 충분한 학문적 소양을 갖추지 못한 상태였다. 그는 《논어》를 집권 1년 1월 7일에 읽기 시작하여 11월까지 경연관들과 완독하였다. 《논어》가 첫 경연 교재로 선정되었다는 것은, 성종이 《소학》 정도의 서적은 읽어서 기초적인 학문적 소양은 있었다는 것을 의미함과 동시에 유교적 성군으로 그를 교육시키고자 했던 경연관들의 생각을 보여 주는 것이었다. 세종에 견주면 초심자 수준이라고 할 수 있던 성종은 경연을 통해서 유교적 군주로 만들어졌다고 할 수 있다. 그의 시대와 정치적 판단이, 세종의 경우보다 더 성리학적이고 교조적이었던 것은 이런 측면에 기인한 것이라고 할 수 있다. 성종은 《논어》를 완독한 뒤 《맹자》를 읽어 갔다.

그러나 성종은 경연관들이 추천한 책을 받아들이기만 한 것은 아니었다. 경연에서 정한 자료 외에도 읽고 싶은 책이 있을 때에는 그들과 상의해서 결정하려고 노력하였다. 그는 폭넓고 다양한 독서를 원했으며, 문신들이 이단의 책이라 하여 멀리한 《노자》《장자》《열자》와 같은 삼자三子의 책도 읽고자 했다. 성종은 신하들이 어떤 사유로 그러한 책들을 금하고 있는지 직접 읽고 양서인지 악서인지를 판단하고자 하였던 것이다. 하지만 승정원과 홍문관은 이단의 글을 읽는 것은 옳지 못하며 정통인 유교 경전을 읽어야 함을 주장하며 반대하였다.

성종이 결국 《장자》·《노자》·《열자》의 글을 읽었는지는 분명하지 않다. 그 이후의 기사에서 성종이 그 책들을 읽었다는 기사가 나오지 않기 때문이다. 추측컨대 읽지 못한 것으로 보인다. 당시의 상황에서 성종이 신하들의 극렬한 반대를 무릅쓰고 읽었으리라고 생각하기 어렵기 때문이다. 이처럼 경연에서 읽을 교재를 선정하는 문제로 성종이 경연관들과 의견 대립한 것은 한두 번이 아니었다. 성종 14년 12월 8일에는 성종이 주강에서 《전국책》을 읽고 싶어 했으나, 시강관은 네 차례에 걸쳐 역사책을 읽는 것은 옳지 못하니 경학을 읽도록 권유했다. 결국 성종은 건의를 받아들여 《서경》을 읽기로 했다는 기록이 나와 있다.

> 경연에 나아갔다. 강講하기를 마치자, 시강관 이세우가 아뢰기를, "이제 주강에서 장차 《전국책》을 강하려고 하는데, 신은 생각하건대, 네 차례의 경연에 모두 제사諸史로써 하는 것은 옳지 못할 듯합니다. 청컨대 경학을 강하도록 하소서." 하였다. 임금이 좌우에게 물으니, 영사 홍응이 아뢰기를, "정치를 하는 도道는 실로 경학에 근원하였으니, 경학을 근본으로 삼고 제자諸子와 역사를 참고로 하는 것이 옳습니다. 옛사람이 이르기를, '학문으로써 나의 지식을 넓게 하고 예禮로써 나의 행실을 단속한다.'고 하였습니다. 신의 생각으로는 비록 제사諸史로써 지식을 넓힐지라도 성리학으로써 단속하면 수신·제가·치국·평천하에 거의 보탬이 있을 듯합니다." 하였다. 임금이 말하기를, "그러면 마땅히 《상서》를 읽을 것이다." 하니, 홍응이 아뢰기를, "《상서》는 정치를 하는 율령律令으로서 군신君臣이 서로 경계하는 말로는 이보다 좋은 것이 없습니다." 하였다.[20]

성종 18년 3월 12일에는 《자치통감》의 강독이 끝났고, 성종은 《원사元史》를 읽고 싶어 했다. 하지만 지평 정석견과 헌납 김호 등이 옛날의 일을 읽어서 치란을 경계로 삼는 것은 좋지만 경서를 읽는 것만 못하므로 《중용》과 《대학》을 읽어야 한다고 주장했다. 이에 성종은 차라리 《논어》를 읽겠다고 하였다. 성종은 왕위에 오른 이후 18년이 지난 시점에서 여러 경서들을 다양한 방법으로 읽어 왔기 때문에서 경서 위주의 경

20 《성종실록》 14년 12월 8일(정묘).

연을 탈피하고 다른 책을 읽고 싶어 했지만, 경연관들은 그 요구를 들어주지 않았다.

> 경연에 나아갔다. 강하기를 마치자, 지평 정석견이 아뢰기를, "신등이 들으니, 경연에서 장차 《원사》를 강한다고 하는데, 임금이 예전 일을 고루 보아서 치란에 대하여 감계鑑戒를 삼는 것이 무익한 일은 아닙니다. 그러나 경서를 강하는 것만 같지 못합니다." 하였다. 헌납 김호가 말하기를, "예전 《사기》를 강하여 치란을 보는 것이 좋기는 합니다만 《중용》·《대학》 등의 정심수신正心修身하는 절실하고 요긴한 글을 강하는 것만 못합니다." 하니, 임금이 말하기를, "마땅히 《논어》를 강하겠다." 하였다.[21]

결론적으로 볼 때, 성종의 독서는 세종의 독서에 견주어 성학聖學에 보다 집중되었다. 비록 성종 자신은 성리학 텍스트 이외의 다양한 책을 읽고 스스로 시비와 선악을 판단하고자 했지만, 신하들의 반대로 뜻을 이루지 못했다. 이단異端과 잡학雜學에 대한 경연관들의 부정적 태도와 저항이 컸기 때문이다. 물론 세종 당시에도 이단과 잡학에 대한 신하들의 부정적 태도와 저항이 있었다. 그런 점에서 세종의 폭넓은 독서와 성종의 편중된 독서를 훈구파의 실용주의와 사림파의 명분주의의 차이로 단정 짓기는 어렵다. 이른바 훈구의 시대에도 경연을 담당했던 관리들은 이단사설을 경계했고 그와 관련한 책을 강독하는 것에 반발했다. 훈구(실용)와 사림(명분)의 차이라기보다는, 세종과 성종의 즉위 당시의 나이·왕이 되기 이전부터 읽었던 독서의 내용과 학문적 수양의 차이, 그리고 리더십의 차이에 기인한다고 할 수 있다. 세종은 신하들의 반대

21 《성종실록》 18년 3월 12일(임자).

에도 자신이 원하는 것을 끝까지 추구하는 집요함을 가진 국왕이었지만, 성종은 신하들과 함께 도학의 시대를 만들어 나가야 하는 짐을 짊어지고 있었고 유교적 성군이 되기 위한 노력을 통해 스스로를 증명해야 했던 임금이었다.

2. 인사정책

세종의 인사정책과 관련하여, 선행 연구에서는 다음과 같이 네 가지를 지적한다. 첫째, 인재를 귀하게 여겼다. 세종은 신하들을 세심히 보살피고 존중했을 뿐만 아니라 그 인재들의 부모형제까지도 귀하게 보살폈는데, 예를 김종서나 하경복 장군의 어머니까지 돌봄으로써 인재들이 맡은 일에 열과 성을 다할 수 있도록 했다. 둘째, 사람의 부류, 곧 신분이 아니라 덕망과 재능을 우선해 인재를 발탁했다. 천민 신분의 장영실이 종3품까지 승진한 것이나 어머니가 천인이었던 황희를 정승으로 임용한 것 등은 널리 알려진 사례이다. 셋째, 사람을 뽑고 그들의 말을 들을 때 오롯이 했다. 즉 세종은 선발된 인재의 말을 경청하였고, 그 사람의 말을 집중해서 들음으로써 참소와 이간질이 들어올 수 없게 했다. 넷째, 그 사람의 재능이 그 자리에 적합하면 종신토록 바꾸지 않았다. 황희나 맹사성 같은 정승에게는 각각 24년과 8년씩 장기간에 걸쳐 정승을 지내게 하여 국정을 안정시켰다. 예조·호조·병조와 같이 전문성이 필요한 관청의 판서들은 장기간(평균 6.8년) 동안 재직하게 했고 임무를 완수하도록 했다.[22]

---

22 박현모, 《세종이라면》, 미다스북스, 2014, 98-99쪽.

세종시대 인사정책의 또 다른 특징은 인재들로 하여금 공적을 세워서 허물을 덮을 기회를 주었다는 점이다. 세종시대에는 흠이 있었지만 공적 있는 인물들을 쓰는 사례가 많았다. 조말생이 대표적이다. 그는 태종 때 병조판서를 역임했고 파저강 토벌이나 대마도 정벌에서 핵심적인 역할을 담당했다. 그런데 뇌물을 받고 관리를 승진시켜 주었다는 이유로 세종 8년에 사헌부의 탄핵을 받아 유배를 갔다. 하지만 세종은 얼마 뒤 그를 함길도 감사로 복귀시켜서 변방 수비와 사민徙民정책을 추진하게 했다. 또 다른 사례는 여연군수 김윤수이다. 그는 여진족이 여연군을 약탈할 때 대응하지 못했다는 이유로 관직을 잃었다. 하지만 세종은 "사람의 마음은 잃었던 직임을 다시 주면 이전의 허물을 면하려고 애쓰기 마련이니 마음을 고치고 생각을 바꾸게 되는 것이다."라고 말하면서 군수 자리를 돌려주었다.[23] 그로부터 한 달 뒤에 여진족이 다시 침략했을 때 김윤수는 군사를 거느리고 나아가 공을 세웠다.[24]

한편 성종시대 인사정책의 특징은 객관적으로 드러나는 인재의 능력이나 현부賢否뿐만 아니라 내면의 심술을 관찰하여 등용했다는 점이다. 성종 재위 12년 1월에 '유신의 교화'를 선언한 이후에 이조와 병조로 하여금 인사고과를 행함에 사정을 버리고 공도를 따라야 함을 역설하고 관리들 내면의 변화를 요구했다. 재위 16년 4월에는 승출陞黜의 법을 시행했다. 그것은 '출척'이라는 수단을 통해서 사풍을 바로 세우고자 한 것이었다. 관료들의 현부나 사람의 선악을 구별하는 일을 맡고 있는 인사 담당부서에서 어진 자와 불초한 자의 진퇴를 제대로 하고 있지 못하기 때문에 선악이 구별되지 못하고 어질고 우매한 자가 함께 섞이고 침

23 《세종실록》 17년 6월 17일(정사).

24 박현모, 《세종처럼》, 미다스북스, 2012, 152-154쪽.

체되어서 사람을 권려하고 징계됨이 없다는 것이 승출의 법을 시행한 이유였다. 성종은 감화만으로는 교화가 불가능하며, 진퇴와 출척을 통해서라도 인간 내면에 있는 악함을 치유하고 공의와 선함을 회복시키고자 했다. 그런 점에서 세종의 인사정책과는 뚜렷이 대비된다.

물론 세종도 사람을 선발하고 관직에 등용시키는 데 능력과 재능뿐만 아니라 그 사람의 마음바탕이 착한지를 살폈다. 그는 "착한 사람에게 일을 맡기면 처음엔 굼뜨고 실수하기도 하지만, 오래 갈수록 더욱 조심하여 책무를 완성한다."고 보았고, 반면에 "유능하다고 알려진 자들은 처음엔 제법 능숙하지만 결국엔 자기 개인적인 일을 구제하는 데 급급하다."고 말하기도 했다.[25] 세종은 인재를 선발할 때 마음속에 열정이 있는지를 눈여겨보았고, 자기 개인보다는 공동체 전체를 우선시하는가의 여부를 살폈다.[26] 하지만 내면의 심성을 살피는 것이 인사정책의 우선적 과제는 아니었다. 또한 세종시대와 성종시대의 인사시스템에는 제도적인 차이가 있었다.

조선이 창업한 초기에는 나라가 안정되지 않아 재주만으로 뽑던 관교官敎의 제도를 사용하여, 태조 때에는 4품 이상의 당상관을 임명할 때에 대간의 서경署經을 거치지 않고 바로 벼슬을 주었다. 관교의 법은 1품에서 4품까지의 고위관원을 임명함에, 대간의 서경을 거쳐서 임명하는 고신告身의 법과는 달리, 서경을 거치지 않고 임금이 직접 임명할 수 있도록 한 법이다. 정종대에 그 폐단을 고치고 고신의 법을 회복하여 재주와 행실을 겸비토록 하여 선비의 기풍을 권면하도록 하였다. 그러나 태종은 인사권을 자신의 뜻대로 행사하여 권한이 아래로 내려가는

---

25 《세종실록》 29년 4월 21일(임자).

26 박현모, 《길라잡이 세종리더십》, 여주대학교출판부, 2015, 87-88쪽.

것을 차단하고자 고신의 법을 폐지하고 관교의 법을 회복시켰다.

세종대에 대사헌 신개 등을 비롯한 대신들은 태종 때에 폐지된 고신의 법을 회복할 것을 주장했다. 4품 이상 관원의 임명을 관교에 따르는 것이 아니라, 대간의 서경을 거쳐서 임명할 것을 요구하였다. 신개 등은 "가장 좋은 정치는 교화를 세우는 것이고, 그다음은 정치를 밝히는 것"이라고 말하면서 정政의 차원을 넘어서는 교敎의 정치를 주장하였다. 그러나 세종은 관교의 법이 조종의 성헌이라는 이유로 이 건의를 받아들이지 않았다. 고신의 법은 회복되지 않았으며, 세종시대에는 사람의 심술의 은미함과 조행의 비밀까지 살피는 정치로까지 나아가지 못했다. 따라서 세종시대의 교화논쟁은 군자와 소인을 구분하여 그 내면의 선악을 문제 삼는 데까지 나아가지는 않았다.

성종은 승출의 법이 실패한 이후에 인사정책의 변화를 보여 주었다. 특히 임사홍의 서용을 둘러싼 논쟁에서 '개전론'을 내세우며 허물이 있는 신하들을 다시 기용하여 그 재능을 발휘할 기회를 주고자 했다. 반면에 대간은 소인이 장차 초래할 수 있는 위험성을 강조하며 경계로 삼을 것과 사직의 안위와 조종의 영을 생각하여 나라를 그르치는 화禍의 기초를 마련하지 않아야 함을 내세웠다. 성종은 임사홍에게 잘못을 뉘우치고 마음을 바르게 고쳐먹는 개전의 기회를 주어 스스로 교화되도록 하는 것이 더 바람직하다는 논리를 내세웠다. 그리고 비록 소인이라 하더라도 권세가 주어지지 않는다면 나라를 그르칠 수 없다는 주장을 내세우며 대간을 설득했다. 대신들이 성종의 주장에 동조하면서 대신들에 대한 대간의 공격이 확대되었다. 성종은 이후의 논쟁에서 대신과 대간 사이에서 중재자 역할을 했다.

성종 집권 후기의 인사정책은 세종시대로 돌아간 듯 보인다. 허물이 있어도 개전의 기회를 주어야 한다는 성종의 정책은 인재들로 하여금 공적을 세워서 허물을 덮을 기회를 주었던 세종의 정책과 유사하게 보인다. 하지만 성종의 인사정책은 심성의 정치가 전개되는 과정에서 그 부작용을 경험하고 폐단을 보완하기 위해서 나온 정책이라는 점에서 차이가 있다. 교화를 명분으로 내세우며 대간이 주도하는 정치과정에서 관리들의 '내면에 대한 포폄'이 계속 진행되고 있었다. 성종은 그것이 극단적으로 심화될 때 정치적 파국에 이를 수 있음을 느끼고 개전론을 내세운 것이다. 반면 세종시대는 능력과 재능을 인사의 기본원칙으로 하면서 보완적으로 마음 바탕이 선한가를 살핀 것이었다.

성종은 재위 17년 이후 소인이라고 하더라도 완전히 버리지 않고 때를 기다려 서용하였다. 임사홍의 무리들을 요임금 때의 사흉四凶에 비유하면서 경계로 삼을 것을 주장했던 대간의 논의에 대해서는 "비록 이상적으로 다스려진 세대라 하더라도 매우 악한 자와 재물을 탐하여 사람을 죽이는 자가 아주 없지 아니하였다."라고 말하였다. 이는 '심성의 정치'를 지향해 갈지라도 현실에서는 소인이 있을 수밖에 없다는 성종의 인식과 함께 그들을 처벌하고 영영 폐기시키는 것보다는 덕으로 감화시켜서 스스로 변화되도록 유도하는 인사정책과 교화의 원칙을 재확인해준 것이었다.

임금과 신하에게는 각각 지켜야 할 도리가 있으며, 임금의 도는 인자함(仁)을 위주로 한다. 성종은 임금의 도를 지키면서 청탁淸濁을 모두 받아들이고 거친 것을 너그러이 감싸주는 아량을 지니는 포용적 리더십을 발휘하였다. 언론을 존중하고 대간을 예우하고 그들이 표방하는 교화의 명분을 인정하였지만, 동시에 대신을 존중하여 그들의 지위와 권위를 지켜 주고자 노력했다.

3. 불교에 대한 입장

세종은 해동요순이라고 불리울 정도로 유교를 통치이념으로 삼아 그 이념의 실천을 위해 헌신하였고 불교 혁파와 관련하여 적지 않은 성과를 내기도 하였다. 그런데 세종 17년부터 흥천사의 사리각을 수리하는 문제로 신하들과 논쟁을 하기 시작하였고, 사리각이 수리된 뒤 흥천사에서 경찬회와 안거회를 베푸는 일을 둘러싸고 격렬하게 대립하였다. 뿐만 아니라, 세종 30년에는 궁월 안에 불당을 설치하고자 하여 극한 대립으로 치달았다. 당시에 비록 세종이 선왕에 대한 효를 내세우면서 '조종을 위해서 불사를 한다'고 주장하였지만, 사실 태종은 불사를 좋아하지 않았고 자신이 죽으면 능 주변에 불당을 짓지 말도록 유훈을 남겼기 때문에, 세종의 주장은 선왕의 유지에 어긋나는 것이었다. 오직 세종만이 '조종을 위한다'는 효를 내세워 사리각 수리와 경찬회(안거회) 및 내불당의 설치를 강행했고, 그 결과 스스로 "독부가 되었다"고 한탄하는 처지에 빠지게 되었다. 이처럼 유교적 군주의 전형이자 해동요순이라고 얘기되는 세종의, 불사문제에 대한 이해할 수 없는 태도와 결정을 어떻게 바라보아야 하는가와 관련하여서는 선행 연구에서 몇 가지 설명이 제시된 바 있다.

박현모는, 성리학적 세례를 받은 신하들의 이분법적인 정치관과 대비하여, 정통과 이단으로 양분해서 볼 수 없는 정치세계의 다양한 측면을 인정하고 그 가운데 '정치의 영역'을 지키고자 신하들과 대립하고 갈등하게 되었다는 관점에서 설명한 바 있다.[27] 부남철은, 세종이 불교의 세

27 박현모, 〈'성주(聖主)'와 '독부(獨夫)' 사이: 척불(斥佛) 논쟁과 정치가 세종의 고뇌〉, 《정치사상연구》 제11집 2호, 2005, 39-61쪽.

속화에 따른 사회적 폐단을 극복하고자 불교를 개혁하는 정책을 수행하였지만, 그 자신이 불교 신앙심을 가지고 있었고 불교가 본래 수행해 왔던 종교적 역할을 인정하고 신유학의 지식과 불교 신앙이 함께 갈 수 있다는 신념을 가지고 있었다고 주장한다.[28] 김종명은 통설과는 달리, 세종이 재위 초기부터 호불의 태도를 견지하고 있었으며, 그의 이러한 태도는 훈민정음 창제와 전개의 중요한 요인이 되었다고 지적한다.[29] 반면 박홍규의 경우, '중용의 관점'에서 불사 문제를 해석하고 있다. 즉 당시 신하들의 주장을 '이단론적 중용론'으로 보고 세종의 주장을 '포용론적 중용론'으로 구분하여 경전에 대한 해석의 차이로 설명하고 있다.[30] 모두 타당한 측면이 있다고 생각된다. 하지만 추가적으로 세종이 말년에 직면했던 개인적인 불행을 고려해야 한다. 왕비와 아들이 자신보다 먼저 죽었으며, 본인도 여러 질병에 시달리고 있었던 상황이 그로 하여금 초월적인 세계로 귀의하게 하는 요인이 되었을 것으로 추정된다.

특히 주목할 점은, 세종이 인정仁政의 관점에서 불교와 승도들조차 포용하고자 했다는 것이다. 세종 21년에 사간원은 흥천사 사리각을 수리한 뒤 있었던 안거회를 비판하면서 "해마다 흉년이 들어 백성들은 얻어 먹기가 어려"운 상황에서 "유용한 재물을 무익한 일에 허비함"은 옳지 못한 일이라고 지적하였다. 이에 세종은 "승도도 역시 나의 백성인지라, 이미 나의 백성이 되었으면 그 가운데 굶주리는 자가 있다면 국가가 어찌 모른척하고 구원하지 않겠느냐."고 대답하였다.[31] 비록 유교 국가를

28 부남철, 〈세종의 불교신앙과 유교정치〉, 《세종의 국가경영》, 지식산업사, 2006, 74-76쪽.

29 김종명, 〈세종의 불교신앙과 훈민정음 창제〉, 《세종리더십의 형성과 전개》, 지식산업사, 2009, 191-221쪽.

30 Park, Hongkyu, *ZhuXi's Theory of Heterodoxy and King Sejong's Thinking of Zhongyong: Focusing on the Argument over the Sarigak at Heungcheonsa Temple*, Korea Journal Vol.52, No.2, 2012.

지향하는 조선이지만, 군주의 입장에서 국가의 구성원인 승도에 대해서도 인정의 원칙에 따라 배려하지 않을 수 없음을 주장한 것이다.[32] 이질적 세계관을 가진 세력도 포용하고자 했던 세종의 태도를 확인할 수 있다.

세종의 경우와 달리, 성종은 세조시대에 성행했던 불교문화를 물려받았고, 정희왕후를 비롯한 세 대비의 압력에 직면해 있었다. 그에게는 오히려 불사를 시행하는 것이 자연스러운 상황이었다. 비록 성리학(유학)에 대한 성종의 신념이 아무리 강렬하다고 하더라도, 자신을 국왕의 자리에 세워 주고 왕권을 유지시켜 주었던 대비들에 대한 은혜를 생각할 때, 불사를 금지하거나 폐하는 것은 배은망덕한 일이 될 수 있기 때문이다.

경연의 자리에서 불교와 관련된 기사에 미치게 되면, 경연관들은 성종에게 언제나 인군으로서 불교나 이단에 대하여 지녀야 할 올바른 자세를 강조하였다. 경연을 통해 정치적 식견을 갖추어 갔던 성종은 불교가 이단이며 자신이 결코 불교를 신봉하지는 않는다는 것을 강조했다. 그러나 그는 사찰의 건축과 제반불사의 중지, 사찰소유 토지의 혁파 등 신료들의 불교 관련 건의에 대해서는 "조종조 이래의 일을 갑자기 혁파할 수 없다."는 태도를 반복하고 있었다. 불교 문제에 대한 이러한 견해는 성종 재위 23년의 도승법의 폐지에 관한 논쟁에서도 동일하게 나타났다. 성종 14년에 정희왕후가 죽고, 성종 17년에는 불교를 숭상했던 종친의 최고 어른인 효령대군도 죽었지만, 예종비 안순왕후와 어머니 인

31 《세종실록》 21년 4월 12일(기축).

32 군주의 입장에서 유교 국가를 지향하는 조선에서 왜 불교가 필요했었는지에 대해서는 김종명, 《국왕의 불교관과 치국책》(한국학술정보, 2013)을 참조.

수대비가 살아 있는 상황에서 성종은 두 대비의 뜻을 따르지 않을 수 없었을 것이다. 그러한 압력이 성종 말년까지 지속했음을 보여 주는 대표적인 사례가 성종 23년에 있었던 '도승법의 시행 중지'를 둘러싼 논쟁이다.

도승법 중지를 철회하고 다시 시행하기로 함에 따라 발생한 논쟁이 한창 진행 중이었을 때, 성종은 "옛날 정희왕후께서는 내가 선왕의 법을 고치지 않을까 의심하여 항상 나에게 말씀하셨는데, 그 말씀이 아직도 귀에 쟁쟁하게 남아 있으므로 내가 차마 갑자기 고치지 못하는 것"이라고 고백한 바 있다. 그런데 성종 23년 12월 5일에 성종은 '도승의 법'을 다시 중지시켰다. 두 대비의 전지를 공개하면서 '도승의 법' 중지를 철회했지만, 신료들과 유생의 반대가 극심해져서 조정이 혼란하여 '결자해지'의 마음으로 자신이 책임지고 법령을 다시 세우고자 하는 강한 의지를 보여 준 것이다.

앞서 제3부 4장(경제정책)에서는 성종이 재위 3년에 혁파했던 내수사의 장리를 재위 13에 다시 부활시킨 사건을 살펴본 바 있다. 당시 성종은 내수사 장리의 부활과 관련하여 대왕대비(정희왕후)의 명령, 많은 자손, 사채에 견주어 상대적으로 싼 이자 등을 이유로 내세웠다. 성종 13년 11월에 내수사의 장리를 부활시킨 것과 성종 23년 11월에 도첩제를 다시 시행한 것은 대비의 뜻을 따른 것이라는 점에서 공통점이 있다. 그런데 내수사의 장리를 부활시킨 것과는 달리, 도첩제의 부활은 이루어지지 못하고 성종 23년 12월에 결국 중지되었다.

내수사의 장리는 왕실 운영과 생활의 필요를 충당하기 위한 측면이 강한 반면, 도첩제의 시행은 대비들의 불교신앙을 존중하기 위한 측면이 강한 사안이었다. 비록 장리의 부활로 부작용과 피해가 발생할 수도 있지만, 세 대비의 생활비용을 지원하지 않을 수 없는 것이었다. 하지만 대비들의 불교적 신앙은 조선왕조가 표방하는 유교적 이념뿐만 아니라, 성종 자신의 개인적 신념과도 맞지 않는 것이었다. 더욱이 도첩제 시행으로 국왕의 권위 자체가 흔들리는 상황이 되었다. 그리고 정희왕후가 생존해 있던 성종 13년과 달리, 두 대비만 생존해 있는 성종 23년에는 성종이 대비의 뜻에 거슬려서 국왕으로서 리더십을 발휘해서 스스로 결정해야만 하는 상황이었다. 도첩제의 시행 중지는 그 점을 보여 준 사례였다.

성종이 친정을 선포하면서 내린 교서의 핵심내용은 "효치를 나타내어 백성의 풍속을 후하게 한다.〔聿彰孝治 用厚民風〕"는 것이었다. 선왕인 세조에 대한 효孝를 다하고, 백성의 풍속을 교화시켜 나가겠다는 것이다. 그러나 효치와 교화는 때로는 서로 모순될 수 있는 목표였다. 탐오한 관료에 대한 교화는 자칫 세조대의 정치와 유산을 부정하는 결과를 초래할 수도 있기 때문이다. 특히 세조대에 성행했던 불사와 관련하여서는, 효치와 교화가 정면충돌할 수밖에 없는 상황이었다. 성종대의 도승법을 둘러싼 논쟁은 그 점을 극명하게 보여 주고 있다. 주목할 점은 성종이 양자택일의 상황에서 결국 교화를 선택했다는 사실이다. 그것은 단지 북정北征에 따른 군액軍額의 부족이라는 현실적인 측면이나 도첩제의 시행으로 국왕의 권위가 흔들리는 위험 때문만은 아니었다. 자신이 즉위 이래로 표방해 온 바와 같이, '백성의 풍속을 후하게' 하기 위해서는 도첩제가 야기하는 폐단을 끊어야 한다는 결단의 산물이었다.

4. 언론의 활성화와 공론정치

세종이 즉위한 뒤 처음 한 말은 "내가 인물을 잘 알지 못하니 신하들과 함께 의논하여 벼슬을 제수하려고 한다."는 것이었다.[33] 세종이 즉위 초에 당면한 가장 큰 국정현안은 안보불안과 경제적 어려움이었다. 즉 남쪽의 왜구와 북쪽의 야인들이 국경과 해안을 침략하여 백성을 살해하는 일이 계속되었고,[34] 가뭄과 홍수로 "흉작이 아닌 해가 없으며"[35] 창고가 비어 백성을 구휼할 수도 없는 상황이었다.[36] 그가 즉위교서에서 "천하질서를 존중"하고 "나라 안팎으로 평안하고 나라의 창고를 넉넉하게 하겠다"고 선언한 것은 바로 이러한 진단 때문이었다.[37]

그런데 세종이 보기에 재위 초년에 직면했던 더 큰 문제는 신료들의 '침묵'과 대세를 추종하는 회의 분위기였다. 즉 즉위 초에 안보불안과 경제적 어려움에 직면하고 있었음에도 "임금의 옷을 붙잡고 강력하게 간언"해서 잘못된 정책을 바로잡거나 "과감한 말로 간쟁하는 자"가 없었다.[38] 세종에 따르면 당시 신하들은 침묵을 지키거나 아니면 대세를 따라 발언하곤 했다. 즉 "어느 한 사람이 주창하면 비록 그것을 들어주지 않을 줄을 뻔히 알면서도 모두들 연달아 그칠 줄 모르고 떠들어 대는" 풍토였다.[39] 뿐만 아니라, 왕이 회의 안건을 내놓아도 모두들 서로의 눈치 보기에 바빴다. "의논하라고 내린 일로 보아도, 그것을 논의할 적에 한 사람이 옳다고 하면 다 옳다고 하고, 한 사람이 그르다고 하면 다 그르다고 말하는" 상황이었고, "한 사람도 중론에 반대하여 논란하는 자가 없다."고 세종은 지적했다.[40]

---

33 《세종실록》 즉위년 8월 12일(기축).
34 《세종실록》 1년 6월 9일(임오).
35 《세종실록》 9년 8월 28일(기축).
36 《세종실록》 4년 7월 9일(갑자).
37 박현모, 〈세종과 정조의 리더십 스타일 비교〉, 《오늘의 동양사상》 제17호, 2007, 145쪽.
38 《세종실록》 7년 12월 8일(계유).
39 《세종실록》 12년 1월 29일(경오).

이런 회의 분위기는 일차적으로 국가에서 자초한 측면이 많다. 건국 후 태종시대까지의 정치적 격변을 거치며 관료들은 보신을 위해 회의 시간에 침묵하기 일쑤였다. 기껏해야 주어진 업무를 마지못해 보고하는 정도가 고작이었다. 마음속의 말을 꺼내지 않고 표면에 드러나는 일만 보고하는 소극적인 태도야말로 그 당시 국정 운영의 가장 큰 문제라는 것이 세종의 진단이었다.[41] 이러한 문제인식과 진단에 근거하여 세종은 언론의 활성화라는 처방을 내렸다.

먼저 세종은 회의를 통해 좋은 아이디어를 수렴하는 데 초점을 맞추었고, 침묵하는 신하들에게 말을 많이 하게 함으로써 국가정책에 책임감을 느끼게 하는 데 역점을 두었다. 또한 세종은 어전회의를 국가운영의 핵심적 과정으로 부각시키는 데 주력했다. 태종시대까지 국왕의 일방적인 지시나 결정 사항을 이행하는 데 익숙해 있던 신료들에게 의견을 내고 찬반토론에 참여하도록 유도했다. 대표적인 어전회의인 경연의 개최를 그 예로 들 수 있다. 세종은 태조 때 23회, 태종 때 80회에 불과했던 것을 무려 1,898회까지 개최해(월 6, 7회) 국정 토론의 중심지로 만들었다. 세종은 경연 등에서 신하들에게 직언을 요청하곤 했다. 그가 이처럼 신하들의 말을 듣는 데 적극적이었던 것은, 옳은 정책들이 많이 건의될 때 비로소 국운이 융성하게 될 것이라고 보았기 때문이다.[42] 이러한 세종시대의 회의방식과 경연의 활성화는 언론의 활성화로 이어졌다.

경연 활성화와 관련하여 주목할 점은 세종시대에 집현전의 직제를

---

40 《세종실록》 7년 12월 8일(계유).

41 박현모, 〈세종과 정조의 리더십 스타일 비교〉, 《오늘의 동양사상》 제17호, 2007, 145-146쪽.

42 위의 논문, 147-148쪽.

사진 33 경복궁 수정전修政殿. 세종 때 집현전이 있던 곳.

마련하여 가동하였다는 것이다. 세종은 '어전회의 수준이 곧 국가경영능력의 바로미터'라고 보았고, 세미나식 어전회의인 경연을 전담하는 기관으로 집현전을 설립하여 운영하였다. 즉 집현전 학사들에게 경전과 역사의 강론을 전담하게 하여 국정회의의 수준을 끌어올리고 창의적 아이디어를 얻는 방식으로 회의를 진행시켰다.[43] 집현전은 세종 2년(1420)에 설치되어 세조 2년(1456)에 폐지될 때까지 37년 동안 운용되었으며, 그 사이에 100명 이상의 학사와 관원이 배출되었다. 이렇게 37년 동안 양성된 100여 명의 집현전 인력들은 세종치세의 초석이었고 사실상 조선 전기의 학문과 정치를 이끌어 가는 주역이 되었다. 세종은 집현전 학사

43 박현모, 《길라잡이 세종리더십》, 여주대학교출판부, 2015, 90쪽.

들에게 연구에 전념할 것을 요구하였고 다른 관청으로 옮기는 것도 막았다. 또 세종 8년에는 사가독서賜暇讀書, 곧 휴가를 주어 책을 읽고 성과를 내게 하는 제도를 도입하였다.[44]

세종이 회의를 활성하고자 택한 또 다른 전략 가운데 하나는 왕 자신의 약점을 드러내는 일이었다. 세종은 재위 5년(1423)의 과거시험 문제에서 자신이 처한 곤경, 잇따른 흉년과 수재, 국가의 적극적인 구휼에도 여전히 굶주리는 백성들, 그리고 텅 빈 국가 창고와 외침의 위협 등을 그대로 드러내고, 젊은 선비들에게 "정치하는 본의와 대체에 대해서 마음속 얘기를 모두 말해 달라."고 요청하기도 했다.[45] 그 밖에도 세종은 많은 사례를 통해서 자신의 약점을 드러내면서 좋은 말을 받아들이고 있음을 보여 주고 있다.

또한 세종은 신하들의 비판이 아무리 날카로워도 일단 긍정하면서 대화를 시작하는 스타일이다. 재위 13년에 황희의 뇌물혐의로 그의 파면을 요청하는 좌사간 김중곤에게 세종은 "네가 극진하게 베풀어 숨김없이 말함을 아름답게 여긴다. 그러나 황희의 일은 모두 애매함으로" 파면할 수 없다고 대답했다. 재위 중반부에도 세종은 '탐오'를 이유로 함길도 감사 발령을 반대하는 사헌부 간원의 말에 대해서 "네 말이 아름답다. 하지만 조말생을 보낸 뒤에야 함길도의 백성을 구제할 수 있다."고 말했다.[46] 재위 말년의 '내불당 논쟁'에서 세종은 궁궐 안에 불당 건립은 절대 안 된다며 반대하는 정인지 등에게 "경들이 말을 합하여 간諫하는 것을 내가 매우 아름답게 여긴다."고 말한 뒤에 "그러나 말을

44 박현모, 《세종이라면》, 미다스북스, 2014, 98-99쪽.
45 《세종실록》 5년 3월 28일(을유).
46 《세종실록》 15년 1월 21일(을해).

따를 수는 없다."고 답하였다.[47] 이처럼 세종이 말하는 스타일은 일단 상대방의 말을 다 들은 뒤에 좋은 점을 칭찬해 준 다음 왕 자신의 생각을 말하는 것이었다.[48]

언론의 활성화와 관련한 세종의 리더십을 요약하면, 세종은 '뒤에서 미는' 방식의 지도력을 발휘했다고 말할 수 있다. 그는 충분한 찬반토론을 거쳐 정책의 장단점을 드러나게 한 다음, 그 일을 주관할 사람에게 "전적으로 주장"하게 했다. 비유하자면 세종은 소를 뒤에서 조정하면서 따라가는 스타일이다.[49] 박현모는 이러한 세종의 리더십 스타일과 달리 정조는 '앞에서 끄는' 방식의 지도자였다고 분석한다. 즉 정조는 국정 목표를 설정해 놓고 신하들에게 그 길에 동참하도록 설득하거나 '위협'하는 방식을 취했다. 비유하자면 정조는 앞에서 소를 끄는 방식이었다는 것이다.

한편 성종시대의 언론은 재위 초반부터 활발하게 전개되고 있었다. 이처럼 당시 활발한 언론 활동이 가능할 수 있었던 배경으로 거론되고 있는 것은 두 가지이다. 첫째, 국왕을 정점으로 하는 수직적 위계질서가 이완되면서 국왕과 측근인사들의 관료 일반에 대한 통제력이 약화되었다는 점이다. 성종은 세자를 거치지 않았고 정희왕후의 선택으로 즉위한 어린 군주였기 때문에, 세조와 같은 정도의 자의적인 권력 행사는 고사하고, 수렴청정과 원상제의 보호 아래서 국왕으로서 자질을 키워 나가야 했다. 이러한 국왕의 위상 변화는 군주의 측근세력으로 활동하던 원상들과 재상 그룹의 위상 역시 저하시키는 결과를 초래하였다. 게

47 《세종실록》 30년 7월 19일(계묘).
48 박현모, 〈세종과 정조의 리더십 스타일 비교〉, 앞의 논문, 141쪽.
49 위의 논문, 146쪽.

다가 신숙주·최항 등과 같은 핵심 공신들의 사망으로 공신권력의 구심점이 상실되고 공신 그룹 전체의 응집력 역시 약화되는 실정이었다. 이같이 변화된 정치 환경은 성종으로 하여금 새로운 인재를 등용해야 하는 과제를 안겨 주었다.

둘째, 세조대 폐지되거나 축소되었던 여러 가지 제도들, 특히 청요직의 활동과 관련한 직제들이 성종의 즉위와 함께 복구되거나 신설되고 있었다는 점이다. 성종 초반에 복구된 제도들을 구체적으로 나열해 보면 다음과 같다. 경연의 재개, 야대의 신설과 같은 경연 관련 제도의 부활, 예문관 직제의 변경, 예문록의 작성, 예문관원의 구임과 차자승진에 대한 보장, 사가독서제의 부활 등과 같은 집현전 관련 직제의 복구, 사간원 인원의 증원, 서경법의 복구, 언관들의 차자 사용 등이다. 이들은 언론 활성화에 기초가 되는 제도들이다. 특히 경연제의 복구를 통해서 간관들의 경연 입참이 제도적으로 보장되어 국정 현안에 대한 논의를 접하고 하정을 상달할 수 있는 언로가 확보되었다. 예문관 직제의 변화를 통해 부활한 옛 집현전이 언관화되고 정치 현안에 깊숙이 개입했던 세종대 후반의 양상이 다시 재개되었다. 게다가 예문록(후에 홍문록)이라는 독자적인 인선방식을 확보하게 되었다는 점에서 폐지 이전의 집현전보다도 한 단계 진일보한 것이었다.

성종 전반기의 활발한 언론활동과 관련하여 주목할 점은, 언론 관행의 토대가 되는 언론 행태들이 정착되었다는 것이다. 언관들의 결속력 강화, 풍문 탄핵의 정착, 경연을 통한 언론 지원체제의 정착, 사신논평을 통한 언론의 지원 및 압박, 홍문관의 언론 행사 등이다. 이 가운데 제4부 1장에서는 예문관이 홍문관으로 변화하면서 언관화되었던 점에 초점을 맞추어 살펴보았다.

세조 9년에 처음 나타난 홍문관은 서장기관이었다. 성종 9년에 홍문관이 예문관으로부터 분리되어 옛 집현전의 기능을 회복한 이후, 홍문관은 점차 언관 3사의 하나로서 기능을 담당하기 시작했다. 그런데 성종 16년에 반포·시행된 《경국대전》에 따르면, 본래 홍문관이 담당하는 공식적 역할은 궁궐 안의 경적을 관리하고, 문한을 다스리고, 왕의 고문에 대비하는 것이었다. 즉 홍문관에서 관장하는 일에는 사헌부나 사간원과 같이 언론에 관계되는 규정은 없다. 그럼에도 홍문관이 본연의 기능을 넘어서서 언관의 기능을 담당할 수 있었던 것은, 홍문관원이 경연관을 겸하고 왕의 고문에 응하는 기능이 있었고 이를 바탕으로 왕에 대한 언론의 기회를 가질 수 있었기 때문이었다. 홍문관의 언관화를 촉발시켰던 또 다른 요인은, 사헌부와 사간원과 같은 기존의 언론기관이 언론을 하다가 죄를 받아 좌천되거나 파직되는 경우에 대간의 언론을 우용하고 언로를 넓힐 것을 청할 수 있는 제3의 언론기관이 필요했다는 점이었다.

뿐만 아니라 대간은 언론 이외에도 규찰·서경·추국·결송·호종·경연의 입시 등 업무가 너무 많았고, 그로 말미암아 대간들이 국가적 사무 모두에 걸친 문제들을 세세하게 전문적인 깊이를 가지고 언론하기를 바라기는 어려웠다는 점을 지적할 수 있다. 조선은 유교정치를 내세웠으므로 유교의례에 관한 것, 학문과 학술에 관한 것, 불교 배척에 관한 것 등은 대간의 언론만으로는 만족할 만한 내용을 기대하기 어려웠다. 반면 홍문관은 집현전의 후신으로서 유자 관료들이 모인 학술적인 기관이었으므로, 유교의례와 학술 및 척불과 관련된 언론은 대간의 그것보다 전문적이고 권위 있는 언론이 될 수 있었다.

홍문관 언론의 중심이 된 것은 간쟁 언론, 시무와 시정에 관한 언론, 척불 언론 등이었고, 탄핵 언론과 인사에 대한 이의는 대간의 언론 영역이므로 홍문관에서는 많이 하지 않았다. 또한 홍문관의 언론은 대간에 견주면 그 빈도는 낮은 편이었지만 전문성을 띠고 있었으며, 당시 국정에 큰 영향력을 끼쳤다. 이 책의 제2부 3장에서 다룬 성종 9년의 임사홍 탄핵사건은 홍문관 부제학 유진과 예문관 응교 표연말 등의 상서로 시작하고 있다. 이처럼 교화정치의 출발점에서뿐 아니라, 그 진행 과정에 있었던 주요한 사건의 고비마다 홍문관의 언론이 정국의 분수령으로 작용하고 있다.

언관의 활성화와 관련한 성종의 리더십을 요약하면, 성종은 '중간에서 조정하는' 방식의 지도력을 발휘했다고 말할 수 있다. 그는 처음에 세조시대 이래로 대신들과 결탁했던 언관들의 태도를 비판하면서 언관 본연의 기능을 회복할 것을 촉구했다. 그 과정에서 언론이 더 활성화되었고, 대신들의 비리와 결점을 비판하는 대간의 공세가 강화되었다. 이때 성종은 양자의 중간에서 조정하는 리더십을 발휘하였다. 부패와 비리·탐욕을 처벌하기 위한 탄핵은 교화의 정치에서 불가피하지만, 그것을 무제한 용인할 경우 정국은 파국으로 치달을 수밖에 없었다. 그러하기에 성종은 대간의 비판을 수용하면서도 지나치게 격렬한 탄핵은 거절하고, 대신에게는 스스로 반성할 것을 요구했다. 비유하자면 성종은 소를 옆에서 함께 따라가면서 이끄는 스타일이다. 나아가야 할 방향을 인식하면서도 무리하게 앞에서 이끌지 않았고, 뒷걸음치지 않도록 곁에서 지켜보면서 함께 걸어가는 스타일이다.

5. 권력승계의 문제

조선왕조는 개국 초기부터 종법적 정통에 입각한 정상적이고 안정적인 왕위계승을 이루지 못했다. 이는 기본적으로 태종의 정변으로 비롯된 것으로서, 1차 왕자의 난으로 태조가 정종에게 내선內禪을 했고, 2차 왕자의 난이 수습된 뒤 정종은 태종에게 내선했다. 그리고 태종 자신도 태종 18년(1418)에 택현擇賢을 명분으로 내세워 세종에게 내선했다. 이러한 비정상적이고 불안정한 왕위계승은 세종에게 지워진 태종의 정치적 유산이었다. 이러한 부정적인 유산을 가지고 출발한 세종은 공론정치를 통해 신하들과 끊임없이 대화하면서 국정을 풀어 갔고 자신의 치세를 안정적으로 이끌었다.

그런데 세종 18년(1436)의 내우외환을 겪게 되고 여기에 악화된 개인적 질병이 겹치면서, 권력이양이라는 중대한 사안에 직면하게 되었다. 아버지 태종이 재위 18년 만에 자신에게 왕권을 넘겨주었던 것처럼, 세종도 재위 18년이 되는 해에 후계 문제를 고심하게 된 것이다. 여기서 태종식의 내선은 비정상적인 왕위계승의 지속이라는 점에서 택할 수 있는 대안이 아니었다. 동시에 세종은 자신의 질병으로 언제 어떻게 될지 모르는 상황에서 초래될 수 있는 권력의 공백과 예측할 수 없는 사태를 우려하였다. 어떤 형태로든 세자에게 실권을 넘겨주어서 왕권을 안정화시킬 수 있는 제도적 장치를 마련하고자 하였다. 이 점에서 세자에 의한 섭정과 이를 위한 제도적 장치인 첨사원의 설치는 안정적이고 정상적인 왕위계승을 이행하는 과정에서 취할 수 있는 적합한 방편이 되었다. 하지만 문제는 세자의 섭정을 논리적으로 정당화하는 것이 불가능했다는 점이다.

세자 섭정은 삼강오륜 가운데 군위신강君爲臣綱에 어긋나는 것이었다. 상도常道에 어긋나는 것이 권도權道로 정당화될 수는 없었다. 이에 세종은 한당漢唐의 사례를 내세웠지만, 한당을 본받는 것은 불가하며 이를 본받아 권도를 내세울 수는 없다는 벽에 부딪혔다. 세종은 명나라 시왕시제時王時制를 인용하여 정당화하고자 했다. 그러나 이 역시 군신 간의 의리와 명분을 내세운 신하들의 주장에 대해서 맞설 수 있는 것은 아니었다. 결국 섭정을 유가적인 언술로 정당화할 수 없었던 세종이 마지막으로 내세운 것은 '시대와 사세의 변화'였다. 세종은 죽음을 한 달 앞두고 자신과 동궁의 몸이 불편하여 세손世孫으로 하여금 황제의 조서詔書를 맞이하는 방법에 대해서 대신들과 의논하였다. 이 기사에서 자신의 질병과 시세의 변화를 고려하지 않고, 섭정논의를 삼대三代와 조종성헌을 내세우며 반대했던 신하들에 대해서 실제 일에 쓸모없는 더벅머리 선비라고 비난하였다.

임금이 연演 등에게 이르기를 "…… 중국에서는 종친을 대우함이 매우 박해서, 그 사는 집이 담장을 높게 쌓아서 죄수를 가두는 옥과 같은데, 그러나 황제가 유고有故하면 반드시 종친으로 하여금 섭정하게 하여 천지·종묘·사직에 제사 지내기까지 섭행하지 않는 것이 없다. 이제 세상이 돌아가기를 점점 옛날과 같지 아니하여 임금이나 세자가 연고가 있어도 대신이 섭정할 수 없고 반드시 왕자로 하여금 섭정하게 하는데, 섭정하는 것도 오히려 그러하거든 하물며 조칙을 대신하여 맞이하는 것이겠는가. 대저 비록 좋은 법일지라도 만약에 한 사람이 잘못 의심을 내게 되면 여러 사람이 모두 현혹되는데, 나와 동궁이 함께 병이 있고 장손長孫도 또한 어리니, 경들은 잘 제도를 의논하여 정해서 더벅머리 선비(竪儒)들에게 기롱을 받지 않게 하라."[50]

위의 인용문에서 세종은 섭정을 통한 권력이양의 문제에 유가적인 인시제의因時制宜를 넘어서는 논리를 사용할 수밖에 없음을 고백하고 있다. 그는 섭정의 정당화 논리로서 '권도'를 고집하기보다는, 시대와 사세

50 《세종실록》 32년 1월 18일(갑오).

의 변화에 따른 현실적인 필요성을 내세웠다. 그것이 당시의 상황에서 취할 수 있었던 현실적으로 가능한 차선책이었다.

맹자는 "남녀 간에 주고받기를 친히 하지 않음은 예禮이고, 제수弟嫂가 물에 빠졌으면 손으로 구원함은 권도이다."라고 말한 바 있다.[51] 이 표현은 자칫하면 어쩔 수 없는 예외적인 상황에서는 권도가 허용될 수 있다는 일종의 '상황논리'로 이해되기 쉽다. 실제로 이러한 맹자의 말에 대해서 순우곤은 "지금 천하가 도탄에 빠졌는데, 부자夫子께서 구원하지 않으심은 어째서입니까?"라고 반문했던 것이다. 그러나 이에 대해서 맹자는 다음과 같이 말한다.

> **천하가 도탄에 빠지거든 도道로써 구원하고, 제수弟嫂가 물에 빠지거든 손으로 구원하는 것이니, 자네는 손으로 천하를 구원하고자 하는가.**[52]

이에 대한 주석에서 주자는 "천하가 도탄에 빠졌을 때에는 오직 도道만이 이를 구원할 수 있으니, 제수가 물에 빠졌을 때에 손으로 구원할 수 있는 것과 같지 않다."는 점을 분명히 하고 있다. 아울러 주자는 "이 장은 자신을 곧게 하고 도를 지킴이 세상을 구제하는 것이니, 도를 굽혀 남을 따름은 다만 자신을 잃게 됨을 말씀하신 것이다."라고 말하고 있다.[53] 도에 합하지 않는 것은 권도일 수 없고, 이로써 천하를 구할 수도 없으며, 결국 자신만을 잃을 뿐이라는 경고였다.

세종시대 섭정을 둘러싼 논의가 지니고 있는 의의는 무엇일까? 그것

51 《孟子》〈離婁 上〉"男女授受不親 禮也 嫂溺 援之以手者 權也."

52 《孟子》〈離婁 上〉"天下溺 援之以道 嫂溺 援之以手 子欲手援天下乎."

53 《孟子集註》〈離婁 上〉"言 天下溺 惟道可以救之 非若嫂溺可手援也 …… 此章 言 直己守道 所以濟時 枉道徇人 徒爲失己."

은 유가적 성군으로 평가되는 세종도, 특히 권력이양의 문제에서는 법고法古에 기반한 손익損益이나 권도權道를 통해서도 대응하기 어려운 정치적 현실과 위기에 직면했을 때, 시세에 따라서 창조적으로 대응해 가야 한다는 것을 보여 주었다는 점이다. 세종이 유가적 권도를 넘어서면서까지 섭정을 관철하고자 했던 것은 조선의 창업 이후 선왕인 태종대까지 지속되어 온 비정상적인 왕위계승의 악순환을 끊고, 자신이 처했던 질병이나 위기와 유사한 상황에 직면할 수 있는 후대의 군주들에게 안정적이고 예측 가능한 권력이양을 위해 필요한 제도적 장치를 마련해 주고자 했기 때문이다.[54]

성종 역시 세종과 마찬가지로 집권 후반기에 세자로 권력을 이양하는 문제를 고민하게 되었다. 그러나 성종의 고민은 세종의 고민과는 다른 차원의 문제였다. 세종의 고민이 세자의 섭정을 어떻게 제도적으로 뒷받침하고 논리적으로 정당화할 것인가 하는 문제였다면, 성종의 고민은 자질이 부족한 세자로 어떻게 국왕에 걸맞은 학식을 갖추도록 교육시킬 것인가 하는 것이었다. 그런데 이 고민은 단지 세자 개인의 자질 문제만이 아니라, 성종 13년에 있었던 폐비 사사賜死라는 정치적 결단의 부작용이었다. 성종의 권력승계 작업의 본질은 그 부작용과 대안의 부재를 극복하고 세자를 어떻게 반듯한 국왕으로 길러낼 것인가 하는 문제였다.

후대에 폭군(연산군)으로 기억되는 성종의 맏아들(적장자)은 조선왕조의 역사에서 최초로 아버지가 임금의 자리에 있을 때에 태어난 원자였다. 원자가 태어난 지 몇 년이 못 되어 생모 윤씨가 사사됨으로써 '폐

54 박홍규·방상근, 〈세종의 권력이양과 인시제의(因時制宜)〉, 《한국정치학회보》 제43집 제1호, 2009, 25-26쪽.

비의 아들'이라는 소리를 듣기는 하였지만, 그 점 외에는 조선왕실에서 예외적이라고 할 수 있을 만큼 왕권의 정통성이 있었던 것이다. 하지만 원자가 태어난 다음 해인 성종 8년에 어머니 윤씨는 투서投書사건으로 말미암아 폐비 논란에 휩싸인다. 비록 실제로 폐비되지는 않았지만, 어린 원자 앞에는 불안한 미래가 드리워졌다. 성종 13년에 윤씨가 사사되기까지 원자의 거취에 관하여 여러 번 논의가 제기되었고, 원자의 나이가 여덟 살이 되었던 성종 14년에 세자로 책봉되어서야 비로소 안정된 지위를 확보할 수 있었다. 그랬던 만큼 그의 어린 시절은 불안하고 불우했을 것이다.

성종 11년 1월 3일에 도승지 김승경이 한명회의 말을 인용하여 '원자의 나이가 이제 5세가 되었으니 여염에 섞여서 살 수는 없다.'고 전하였다. 그러나 성종은 한나라 선제宣帝의 사례를 말하면서 "선제도 민간에 오랫동안 있었는데 여염집에 거처하는 것이 무엇이 해롭겠는가?"라고 대답하였다. 11월 9일에 한명회는 성종을 독대하면서 자신이 주문사로 중국에 가서 원자를 세자로 책봉할 것을 주청하고 싶다는 뜻을 전한다. 이에 성종은 "어미가 비록 부덕하다고 해서 어찌 아들에게 영향을 주겠는가? 단지 나이가 어리니 아직 여러 해를 기다렸다가 세자로 책봉해도 늦지는 않을 것이다."라고 대답하였다. 당시 윤씨는 폐비되어 사가私家에 머무르고 있었고, 뒷날 중종이 되는 진성대군은 아직 태어나지 않았다. 성종으로서는 원자를 세자로 책봉하기는 아직 이르다고 생각했고, 다른 대안도 없었다.

성종 13년 8월에 폐비윤씨에게 사약이 내려졌을 때, 다시 원자의 거취에 관한 논의가 있었다. 결국 성종은 더 이상 세자의 자리를 비워 두는 것이 어렵다고 판단했고, 성종 14년 2월 6일에 폐비의 아들을 세자로 책봉하였다. 원자의 나이 8살 때였다. 당시 정현왕후에게는 아들이 없었다. 다른 대안이 없는 상황에서 세자를 바꿀 경우 중국으로부터 책봉을 받는 과정에서 폐비의 문제가 부각될 수도 있었기 때문에, 폐비의 아들을 그대로 세자로 책봉하여 왕실의 안정을 기하고자 했다. 성종은 그가 비록 '폐비의 아들'이지만, 영리하고 인효仁孝의 성품을 지니기를 기대했다. 어진 이를 친근히 하고 스승의 가르침을 지켜서 군왕에게 필요한 학문의 공을 이룰 것을 바라면서 세자로 책봉했다. 하지만 서연書筵이 시작되면서 자신의 기대가 잘못된 것임을 깨닫기 시작했다.

세자가 성균관에 입학한 이후의 기사를 보면, 세자의 학습능력에 문제가 있었던 것으로 보인다. 또한 이 무렵부터 세자는 얼굴에 나는 종기 때문에 두고두고 고생을 한다. 세자는 심한 마음고생을 하고 있었다. 자신의 어머니와 관련된 것일 수도 있고, 성장하면서 따뜻한 사랑을 제대로 받지 못한 데서 오는 청소년기 스트레스였을 수도 있다. 종기는 완치되지 않고 수시로 세자를 괴롭히는 고질병이 되었다. 뿐만 아니라 서연에서의 공부도 내용에 대한 깊이 있는 이해나 사례를 통한 의리의 논란에까지 이르지 못하여, 단지 책을 구결로 소리 내어 읽는 수준에 그쳤다. 그래서인지 세자는 학문에 흥미를 느끼지 못하고 있었고 학업이 발전하지 않았다.

성종은 아버지의 입장에서 세자의 학습능력을 우려하고 있었고, 처음에는 서연관이 세자를 올바로 가르치지 못했기 때문은 아닌지 의심했다. 그래서 승정원에 전교하여 서연관에 적합한 자의 이름을 써서 아뢸 것을 지시하고, 만일 적합하지 못한 자가 있으면 이조로 하여금 바꾸어 임명하도록 명하였다. 이에 더하여 시강원 관원으로 하여금 2, 3일 간격으로 세자와 함께 강학을 하라고 지시하기도 하였다. 그러나 시간이 지날수록 세자의 학습지체 현상은 두드러지게 나타났고, 성종은 점점 초초해졌다. 세자에게 명하여 닷새마다 서연한 뒤에 서연관을 접하여 배운 것을 강독하라고 지시하기도 했다.

성종 23년 1월 19일에 성종은 세자의 학문 상태를 진단하고 술회했다. 즉 세자는 동년배의 생도들과 더불어 글을 강론하며 갈고 닦은 것과 같지 않고 단지 서연관으로부터 구두句讀의 가르침만을 받을 따름이라고 밝히면서, "세자의 나이가 17세인데 아직 문리를 이해하지 못하고 있음을 근심하고 있다."고 말한다. 또한 세자는 장차 임금의 자리를 이을 것이기 때문에 고금의 사변과 흥망·치란의 자취를 알아야 한다는 점을 지적하면서, 앞으로는 "서연관이 사흘에 한 차례씩 강론토록 할 것이므로 은미한 말이나 오묘한 뜻도 정세精細하게 풀지 않음이 없도록 하는 것이 옳을 것"이라고 말하고, 그 절목을 논의하여 아뢰도록 지시했다.

성종은 또래의 유생들에 견주어 한참 떨어지는 세자의 학문 수준을 끌어올리기 위해 고심하면서 더 집중적으로 심화시키기 위한 교육프로그램을 마련하려고 애썼다. 하지만 성종의 배려와 관심에도 불구하고, 세자의 학업은 진전되지 못했다. 세자는 18세가 되어도 아직 문리가 통하지 못했다. 뿐만 아니라 강학을 하다 말다하고 강講이 끝나며 곧바로 동궁으로 돌아가 환관이나 궁첩들과 더불어 친하게 지내고 있었다. 이즈음에 서연이나 시강원의 관원 수를 놓고 당시의 10명에서 세종조 집현전의 관원이었던 20명으로 늘려야 한다는 논의가 나오고 경연관으로 하여금 겸직하도록 해야 한다는 의논이 자주 제기되었다. 하지만 결국 세자는 성종이 죽기 직전까지도 문리에 통달하지 못했다. 당시 세자 나이 19세였다. 평범한 사람이라도 글을 통하고 이치를 통달할 나이였지만, 세자는 향학하는 마음이 없었고 환관들과 놀기 좋아했고 게을렀다. 성종 역시 그 사실을 알고 있었다. 그래서 마지막에 그가 내놓은 대책은 시강관으로 하여금 세자가 묻기를 기다리지 말고 먼저 변석해 주어서 쉽게 깨우치도록 해달라는 것이었다. 아버지로서 그가 할 수 있는 최선은 거기까지였다.

연산군시대의 일들을 보면 성종이 아들 교육을 잘못시킨 것이라고 비판할 수 있다. 연산군을 세자로 책봉한 것 자체가 잘못이라는 비판을 할 수도 있다. 아버지로서 성종이 져야할 결과적인 책임은 부정할 수 없을 것이다. 하지만 과연 세자교육 실패의 모든 책임은 성종에게 있는 것일까? 세자교육의 성과가 국왕으로서의 업무수행과 얼마만큼의 상관관계가 있는가 하는 문제는 판단하기 어렵다. 세종의 경우, 세자로서 교육을 거의 받지 못하고 임금이 되었지만 성공적으로 국왕의 직무를 수행하였다. 문제는 성종에게 다른 대안이 없었다는 것이다. 그로서는 세자의 학문진보를 위해 노력하고 배려하는 것이 최선이었다. 세자를 폐위시킬 만한 이유나 다른 대안이 없었던 점을 고려한다면, 임금이 된 연산군의 비행과 폭정에 대해 성종의 책임을 지우면서 리더십 승계를 제대로 이루지 못했다고 비난하는 것은 너무 가혹할 것이다. 중요한 점은 성종이 리더십 승계문제를 다루는 데 세자의 자질을 고양시키기 위한 교육에 초점을 맞추었다는 사실이다. 이는 세종이 리더십 승계문제를 세자섭정과 첨사원 설치와 같은 제도화에 초점을 맞춘 것과 대비된다.

6. 리더십 평가

태종과 세조가 정변으로 집권하고 패권적인 국가경영을 했던 점에서 공통점이 있다면, 세종과 성종은 조선 전기에 대표적인 성군으로 이야기되는 점에서 공통점이 있다. 세종 사후 20년이 지난 시점에서 즉위한 성종은 세종을 '롤 모델'로 생각했으며, 세종시대의 정치를 복원하는 것을 목표로 하고 있었다. 그러나 세종과 성종은 서로 다른 정치환경 속에서 통치자로서 임무를 수행해야 했고, 그들에게 주어진 시대적 과제와 정치적 유산은 상당한 차이를 지니고 있었다. 태종에서 세종으로 이어지는 시기는 조선왕조가 창업에서 수성으로 전환하는 과정이라고 할 수 있고, 세종은 부왕이 만들어 놓은 전장典章제도를 충실히 계승하면서 발전시키는 작업을 진행했다. 반면 성종은 세조시대의 퇴행적이고 부패한 정치유산을 물려받았고, 그것을 극복하고자 노력했다. 비유하자면 세종은 태종이 만들어 놓은 '탄탄대로'를 따라 충직하게 걸어갈 수 있었던 반면에, 성종은 세조가 만들어 놓은 '가시밭길'을 헤쳐 나가듯 걸어가야 했던 것이다.

세종과 성종은 그들 이전 시기의 패권적 정치운영을 극복하고 언론의 활성화를 통한 유교적 공론정치를 이끌어 갔다는 점에서 공통점을 보여 주었다. 그러나 시대와 비전, 인사정책, 불교에 대한 입장, 그리고 리더십 승계 면에서는 많은 차이를 노정하였다. 결론적으로 필자는 세종과 성종의 리더십의 차이를 번즈가 설명한 '거래적 리더십'과 '변혁적 리더십'의 차이로 설명할 수 있을 것이라고 생각한다.

번즈는 리더십을 "리더와 추종자 양자가 독립적으로 가지고 있거나 상호 공유하고 있는 목표들을 실현시키기 위하여, 특정의 동기와 가치들 또는 다양한 경제적·정치적 및 기타의 자원을 지닌 사람들이 만들어내는 상호작용"으로 정의한다. 이를 전제로, 리더와 추종자들이 상호 합의된 공동 목표를 추구하기보다는 각자의 관심사와 이해관계의 필요에서 법적 조건과 제반 규정에 따라 리더십 과정에 참여하는 것을 거래적(transactional) 리더십이라 규정한다. 한편 리더와 추종자들 사이에 형성된 공동목표를 추구하며 리더가 교육자 역할을 통하여 추종자들의 동기와 가치 및 목표들을 형성하고 변경하며 고양시키는 것을 변혁적

(transforming) 리더십으로 규정한다.[55]

두 가지 리더십 모두 도덕적인 목적을 지니고 있다는 점에서는 공통적이다. 그래서 번즈는 이 두 가지 리더십을 모두 도덕적 리더십이라고 부른다. 그러나 그 도덕적 목적이 무엇인가와 관련하여 차이가 있다. 즉 거래적 리더십은 정직, 책임감, 공정성, 공약의 준수 등과 같은 '행동양식 가치들'(modal values)을 실천하는 데 더 집중한다. 반면에 변혁적 리더십은 자유, 정의, 평등과 같은 '목적 가치들'(end values)을 실천하는 데 더 집중한다고 보았다.[56]

앞서 살펴본 바와 같이, 세종의 치세는 수성의 시대였다. 세종은 한편으로 백성들이 먹고사는 문제의 해결을 위해 노력하면서, 다른 한편으로는 태조와 태종이 이루어 놓은 법도를 제도화하는 데 집중했다. 그는 백성의 입장에 서서 그들에게 필요한 것이 무엇인지를 듣고자 노력했고, 지방의 수령들에게는 친견親見과 교서를 통해서 백성을 먹여 살려야 한다는 책임을 수시로 강조했다. 경연과 토론의 자리에서는 신하들에게 자신의 약점을 드러내면서까지 진솔한 자세로 임했다. 인사정책에서는 허물 많은 인재들로 하여금 공적을 세워서 허물을 덮을 기회를 주었고, 불교문제에서는 이단異端도 포용할 수 있는 모습을 보였다. 세종은 정직·책임감·공정성과 같은 행동양식가치를 실천한 리더였고, 세종시대는 다양한 동기와 가치를 지닌 인재들이 한 무대에서 어우러져서 조화를 이루는 시대였다. 세종의 '거래적 리더십'이 이를 가능케 한 것이다.

반면에 성종의 치세는 교화의 시대였다. 성종은 한편으로 세조와 정

55 제임스 M. 번즈, 앞의 책, 697쪽.

56 위의 책, 767쪽.

희왕후에 대한 효孝를 내세워 훈구세력과의 정치적 타협과 안정을 추구하면서, 다른 한편으로는 세조대 이후 무너져 내린 풍속을 교화하고 새로운 인재를 발굴하여 교화의 정치를 뒷받침하는 일에 집중했다. 그는 국왕이 솔선수범하여 백성을 감화시키는 교화의 방식만으로는 한계가 있음을 자각하고, 승출의 법을 통해서 인재의 능력만이 아니라 내면의 심술(심성)을 관찰하고 출척黜斥을 시행했다. 세종이 대사헌 신개 등의 건의에도 불구하고 고신의 법을 회복하지 않은 반면, 성종은 군자소인 논쟁을 통해서 고신의 법을 사실상 회복하고 인간 내면의 선악과 심술의 은미함을 살피는 '심성의 정치'로 나아갔다. 도승법을 둘러싼 논쟁에 있어서도, 정희왕후의 유지와 두 대비의 압력이 있었음에도 결국 도승법의 시행을 중단하는 조치를 단행했다. 비록 '효치'에는 어긋나는 일이라 할지라도, 백성의 풍속을 교화하기 위해서 내린 결단이었다. 리더십 승계문제에서도, 세종이 제도적 해결책을 모색한 것과 달리, 성종은 세자에 대한 교육에 집중하였다. 성종은 '변혁적 리더십'을 수행한 것이다.

조선왕조는 세종과 성종을 거치면서 수성에서 교화의 시대로 진입했다. 그것은 거래적 리더십에서 변혁적 리더십으로의 변화를 의미했으며, 행동양식가치 중심에서 목적가치 중심의 리더십 변화를 의미했다. 조선은 두 임금의 리더십을 통해서 단지 백성들의 필요와 욕구를 충족시키는 차원을 넘어서, 고차원의 가치와 원칙을 확립하여 백성이 '더 나은 자아로 향상'될 수 있도록 격려하고 고양하는 정치공동체로 전환되어 갔다.

연 표

연 도	사 건
즉위년(1469)	11월 예종 죽음, 성종 즉위 12월 군적軍籍 개정, 호패법 폐지(대왕대비 정희왕후)
1년(1470)	1월 공안貢案 개정 2월 화장의 풍습을 금함. 예종의 창릉(昌陵, 서오릉) 조성 4월 직전세를 관수관급제官收官給制로 함 5월 염초(焰焇, 화약)의 사용을 엄금 7월 《경국대전》의 이전吏典과 병전兵典의 관제 시행 10월 《경국대전》 교정 완성 12월 각 도에 잠실蠶室을 1개씩 설치함
2년(1471)	1월 고양에 덕종(德宗, 성종의 친부)의 경릉敬陵을 조성함 3월 5도에 경차관 폐지. 왜인 응접의 절목 5조를 정함 6월 외가쪽 6촌 이내의 혼인 금함. 도성의 염불소念佛所 설치 11월 개화법改化法 개정 12월 간경도감 폐지. 《세조실록》 편찬. 신숙주 《해동제국기》 지음
3년(1472)	1월 내수사內需司의 장리소長利所 560개 가운데 325개소 혁파 사치를 금하는 절목節目 11개조를 정함 2월 구월산의 삼성당三聖堂에 제사지냄 4월 이석형 등 《대학연의집략大學衍義輯略》 편찬 5월 춘추관에서 《예종실록》 찬진 8월 전세감납법田稅減納法을 고침 – 인수대비의 발원으로 《법화경언해》, 《능엄경언해》, 《원각경언해》를 간행
4년(1473)	3월 유생儒生의 군역軍役을 면제해 줌 윤기견의 딸 윤씨(후에 연산군의 母)와 윤호의 딸 윤씨(후에 중종의 母)를 숙의로 맞아들임 4월 보병의 연재법鍊才法 제정. 재인才人과 백정白丁의 안업금제安業禁制를 엄수하게 함

	5월 저화楮貨의 통용책을 논의 6월 세종, 문종, 세조, 예종의 실록을 간행 8월 전주사고全州史庫에 실록을 봉안. 양반 집안 부녀자가 승려가 되는 것을 금지 10월 왜구倭寇 침입에 대비하여 해안의 방비를 강화함
5년(1474)	1월 경상도와 전라도에 당목면唐木綿을 경작하게 함 4월 왕비 한씨(공혜왕후, 한명회의 딸) 죽음(15일), 최항 죽음(28일). 11월 《국조오례의國朝五禮儀》 완성. 서거정의 《동인시화東人詩話》 간행
6년(1475)	1월 부산의 사염장私鹽場 폐지. 박비朴非가 새로운 제지법製紙法 창안 4월 함경도, 평안도, 황해도에 목화를 심게 함 5월 봉화사목烽火事目을 정함. 대소 인원의 가사家舍 제한을 강화 6월 신숙주申叔舟 죽음 9월 각 도 군현郡縣의 군정軍丁 수를 정함. 인수대비 《내훈內訓》 간행 12월 장용대를 장용위壯勇衛로 고치고 장번長番제도 폐지
7년(1476)	1월 덕종德宗의 부묘祔廟 뒤에 친정親政을 선포함 5월 원상院相을 폐함 6월 젊고 총명한 문신에게 사가독서제賜暇讀書制 시행 8월 숙의 윤씨를 왕비로 삼음(후에 '폐비윤씨') 11월 원자(연산군) 출생 12월 노사신 등이 《삼국사절요》 편찬
8년(1477)	2월 이석형李石亨 죽음 윤2월 친잠親蠶의 제도를 정하고, 적전耤田을 경작함〔1차〕 5월 한계희韓繼禧 등이 《의서유취醫書類聚》 간행 7월 주州와 부府에 사관史官을 두기로 함. 부녀자의 재가再嫁 금지 논의 8월 중전(윤씨)에 대한 '폐비' 논의(1차 논쟁) 9월 언관 김언신이 현석규玄碩圭를 소인小人으로 탄핵 10월 성균관 유생 외출시 청의단령靑衣團領을 착용하게 함 – 성균관에서는 대사大射, 지방에서는 향사례鄕射禮를 행하도록 함
9년(1478)	1월 예문관의 참외관參外官을 병설케 함. 2월 의녀권과醫女勸課의 조건을 정함 4월 전날의 (김언신의) 현석규 탄핵은 임사홍과 유자광의 사주使嗾에 의한 것이라고 이심언이 폭로

	5월 임사홍과 유자광이 도승지 현석규 일파를 비방하다가 유배당함 8월 수도의 화공畫工에게 회회청回回靑 사용법을 전수하게 함 10월 《향약집성방鄕藥集成方》 반포 11월 서거정 《동문선東文選》 편찬. 정인지鄭麟趾 죽음
10년(1479)	1월 노성군魯城君 이준李浚 죽음 6월 왕비 윤씨를 폐함(2차 논쟁) 윤10월 명明의 사신이 건주여진建州女眞 정벌에 군사협조를 요청 11월 윤필상尹弼商을 도원수로 삼아 여진을 정벌하게 함
11년(1480)	1월 명에 사신을 보내 건주여진 토벌의 첩보를 알림 2월 삼포三浦 거주 왜인의 수가 증가하여 폐단이 일어남 4월 지방 향교에 학전學田을 지급 5월 성균관 유생들, 사찰 건립에 반대 10월 회령 고령진高嶺鎭에 행성 쌓음 11월 정로위定虜衛를 설치하고 절목節目을 제정 숙의 윤씨(정현왕후, 윤호의 딸)를 왕비로 책봉
12년(1481)	1월 '유신維新의 교화'를 선포함 3월 〈언문삼강행실〉, 〈열녀도〉 반포 4월 서거정 등이 《동국여지승람東國輿地勝覽》 편찬 6월 의주지방에 성을 쌓아 국방태세 강화, 김수온金守溫 죽음 8월 왜인으로부터 후추 종자 구함 - 유윤겸柳允謙 등이 《두시언해杜詩諺解》 간행, 정극인丁克仁 죽음
13년(1482)	2월 유도소留都所 억제의 절목을 정함 6월 양성지梁誠之 죽음 7월 노사신盧思愼 등에게 《강목신증綱目新增》을 편찬하게 함 8월 폐비윤씨에게 사약을 내림 11월 내수사에 고리대업을 허용
14년(1483)	2월 왕자 융㦕을 왕세자에 봉함. 강희맹姜希孟 죽음 3월 세조비 정희왕후(貞熹王后, 대왕대비 윤씨) 죽음 7월 서거정에게 《연주시격聯珠詩格》과 《황산곡집黃山谷集》을 한글로 번역하게 함 금주령禁酒令 폐지

	8월 동반東班의 빈 자리에 서반西班을 채용하게 함 9월 여진족이 올 때에는 영안도(永安道, 함경도)를 경유하게 함 12월 양현고養賢庫를 다시 설치 – 강희맹의 《촌담해이村談解頤》 간행
15년(1484)	1월 남도민을 황해, 평안도로 이주시킴 2월 전교서典校署를 다시 교서관校書館으로 고침 3월 이봉李封 《본국여지도本國輿地圖》 찬진 6월 《진서陣書》를 간행하여 무신武臣에게 배포 9월 한성에 창경궁昌慶宮 건립 11월 서거정 《동국통감東國通鑑》 편찬 여진인女眞人이 만포에 와서 무역을 간청함 12월 성균관에 학전學田을 지급
16년(1485)	1월 《경국대전》(을사대전) 반포 2월 상인들의 왜인과의 무역을 허가 4월 '승출陞黜의 법'을 시행함 7월 재변災變을 이유로 '승출의 법' 시행을 중지함 서거정 등이 《신편동국통감新編東國通鑑》 편찬
17년(1486)	4월 양계兩界의 수령은 문무관이 교대로 취임하게 함 5월 효령대군 죽음 6월 군적을 고치게 함 8월 일본 승려 도겐等堅이 와서 대장경을 구함 9월 함경도에 장성長城 쌓음 10월 경상도에 제포성薺浦城 쌓음
18년(1487)	1월 각 도에 경작이 가능한 넓은 토지에 둔전屯田을 둠 정창손鄭昌孫 죽음 2월 《신찬동국여지승람新撰東國輿地勝覽》 간행 4월 장순효張舜孝 《식료찬요食料撰要》 간행 8월 경상도 각 포에 석보石堡를 쌓음 11월 한명회韓明澮 죽음
19년(1488)	1월 경상, 전라, 충청도의 주민을 온성穩城지방으로 이주시킴

	윤1월 원각사圓覺寺 중창, 선농제先農祭 행함〔2차〕 4월 각 도의 군적이 이룩됨 5월 유향소留鄕所를 다시 설치함 8월 최보崔溥가 수차水車 제작 10월 임사홍 서용敍用에 대한 논쟁(~12월까지) 12월 월산대군月山大君·서거정徐居正 죽음 –최보, 《표해록漂海錄》 지음
20년(1489)	1월 김방金方의 고변사건 일어남 2월 경상/충청도 포구의 성城들을 15자 높이로 쌓음 정난종鄭蘭宗 죽음 3월 의서습독관醫書習讀官 권려의 제도 정함 이말李末이 만든 격수激水기계〔양수기〕를 경기지방에서 실험 5월 윤호尹壕 등이 《신찬구급간이방新撰救急簡易方》 편찬 8월 공사천선두안公私賤宣頭案에 잘못된 곳 많아 개정 일본 사신 승려 게이닌惠人이 대장경을 요청(수락함) 9월 영안도(함경도)에서 반란의 유언이 떠돎 10월 어유소魚有沼 죽음 11월 황해도 등지에서 도둑이 성행
21년(1490)	1월 도첩度牒이 없는 승려를 군인에 충원함 4월 부석사 조사당祖師堂을 중수重修 5월 울산에 염포성鹽浦城을 쌓음 6월 거제에 조라포성助羅浦城을 쌓음. 금주령禁酒令을 해제함 9월 북방 야인이 평안도와 만포에 침입 10월 순천에 전라좌수영 설치 11월 성변星變이 일어남. 건주建州의 야인이 침입함(~12월)
22년(1491)	1월 제기祭器를 개조함 2월 노처녀의 혼인비용을 관청에서 내 줌 3월 사원寺院의 전세田稅를 관청에서 수급하게 함 4월 북정北征을 결정 10월 도원수 허종許琮이 두만강 방면의 여진을 정벌 –이후에 도첩제度牒制에 대한 논의가 활발〔군역軍役의 필요 때문〕

23년(1492)	2월 도첩제 중지〔《대전》에 실린 '도승度僧의 법' 중지(도첩발급 중지)〕 공사公私 천인賤人 소생을 보충대에 소속시킴 5월 명明 사신이 와서 조선의 풍속과 임금의 덕을 극찬 6월 이극균李克均이 편전片箭을 새로 제작 7월 《대전속록大典續錄》 편찬 8월 김종직金宗直 죽음, 남효온南孝溫 죽음
24년(1493)	3월 성종이 적전耤田을 친히 경작하고 선농제先農祭를 행함〔3차〕 허저許羝 《의방요록醫方要錄》 편찬, 김시습金時習 죽음. '정성근사건'(정성근/임광재/이철견/최부, 3월 28일~4월 25일) 5월 권학勸學의 절목節目을 정함 8월 성현成俔 등 《악학궤범樂學軌範》 완성 9월 시명지보施命之寶를 새로 만듦 -《사문유취事文類聚》 간행
25년(1494)	1월 내농소內農所를 폐함 세조 9년(1463) 이후 31년 만에 양전量田을 실시 2월 허종許琮 죽음, 삼포 왜인의 농경지에 과세 4월 국구國舅 윤호의 감역監役으로 문소전文昭殿 수리〔우의정 임명〕 유호인俞好仁 죽음 5월 왕자들의 집을 수축하는 일을 정파停罷 7월 벽동진성碧潼鎭城 축조 8월 강목교정청綱目校正廳을 다시 둠 12월 성종 죽음(연산군 즉위)
연산군1년 (1495년)	4월 성종의 선릉교〔宣陵〕 조성 5월 김일손金馹孫, (연산군에게) 이로운 일과 해로운 일 26조를 개진.

참고문헌

1. 원전

《書經》《詩經》《易經》《禮記》《大戴禮記》《論語》《孟子》《四書集註》

《朱子語類》《近思錄》《大學衍義》《資治通鑑》

《經國大典》《三綱行實圖》《三峯集》《陽村集》《春亭集》《厖村集》《佔畢齋集》

《堂後日記》《東文選》《退溪集》《栗谷集》《聖學輯要》《慵齋叢話》《松溪漫錄》《大東詩選》

《太宗實錄》《世宗實錄》《世祖實錄》《成宗實錄》《燕山君日記》《中宗實錄》

《조선왕조실록》(sillok.history.go.kr)

2. 저서

강광식, 《신유학사상과 조선조 유교정치문화》, 서울: 집문당, 2000.

강광식, 《유교 정치사상의 한국적 변용》, 서울: 백산서당, 2009.

강광식, 《신유학사상과 조선조 유교정치문화》, 서울: 집문당, 2010.

고지마 쓰요시, 신현승 옮김, 《송학의 형성과 전개》, 논형, 2004.

금장태, 《한국유학의 탐구》, 서울: 서울대학교출판부, 1999.

김 범, 《사화와 반정의 시대: 성종·연산군·중종과 그 신하들》, 서울: 역사비평사, 2007.

김 범, 《연산군 —그 인간과 시대의 내면》, 파주: 글항아리, 2010.

김영곤, 《왕비열전 16: (이조실록) 예종, 성종편》, 서울: 고려출판사, 1981.

김영주, 《조선왕조 명 왕비열전 3: 세조·단종편》, 서울: 배제서관, 1993.

김태영, 《조선전기 토지제도사 연구》, 서울: 지식산업사, 1983.
김헌식, 《세종, 소통의 리더십》, 서울: 북코리아, 2008.
도현철, 《고려말 사대부의 정치사상연구》, 일조각, 2002.
도이힐러, 마르티나, 《한국사회의 유교적 변환》, 서울: 아카넷, 2003.
박광호, 《이조왕비열전 6: 예종, 성종》, 서울: 대중서관, 1983.
박충석, 《한국정치사상사》, 서울: 삼영사, 2010.
박현모, 《세종의 수성守成 리더십》, 서울: 삼성경제연구소, 2006.
박현모, 《세종, 실록 밖으로 행차하다》, 서울: 푸른역사, 2007.
박현모, 《세종처럼: 소통과 헌신의 리더십》, 서울: 미다스북스, 2012.
박현모, 《세종이라면: 오래된 미래의 리더십》, 서울: 미다스북스, 2014.
박현모, 《세종리더십 길라잡이》, 여주대학교 출판부, 2015.
박홍규·최상용, 《정치가 정도전》, 서울: 까치, 2007.
박홍규, 《정치학자 박홍규 교수가 만난 삼봉 정도전의 생애와 사상》. 서울: 선비, 2016.
배종호, 《한국유학사》, 연세대학교출판부, 1973.
백기복, 《대왕 세종》, 서울: 크레듀, 2007.
서정민, 《세종, 부패사건에 휘말리다》, 파주: 살림, 2008.
성종대왕연구포럼, 《조선조 성종대왕 치적 심층연구》, 2015.
蕭公權, 최명·손문호 역, 《중국정치사상사》, 서울: 서울대학교출판부, 1998.
손문호, 《한국정치사상》, 박영사, 1991.
신동준, 《연산군을 위한 변명》. 서울: 지식산업사, 2003.
오영교 편, 《조선 건국과 경국대전체제의 형성》, 서울: 혜안, 2004.
와타나베 히로시, 김선희·박홍규 역, 《일본정치사상사》, 서울: 고려대학교출판문화원, 2017.
윤사순, 《한국유학사상론》, 서울: 예문서원, 1997.
육완정 역주, 《내훈》(소혜왕후 한씨), 서울: 열화당, 1984.
이병휴, 《조선전기 사림파의 현실인식과 대응》, 서울: 일조각, 1999.

이수광, 《(조선의 마에스트로) 대왕 세종》, 서울: 샘터, 2008.

이승환, 《유가사상의 사회철학적 재조명》, 서울: 고려대학교출판부, 2001.

이영호, 《조선중기 경학사상연구》, 경인문화사, 2004.

이재룡, 《조선초기 사회구조 연구》, 일조각, 1984.

이 한, 《(세종) 나는 조선이다》, 파주: 청아출판사, 2007.

이한우, 《세종, 그가 바로 조선이다》, 서울: 동방미디어, 2003.

이한우, 《성종, 조선의 태평을 누리다》, 서울: 해냄, 2006.

정두희, 《조선 성종대의 대간연구》, 서울: 한국연구원, 1989.

정두희, 《조선시대의 대간연구》, 서울: 일조각, 1994.

정병설, 《권력과 인간-사도세자의 죽음과 조선 왕실》, 서울: 문학동네, 2012.

정윤재 외, 《세종의 국가경영》, 서울: 지식산업사, 2006.

정윤재 외, 《세종 리더십의 형성과 전개》, 서울: 지식산업사, 2009.

정윤재 외, 《세종 리더십의 핵심 가치》, 성남: 한국학중앙연구원출판부, 2014.

정재훈, 《조선전기 유교 정치사상연구》, 태학사, 2005.

종부시 편, 《조선왕조선원록 9: 성종-중종》, 광명시: 민창문화사, 1992.

지두환, 《성종대왕과 친인척》, 서울: 역사문화, 2007.

지두환, 《세조대왕과 친인척》, 서울: 역사문화, 2008.

진덕규, 《한국정치의 역사적 기원》, 서울: 지식산업사, 2002.

진덕수, 이한우 역, 《대학연의(上·下)》, 서울: 해냄, 1014.

번즈, 제임스 M., 한국리더십연구회 역, 《리더십 강의》, 서울: 생각의 나무, 2000.

최승희, 《조선초기 정치사연구》, 서울: 지식산업사, 2002.

최승희, 《조선초기 언론사연구》, 서울: 지식산업사, 2004.

최연식, 《조선의 지식계보학》, 서울: 옥당, 2015.

최이돈, 《조선중기 사림정치구조연구》, 서울: 일조각, 1994.

최정용, 《조선조 세조의 국정운영》, 서울: 신서원, 2000.

크릴, H. G., 이성규 역, 《공자-인간과 신화》, 서울: 지식산업사, 1997.

한국동양정치사상사학회, 《한국정치사상사》, 서울: 백산서당, 2005.

한우근, 《유교정치와 불교》(개정판), 파주: 한국학술정보, 2001.
한충희, 《조선 초기 관직과 정치》, 계명대학교 출판부, 2008.
한국국학진흥원, 《한국유학사상대계》Ⅱ(철학사상편), 안동: 한국국학진흥원, 2005.
한국국학진흥원, 《한국유학사상대계》Ⅵ(정치사상편), 안동: 한국국학진흥원, 2007.
日原利国, 《漢代思想の研究》, 東京: 研文出版, 1986.
E. W. Wagner, *The Literati Purges: Political Conflict in Early Yi Korea*, Cambridge: Harvard University Press, 1974.
Plato, *Plato Complete Works*, John M. Cooper & D. S. Hutchinson eds., Indianapolis, Hackett Publishing Company, 1997.

3. 논문

강광식, 〈붕당정치와 조선조 유교정치체제의 지배구조 변동양상〉, 《OUGHTOPIA》, 2009.
강성문, 〈조선시대 여진정벌에 관한 연구〉, 《군사》 18, 1989.
강제훈, 〈조선 세조대의 조회와 왕권〉, 《사총》 61, 2005.
강제훈, 〈조선 성종대 조회의식과 조회 운영〉, 《한국사학보》 제27호, 2007.
고은강, 〈《내훈》 연구: 유학의 여성 윤리〉, 《태동고전연구》 제18집, 2002.
김경수, 〈세조대 단종복위운동과 정치세력의 재편〉, 《사학연구》 제83호, 2006.
김당택, 〈조선 성종~중종대 정치사의 이해와 사림파설〉, 《역사학연구》 54, 2010.
김대홍, 〈조선시대 어우동 음풍사건의 전모와 당시의 법적 논의〉, 《법사학연구》 44호, 2011.
김미영, 〈성리학에서 '공적 합리성'의 연원-군자/소인 담론을 중심으로〉, 《동서철학의 공적합리성》, 철학과현실사, 2005.
김 범, 〈조선 성종대의 왕권에 대한 일고찰〉, 고려대학교 석사학위논문, 1997.
김 범, 〈조선 성종대의 왕권과 정국운영〉, 《사총》 61, 2005.

김순남, 〈조선 성종대 올적합(兀狄哈)에 대하여〉, 《조선시대사학보》 49, 2009.
김순남, 〈조선 세조대 말엽의 정치적 추이〉, 《역사와 실학》 60집, 2016.
김영두, 〈난언과 은거, 세조정권에 저항하는 대항기억의 형성〉, 《사학연구》 제112호, 2013.
김영수, 〈세종대의 법과 정치: 유학적 '예치주의'의 이상과 현실〉, 《동양정치사상사》 제6권 1호, 2007.
김용흠, 〈조선전기 훈구·사림의 갈등과 그 정치사상적 함의〉, 《조선건국과 경국대전체제의 성립》, 혜안, 2004.
김용흠, 〈조선 세조대 정치를 보는 시각과 생육신〉, 《역사와 현실》 64, 2007.
김우기, 〈조선 성종대 정희왕후의 수렴청정〉, 《조선사연구》 10, 2001.
김중권, 〈조선조 경연에서 성종의 독서력 고찰〉, 《서지학연구》 32, 2005.
김중권, 〈조선조 경연에서
연산군의 독서력에 관한 고찰〉, 《서지학연구》 37, 2007.
김태영, 〈조선초기 세조왕권의 전제성에 대한 일고찰〉, 《한국사연구》 87, 1994.
김홍경, 〈15세기 정치상황과 성리학의 흐름〉, 한국국학진흥원 국학연구실 편. 《한국유학사상대계》 Ⅱ(철학사상편), 2005.
김훈식, 〈조선초기의 정치적 변화와 사림파의 등장〉, 《한국학논집》 제45집, 2011.
남지대, 〈조선초기의 경연제도〉, 《한국사론》 6, 1980
남지대, 〈조선 성종대의 대간 언론〉, 《한국사론》 12, 1985.
민현구, 〈조선양반국가의 성립과 발전〉. 《한국사의 재조명》, 고려대학교 출판부, 2007.
박정민, 〈조선 성종대 여진인 "내조(來朝)" 연구〉, 《만주연구》 15, 2013.
박현모, 〈유교적 공론정치의 출발〉, 《한국정치사상사》, 백산서당, 2005.
박현모, 〈'성주(聖主)'와 '독부(獨夫)' 사이: 척불(斥佛)논쟁과 정치가 세종의 고뇌〉, 《정치사상연구》 11권 2호, 2005.
박현모, 〈세종의 《치평요람》 편찬의 정치사상〉, 《한국정치학회보》 제47권 4호, 2013.

박홍규·방상근, 〈세종의 권력이양과 인시제의(因時制宜)〉, 《한국정치학회보》 제43집 제1호, 2009.

박홍규·방상근, 〈세종조의 도덕과 법: 인정(仁政)과 성헌(成憲)을 중심으로〉, 《대한정치학회보》 제17집 1호, 2009.

박홍규·이세형, 〈태종과 공론정치: '유신의 교화'〉, 《한국정치학회보》 제40집 제3호, 2006.

방상근, 〈철인왕 성종의 설득적 리더십〉, 《정신문화연구》 제34권 제2호, 2011a.

방상근, 〈성종의 중재적 리더십과 태평의 정치〉, 《대동문화연구》 74, 2011b.

방상근, 〈성종과 포황(包荒)의 정치: 심술논쟁을 중심으로〉, 《한국정치연구》 제21집 1호, 2012.

방상근, 〈수성에서 교화로: 세종과 성종의 리더십 비교〉, 《한국동양정치사상사연구》 제18권 1호, 2019.

방상근, 〈조선 세조대 여진정책과 역사화해: '중화공동체론'의 관점에서〉, 《평화연구》 제28권 2호, 2020a.

방상근, 〈폐비윤씨 사건의 재검토: 성종을 위한 변명〉, 《정치사상연구》 제26권 2호, 2020b.

송영일, 〈조선 성종조 경연진강(經筵進講) 연구〉, 한국교원대학교 박사학위논문, 1998.

송영일, 〈조선 성종조 경연 교재 교육이 현대 교육에 주는 시사점〉, 《인문학연구》 35(3), 2008.

송영일, 〈조선 성종조 경연 진강방법의 현대 한문과 교육적 활용〉, 《한국학논집》 28, 2009.

송웅섭, 〈조선 성종대 전반 언론의 동향과 언론관행의 형성〉, 《한국문화》 50, 2010.

송웅섭, 〈조선 성종대 공론정치의 형성〉, 서울대학교 국사학과 박사학위논문, 2011.

송웅섭, 〈성종대 대간피혐(臺諫避嫌)의 증가와 그 의미〉, 《조선시대사학보》 62,

2012.

송웅섭, 〈조선 성종의 우문(右文)정치와 그 귀결〉, 《규장각》 42, 2013.

송웅섭, 〈성종의 즉위와 국정운영방식의 변화〉, 《사학지》 49, 2014.

송재혁, 〈정치가 성종(成宗)의 불교정책〉, 《한국동양정치사상사연구》 15(1), 2016.

신병주, 〈성종시대의 행정 정책: 내수사(內需司) 고리대의 폐지와 부활〉, 《지방행정》 60권, 690호, 2011.

신승운, 〈성종조의 문사양성(文士養成)과 문집편간(文集編刊)〉, 성균관대학교 박사학위논문, 1995.

양웅렬, 〈16세기 왕비 가문의 변천과 성격〉, 《한국사상과 문화》 제60집, 2011.

유초하, 〈조선성리학의 이론적 기초-관학파〉, 한국사상연구회 편. 《조선유학의 학파들》, 2009

윤인숙, 〈조선전기 내수사 폐지 논쟁과 君主의 위상〉, 《대동문화연구》 84권, 2013.

윤천근, 〈성리학적 이상과 현실의 틈새 메우기〉, 《역사 속의 중국철학》, 예문서원, 1999.

육완정, 〈소혜왕후의 《내훈》이 강조하는 여성상〉, 《이화어문논집》 13, 1994.

이규철, 〈세조대 모련위 정벌의 의미와 대명의식〉, 《한국사연구》 158, 2012.

이동희, 〈조선초기 원상(院相)의 설치와 그 성격〉, 《전북사학》 제16집, 1993.

이배용, 〈여성의 정치 참여와 수렴청정〉, 최홍기 외, 《조선 전기 가부장제와 여성》, 서울: 아카넷, 2004.

이상호, 〈《조선왕조실록》에 나타난 성종기 재이관(災異觀)의 특징〉, 《국학연구》 21, 2012.

이숙인, 〈폐비 윤씨를 위한 변명〉, 《한겨레신문》, 2019.10.25.

이순형, 〈경국대전을 통해 본 조선 초기 여성의 지위〉 《가족과문화》 13/2호, 2001.

이한수, 〈세종시대 정치: 家와 國家의 긴장을 중심으로〉, 《한국동양정치사상사연구》 제4권 2호, 2005.

정두희, 〈조선 세조—성종조의 공신연구〉, 《진단학보》 15, 1981.

정두희, 〈대간의 활동을 통해본 세조대의 왕권과 유교이념의 대립〉, 《역사학보》 제130집, 1991.

정두희, 〈조선 성종9년 "무술지옥(戊戌之獄)"의 정치적 성격〉, 《서강인문논총》 제29집, 2010.

정만조, 〈16세기 사림계 관료의 붕당론〉, 《한국학논총》 12, 1989.

정성식, 〈경국대전의 성립배경과 체제〉, 《동양문화연구》 제13집, 2013.

정출헌, 〈성종대 신진사류의 동류의식과 그 분화의 양상〉, 《민족문학사연구》 50, 2012.

정해은, 〈조선전기 어우동 사건에 대한 재검토〉, 《역사연구》 17호, 2007.

지두환, 〈조선전기 《대학연의》이해과정〉, 《태동고전연구》 제10집, 1993.

차장섭, 〈조선 전기 관학파의 정치사상〉, 《한국유학사상대계》Ⅵ, 한국국학진흥원, 2007.

최선혜, 〈연산군시대 선왕 세조와 성종에 대한 기억과 충돌〉, 《서강인문논총》 제35집, 2012.

최승희, 〈조선 초기의 정치와 문화〉, 《한국사특강》, 서울대학교출판부, 2005.

최연식·이지경, 〈사림의 지치주의 정치사상〉, 한국·동양정치사상사학회 편. 《한국정치사상사》, 2005.

최연식·송경호, 〈《경국대전》과 유교국가 조선의 예치(禮治): 예(禮)의 형식화 과정을 중심으로〉, 《사회과학논집》 제38집 1호, 2007.

최이돈, 〈성종조 홍문관 기능의 확대와 사림의 진출〉, 《조선중기 사림정치구조 연구》, 일조각, 1994.

최이돈, 〈성종대 사림의 훈구정치 비판과 새정치 모색〉, 《한국문화》 17, 1996.

한영우, 〈조선 건국과 사대부〉. 《한국사특강》, 서울대학교 출판부, 2005.

한춘순, 〈성종 초기 정희왕후(세조 비)의 정치 청단과 훈척정치〉, 《조선시대사학보》 22, 2002.

한춘순, 〈조선 성종의 육조직계제 운영과 승정원〉, 《한국사연구》 122, 2003.

한춘순, 〈조선 성종의 왕권과 훈척지배제〉, 《경희사학》 24, 89-132, 2006.

한충희, 〈조선 세조~성종대의 가자남발에 대하여〉, 《한국학논집》 제12집, 1985.

한희숙, 〈조선 초기 소혜왕후의 생애와 《내훈》〉, 《한국사상과 문화》 27권, 2005a.

한희숙, 〈조선 초기 성종비 윤씨 폐비 폐출 논의 과정〉, 《한국인물사연구》 4, 2005b.

한희숙, 〈조선 성종대 폐비 윤씨 사사사건(賜死事件)〉, 《한국인물사연구》 6, 2006.

한희숙, 〈조선전기 이세좌의 생애와 갑자사화〉, 《조선시대사학보》 50, 2009.

한희숙, 〈조선 성종 8년 왕비의 친잠례 시행과 그 의미〉, 《아시아여성연구》 5(1), 2012.

함재학, 〈경국대전이 조선의 헌법인가〉, 《법철학연구》 제7권 2호, 2004.

함재학, 〈유교전통 안에서의 입헌주의 담론〉, 《법철학연구》 제9권 2호, 2006.

황혜진, 〈실록을 통해 본 어을우동의 사랑과 죽음〉, 《통일인문학》 46호, 2008.

Hahm, Chaihark, *Confucian Constitutionalism*, Harvard Law School, 2000.

Park, Hongkyu, *ZhuXi's Theory of Heterodoxy and King Sejong's Thinking of Zhongyong: Focusing on the Argument over the Sarigak at Heungcheonsa Temple*, Korea Journal Vol.52, No.2., 2012.

찾아보기

ㄱ

ㄴ

ㄷ

ㄹ

ㅁ

ㅇ

ㅈ

ㅊ

ㅌ